hanser**blau**

Shon Faye

DIE TRANS GENDER FRAGE

Ein Aufruf zu mehr Gerechtigkeit

Aus dem Englischen von
Jayrôme C. Robinet
und Claudia Voit

hanserblau

Die englische Originalausgabe erschien 2021 unter dem Titel
The Transgender Issue. An Argument for Justice
bei Allen Lane in London.

Die Arbeit der Übersetzer:innen am vorliegenden Text
wurde vom Deutschen Übersetzerfonds gefördert.

Der Verlag dankt Kalle Hümpfner vom Bundesverband Trans*
für die Konsultation und zusätzliche Recherche.

1. Auflage 2022

ISBN 978-3-446-27394-8

Konsultation und zusätzliche Recherche: Kalle Hümpfner,
Bundesverband Trans*
Umschlaggestaltung: Anzinger & Rasp, München
nach einem Entwurf von Olga Kominek
Satz: Greiner & Reichel, Köln
Druck und Bindung: CPI Book, Leck
Printed in Germany

FSC
www.fsc.org
MIX
Papier | Fördert
gute Waldnutzung
FSC® C083411

In einem offen gesagt unzulänglichen Versuch,
mich dafür zu revanchieren, wie sie sich mir
gewidmet hat, widme ich dieses Buch
meiner Mutter.

INHALT

»Wenn ich trans sage, dann meine ich auch Flucht.
Ich meine Wahl. Ich meine Selbstbestimmung.
Ich meine, Größeres zu wollen, als was ihr mir gesagt habt.
Mehr Möglichkeiten zu wollen als die eine,
die ihr mir aufgezwungen habt.«

Travis Alabanza

VORWORT

Es ist eine Freude für mich, dieses Vorwort für die deutschsprachige Ausgabe von *Die Transgender-Frage* zu schreiben. Dass wir im Europa des 21. Jahrhunderts überhaupt ein besseres Verständnis und eine größere Akzeptanz von Transidentitäten erleben dürfen, hat seinen Ursprung in Deutschland, und so ist diese Veröffentlichung von besonderer Bedeutung für mich. Vor hundert Jahren eröffnete der Arzt Magnus Hirschfeld das Institut für Sexualwissenschaft in Berlin und ebnete dort den Weg für viele der trans-affirmativen medizinischen Behandlungen, die trans Menschen auch heute noch oft in Anspruch nehmen. Berlin wurde dadurch zu einem Zentrum dessen, was wir heute als »queere Szene« bezeichnen würden. Der von Hirschfelds Institut ausgestellte »Transvestitenschein« ermöglichte es trans Personen, sich in Berlin frei zu bewegen, ohne von der Polizei schikaniert zu werden, zu einer Zeit, in der Verhaftungen wegen Crossdressings im öffentlichen Raum als normal galten. Angesichts dieser Geschichte ehrt es mich sehr, nun mit diesem Buch auch etwas zu deutschen Queer- und Trans-Communitys beitragen zu können.

Mit großem Interesse habe ich das Vorhaben in Deutschland verfolgt, das sogenannte »Transsexuellengesetz« abzuschaffen und stattdessen eine rechtliche Selbstbestimmung von trans und inter* Personen ohne medizinische oder psychiatrische Diagnose zu ermöglichen. Dieses neue Selbstbestimmungsgesetz würde auf die rechtliche Anerkennung nicht-binärer Identitäten seit 2018 aufbauen – die sogenannte »Dritte Option«, also die Möglichkeit, im Geburtenregister neben den Angaben »männlich«, »weiblich« sowie dem Offenlassen des Geschlechtseintrages auch die Bezeichnung »divers« zu wählen. Es gibt bemerkenswerte Parallelen zwischen der Diskussion über die Gesetzesentwürfe in Deutschland und der Debatte, die in den letzten Jahren in Großbritannien über die Änderung des sogenannten Gender Recognition Act geführt wird. Beide Länder sehen sich einer mehr als hundert Jahre andauernden Pathologisierung der Geschlechterdiversität gegenüber, und in unseren beiden Ländern wird die vollständige Befreiung von trans Menschen hart erkämpft werden müssen. Ich weiß aus eigener Erfahrung, wie belastend und zermürbend es für trans Personen sein kann, wenn ihre Identität und ihre Menschenrechte in vergifteten Debatten immer wieder lautstark infrage gestellt werden. Jeden Tag negative Schlagzeilen über die eigene Community zu lesen und gegen Vorurteile in den Medien kämpfen zu müssen, strengt unheimlich an. In diesem Buch lege ich dar, dass Trans-Emanzipation die gleichen Ziele hat wie die LGBTIQ*- und die feministische Bewegung, und besonders vor diesem Hintergrund kann der Streit, der unter einigen Feministinnen über die Rechte von trans Personen geführt wird, schmerzhaft sein.

Trotzdem müssen queere und trans Menschen auch in dieser schwierigen Zeit weiterkämpfen. Das Ringen um Menschenrechte war immer mit Rückschlägen und großer Anstrengung verbunden, und wir werden nur dann eine bessere und freiere Welt für uns alle erschaffen können, wenn wir solidarisch zusammenstehen, auch über Landesgrenzen hinweg. Ich kann nicht auf alle aktuellen Probleme Antworten geben, aber meiner Erfahrung nach bringen trans Menschen selbst dann, wenn Medien und Politik sich gegen uns wenden, unsere Kultur und unsere Communitys voran. Denn immer mehr Menschen öffnen ihre Augen für uns, lernen uns schätzen und sehen uns so, wie wir sind. Das wird sich fortsetzen, und schließlich werden auch künftige Generationen unser Recht respektieren, uneingeschränkt, voller Freude und ohne Angst zu leben. Manchmal dauert es zehn, zwanzig oder dreißig Jahre, bis unsere Arbeit Früchte trägt, aber wir engagieren uns trotzdem weiter, um eine bessere Welt für die zukünftigen Generationen zu schaffen.

Auch wenn sich dieses Buch auf Großbritannien konzentriert, hoffe ich, dass viele deutschsprachige Leser:innen sich davon inspirieren lassen und ihre eigenen Erfahrungen darin wiedererkennen, so wie ich oft Trost in den Fotografien von sichtbar queeren, trans oder gender-nonconforming Menschen aus dem Berlin der 1920er-Jahre gefunden habe. Denn nur, wenn wir unsere Geschichte kennen, können wir uns auch selbst erkennen.

Die Befreiung von trans Personen würde das Leben aller Menschen in unserer Gesellschaft verbessern. Ich sage »Befreiung«, weil ich glaube, dass »Trans-Rechte« oder »Gleichberechtigung für trans Menschen« zu kurz greifen. In einer Welt, die kapitalistisch und patriarchalisch bleibt und alle Menschen ausbeutet und erniedrigt, sollten trans Personen nicht nach Gleichberechtigung streben. Vielmehr sollten wir uns um Gerechtigkeit bemühen – für uns selbst und für andere gleichermaßen.

Seit über einem Jahrhundert werden trans Menschen Ungerechtigkeit ausgesetzt. Wir werden diskriminiert, pathologisiert und angegriffen. Unsere vollständige Emanzipation werden wir nur dann erreichen, wenn wir in der Lage sind, uns eine grundlegend veränderte Gesellschaft vorzustellen. Dieses Buch soll in erster Linie zeigen, inwiefern die Gesellschaft, so wie sie derzeit ist, das Leben von trans Menschen oft unnötig erschwert. Doch bei den Lösungsvorschlägen für diese Probleme konzentriere ich mich nicht nur auf trans Menschen, sondern auch auf alle anderen, die permanent entmündigt und enteignet werden.

Die volle Selbstbestimmung über den eigenen Körper, eine kostenlose Gesundheitsversorgung, bezahlbare Wohnungen für alle, Macht in den Händen derjenigen, die arbeiten, anstatt der wenigen Privilegierten, die von unserem äußerst ungerechten System profitieren, sexuelle und geschlechtliche Selbstbestimmung (einschließlich eines Lebens frei von sexueller Gewalt) und das Ende der Masseninhaftierung: Das sind allesamt entscheidende Bestandteile einer Gesellschaft, in der trans Menschen nicht mehr beleidigt, misshandelt oder

Gewalt ausgesetzt werden. Solche strukturellen Veränderungen würden auch allen anderen marginalisierten Menschen zugutekommen, sowohl in Großbritannien als auch weltweit.

Die Forderungen nach wahrer Befreiung von trans Personen überschneiden sich mit denen von Arbeiter:innen, Linken, Feminist:innen, Antirassist:innen und queeren Menschen im Allgemeinen. Es sind *radikale* Forderungen, da sie die Fundamente unserer Gesellschaft infrage stellen – wie diese Gesellschaft gerade ist, aber auch wie sie sein könnte. Daher versetzt die Existenz von trans Menschen diejenigen in Panik, die entweder den Status quo aufrechterhalten wollen oder Angst davor haben, was anstelle dieses Status quo treten könnte.

Das Establishment hat stets versucht, unsere Freiheitsrechte einzuschränken und zu beschneiden, um unsere vermeintliche Bedrohung der gesellschaftlichen Normen zu neutralisieren. Im Großbritannien des 21. Jahrhunderts wird dies größtenteils dadurch erreicht, dass unsere politischen Bedürfnisse infrage gestellt und zu einer weiteren »Frage« innerhalb eines vermeintlichen Kulturkriegs gemacht werden. Typischerweise werden alle trans Personen in einen Topf geworfen und als »die Transgender-Frage« weich gekocht. Damit wird die Komplexität des Lebens von trans Menschen delegitimiert und ausgeblendet, sie werden auf eine Reihe von Stereotypen reduziert, auf die verschiedene soziale Sorgen übertragen werden können. Im Großen und Ganzen gilt die Transgender-Frage als »vergiftete Debatte« und als »schwieriges Thema«, das in Fernsehsendungen, in Meinungsartikeln in Zeitungen sowie an Philosophischen Fakultäten durchgekaut wird (in der Regel von Menschen, die selbst nicht trans sind). Selten sind trans Personen dabei selbst sichtbar. Dieses Buch verwendet die Formulierung »die Transgender-Frage« absichtlich als Wiederaneignung. Hier soll die Realität der Fragen und Probleme beschrieben werden, mit denen trans Menschen heutzutage konfrontiert werden, und nicht, wie diese Fragen von Menschen zusammenfantasiert werden, die selbst nicht davon betroffen sind.

Dabei schafft dieses Buch eine weitreichende Perspektive auf verschiedene Aspekte der Trans-Erfahrung. Die Einleitung befasst sich damit, wie die Medienberichterstattung die Debatten über trans Menschen in Großbritannien bisher verzerrt und verdreht hat. Das erste Kapitel gibt einen umfassenden Überblick über den Alltag von trans Menschen in ihren Familien, in der Schule und bezüglich ihrer Wohnsituation, von der Kindheit bis ins hohe Alter. Das zweite Kapitel widmet sich einem der konkretesten Bereiche der Unterdrückung von trans Personen: dem Gesundheitswesen und der Verweigerung von körperlicher Selbstbestimmung.

Trans-Rechte werden oft als liberale Menschenrechtsfragen betrachtet, und Liberale tendieren dazu, sich für die Gleichstellung von trans Menschen im Sinne der individuellen Freiheit einzusetzen. Doch trans Menschen sind permanent struktureller Diskriminierung ausgesetzt, sowohl bei der Arbeitssuche als auch am Arbeitsplatz, wenn sie es geschafft haben, einen Job zu finden. Kapitel 3 gliedert sie daher in einen größeren Klassenkampf ein und untersucht die Erfahrungen von trans Menschen auf dem Arbeitsmarkt. Auf der ganzen Welt ist Sexarbeit nach wie vor eine von wenigen Optionen für trans Menschen, ihren Lebensunterhalt zu verdienen. Dementsprechend konzentriert sich Kapitel 4 auf den politischen Kampf von trans Sexarbeiter:innen. Diskriminierung und Gewalt gegen trans Menschen finden nicht nur im zwischenmenschlichen Bereich statt. Staatliche Gewalt wird in Kapitel 5 analysiert – also das staatliche Gewaltmonopol, das durch polizeiliche Überwachung, Gefängnisse und geschlossene Lager für Migrant:innen verkörpert wird, und seine daraus resultierende Macht, trans Personen daran zu hindern, sich im öffentlichen Raum unter dem Schutz der Privatsphäre und Menschenwürde frei zu bewegen.

Trans Menschen kämpfen oft an der Seite anderer marginalisierter Gruppen für ein Leben frei von Unterdrückung und Gewalt. Dennoch ist das Verhältnis von trans Personen zu lesbischen, schwulen und bisexuellen cis Menschen sowie zur feministischen Bewegung bis heute Gegenstand heftiger Kontroversen. Das einundzwanzigste Jahrhundert hat die zunehmende Anerkennung der Geschlechterdiversität mit sich gebracht – und damit die breite Erkenntnis, dass das Spektrum der menschlichen Sexualität wesentlich komplexer und weniger starr ist als bisher angenommen, was manche Menschen beunruhigen kann. Diese Verunsicherung wird von konservativen und religiösen Gruppen geschürt. So wollen sie die Macht von LGBTIQ*-Gruppen untergraben und bewegungsinterne Spaltungen anheizen. In ähnlicher Weise kann der gemeinsame Kampf gegen die Unterdrückung von Frauen allzu oft in den Debatten versinken, wer überhaupt in die Kategorie »Frau« fallen sollte. In den letzten Kapiteln dieses Buches betone ich jedoch, dass die zentralen Forderungen nach der Trans-Befreiung sich nicht nur mit Zielen der feministischen und der homosexuellen Emanzipationsbewegung überschneiden und keine Bedrohung für sie darstellen, sondern genau dieselben Ziele wie diese Bewegungen verfolgen.

Wenn wir über trans Menschen schreiben, wird typischerweise immer noch erklärt, was das Wort »trans« bedeutet. Das ist an sich schon bezeichnend. Trotz aller Schlagzeilen und Berichterstattung hätten die meisten Menschen, die keine trans Person kennen, wohl Schwierigkeiten, den Begriff zu definieren. Bezüglich der Terminologie zu Trans-Themen gibt es Aspekte, die Menschen, die sich nicht damit auskennen, häufig verwirren. Zum Beispiel die Tatsache, dass in der Trans-Politik aus pragmatischen Gründen Sammelbegriffe verwendet werden, also Wörter, die ein breites Spektrum sehr unterschiedlicher Erfahrungen oder Identitäten umfassen. Oder die Tatsache, dass die Sprache sich so schnell weiterentwickelt, dass spezielle Begriffe, die noch vor fünf Jahren üblich waren, durch sprachliche oder gesellschaftliche Veränderungen oder einfach durch die Entwicklung neuer Perspektiven aus dem Sprachgebrauch verschwinden. Ein Großteil der Fachbegriffe, die heute mit Trans-Kampagnen, Trans-Politik und Transidentität in Verbindung gebracht werden, stammen aus dem Internet und können sich daher sehr schnell verbreiten, aber auch schnell wieder aus der Mode kommen. In diesem Buch habe ich versucht, mich so klar wie möglich auszudrücken. Dabei nehme ich in Kauf, dass mein heutiges Vokabular in ein paar Jahren veraltet klingen mag.

In diesem Buch verwende ich das Wort »trans« als Sammelbegriff, um Menschen zu beschreiben, deren Geschlechtsidentität – das innere Wissen und Empfinden über die eigene geschlechtliche Zugehörigkeit – von dem zugewiesenen Geschlecht – dem Geschlecht, das in der Geburtsurkunde meist nach Aussehen der äußeren Genitalien amtlich eingetragen wird – abweicht, nicht ganz oder gar nicht übereinstimmt.

Die gängige Auffassung darüber, wie sich *sex* (im Deutschen grob vereinfacht als »biologisches Geschlecht« bezeichnet) und *gender* (die eigene Geschlechtsidentität, aber auch der Geschlechtsaudruck und die Geschlechterrolle) nach außen manifestieren, ist Folgendes: Babys, die mit einem sichtbaren Penis geboren werden, wird das männliche Geschlecht zugewiesen, sie werden als Jungen bezeichnet und erzogen und sind im Erwachsenenalter schließlich Männer. Babys, die mit einer sichtbaren Vulva geboren werden, wird das weibliche Geschlecht zugewiesen, sie werden als Mädchen bezeichnet und erzogen und sind im Erwachsenenalter Frauen. Trans zu sein bedeutet in gewisser Weise zu spüren, dass diese normierte Verbindung zwischen den Genitalien bei der Geburt und der Zuschreibung einer von zwei starren Geschlechtsidentitäten, die mit dem Empfinden für den eigenen Körper genau übereinstimmen sollen, lose ist. Verschiedene Personen reagieren sehr unterschiedlich auf diesen »Wackelkontakt« – deshalb fungiert »trans« als Oberbegriff für eine Vielzahl von Geschlechtsidentitäten und Erfahrungen. An dieser Stelle sollte bedacht werden, dass »trans« ein Begriff aus dem letzten Jahrhundert ist, der eine westliche Sichtweise über Geschlechterdiversität beschreibt und von einem strikten Zweigeschlechtersystem ausgeht. Andere Länder, andere Sitten. Einige Kulturen und Gesellschaften verstehen die Wechselwirkung zwischen Genitalien, Fortpflanzungsfähigkeit und Geschlechterrolle anders, und Menschen werden dort nicht wie in der westlichen Tradition in eine der beiden Kategorien Mann und Frau gedrängt. Die Bezeichnung »Two-Spirit« zum Beispiel ist zum meistverwendeten englischen Begriff avanciert, um ein breites Spektrum an zeremoniellen und sozialen Rollen außerhalb des binären Geschlechtersystems in vielen Indigenen Nationen Nordamerikas zu beschreiben. In ähnlicher Weise gibt es weltweit zahlreiche Gesellschaften, die ein sogenanntes drittes Geschlecht erkennen, wie die Waria in Indonesien, die samoanischen Fa'afafine, die Hijras in Indien oder die zapotekischen Muxes im südlichen Mexiko.

Wenn wir über trans Personen sprechen, meinen wir für gewöhnlich Menschen, denen bei der Geburt das männliche Geschlecht zugewiesen wurde, die sich aber als Frau verstehen – also trans Frauen. Oder umgekehrt: Menschen, denen das weibliche Geschlecht zugewiesen wurde und die sich als Mann verstehen – also trans Männer. Nicht alle trans Personen verspüren jedoch den Wunsch, sich einfach einer der vorherrschenden Kategorien anzunähern, weil sie sich nicht im binären Rahmen von weiblich oder männlich wiederfinden. Nicht-binäre trans Personen werden nur deutlich weniger verstanden. Zum einen, weil sie die Mainstream-Gesellschaft in der Regel mehr verunsichern als trans Männer und trans Frauen, die eindeutig als Mann oder Frau zugeordnet werden wollen. Nicht-binäre Menschen stellen nicht nur das dominante Paradigma infrage, nach dem die Genitalien bei der Geburt und die Geschlechtsidentität untrennbar miteinander verknüpft sind, sondern fordern auch die Vorstellung von zwei – und nur zwei – getrennten Geschlechtskategorien heraus. Nicht-binären Menschen wird oft vorgeworfen, dass sie sich ihre Identität ausgedacht haben, weil sie nach Aufmerksamkeit suchen oder besonders sein wollen. Aber nicht-binär zu sein kann für trans Menschen immense soziale, politische und wirtschaftliche Folgen haben. Sofern nicht anders angegeben, meine ich mit »trans Menschen« in diesem Buch alle trans Männer, trans Frauen und nicht-binäre Personen. Außerdem beziehe ich mich durchgehend auf die LGBTIQ*-Community. Der Sammelbegriff LGBTIQ* ist ein inzwischen etabliertes Akronym für das politische Bündnis von lesbischen, schwulen, bisexuellen, trans und intergeschlechtlichen Personen und allen, die sich anderweitig als »queer« verstehen. In einigen Fällen, zum Beispiel in Kapitel 6, beziehe ich mich auf die »LGBT«-Community, entweder weil meine Informationsquellen dies tun, oder weil die Literatur, die ich zitiere, oder die Organisationen, auf die ich verweise, sich auf diese vier Buchstaben beschränken.

Schließlich ist »cis«, Kurzform für »cisgender«, der Begriff, der heute am häufigsten verwendet wird, um Menschen zu beschreiben, die nicht trans sind. »Cis« kommt aus dem Lateinischen (»diesseits«) und ist das Gegenteil von »transgender«. Wurden Sie mit einem Penis geboren und amtlich als männlich eingetragen, haben Ihre Eltern Sie als Jungen bezeichnet und erzogen und verstehen Sie sich bis heute als Mann? Dann sind Menschen wie Sie gemeint, wenn ich in diesem Buch von »cis Männern« spreche.

Der Begriff »cis« ist relativ neu – und zum Teil umstritten. Einigen Menschen gefällt es offenbar nicht, dass damit ein Zustand, der früher einfach als »normal« galt, nun als nicht allgemeingültige Erfahrung der Mehrheitsgesellschaft definiert wird. Andere sehen darin eine Anschuldigung oder Beleidigung. Einige Feministinnen lehnen den Begriff »cis« ab, weil damit ihrem Verständnis nach impliziert wird, alle cis Frauen würden sich in ihrer Weiblichkeit wohlfühlen, oder die sexistischen Zwänge ignoriert werden, denen Frauen im Jahrtausende überdauernden Patriarchat unterworfen sind. So verstehe ich den Begriff aber nicht. Meiner Meinung nach kann eine cis Frau sich gängigen Geschlechtsstereotypen und sexistischen Normen widersetzen, aber sich trotzdem gesellschaftlich, rechtlich und politisch als Frau zuordnen lassen wollen.

In diesem Buch verwende ich einfach den Begriff »cis«, um nicht-trans Menschen zu bezeichnen. Wir brauchen ein Wort für die überwiegende Mehrheit der Menschen in unserer Gesellschaft, die nicht die Erfahrung machen, trans zu sein. Cis Menschen besetzen fast alle

Macht- und Führungspositionen, bestimmen den Zugang zu Gesundheitsversorgung und Bildung und entscheiden unsere Gesetze. Einzig und allein dadurch, dass sie eine Mehrheit bilden, schaffen cis Menschen die Welt, in der trans Menschen leben.

Nicht alle cis Menschen unterdrücken trans Personen und nicht alle cis Menschen fühlen sich mit ihrem Körper oder ihrem zugewiesenen Geschlecht vollkommen wohl. Aber generell kann mit Fug und Recht behauptet werden, dass cis zu sein bedeutet, dass Menschen automatisch begünstigt werden. Das Geschlecht ist eine der ersten Sachen, die wir herausfinden wollen, nach denen wir fragen oder die wir intuitiv wahrnehmen. Cis Männer und cis Frauen haben den riesigen Vorteil, dass ihnen niemals unterstellt wird, dass sie sich in Bezug auf diesen wesentlichen Aspekt ihres Selbst täuschen, fehlgeleitet sind oder andere belügen wollen. Das bedeutet, dass cis Menschen in vielen Fällen automatisch mehr Autorität, Sachverstand oder Kompetenz bezüglich der eigenen Identität sowie der Identität von trans Menschen zugestanden wird als trans Personen selbst. Indem dieses Buch die Lebensrealität von trans Menschen beleuchtet, hoffe ich, dass dieser ungeschriebene – und meist ungerechte – Grundsatz umgestürzt wird.

GESEHEN, ABER NICHT GEHÖRT

»Mr Upton hat vor Kurzem eine bedeutende Veränderung in seinem Leben vorgenommen und wird seine Transition zum Leben als Frau beginnen. Nach den Weihnachtsferien wird sie als Miss Meadows an die Schule zurückkehren.«

Diese kurze Mitteilung im Elternbrief der St-Mary-Magdalen-Schule in Accrington in Lancashire konnte leicht überlesen werden. Sie ging zwischen weiteren personellen Veränderungen verloren, die zu Beginn der Weihnachtsferien 2012 bekannt gegeben wurden: Eine Lehrerin der ersten Klasse erhöhte ihre Stundenzahl auf Vollzeit, eine andere reduzierte, eine Lehrkraft verließ die Schule, um eine neue Stelle in Spanien anzutreten, und eine wurde zur Frau. Die Schulleiterin Karen Hardman gab später zu, sie habe damit gerechnet, dass Miss Meadows' Geschlechtsangleichung im Umfeld der Schule »zwangsläufig Interesse wecken« würde. Vielleicht war die Ankündigung deswegen zusammen mit alltäglichen Personalveränderungen gelistet worden, in der Hoffnung, unangemessene Reaktionen möglichst zu vermeiden und zu verhindern, dass die Transition einer Mitarbeiterin aufgebauscht wurde. Wenn das der Fall gewesen sein sollte, war die Hoffnung vergebens.

Wenige Tage nach der Veröffentlichung des Elternrundbriefs verbreitete sich der Name Lucy Meadows, den sie im Zuge ihrer Transition tragen wollte, zusammen mit ihrem früheren, männlichen Vornamen wie ein Lauffeuer in der überregionalen Presse. Schon bald belagerten Journalist:innen ihr Haus. Drei Monate später wurde die zweiunddreißigjährige Lucy Meadows zu Hause tot unter der Treppe aufgefunden. Sie hatte sich das Leben genommen.

Die Schule und ihre Leiterin hatten sich nach Kräften bemüht, Lucy Meadows öffentlich zu unterstützen. Der Elternbrief löste jedoch einen Aufschrei aus, mit dem niemand hatte rechnen können. Die erste Reaktion erschien in einer Lokalzeitung. Im *Accrington Observer* wurde berichtet, dass »besorgte Eltern behaupten, die Mitteilung habe einige Schüler verwirrt, die ihn [*sic*] als Mann kannten«. Weiter hieß es, Lucy Meadows habe eine Erklärung abgegeben, in der sie »sich bei der Schulleitung und dem Kollegium für die Unterstützung bedankt und darum bittet, dass seine [*sic*] Privatsphäre respektiert wird«.

Am nächsten Tag geriet die Geschichte landesweit in die Schlagzeilen. Allerdings in schärferem Ton: »Er ist nicht nur im falschen Körper … Er ist im falschen Beruf«, so der reißerische Titel von Richard Littlejohns wöchentlicher Kolumne in der *Daily Mail*, ein regelrechter Angriff auf Meadows. Der Kolumnist, der Meadows durchgehend mit männlichem Namen und männlichen Pronomen nannte, schlug einen verächtlichen Ton an. »Irgendwann kam er mit rosa Nagellack und glitzernden Stirnbändern zum Unterricht«, schrieb Littlejohn über Meadows. »Die Schule mag sehr stolz auf ihr ›Engagement für Gleichberechtigung und Vielfalt‹ sein«, spottete er, »aber hat irgendjemand mal darüber nachgedacht, was für verheerende Auswirkungen das alles auf diejenigen hat, um die es hier eigentlich geht? Kinder, zum Teil erst sieben Jahre alt, sind nicht in der Lage, eine solche Information zu verarbeiten.« Obwohl er betonte, dass er das Recht von trans Personen unterstütze, »einen Geschlechtswechsel zu wollen«, gab Littlejohn nicht der Gesellschaft die Schuld an der möglichen Verwirrung der Kinder, sondern Meadows selbst: »Indem er darauf besteht, an die St-Mary-Magdalen-Schule zurückzukehren, stellt er seine egoistischen Bedürfnisse über das Wohl der Kinder, die er in den letzten Jahren unterrichtet hat […] [W]enn er sich so wenig für die Gefühle der Kinder interessiert, für deren Bildung er bezahlt wird, dann ist er nicht nur im falschen Körper gefangen, sondern hat auch den falschen Beruf.«

Auf die Kolumne in der *Daily Mail* folgte ein Medienrummel. Die Presse lauerte Meadows vor dem Haus auf. Eltern, die ihre Kinder zur Schule brachten, wurden zu abfälligen Kommentaren gedrängt. Wer sich unterstützend äußern wollte, wurde schlichtweg ignoriert, erzählte Meadows Freund:innen gegenüber. »Ich weiß, dass die Presse einigen Eltern Geld angeboten hat, um an ein Foto von mir heranzukommen«, schrieb sie an Neujahr 2013 in einer privaten E-Mail. Da Fotograf:innen kein entsprechendes Bild in die Finger bekamen, zogen die Medien schließlich ein altes Foto von den Facebook-Seiten von Meadows' Bruder und Schwester – ohne Erlaubnis. Im Cache-Speicher der Schule wurde eine Kinderzeichnung aus der fünften Klasse gefunden, die Meadows nach ihrer Transition darstellte und die zu ihrem Schutz von der Website der Schule entfernt worden war (in seiner Kolumne beschreibt Littlejohn diese Zeichnung). Ihre Ex-Partnerin Ruth, deren gemeinsamer Sohn zur Welt gekommen war, bevor Meadows sich als trans outete, sagte später, Meadows sei sehr niedergeschlagen gewesen, vor allem wegen des Todes eines geliebten Menschen, der Belastung durch ihre Transition und der Berichterstattung darüber. Tatsächlich war Meadows schon deutlich vor ihrem Tod suizidal. Bereits am 7. Februar 2013 hatte sie einen Suizidversuch gemacht. Einen Monat später versuchte sie es erneut. Diesmal überlebte sie nicht.

Zu behaupten, die krasse, unbegründete Verletzung ihrer Privatsphäre sei der einzige Grund für Lucy Meadows' Suizid, wäre zu kurz gegriffen. Suizidversuche kommen bei trans Menschen deutlich häufiger vor als in der allgemeinen Bevölkerung. In der Tat ist die Statistik alarmierend: Eine kürzlich veröffentlichte Studie ergab, dass 62,7 Prozent der befragten trans Personen in Deutschland ein erhöhtes Suizidrisiko haben. 16 Prozent der Befragten gaben an, schon mindestens einen Suizidversuch unternommen zu haben. Im US Transgender Survey, der weltweit größten Erhebung unter trans Personen, berichteten sogar 81,7 Prozent der Befragten, zu einem Zeitpunkt ihres Lebens ernsthafte Suizidgedanken gehabt zu haben. 40,4 Prozent hatten schon mindestens einen Suizidversuch unternommen. Hinter diesen Statistiken stehen Menschen, die im Stillen leiden und komplexe Leben führen. Selten gibt es eine einzige einfache Erklärung für eine derartige Tragödie. Aber eines können wir mit Sicherheit sagen: In den letzten Monaten ihres Lebens, in denen sie unter einer hohen psychischen Belastung gelitten haben muss, wurde Lucy Meadows von den britischen Medien gemobbt, belästigt, verspottet und dämonisiert. Ihr Tod bleibt eines der dunkelsten Kapitel in der Geschichte der britischen trans Community und eine der beschämendsten Episoden in der langen und beschämenden Geschichte der britischen Boulevardpresse. Meadows mag anderweitig mit Problemen gekämpft haben, aber sie war weder eine Person des öffentlichen Lebens oder eine Berühmtheit, noch wollte sie eine werden. Jahrelang hatte sie im Privaten mit dem Thema Geschlecht gerungen, und die Entscheidung zu transitionieren traf sie dem Vernehmen nach nicht leichtfertig. Sie hatte nichts weiter getan, als trans zu sein, offen und ehrlich zu sagen, wer sie war, und weiterhin einen Beruf auszuüben, in dem sie gut war, in einer Schule, die sie unterstützte. Ihre Geschichte war nicht im Entferntesten von öffentlichem Interesse. Bei der gerichtlichen Untersuchung der Todesursache erklärte der Gerichtsmediziner Michael Singleton, die Medien sollten sich dafür schämen, wie sie Meadows behandelt hatten. Als er seine Ergebnisse zusammenfasste, wandte sich Singleton an die versammelte Presse im Zuschauer:innenraum mit den Worten: »Schämen Sie sich, und zwar alle.«

An Lucy Meadows' Geschichte war mit am schlimmsten, wie viel davon vorhersehbar war. Im Dezember 2011, ein Jahr vor dem Elternbrief mit der Ankündigung von Meadows' Transition, hatte die Leveson Inquiry – eine öffentliche gerichtliche Untersuchung der britischen Medien im Zuge eines Telefonabhör-Skandals von News International – mehrere schriftliche Stellungnahmen von Trans Media Watch erhalten. Trans Media Watch setzt sich seit 2009 für eine Verbesserung der Berichterstattung über trans-relevante Themen ein. In den Stellungnahmen stand detailliert, wie die britische Presse trans Menschen systematisch falsch darstellt und verleumdet oder zu Witzfiguren degradiert. Im Fall von Lucy Meadows waren sie erschreckend prophetisch. »Pressevertreter:innen werden sicher nicht abstreiten, dass sie die Macht haben, die Gesellschaft positiv zu beeinflussen«, heißt es in den Stellungnahmen, »doch im Falle von trans Personen handeln sie weitgehend als selbst ernannte Moralpolizei. In solchen Situationen verteidigt sich die Presse damit, dass sie lediglich das Unbehagen der Öffentlichkeit widerspiegeln würde – und spielt somit die eigene Rolle herunter, dieses Unbehagen überhaupt erst zu erzeugen und zu formen.«

Die Presse, so Trans Media Watch, erreiche das auf zweierlei Weise: Erstens, indem sie ein Klima schafft und aufrechterhält, in dem trans Menschen mit spöttischen Schlagzeilen und pubertärer Sprache ins Lächerliche gezogen und gedemütigt werden, ein Klima, das, vor allem im Internet, zu öffentlichen Beschimpfungen einlädt. Und zweitens, indem sie »einzelne trans Menschen und deren Familien herausgreift und permanent in ihre Privatsphäre eindringt«. Trans Media Watch forderte die Leveson Inquiry auf, sich für einen besseren Schutz von trans Menschen auszusprechen. Dazu gehörten die Wahrung ihrer Anonymität, wenn es sich nicht um Personen des öffentlichen Lebens handelt, eine klarere Regulierung und einen erleichterten Zugriff auf die Organe des Rechtssystems. Die Empfehlungen wurden bis heute nicht umgesetzt.

Nach dem Tod von Lucy Meadows bestand kurzzeitig die Hoffnung, dass sich die lange Geschichte der diskriminierenden Berichterstattung über trans Menschen in den britischen Medien zum Besseren wenden würde. Seit die *Sunday People* 1961 das trans Model April Ashley mit der Schlagzeile »›Ihr‹ Geheimnis ist gelüftet« outete – und damit ihre Modelkarriere schlagartig beendete –, sind die Medien eher daran interessiert, mit spöttischen und misstrauischen Schlagzeilen ihren Profit zu steigern, und weniger daran, die Öffentlichkeit über trans Menschen zu informieren. Seit Lucy Meadows' Tod gibt es zwar kleinere Verbesserungen im medialen Umgang mit einzelnen trans

Menschen, doch diese Erfolge werden durch den dramatischen Anstieg eines anderen Phänomens konterkariert: Die Feindseligkeit in der Presse gegenüber trans Menschen als Minderheitengruppe hat massiv zugenommen.

Ende der 2010er-Jahre waren trans Menschen nicht mehr nur eine gelegentliche Freakshow in der Boulevardpresse. Vielmehr landeten wir täglich in den Schlagzeilen fast aller großen Zeitungen. Wir wurden nicht mehr als der lächerliche, aber harmlose Mechaniker aus der Provinz dargestellt, der eine »Geschlechtsumwandlung« vornimmt, sondern als Vertreter:innen einer mächtigen neuen »Ideologie«, die Institutionen für sich einnimmt und das öffentliche Leben dominiert. Nicht länger Grund zur Belustigung, sondern Grund zum Fürchten. Kurz nach den Ermittlungen zu Lucy Meadows verpuffte die flüchtige Gelegenheit, das Mobbing von trans Menschen in der Presse zu beleuchten. In den Jahren danach drehten die Medien den Narrativ-Spieß um: Nun waren trans Menschen der Mob. Fünf Jahre nach Meadows' Tod schlug selbst eine der angesehensten Tageszeitungen des Landes, *The Times,* einen vor Verachtung triefenden Ton an: »Eine lobenswerte Bewegung zur Unterstützung einer Minderheit ist zu einer Herrschaft des Terrors in schlechten Perücken und Netzstrümpfen geworden – dank einer Handvoll Mobber, Trolle und humorloser Frauenhasser«, hieß es in einem Artikel über trans Menschen aus dem Jahr 2018. »Fühlen Sie sich zu eingeschüchtert, um irgendwas zum Thema ›Transgender‹ zu sagen? Prima! Genau das will der Mob.«[1]

Großbritannien befindet sich mitten in einer hitzigen Debatte über die »Transgender-Frage«. In den letzten Jahren hatte wohl kein anderes Thema – außer dem Brexit und zuletzt der Coronapandemie – eine so große und wiederkehrende Medienpräsenz. Allein 2020 brachten *The Times* und deren Schwesterzeitung *The Sunday Times* zusammen über 300 Artikel über trans Menschen – fast einen pro Tag. Die Gratiszeitung *Metro* druckte 2018 die ganzseitige Anzeige, die die Öffentlichkeit aufforderte, sich der Reform des Gender Recognition Acts zu widersetzen. Die Reform sollte ähnlich wie in anderen europäischen Staaten das Verfahren zur rechtlichen Änderung des Geschlechtseintrags günstiger und weniger übergriffig machen. Im Jahr zuvor hatte die Boulevardzeitung *Daily Star* eine Reihe Falschmeldungen veröffentlicht, in denen behauptet wurde, dass der berüchtigte Kindermörder Ian Huntley trans sei, bevor das Blatt – zwei Jahre später – schließlich zugab, dass die Geschichte erfunden war.

Gleichzeitig wurden TV-Debatten zu diesem Thema zu einem festen Bestandteil im Frühstücksfernsehen und in Talkshows wie *Good Morning Britain, This Morning, Victoria Derbyshire* und *Loose Women*, deren Moderator:innen bitterernst die Rechte von trans Personen auf uneingeschränkte Teilnahme am öffentlichen Leben abwägten. Im Mai 2018 strahlte Channel 4 *Genderquake* aus, eine Live-Fernsehdebatte über die »Transgender-Frage«, die so feindselig wurde, dass die trans Podiumsgäst:innen zur Hauptsendezeit live durch Zwischenrufe auf übelste Weise beschimpft wurden, was zu über zweihundert Beschwerden bei der Medienaufsichtsbehörde Ofcom führte.

Natürlich mischten sich auch Prominente ein. 2017 fragte der Fernsehmoderator Piers Morgan in der Sendung *Good Morning Britain* zwei trans Gäst:innen, ob Transidentitäten nur »Gelaber« seien, und fragte sich – live in der Sendung –, ob er sich nun als »schwarze Frau« oder als »Elefant« identifizieren könne. Das löste eine Kontroverse aus, die sich wenig überraschend auf Twitter entlud. Im Juni 2020 sorgte die erfolgreichste britische Autorin aller Zeiten, J. K. Rowling, für eine internationale Debatte, als sie auf ihrer Website einen Essay mit dem Titel »TERF-Kriege« veröffentlichte. Rowlings Position zur Identität von trans Menschen war bereits seit Dezember 2019 umstritten, als sie öffentlich die Steuerexpertin Maya Forstater unterstützte, deren Zusammenarbeit mit einem Thinktank beendet wurde, nachdem dieser Tweets von ihr als transfeindlich eingestuft hatte.

»Ich bin zutiefst besorgt über die Konsequenzen des aktuellen trans Aktivismus«, schrieb Rowling. »Ich bin besorgt über die explosionsartige Zunahme junger Frauen, die sich eine Transition wünschen, und auch über die wachsende Zahl von Frauen, die eine Detransition vornehmen (zu ihrem ursprünglichen Geschlecht zurückkehren), weil sie die Schritte bereuen, die ihren Körper in einigen Fällen unwiderruflich verändert haben.«

Noch unverblümter war ihre Kritik an trans Weiblichkeit: »›Frau‹ ist kein Kostüm. ›Frau‹ ist keine Vorstellung im Kopf eines Mannes. ›Frau‹ ist kein rosa Hirn, keine Vorliebe für Schuhe von Jimmy Choo oder jede der anderen sexistischen Vorstellungen, die jetzt irgendwie als fortschrittlich angepriesen werden.«

Ein weiterer britischer Prominenter, der zuverlässig seine Meinung über trans Menschen hinausposaunt, ist der Komiker Ricky Gervais: »Wir müssen die Frauenrechte schützen. Wir dürfen sie nicht untergraben, nur weil ein paar Männer einen neuen Kunstgriff gefunden haben, ein ganzes Geschlecht zu dominieren und zu dämonisieren.«

Das war nicht Gervais' erster Kommentar über trans Personen. Zuvor hatte er in Tweets die Vorstellung von transgender Körpern als ganz und gar absurd verspottet. »Es sollte das Recht jeder Frau sein, ihren Schwanz zu zeigen, wem sie will«, gibt einen Eindruck von Gervais' Humor zu diesem Thema. Es überrascht nicht, dass dieses oft oberflächliche Hinterfragen der Identität von trans Menschen durch die Morgans, Rowlings und Gervais' dieser Welt – die auf Twitter zusammen eine Reichweite von 36 Millionen Followers haben – im öffentlichen Bewusstsein das Gefühl verfestigt, trans Menschen seien Freiwild.

Ähnliches war in der Politik zu beobachten. Während des Wahlkampfs für das britische Unterhaus 2019 wurde die Parteichefin der Liberaldemokraten Jo Swinson in den Medien fortwährend mit ihrer progressiven Haltung zu trans Fragen konfrontiert. Das schuf einen Präzedenzfall für die anschließende Kampagne um die Führung der Labour Party im Jahr 2020, bei der alle Kandidat:innen nach ihrer Meinung zu den Rechten von trans Menschen befragt wurden. Plötzlich waren trans Personen das große Thema, zu dem jede:r eine Meinung haben musste: Was bedeutete es, ein Mann oder eine Frau zu sein oder sich auf eine völlig andere Weise zu definieren? Wenn jeder Mensch sein Geschlecht selbst bestimmen konnte, galt dann dasselbe für *race* – konnte sich eine *weiße* Person als Schwarz »identifizieren«? Wurden trans Kindern im Schnellverfahren unumkehrbare Entscheidungen über ihren Körper ermöglicht, oder verhinderten längere Wartezeiten, dass sie die nötige Betreuung erhielten? Sollten Menschen, die die Grenzen zwischen den Geschlechtern überschritten, wertgeschätzt oder gefürchtet werden?

Also ja, Großbritannien steckt in einer ohrenbetäubenden Debatte über trans Personen. Aber zweifellos gehen wir das Thema nach wie vor falsch an. Ich bin eine trans Frau, die während dieser Zeit in Medienberufen gearbeitet hat – ich weiß also, wovon ich spreche. Tätig war ich sowohl in LGBTIQ*-Organisationen, die sich für die Rechte von trans Menschen einsetzen, als auch als Redakteurin für verschiedene Zeitungen und Zeitschriften. Regelmäßig werde ich gebeten, mich im Radio, im Fernsehen und in schriftlichen Publikationen für die Rechte und Selbstbestimmung von trans Menschen auszusprechen. Fast immer lehne ich solche Angebote ab. Und zwar aus folgendem Grund: Wenn die Medien sich der sogenannten »Transgender-Frage« widmen, stecken dahinter oft zynische Gründe, die nicht zur Gleichberechtigung und zur Emanzipation von trans Menschen beitragen. Offenbar steht hinter der Berichterstattung über die trans Community nur selten der Wunsch, die Öffentlichkeit über die tatsächlichen Fragen und Herausforderungen zu informieren und aufzuklären, mit denen eine Gruppe konfrontiert ist, die – so die Beweislage – ein Leben lang stark diskriminiert wird. Typischerweise sehen Nachrichten über trans Menschen heutzutage so aus: Ein:e trans Aktivist:in debattiert mit einer Person mit »Bedenken« – als wären beide Seiten gleichermaßen vom Ausgang der Diskussion betroffen.

Trans Menschen sind mit einem kaputten Gesundheitssystem konfrontiert. Es mangelt ihnen extrem an Unterstützung, was sowohl ihre Transidentität betrifft als auch die psychischen Auswirkungen der Probleme, die allzu häufig damit einhergehen – wie Ablehnung durch die Familie, Mobbing, Wohnungs- und Arbeitslosigkeit. Daher versuchen trans Personen, die über eine geeignete Plattform oder andere Möglichkeiten verfügen, die mediale Berichterstattung auf diese Themen zu lenken – allerdings vergeblich. Stattdessen werden wir in Fernsehsendungen eingeladen, um darüber zu diskutieren, ob trans Menschen öffentliche Toiletten benutzen dürfen sollten. Trans Personen werden entmenschlicht und auf ein Gesprächsthema oder abstraktes Problem reduziert: eine »Frage«, über die endlos diskutiert und debattiert werden kann. Wenn die Medien über die »Transgender-Frage« sprechen wollen, heißt das, wie sich herausgestellt hat, dass sie über *ihre Probleme mit uns* reden wollen und nicht über die Herausforderungen, *vor denen wir stehen*.

Wenn ich versuche, die strukturellen Probleme anzusprechen, die das Leben von trans Menschen beeinträchtigen, werde ich oft entmutigt oder sogar zum Schweigen gebracht. Eigentlich ist das nicht überraschend. Während ich diese Zeilen schreibe, gibt es trotz des Medienmythos einer mächtigen Transgender-Lobby hierzulande weder Zeitungsredakteur:innen, die offen trans sind, noch festangestellte trans Journalist:innen bei größeren Zeitungen, keine trans Programmverantwortlichen beim Fernsehen, keine trans Richter:innen an den wichtigsten Gerichtshöfen, keine trans Abgeordneten, weder im Parlament noch in den dezentralen Regionalparlamenten, und auch keine trans Vorsitzenden bei größeren Organisationen. (Jay Stewart, Vorstandsvorsitzender von Gendered Intelligence, leitet als einzige trans Person einen der britischen Vereine, die sich für die Interessen von trans Menschen einsetzen). Dies ist eine Frage der Macht: Selten werden die Bedingungen für das Gespräch *über* trans Menschen *von* trans Menschen selbst festgelegt. Zum Teil liegt das daran, dass der Anteil der trans Menschen in der britischen Bevölkerung gering ist – die genaue Zahl ist nicht einmal bekannt. Der bislang größten und umfassendsten Schätzung zufolge gibt es in Großbritannien zwischen 200 000 und 500 000 Menschen, die unter die offizielle Definition von »trans« fallen. Geschätzt werden wir dementsprechend auf weniger als ein Prozent der Bevölkerung. Für Deutschland gibt es keine derartige repräsentative Erhebung oder gar genaue Zahlen. Wenn wir die Zahl der Geburten eines Jahrgangs in Relation zu den Änderungen des Geschlechtseintrags in einem Jahr setzen, würde das für das Jahr 2020 bedeuten: 773 144 Kinder wurden geboren und 2687 geschlechtsangleichende Verfahren durchgeführt. Daraus ergäbe sich ein Anteil von 0,35 Prozent trans Personen in der Gesamtbevölkerung. Tatsächlich geben jedoch 61 Prozent der trans Personen in Deutschland an, ihren Geschlechtseintrag noch nicht geändert zu haben oder nicht ändern zu wollen.

Viele Menschen stehen nicht bewusst in regelmäßigem Kontakt zu einer trans Person. Wir brauchen jedoch einen persönlichen Bezug, um andere zu verstehen und uns in sie hineinzuversetzen. Wenn wir uns mit einer Person identifizieren können, fällt es uns leichter, Empathie zu empfinden. Wie jede andere Minderheit sind trans Personen dem Durchschnittsmenschen nicht vertraut. Daher sind wir stärker auf die Darstellung in den Medien, auf politische Solidarität von Leuten, die selbst keine trans Aktivist:innen sind, und auf kontinuierliche Unterstützung von staatlichen Institutionen angewiesen, um Verständnis und Mitgefühl im Rest der Gesellschaft zu schaffen. Gleichzeitig sind wir durch die Verbreitung von Fehlinformationen, Vorurteilen und Klischees besonders gefährdet. Leider sind Letztere in der Öffentlichkeit weit verbreitet. Auf der ganzen Welt werden trans Menschen diskriminiert, belästigt und Gewalt ausgesetzt. Grund dafür sind Vorurteile, die fest mit der Kultur verwoben sind und unsere Fähigkeit zur Empathie und sogar zur Akzeptanz von trans Personen als vollwertige Menschen beeinträchtigen.

In den 2010er-Jahren hofften viele Aktivist:innen und Interessenvertretungen in der trans Community, dass dieses dringend nötige Verständnis durch eine »Sichtbarkeitspolitik« und bessere Repräsentation zustande kommen würde. Die Idee dahinter war, dass durch eine größere Sichtbarkeit einzelner trans Personen in Kunst und Kultur trans Menschen insgesamt vertrauter gemacht und daher weniger stigmatisiert und missverstanden werden würden. Ein wichtiger Meilenstein in dieser Sichtbarkeitspolitik war in die Titelseite der Maiausgabe 2014 des US-amerikanischen *Time Magazine*. Auf dem Cover war Laverne Cox, eine Schwarze trans Schauspielerin aus einer Arbeiterfamilie, die damals eine trans Rolle in der erfolgreichen Netflix-Serie *Orange is the New Black* spielte. Neben dem Bild von Cox wurde getitelt: »Die Transgender-Wende: Amerikas nächste Bürgerrechtsbewegung«. Das Bild und die Schlagzeile waren kühn und sofort Kult. Cox wurde zu einem Sprachrohr für trans Menschen überall. Dank der Stimmung, die sich nach dem Cover und ähnlichen Darstellungen Mitte der 2010er-Jahre entwickelte, entschieden sich viele trans Personen (mich eingeschlossen), sich zu outen oder offen trans zu leben. Allerdings war der Optimismus, der an Cox' persönlichen Aufstieg gekoppelt war, zu kurz gegriffen. Zwei Jahre später wurde Donald Trump zum Präsidenten der USA gewählt. Seine Regierung führte eine Reihe von transfeindlichen Maßnahmen ein, um rückgängig zu machen, was US-amerikanische trans Menschen in Bezug auf ihre Bürgerrechte und den Zugang zu medizinischer Versorgung erreicht hatten. In manchen trans Communitys – vor allem in denen, die vom Staat aufgrund von *race*, der sozialen Klasse oder dämonisierten Tätigkeiten wie Drogenhandel oder Sexarbeit als »kriminell« eingestuft wurden – war der Grat zwischen Sichtbarmachung und Überwachung so schmal, dass es möglicherweise eher kontraproduktiv als emanzipatorisch war, präsenter in der Gesellschaft zu werden. Die Sichtbarkeitspolitik mag nicht völlig versagt haben, aber die positiven Auswirkungen auf das Leben von US-amerikanischen trans Personen (die nicht auf dem Cover von Zeitschriften landen) wurde weit überschätzt.

Das Gleiche galt Mitte bis Ende der 2010er-Jahre in Großbritannien. Allmählich wurden trans Menschen in der breiteren Gesellschaft sichtbarer: Beliebte britische Fernsehserien wie *EastEnders* und *Emmerdale* besetzten trans Rollen mit trans Schauspieler:innen. Trans Menschen tauchten hin und wieder auf den Titelseiten von Magazinen auf, in Diskussionsrunden in Nachrichtensendungen und so weiter. Wie viele andere engagierte ich mich ehrenamtlich bei neuen Projekten wie All About Trans, die sich für nichtkonfrontative Treffen zwischen Fernsehproduzent:innen, Zeitungsredakteur:innen und »gewöhnlichen« trans Menschen einsetzten. Diese Treffen hatten zwar einige positive Auswirkungen, aber der Erfolg hing stark vom Wohlwollen bestimmter Personen in den Medienorganisationen ab und auch von der »richtigen Art« von trans Menschen, den »richtigen Eindruck« zu machen: richtig aussehen (was auch immer das heißen mochte) oder richtig sprechen und sich richtig verhalten.

Parallel zu dieser gezielten Projektarbeit für eine bessere Repräsentation in den klassischen Medien kam die explosionsartige Ausbreitung der sozialen Netzwerke, die einigen trans Menschen einen größeren Raum boten, um sich auszutauschen, eigene Inhalte zu erstellen und sich online politisch zu organisieren. Bis dahin hatten sich viele trans Menschen aus geografischen oder Diskretionsgründen nicht in der Community engagieren können. Für die meisten Kommentator:innen der traditionellen Medien kam die rasche Verbreitung einer vielfältigen und sehr engagierten trans Subkultur im Internet überraschend. Plötzlich boten Plattformen wie Twitter trans Leuten sowohl die Möglichkeit als auch ein uneingeschränktes Recht, öffentlich zu reagieren – ganz anders als damals, als ein Leser:innenbrief der einzige Weg war, Missfallen über eine Berichterstattung auszudrücken. Nun konnten die Medien nicht mehr ungestraft Fehlinformationen verbreiten. Sie konnten damit konfrontiert und in aller Öffentlichkeit zur Rechenschaft gezogen werden. Einige britische Journalist:innen gewöhnten sich daran leichter als andere. Die meisten von uns, die unter 35 Jahre alt sind und journalistisch arbeiten, kennen das gar nicht anders. Andere hingegen reagierten feindselig darauf, öffentlich hinterfragt zu werden. In den sozialen Medien aktive trans Menschen wurden als wütende Aktivist:innen abgestempelt, als Meute, die versucht, die Diskussion zu ersticken, oder schlicht, wie in *The Times*, als »Mob«.

Die zugespitzten Social-Media-Debatten über trans Menschen und ihre Rechte waren Futter für einen medialen Zyklus der Empörung, der Ende der 2010er-Jahre finanziell durch Kommentare und Likes, Clickbait, Shares und einprägsame Zitate getrieben wurde. Während viele trans Menschen das Jahrzehnt mit der Hoffnung begonnen hatten, dass die sozialen Netzwerke zur Demokratisierung von Repräsentation und Sichtbarkeit beitragen würden, waren sie am Ende erschöpft und verzweifelt wegen der zunehmend feindseligen Stimmung im Internet. Prominente trans Menschen mussten täglich Beschimpfungen und Belästigungen aushalten. Wie in den klassischen Medien war die Sichtbarkeitspolitik auch im Internet bestenfalls ein Teilerfolg.

Sichtbarkeit hilft zwar gegen unausgewogene Repräsentation, aber durch sie allein lässt sich keine sogenannte Verteilungsgerechtigkeit erreichen. Dieser Kampf ist größer, komplexer und letztlich auch wichtiger. Er hat das Ziel, den schwächsten trans Communitys Mittel zur Verfügung zu stellen, um sich gegen staatliche Gewalt (wie Polizeigewalt, Inhaftierung oder Abschiebung) und Enteignung zu wehren, Armut zu bekämpfen und bessere Arbeitsbedingungen zu schaffen. In diesem Bestreben war der bemerkenswerteste Verbündete britischer trans Menschen der Women and Equalities Select Committee Inquiry on Transgender Equality, ein parteiübergreifender parlamentarischer Untersuchungsausschuss, der im Januar 2016 seine Ergebnisse über die politische Realität, britisch und trans zu sein, veröffentlichte. Die Untersuchung stellte fest, dass »eine umfassende und komplexe Hierarchie von Problemen vorliegt, die angegangen werden müssen«, um die Gleichstellung von trans Menschen zu erreichen. Und sie betonte ausdrücklich, dass trans Menschen im Stich gelassen werden:

> Ein Lackmustest für jede Gesellschaft, die Grundsätze von Gerechtigkeit und Gleichheit hochhält, ist das Ausmaß, in dem sie die Rechte und Interessen aller Mitbürger:innen unterstützt und schützt, auch die der am stärksten marginalisierten Gruppen [...] Trotz begrüßenswerter Fortschritte in den letzten Jahren scheitert unsere Gesellschaft bei diesem Test in Bezug auf trans Menschen weiterhin.[2]

Der Bericht enthielt mehrere ausführliche Empfehlungen für Gesetze und Grundsatzentscheidungen, um das Leben von trans Menschen in zahlreichen Bereichen zu verbessern: von der Gesundheitsversorgung über Schulbildung bis hin zu Hasskriminalität und der Betreuung von trans Gefangenen. Allerdings wurde bis heute keine dieser Empfehlungen umgesetzt, und allem Anschein nach ist das in absehbarer Zeit auch nicht geplant. Darüber hinaus hat sich seit der Veröffentlichung des Berichts die Situation für trans Menschen in vielerlei Hinsicht verschlechtert.

Nach der Untersuchung erklärte sich die konservative Regierung von Theresa May bereit, eine einzige Empfehlung umzusetzen: die Reform des Gender Recognition Act von 2004, der das Verfahren regelt, durch das manche trans Personen die amtliche Änderung ihres Geschlechtseintrags und eine neue Geburtsurkunde erwirken können. Um das Verfahren zugänglicher und weniger pathologisierend zu gestalten, empfahl die Trans Inquiry, auf die umfangreiche Nachweispflicht für medizinische Atteste zu verzichten. May hoffte, dass diese einfache Gesetzesänderung, deren Umsetzung weniger kosten würde als die empfohlenen strukturellen Reformen des NHS (National Health Service, das staatliche britische Gesundheitssystem) oder der Schulen. Diese Änderung sollte Mays angeschlagener Regierung einen dringend benötigten PR-Schub geben und ihr selbst Ansehen als progressive Konservative einbringen – so wie es die Ehe für gleichgeschlechtliche Paare bei ihrem Vorgänger David Cameron getan hatte.

Doch als das Reformvorhaben angegangen wurde, war das Medienecho überwältigend. Mehrere Basisgruppen starteten unter dem Vorwand, Frauen und Kinder zu schützen, eine hartnäckige Kampagne, um die Reform zu stoppen. Sie behaupteten fest, dass dieses menschlichere Verfahren zur Anerkennung der Geschlechtszugehörigkeit es Sexualstraftätern erleichtern würde, sich Zugang zu schutzbedürftigen Personen wie Kindern oder cis Frauen zu verschaffen. Das Thema schlug so hohe Wellen, dass die Regierung im Jahr 2018 bei einer öffentlichen Konsultation zur Reform des Gender Recognition

Acts über 100 000 Zuschriften erhielt. Zwar waren die meisten für die Reform, aber viele Tausende Standardantworten kamen von Kampagnengruppen, die sich dagegen aussprachen. Als Theresa May 2019 zurücktrat, nachdem sie keine Unterstützung für ihren Brexit-Deal formieren konnte, wurden die Reformen komplett auf Eis gelegt.

Nach wie vor sind trans Personen von gleichberechtigter Mitbestimmung und echter Verteilungspolitik ausgeschlossen, obwohl sich immer mehr Menschen als trans outen. Trans Personen sind Zielscheibe der rechten Medien geworden, neben beispielsweise Muslim:innen, Einwanderer:innen im Allgemeinen, Sinti:zze und Rom:nja und Pavee, der Black-Lives-Matter-Bewegung, Fett-Aktivist:innen und Feminist:innen, die sich gegen staatliche Gewalt gegen Frauen wehren. Diese und weitere Gruppen wurden in einem vergifteten und aufgeladenen öffentlichen Kampf zwischen Wertesystemen auf bloße Streitthemen reduziert. In den letzten Jahren wurden die Debatten über trans Menschen nicht nur boshaft, sondern vor allem banal. Die »Transgender-Frage« beschränkt sich inzwischen auf eine Handvoll sich wiederholender Diskussionspunkte: ob es nicht-binäre Menschen gibt und ob genderneutrale Pronomen sinnvoll sind; ob es trans Kindern mit Geschlechtsdysphorie erlaubt werden sollte, mit ihrer Transition zu beginnen; ob trans Frauen bei den Olympischen Spielen die Frauenwettbewerbe dominieren werden; und die endlose Debatte über Toiletten und Umkleideräume.

In diesem Buch werden diese Themen und Argumente nicht noch einmal wiedergekäut. Trans Menschen zu zwingen, sich in Endlosschleife auf solche Diskussionen einzulassen, gehört meiner Ansicht nach zu den Taktiken derer, die uns unterdrücken wollen. Diese Debatten sind zeitraubend, anstrengend und lenken uns von dem Wesentlichen ab: von den konkreten Formen, wie wir unterdrückt werden. Denn darauf sollten wir uns eigentlich konzentrieren. Die Schriftstellerin Toni Morrison hat einmal darüber gesprochen, wie genau diese Taktik von *weißen* Menschen gegen People of Color eingesetzt wird:

»Die sehr ernste Funktion von Rassismus ist Ablenkung«, sagte sie 1975 vor Studierenden der Portland State University. »Er hält dich davon ab, deine Arbeit zu tun. Er lässt dich immer und immer wieder erklären, warum du da bist. [...] Keine dieser Erklärungen ist notwendig. Es wird immer noch eine weitere Sache geben.« In ähnlicher Weise wird der öffentliche Diskurs über die Erfahrungen von trans Menschen verzerrt und vom eigentlichen Thema abgelenkt.

Mit diesem Buch möchte ich einen anderen Weg einschlagen. Ich möchte die Debatten über trans Menschen, wie sie von denen geführt werden, die einen sogenannten Kulturkrieg anheizen wollen, hinter uns lassen und eine neue, ausgewogene Diskussion über trans Menschen beginnen. Dieses Buch ist kein Memoir. Seitdem die Reiseschriftstellerin Jan Morris 1974 ihr Memoir *Rätsel. Betrachtung einer Wandlung** über ihre Transition veröffentlicht hat, beschränken sich trans Autor:innen in Großbritannien und auf der ganzen Welt auf die Veröffentlichung von Bekenntnistexten, in denen der eigene Körper als Ausgangspunkt für Analysen der Gesellschaft dient, in der dieser Körper existiert. Auch wenn trans Memoiren einen wichtigen Beitrag zur Entstigmatisierung und Entmystifizierung des Selbstverständnisses von trans Menschen geleistet haben, sollten persönliche Bekenntnisse nicht die einzige Grundlage für das Recht von trans Personen sein, öffentlich und politisch zu Wort zu kommen. Darin haben wir viel mit cis Schriftstellerinnen gemeinsam, die ebenfalls zu autobiografischem statt analytischem Schreiben gedrängt werden. Du musst keine intimen Details meines Privatlebens kennen, um mich zu unterstützen. Beschäftige dich nicht mit dem »Warum«, sondern kümmere dich um das »Was«. Was bringt es mit sich, als trans Person in einer transfeindlichen Gesellschaft zu leben? Zu oft sind es Gewalt, Vorurteile und Diskriminierung.

Meine persönliche Geschichte würde Ihnen ohnehin nicht viel nützen. Denn ich bin eine *weiße* trans Frau aus der Mittelschicht mit einem

* *Rätsel. Betrachtung einer Wandlung,* Deutsch von Frieda Ellman. Dörlemann Verlag, Zürich 2020. Anm. der Übers.

Hochschulabschluss und einem großen Netzwerk aus Freund:innen und Familie. Für die große Mehrheit von trans Menschen ist das nicht repräsentativ. Meine Medienpräsenz, die es mir ermöglicht hat, dieses Buch zu schreiben, beruht auf Privilegien, die mir aufgrund meiner sozialen Herkunft, meines *Weiß*seins und meiner Bildung gewährt wurden. Das war schon immer so. Wie die feministische Wissenschaftlerin Viviane Namaste vor zwanzig Jahren schrieb: »Berufs- und Mittelschichtsnormen bestimmen nicht nur, was Transsexuelle sagen dürfen und in welchem Rahmen. Sie verleihen auch denjenigen Transsexuellen das Rederecht, die sich an die Codes der Mittelschicht halten.«[3]

Ich habe versucht, meine Privilegien als Werkzeug zu nutzen, um durch dieses Buch den Stimmen von trans Menschen Gehör zu verschaffen, die sich nicht regelmäßig äußern dürfen und über die selten gesprochen wird. Ich hoffe, dass dieses Buch zu einer intensiven Diskussion in anderen trans Texten beiträgt. Gleichzeitig ist mir bewusst: Die Diskussion über die trans Emanzipation bleibt unvollständig, wenn nicht vielfältigere trans Publikationen veröffentlicht werden und wenn weiterhin einige wenige Fachleute aus gut finanzierten LGBTIQ*-Verbänden aus der Mittelschicht den Ton im trans Aktivismus angeben, von denen viele selbst nicht trans sind.

In diesem Buch werden cis Leser:innen Ungerechtigkeiten erkennen, die trans Menschen oft erleiden und die ihnen selbst – oder anderen Minderheiten, mit denen sie vertraut sind – ebenfalls widerfahren. Und das ist gut so. Die Reduzierung von trans Menschen als die »Transgender-Frage« hat zur Folge, dass wir von solidarischem Verhalten ausgeschlossen und zu den »Anderen« gemacht werden. Daher muss ein neues Gespräch zwingend damit beginnen, diese Entfremdung aufzuheben und zu überlegen, was wir mit anderen Minderheiten oder marginalisierten Gruppen gemeinsam haben und wo die Überschneidungen liegen. Nur durch Solidarität, Mitgefühl und radikales Umdenken können wir eine gerechtere und glücklichere Welt für uns alle schaffen.

1 TRANS LEBEN JETZT

»Meine Vorurteile über trans Menschen hatte ich aus den Medien, und von trans Kindern hatte ich noch nie etwas gehört. Ich dachte, es ginge vor allem um Geschlechterklischees. Deshalb war ich einfach verwirrt, dass mein Kind, dem das männliche Geschlecht zugewiesen worden war und das keine besonders ›weiblichen‹ Interessen hatte, ständig sagte: ›Ich bin ein Mädchen.‹«

Kate erzählt mir von Alex, ihrer ältesten Tochter*. Es ist ein warmer Juliabend. Wir sitzen in der Küche ihres Familienhauses in einem beschaulichen Vorort, in dem junge Paare aus der Mittelschicht mit ihren Familien wohnen. Alex, die noch zur Grundschule geht, ist trans. Vor ein paar Jahren dachte ihre Mutter, sie sei ein Junge, der unbeholfen versuchen würde, um typisch weibliche Dinge zu bitten. »Als Alex sehr klein war, wurde sie manchmal furchtbar wütend, und ich sprach oft im Auto mit ihr darüber. Dann sagte ich: ›Aber ich verstehe nicht, was anders wäre, wenn du ein Mädchen wärst. Was kannst du jetzt nicht tun, was du als Mädchen machen könntest?‹ Ich fragte: ›Willst du eine Puppe?‹ Ihre Antwort: ›Ich mag keine Puppen!‹«

Als Kate und ihr Mann Joe sich bereit erklärten, mit mir zu sprechen, um mir bei der Recherche für dieses Buch zu helfen, schlug ich vor, sie zu Hause zu besuchen. Unter anderem, weil ich dachte, ein Treffen woanders sei eine logistische Herausforderung für ein Paar mit Kleinkindern. Außerdem hoffte ich, die beiden würden sich so

* Die Namen aller trans Jugendlichen und ihrer Eltern wurden zum Schutz ihrer Privatsphäre geändert.

wohler fühlen: Wegen der feindseligen Haltung der Medien gehen Eltern von trans Kindern mit ihrer Geschichte oft ungern an die Öffentlichkeit. Kate und Joe hatten mich zum Abendessen eingeladen, und am frühen Abend aß ich mit der ganzen Familie Pizza und Knoblauchbrot. Alex, die neben mir saß, wirkte typisch für ein Kind in ihrem Alter und akzeptierte mich als fremden Gast am Tisch, beachtete mich aber auch nicht weiter. Wie Alex' Eltern später anmerkten, hatte sie keinen besonders mädchenhaften Kleidungsstil. Ein typisches Mädchen in Rosa und Glitzer war sie nicht.

»Von klein auf hat sie sich sehr für Bücher interessiert, und das tut sie immer noch«, erzählt Joe. »Wir müssen sie ermahnen, das Buch wegzulegen und zu schlafen.« Er und Kate beschreiben ihre Tochter stolz als »eine Person, die sehr genau weiß, wer sie ist, und einen Sinn für Gerechtigkeit hat – dafür, was richtig und was falsch ist. Sie ist sehr nachdenklich.« Aber, fügt Kate hinzu, »manchmal kann sie auch richtig unreif sein. Ich meine, sie ist nicht perfekt.«

Alex war etwa drei Jahre alt, als sie anfing, ihre Mutter zu korrigieren, wenn sie sie einen Jungen nannte. »Für gutes Verhalten habe ich sie gelobt und wie alle Eltern so etwas gesagt wie: ›Gut gemacht, Junge‹«, sagt Kate. »Irgendwann erwiderte sie dann: ›Nein, gut gemacht, *Mädchen*.‹«

Schon bald fühlten sich Joe und Kate überfordert. »Wie viele Eltern mit kleinen Kindern dachte ich, ich hätte irgendwie versäumt, ihr etwas beizubringen«, sagt Kate. »Ich habe es einfach nicht kapiert.«

Joe erzählt, dass Alex schon bald anfing, den anderen Kindern und Erzieher:innen im Kindergarten zu sagen, sie sei ein Mädchen, aber sie wurde regelmäßig korrigiert. Kurz darauf begannen ihre Wutanfälle, besonders vor dem Schlafengehen. Der Grund war, so Joe, immer klar: »Warum könnt ihr nicht Mädchen zu mir sagen?«, »Warum wollt ihr nicht Mädchen zu mir sagen?«, »Ich bin ein Mädchen«, »Ich bin ein Mädchen«, »Ich bin ein Mädchen«, »Warum kann ich kein Mädchen sein?« Joe betont, wie versessen seine Tochter darauf war, von ihrem Umfeld als Mädchen angesehen zu werden. Schnell hatte Alex ihre halbe Kitagruppe davon überzeugt, für sie weibliche Pronomen zu verwenden. Die Erzieher:innen waren hingegen ebenso unsicher wie die Eltern, wie sie mit der ungewohnten Situation umgehen sollten. Schließlich sind Kinder dafür bekannt, Unterschiede offener und schneller zu akzeptieren als Erwachsene. Aber eins war allen um sie herum klar: Alex war unglücklich.

Wer keine trans Menschen kennt, könnte den Eindruck haben, die Zahl der Kinder, die ihr bei der Geburt zugewiesenes Geschlecht hinterfragen, sei in den letzten zehn Jahren deutlich gestiegen. Das ist eine gefährliche Fehleinschätzung. In Wahrheit bekennen sich nicht mehr Kinder zu ihrer Transidentität als früher. Doch inzwischen haben mehr Kinder das Gefühl, offen darüber sprechen zu können und dass ihre Eltern sie unterstützen und für sie eintreten. Im März 2017 outete sich Patricia Davies, eine neunzigjährige Veteranin des Zweiten Weltkriegs, als trans Frau und begann nach einem ärztlichen Gespräch über ihre lebenslange Geschlechtsdysphorie mit der Einnahme von Hormonen. Im Interview mit dem *Daily Mirror* sagte Patricia, sie habe 1930 zum ersten Mal festgestellt, dass sie ein Mädchen sei. Da war sie gerade mal drei Jahre alt – genau wie Alex, als diese begann, ihren Eltern gegenüber ihre Geschlechtsidentität zu behaupten.

»Ich weiß, dass ich transgender bin, seitdem ich drei Jahre alt war. Ich kannte ein Mädchen namens Patricia und beschloss, diesen Namen zu tragen. Leider konnte ich das nicht durchsetzen.«[1] Patricia erinnerte sich daran, dass sich ihre Mutter zwar anfangs gegenüber ihrem Interesse an Weiblichkeit tolerant zeigte, sie aber bald spürte, dass die Gesellschaft weniger verständnisvoll sein würde. So lernte Patricia, ihr Geschlechtsempfinden zu unterdrücken: »Sie dachten, sie könnten mich heilen. Sie haben nicht begriffen, dass das nichts war, was geheilt werden konnte. Wegen der Feindseligkeit der Leute habe ich geschwiegen.«

Zwischen Patricia und Alex liegen drei Generationen, aber ihre Erfahrungen zeigen, wie wichtig die Familie, Erziehung und gesellschaftliche Einstellung für den Verlauf des Lebens einer trans Person sind. Patricias Eltern stammten aus einer Zeit ohne entsprechende Vorbilder oder Anhaltspunkte, wie sie ihr helfen konnten. Den Großteil ihres Erwachsenenlebens bemühte sie sich, ihre Identität zu unterdrücken. Diesen inneren Kampf wird Alex dank der Akzeptanz ihrer Eltern nicht führen müssen.

Alex und Patricia haben noch etwas anderes gemeinsam. Beide gehören zu wachsenden Gruppen von trans Menschen – Kinder und ältere Menschen –, die verstärkt auf das Wohlwollen von Institutionen wie Schulen (im Falle von Kindern) oder Gesundheits- und Pflegepersonal (im Falle von älteren Menschen) angewiesen sind. Dieses Kapitel soll einen umfassenden Überblick über die Probleme geben, vor denen viele trans Menschen Tag für Tag stehen. Es wird der Alltag von trans Personen aller Altersgruppen untersucht, zu Hause, in ihren Familien und in ihren Communitys. Vor welchen Problemen stehen trans Kinder, wenn sie morgens das Schulgelände betreten? Wie wirkt es sich auf junge trans Menschen aus, wenn nahestehende Menschen sie ablehnen? Inwiefern kann Transsein eine Person anfällig für häusliche Gewalt machen? Wie schaffen wir als Gesellschaft Raum für eine alternde trans Bevölkerung zusätzlich zu ihren älteren cis Mitmenschen? Das sind wichtige Fragen. In vielen Fällen beziehen sie sich auf soziale Gerechtigkeit im weiteren Sinne und betreffen auch andere benachteiligte Gruppen. Hier geht es um strukturelles Versagen ebenso wie um persönliche Intoleranz. Transfeindliche Vorurteile verstärken andere Diskriminierungsformen wie Klassismus, Rassismus, Sexismus oder Ableismus. Beispielsweise sind viele konkrete Hilfsmaßnahmen für wohnungslose trans Menschen die gleichen wie für andere Wohnungslose. Allerdings schafft Transfeindlichkeit eine besondere Gefährdung von wohnungslosen trans Menschen, was in den Empfehlungen für wohnungslose Menschen in der Regel nicht berücksichtigt wird.

Viele trans Personen erleben schon früh im Leben Scham, Unterdrückung und Diskriminierung, oft bereits im Elternhaus. Während erwachsene trans Menschen in den letzten Jahrzehnten zunehmend akzeptiert und normalisiert wurden, wird die Existenz von trans Kindern oft abgestritten, und sie riskieren Kritik oder gar Strafen von Erwachsenen, wenn sie ihre Transidentität zum Ausdruck bringen.

In Großbritannien konzentriert sich die von den Medien vorangetriebe Debatte über trans Kinder auf die Frage, warum Kinder trans sind (und manchmal sogar darauf, ob es trans Kinder überhaupt gibt). Wenn es um trans Kinder und Jugendliche geht, sind die Meinungen oft besonders intolerant und erniedrigend. Die Reaktionen reichen von der Sorge um das Kindeswohl bis hin zu blankem Hohn. Im Jahr 2017 drehte die BBC eine Fernsehdokumentation mit dem Titel: *Transgender Kids: Who Knows Best?* Darin kam Kenneth Zucker zu Wort, ein kanadischer Arzt, dessen Umgang mit gendervarianten Kindern höchst umstritten ist. Ihm wird vorgeworfen, dass er sogenannte reparative bzw. Konversionstherapien durchführt. (Zucker weist diese Anschuldigungen entschieden von sich.) Unter Konversionstherapie wird eine gefährliche pseudowissenschaftliche Methode verstanden, mit der die sexuelle Orientierung oder Geschlechtsidentität einer Person geändert werden soll. Auf kleine Kinder angesprochen, die ihre Transidentität zum Ausdruck bringen, antwortete Zucker: »Und wenn ein Vierjähriger mal sagt, er sei ein Hund, gehen Sie dann los und kaufen Hundefutter?« So extrem diese Aussage auch sein mag, die Darstellung der Transidentität von Kindern und Jugendlichen als absurde Einbildung ist typisch für einen Großteil der Berichterstattung über das Leben junger trans Menschen.

Solche Einstellungen werden durch ständige Fehlinformationen über geschlechtsangleichende Operationen bei Kindern gefördert und geschürt. Die Realität – das muss hier klar und deutlich gesagt werden – sieht so aus: Bei trans Kindern und Jugendlichen unter 18 Jahren werden in Großbritannien *nie* Genitaloperationen durchgeführt. Dass viele Menschen, denen ich persönlich begegnet bin, das nicht wissen, ist größtenteils auf feindselige Presse und sensationsheischende Schlagzeilen zurückzuführen. So wurde Mermaids, der führende britische Verband zur Unterstützung von Familien mit trans Kindern, im Juni 2019 in *The Sunday Times* als »Organisation für den Geschlechtswechsel von Kindern« bezeichnet.[2] Von allem anderen abgesehen ist das auch noch völlig falsch. Vor der Pubertät vollziehen junge trans Kinder nur eine soziale Transition, das heißt, sie ändern ihren Namen, die Pronomen und in einigen Fällen auch Kleidung oder Frisur.

Im medialen Diskurs werden trans Kinder oft entweder als Unschuldige dargestellt, die aus den Fängen einer bösartigen Ideologie befreit werden müssen, oder als zu fürchtende Gefahr. Ein Beispiel für Letzteres ist ein Gespräch zwischen dem Moderator Nick Robinson, dem ehemaligen Politikredakteur der BBC, und der trans Autorin Paris Lees im Februar 2018 im Podcast *Political Thinking*. Lees war eingeladen, um über die mediale Darstellung von trans Menschen zu sprechen. Stattdessen nutzte Robinson die Gelegenheit, um ihr gegenüber provokativ das Recht von trans Personen, Räume wie Toiletten und Umkleidekabinen zu nutzen, infrage zu stellen: Was ist mit »Typen, die eine Geschlechtsumwandlung gemacht haben und in Schulen in die Mädchenumkleide gehen«?[3] Als Lees ihn auf seine Wortwahl ansprach und fragte, warum er dachte, eine erwachsene Person würde überhaupt eine Mädchenumkleide betreten, antwortete Robinson: »Nein, kein Erwachsener. Das kann ja jemand Jüngeres sein.«[4] Zwar nahm Robinson seine ursprüngliche Formulierung schließlich zurück. Aber dieses (bestenfalls unvorsichtige) Über-einen-Kamm-Scheren von jungen trans Mädchen mit (übergriffigen) erwachsenen »Typen« gehört genau zu den rhetorischen Taschenspielertricks, die eine konstruktive Diskussion über die Erfahrungen von trans Kindern verhindern.

Ich kann mir gut vorstellen, wie Lees sich gefühlt hat. Im Juni 2018 wurde ich in die BBC-Sendung *Newsnight* eingeladen, um über die Inklusionspolitik bei den Pfadfinderinnen zu sprechen, die es trans Mädchen wie jedem anderen Mädchen auch erlaubt beizutreten. Vor der Sendung wurde mir gesagt, dass sich das Gespräch um

»Bedenken« über eine Politik drehen würde, die es trans Mädchen ermöglicht, an Campingausflügen und Übernachtungen teilzunehmen, ohne dass die Eltern der anderen Mädchen darüber informiert werden. Der Produktion teilte ich mit, dass ich diese Formulierung für gefährlich halte, weil es unterstellt, dass trans Kinder pauschal ein erhöhtes Risiko für sexuellen Missbrauch darstellen. Abgesehen davon war ich erstaunt, wie schlecht sich das Produktionsteam über die Datenlage informiert hatte: Die medizinische und persönliche Vorgeschichte eines trans Kindes gegenüber anderen Eltern offenzulegen, ist rechtswidrig und verletzt grundlegende Menschenrechte, insbesondere das Recht auf Privatsphäre. Mir wurde schnell klar, dass die Diskussion nicht darauf abzielte, die Öffentlichkeit über die Rechte von trans Kindern und die Verantwortung der Erwachsenen für ihr Wohlergehen zu informieren, sondern das Publikum mit einer ausgedachten Kontroverse und Debatte zu unterhalten. Ich lehnte die Einladung ab.

Während die Medienberichterstattung sich allzu gern darauf fokussiert, ob trans Kinder das Recht haben sollten, an Aktivitäten mit Gleichaltrigen teilzunehmen (oder gar darauf, ob trans Kinder wirklich existieren), wird über eines der drängendsten Probleme kaum berichtet: trans Kinder sind mit deutlich höherer Wahrscheinlichkeit zu Hause und in der Schule Diskriminierung, Schikane und Gewalt ausgesetzt. In den Lokalnachrichten finden sich manchmal schreckliche Schlagzeilen – wie über den trans Jugendlichen, dessen Gesicht von einer Gruppe Gleichaltriger in Witham, Essex, aufgeschlitzt wurde, oder über das elfjährige trans Mädchen in Manchester, das nach monatelangem Mobbing in der Schule mit einer Softair-Pistole angeschossen wurde. Bislang haben es die überregionalen Medien jedoch mehr oder weniger versäumt, zu untersuchen, inwiefern diese schrecklichen Vorfälle Teil einer umfassenden Struktur von Gewalt an trans Kindern sind. In einer Studie zur Lebenssituation von LGBTIQ*-Jugendlichen in Deutschland gaben 44,6 Prozent der trans Schüler:innen an, in der Schule beschimpft, beleidigt oder lächerlich gemacht zu werden. 10 Prozent der trans Schüler:innen berichteten von körperlichen Angriffen oder wurden schon mindestens einmal verprügelt. Laut einer Studie der LGBTIQ*-Organisation Stonewall aus dem Jahr 2017 berichten 64 Prozent der britischen trans Schüler:innen, dass sie wegen Trans- und Homofeindlichkeit (manchmal werden trans Jugendliche als homosexuell wahrgenommen) gemobbt werden. Als Teil dieses Mobbings erleiden 13 Prozent der trans Schüler:innen körperliche Gewalt.[5] Zusammenhänge zwischen der Häufigkeit von Mobbing und psychischen Problemen bei trans Kindern (erschreckende 84 Prozent der jungen britischen trans Menschen haben sich schon einmal selbst verletzt[6]) werden in den Medien und der Bildungspolitik leider viel zu wenig untersucht.

Trotz dieser Art der Medienberichterstattung gibt es Fortschritte in einem der wichtigsten Punkte. Immer häufiger begegnen wir Eltern wie Joe und Kate, die ihre trans Tochter Alex seit ihrem dritten Lebensjahr in ihrer Geschlechtsidentität unterstützen. Joe und Kate sind dazu bereit und in der Lage, weil mehr Informationen über trans Kinder und Geschlechtsdysphorie zu Verfügung stehen.

»Was das angeht, hatten wir wirklich Glück«, sagt Kate. »Wir haben im Internet gesucht, dort gab es Unmengen an Informationen. Allein vor fünf Jahren hätten Eltern an unserer Stelle kaum etwas gefunden. Wir haben viel entdeckt, vor allem Blogs und Artikel von US-amerikanischen Eltern – die waren Großbritannien fünf Jahre voraus.«

Als die Gewissheit, einfach nur einen verwirrten Sohn zu haben, allmählich bröckelte, wurde Kate und Joe klar, dass sie noch viel zu recherchieren hatten. Alex war fest entschlossen, sich in ihrer weiblichen Identität zu behaupten. Dass ihre Eltern zu Hause keine männlichen Pronomen mehr für sie verwendeten, konnte jedoch ihr tägliches Leid, in ihrem restlichen Alltag immer noch wie ein Junge behandelt zu werden, kaum lindern.

»Geschlechtsneutral zu sein, wenn alle anderen ein Geschlecht haben, war keine gute Lösung«, erzählt Kate. »Und ab da informierte ich mich besser. Ich dachte: Okay, wir brauchen einen richtigen Plan.«

Als die Eltern sich in das Thema einlasen, stießen sie auf Hunderte von Berichten über Familien mit kleinen Kindern, die eine Geschlechtsidentität hatten, die mit dem nach der Geburt eingetragenen Geschlecht nicht übereinstimmt. Kate und Joe waren überrascht, wie sehr sich diese Berichte mit ihren eigenen Erfahrungen deckten. »Selbst wenn die Umstände ganz verschieden sind, ist es manchmal geradezu unheimlich, wie sehr sich die Situationen ähneln, wenn die Kinder sich völlig sicher sind und das auch schon in jungen Jahren kommunizieren können.«

Kate weist darauf hin, dass diese Ähnlichkeiten zwischen den verschiedenen Erfahrungsberichten von Eltern mit trans Kindern einen Mob anziehen, der der Meinung ist, dass trans Kinder nicht existieren oder nicht in ihrem Geschlecht bestätigt werden sollten. »Diese Menschen glauben nicht daran«, sagt sie, »weil sie denken, dass die Familien einfach alles nachplappern. Dabei wissen wir: Wir haben diese Erfahrungen gemacht, lange bevor wir Berichte von anderen gelesen haben. Und jetzt habe ich mich eingelesen und mit vielen gesprochen, und ja, die Geschichten sind ähnlich! Diese Geschlechtsidentität, die bei einer Dreijährigen anscheinend eben einfach *da ist* und ihr mehr bedeutet als alles andere.«

In Kates und Joes Geschichte taucht ein Motiv auf, das typisch ist für viele Berichte über trans Kinder, die eine nicht normative Identität ausdrücken möchten: der anfängliche Widerwille der meisten Eltern, vollständig zu akzeptieren, dass ihr Kind ein anderes Geschlecht hat. Das steht in krassem Widerspruch zu dem weit verbreiteten Vorurteil, Eltern würden ihre jungen trans Kinder zu schnell in einer Identität bestärken, die sonst vielleicht »nur eine Phase« gewesen wäre. Ganz im Gegenteil, viele unterstützende Eltern geben zu, dass sie dem Glück ihres Kindes aus Unwissenheit oder Angst zu lange im Weg standen. Die Geschichte von Kate und Joe ist ein gutes Beispiel dafür:

Alex' Identität zu akzeptieren war ein schrittweiser Prozess für sie. Nach einigen Recherchen und einem hausärztlichen Gespräch wandten sie sich an den Gender Identity Development Service (GIDS), der Familien in England zu Fragen der Geschlechtsidentität bei Kindern berät. Dort erfuhren sie, dass Alex für eine Beratung eine offizielle Überweisung brauchte. Die Wartezeit betrug zehn Monate. Kate und Joe wandten sich auch an die Organisation Mermaids. Inzwischen trat Alex mit Unterstützung ihrer Eltern immer femininer auf, was die Aufmerksamkeit der Verwandtschaft sowie anderer Eltern in der Kita auf sich zog. Mermaids vermittelte ihnen den Kontakt zu anderen Eltern von trans Kindern. Diese wiederum konnten Alex beruhigen und ihr bestätigen, dass sie nicht das einzige Kind war, das sich »anders« fühlte. Der Erfahrungsaustausch half auch Kate und Joe, Alex' Situation vollständig zu begreifen. Nach einem Einkaufsbummel, bei dem sie ihr Kleidung kauften – ausschließlich aus der Mädchenabteilung –, war Alex auf der Heimfahrt trotzdem aufgebracht. Da fragte Joe sein Kind endlich, was sie glücklich machen würde.

»Wenn ich brav war«, antwortete Alex, »will ich, dass du sagst: Du warst heute ein braves Mädchen.«

Joe erwiderte: »Na, heute warst du ein braves Mädchen.«

In diesem Augenblick erkannten Joe und Kate, dass sie einen Großteil ihres Lebens damit verbringen würden, für Akzeptanz zu kämpfen, allerdings nicht für ihren verwirrten und verzweifelten Sohn, sondern für ihre trans Tochter.

Die Akzeptanz der Eltern ist der wichtigste Faktor für das zukünftige Wohlergehen eines trans Kindes. Im Jahr 2017 erschien im *Journal of the American Academy of Child and Adolescent Psychiatry* eine Studie, der zufolge trans Kinder, deren Eltern eine soziale Transition erlauben, im Vergleich zu ihren cis Geschwistern und Kontrollgruppen weder höhere Depressionsraten noch ein geringeres Selbstwertgefühl haben. Eine andere Studie untersuchte trans Jugendliche, die einen neuen Namen gewählt hatten, der ihre Geschlechtsidentität besser widerspiegelte. Dabei wurde festgestellt, dass unter trans Jugendlichen, die von ihren Eltern und anderen Erwachsenen dazu ermutigt wurden, ihren selbstgewählten Namen zu Hause, in der Schule und im Freund:innenkreis zu verwenden, im Vergleich zu Gleichaltrigen, die ihren gewählten Namen nicht nutzen durften, die Symptome einer schweren Depression um 71 Prozent zurückgingen. Diese Jugendlichen gaben 34 Prozent weniger Suizidgedanken an und machten 65 Prozent weniger Suizidversuche.[7] Natürlich ist die Verwendung des selbst gewählten Namens nicht der einzige Aspekt, der die psychische Gesundheit von trans Kindern verbessert. Aber er ist ein klarer Anhaltspunkt, wie sehr eine Person von ihrem Umfeld akzeptiert wird. Dem gegenüber steht in Deutschland allerdings die deprimierende Zahl, dass 78,6 Prozent der trans Jugendlichen zu Hause in ihrer geschlechtlichen Identität nicht ernst genommen werden. 61,4 Prozent erzählen, dass ihre geschlechtliche Identität absichtlich ignoriert wird.

2016 beschrieb der Autor Matthew Todd in seinem Buch *Straight Jacket: How to be Gay and Happy*, inwiefern eine Kettenreation von Schamgefühlen bei queeren Kindern ausgelöst werden kann, wenn Eltern ihre »Andersartigkeit« (was laut Todd in der Regel das Brechen von Geschlechternormen umfasst) ablehnen. Diese Kettenreaktion kann sich bis ins Erwachsenenalter fortsetzen und zu Unzufriedenheit und sogenannten »ungünstigen Verhaltensmustern« führen, die mit Problemen wie Depression, Angst und Sucht in Verbindung stehen.

Bei seiner Beschreibung stützt sich Todd auf die Arbeit des Selbsthilfeautors John Bradshaw. Dieser unterscheidet zwischen gesunder Scham, die Kinder davon abschreckt, etwas Gefährliches oder Schädliches zu tun, und krank machender Scham, die sich gegen die Kinder selbst richtet, gegen das, was sie als Mensch ausmacht. Todd betont, dass es ein großer Unterschied ist, ob ein Kind bestraft wird, weil es sich schlecht benommen hat, ihm aber weiterhin versichert wird, dass es geliebt wird, oder ob das Kind für den Ausdruck von natürlichen Eigenschaften – wie zum Beispiel überschwängliches Verhalten eines kleinen Jungen – bloßgestellt und im Glauben gelassen wird, es sei deshalb ein schlechter Mensch:

> [E]s ist nichts, was wir entscheiden oder tun, sondern es ist ein natürlicher Teil von uns. Also können wir das, was als Problem wahrgenommen wird, nicht korrigieren. Das ist, als würden wir die Liebe unserer Eltern nur dann erhalten, wenn wir unsere Augenfarbe ändern. Als Kind können wir nicht verstehen, dass eigentlich die Handlungen und Überzeugungen anderer Menschen – unserer Eltern – falsch sind. Wir verinnerlichen die negativen Gefühle und glauben, dass *wir selbst* falsch sind.[8]

Zum Glück gilt es mittlerweile nicht mehr als kontrovers, dass Eltern ihren schwulen, lesbischen oder bisexuellen Kindern zur Seite stehen. Bei trans Kindern ist das nach wie vor nicht selbstverständlich. Wenn Eltern beschließen, ihr Kind in dem Wunsch zu unterstützen, eine Transition vorzunehmen und sozial in einem anderen Geschlecht zu leben, wird das von einem Großteil der Gesellschaft immer noch als fragwürdig angesehen. Das kann von Getuschel und unverblümten Fragen am Schultor bis hin zu offenen Anschuldigungen des Kindesmissbrauchs oder Münchhausen-Stellvertreter-Syndroms reichen. Schlimmer noch: Manche Eltern befürchten, durch unrechtes Eingreifen der Behörden ihr Kind zu verlieren. Joe erinnert sich, dass er Angst hatte, Kate und er könnten Probleme mit dem Jugendamt bekommen, wenn sie Alex erlaubten, sich öffentlich als Mädchen zu präsentieren. Das war der Hauptgrund, warum er wollte, dass Alex an GIDS überwiesen wurde.

»Zu dem Zeitpunkt waren wir ziemlich besorgt. Wir hatten davon gehört, dass andere Familien Probleme gekriegt hatten und dem Jugendamt gemeldet worden waren, und wir fühlten uns angreifbar.« Joe fügt hinzu, er und Kate »befürchteten, dass viele glauben würden, wir hätten uns das nur ausgedacht«.

Joes Sorgen waren nicht unbegründet. Im Mai 2019 befasste sich das Gericht mit einem Fall, in dem Sozialarbeiter:innen des Lancashire

County Councils die Inobhutnahme von zwei trans Kindern aus derselben Familie beantragt hatten. Das Jugendamt wurde alarmiert, als H., das dreijährige Pflegekind des Paares, das als Junge geboren wurde, sich im Kindergarten als Mädchen präsentierte. Die offensichtliche Transition von H. beunruhigte die Sozialarbeiter:innen, insbesondere weil das leibliche Kind des Paares – R., sieben Jahre alt und ebenfalls als Junge geboren – auch zu einem Mädchen transitionert hatte. Vermutlich misstrauisch, weil zwei trans Kinder in derselben Familie aufwuchsen, wollten die Sozialarbeiter:innen die Kinder mit folgender Begründung von ihren Eltern trennen: »H. und R. haben gelitten und laufen Gefahr, erheblichen emotionalen Schaden zu erleiden, weil ihre vollständige soziale Transition zu einem Mädchen im sehr jungen Alter stattfand und aktiv bestärkt wurde.« Bei der gerichtlichen Anhörung, die auch Gutachten von Fachleuten berücksichtigte, wurde der Vorwurf abgewiesen. Stattdessen entschied das Gericht, dass die Eltern das Kind »angemessen unterstützt« hätten. Richter Justice Williams fügte hinzu, es gebe keinerlei Hinweise, dass die Eltern durch die Unterstützung bei der sozialen Transition das Kindeswohl gefährdet hätten. Außerdem sei es »vollkommen offensichtlich«, dass sie gute »aufmerksame und umsichtige« Eltern seien. Die Frage der Kindeswohlgefährdung sei »restlos ausgeräumt«. Trotz des Erfolgs hat sich dieser Fall sicher dennoch sehr negativ auf die betroffene Familie ausgewirkt – und auch auf Familien in ähnlichen Situationen, die den Fall aufmerksam verfolgt hatten und befürchteten, selbst in ein solches Verfahren verwickelt zu werden.

Fälle wie dieser zeigen, dass die entsprechenden Fachkräfte besser geschult werden müssen. Einem Bericht des National Institute of Economic and Social Research aus dem Jahr 2018 zufolge ist die Ausbildung von Sozialarbeiter:innen für die Betreuung von Kindern und Familien »größtenteils unzureichend«, was Transgender-Fragen betrifft, und der Wissensstand der Fachkräfte für Soziale Arbeit »sehr unterschiedlich«.[9] Das alles ist meiner Meinung nach ein Beweis für die anhaltenden gesellschaftlichen Vorurteile gegenüber trans Menschen. Fortbildungsmaßnahmen für Fachkräfte allein werden das Problem nicht lösen. In unserer cis Weltanschauung wird trans zu sein immer als unerwünschter – wenn auch im Einzelfall aushaltbarer – Zustand für einen Menschen angesehen. Manche traurigen Gestalten mögen sich vielleicht im Erwachsenenalter noch eine Transition wünschen, so die Auffassung, aber für unschuldige Kinder bestehe das Risiko, zu schnell zu dieser potenziellen Katastrophe ermutigt zu werden und dann, wenn sie erwachsen sind, bitter zu bereuen, was ihnen widerfahren ist.

Die Ironie dieses Vorurteils liegt auf der Hand: Es lässt völlig außer Acht, welcher Schaden entsteht, wenn ein trans Kind, das sich seiner Identität sicher ist und sie ausspricht, *nicht* unterstützt wird. Viele trans Erwachsene erinnern sich daran, dass ihre Eltern sie nicht unterstützen konnten oder wollten, sondern sich stattdessen bemühten, ihre Identität durch Leugnen, Strafen und Scham zu unterdrücken. Laut Matthew Todd hat es tiefgreifende Auswirkungen, wenn ein Kind von Erwachsenen lernt, dass grundlegende und unveränderliche Aspekte der eigenen Persönlichkeit falsch sind. Wenn wir trans Kindern gerecht werden wollen, müssen wir zunächst verstehen, dass solche Versuche, die Identität des Kindes zu unterdrücken, lebenslange Schäden auslösen können. Stattdessen müssten Eltern gelobt werden, wenn sie ihr Kind bei der Erkundung der eigenen Geschlechtsidentität – wie auch immer diese aussehen mag – unterstützen, weil sie dadurch ihrer Verantwortung als Eltern nachkommen und ihrem Kind ein sicheres und liebevolles Zuhause schaffen.

Neben der Akzeptanz durch Eltern, Familie und Verwandtschaft ist einer der größten und unvermeidlichen Einflüsse auf den Alltag von jungen trans Menschen die Schule. Als Kate und Joe beschlossen, Alex bei ihrer sozialen Transition zu einem Leben als Mädchen und der Verwendung der Pronomen »sie« und »ihr« zu unterstützen, war ihre Tochter noch im Kindergarten. Da sie befürchteten, die Eltern ihrer Kitafreund:innen könnten verwirrt auf die Entscheidung reagieren, erklärten Joe und Kate in einem Brief, Alex habe lange mit ihrer Identität gerungen, und da es sie bedrücke, als Junge gesehen zu werden, würde sie ab sofort als Mädchen leben.

»Die Reaktion auf diesen Brief war recht positiv«, sagt Joe vorsichtig. »Die Leute haben gesagt: ›Völlig okay‹ oder ›Ihr macht bestimmt eine schwierige Zeit durch‹ und ›Wie schön, dass sie jetzt glücklich ist‹. Viele Antworten gingen in diese Richtung.« Er unterbricht sich. »Aber dann gingen nach und nach immer mehr Leute auf Abstand.«

Die anfangs positiven Reaktionen auf den Brief wichen einer feindseligen Haltung, und andere Eltern warfen ihnen vor, das Falsche zu tun.

»Es hat wehgetan, wenn Leute dachten, unsere Tochter könnte andere Kinder verwirren oder sei ansteckend. Manche Kinder durften nicht mehr mit Alex spielen oder mussten die Gruppen verlassen, in denen sie war.«

Kate erinnert sich, dass einige Eltern ihre Kinder aus dem Schwimmunterricht und dem Sportverein nahmen, den Alex besuchte: »Manche haben darum gebeten, in eine andere Gruppe versetzt zu werden, nach dem Motto: ›Mein Kind kann nicht in der Nähe eines trans Kindes oder verwirrten Kindes sein.‹«

Mit der Zeit wurde es besser. Inzwischen ist Alex in der Grundschule. Die meisten Kinder dort kennen sie nur als Mädchen – aber sie hat beschlossen, in ihrer Klasse offen mit ihrer Vergangenheit und ihrer Transidentität umzugehen. Alex' Verzweiflung und Ängste in Bezug auf ihr Geschlecht verschwanden, so Kate, »buchstäblich über Nacht«, sobald Alex weibliche Pronomen verwendete und zu Hause und in der Schule als Mädchen angesprochen wurde. Die Familie traf zwar immer noch auf Lehrkräfte und Eltern mit negativer Einstellung, aber sie konnten Alex einen Raum schaffen, in dem sie sie selbst sein konnte.

»Momentan ist es noch recht einfach«, sagt Kate. »In diesem Alter rennen die Kinder einfach rum, und von Mobbing habe ich noch nichts mitbekommen. Sie ist beliebt und hat sehr gute Freund:innen.«

Vorurteile werden eher in der Welt der Erwachsenen geschürt und genährt, und die Erwachsenen, so Kate, halten sich mit ihrer Akzeptanz noch etwas zurück:

»Ich glaube nicht, dass viele Eltern Alex richtig akzeptieren. Und das macht mir Sorgen. Die Kinder haben kein Problem damit, dass sie trans ist, weil sie es nicht richtig begreifen oder darüber nachdenken. Ich weiß nicht, wie das laufen wird, wenn sie alle älter werden. Denn ich glaube nicht, dass sie über diese Themen richtig aufgeklärt werden.«

64 Prozent der trans Schüler:innen sagen, dass sie in der Schule aus queerfeindlichen Gründen gemobbt werden, fast die Hälfte davon erzählt niemandem von diesem Mobbing, und 46 Prozent berichten, dass sie in der Schule »häufig« transfeindliche Äußerungen hören.[10] Es kann also mit Fug und Recht behauptet werden, dass unser Bildungssystem in einer Krise steckt, was die Bekämpfung von Mobbing, Gewalt, Belästigung und sozialer Ausgrenzung angeht. Die Ursprünge dieser Krise reichen Jahrzehnte zurück. In den Achtzigern wurde in den rechten Medien Panik wegen einer vermeintlichen »schwulen Agenda« geschürt, die angeblich in Schulen gefördert werden würde, woraufhin das Kabinett Thatcher mit dem Versprechen reagierte, gegen das Problem vorzugehen. In einer Rede auf dem Parteitag der Conservative Party im Oktober 1987 beklagte Margaret Thatcher:

> Allzu oft erhalten unsere Kinder nicht die Bildung, die sie brauchen – die Bildung, die sie verdienen. [...] Diese Chance wird ihnen allzu häufig von radikal linken Bildungsbehörden und extremistischen Lehrern weggenommen. [...] Kindern, die traditionelle Werte und Moralvorstellungen lernen sollten, lernen indes, dass sie ein unveräußerliches Recht darauf haben, homosexuell zu sein.

Um diesen Lauf der Dinge aufzuhalten, erließ ihre Regierung im Jahr 1988 die Section 28, eine Gesetzeserweiterung, die es verbot, »in Schulen das Lehren der Billigung von Homosexualität als gleichberechtigte Lebensform zu fördern«. Das Gesetz hatte zur Folge, dass

Lehrkräften sowohl das ausdrückliche Informieren über schwule und lesbische Themen als auch die Unterstützung von LGBTIQ*-Schüler:innen untersagt wurde. Da vielen Verhaltensweisen, für die Kinder und Jugendliche gemobbt werden, das Brechen von Geschlechternormen zugrunde liegt, beeinträchtigte und verzerrte dieses Gesetz zweifellos auch das Bewusstsein der britischen Gesellschaft für trans Menschen. Zwar wurde Section 28 im Jahr 2000 in Schottland und 2003 in England und Wales abgeschafft, aber sie vergiftete die Ausbildung einer Generation von Lehrkräften, die geschult wurden, sich nicht mit LGBTIQ*-Themen und dem darauf zurückzuführenden Mobbing auseinanderzusetzen.

Section 28 trat zwei Monate nach meiner Geburt in Kraft und blieb rechtskräftig, bis ich in der Oberstufe war. Wie viele trans Jugendliche, die sich noch als das Geschlecht präsentieren, das ihnen bei der Geburt zugewiesen worden war, wurde ich oft als schwul wahrgenommen. Ab meinem elften Lebensjahr wurde ich zur Zielscheibe homofeindlicher Hänseleien, die ich bis in meine frühen Teenagerjahre tagtäglich erlebte. Die Grundlage für diese Hänseleien waren verschiedene Eigenschaften und Verhaltensweisen, die meine Mitschüler:innen als feminin empfanden: von meiner Aussprache über die Art, wie ich ging, bis hin zu meinen Interessen. Wenn ich heute von diesen Erfahrungen erzähle, gehen Nicht-LGBTIQ*-Menschen davon aus, dass ich beschimpft (mit homofeindlichen Beleidigungen wie »schwul«, »Schwuchtel« oder »Tunte«), körperlich eingeschüchtert oder sogar angegriffen wurde. Vielen ist nicht klar, wie sexualisiert diese Schikane mitunter war. Die anderen dachten: Wenn ich schwul war, musste ich auch sexbesessen sein. Ich wurde öffentlich verspottet und gedemütigt. Mir wurde an den Kopf geworfen, dass ich dringend Analsex brauchte, und Jungs, die ein paar Jahre älter waren als ich, sagten, dass ich ihren »Schwanz lutschen« sollte. Auf einem Schulausflug, bei dem wir in Mehrbettzimmern schliefen, fand ich beim Aufwachen ein aufgeschlagenes Pornoheft auf meinem Gesicht.

Als ich dreizehn war, griff mir ein Junge aus einer anderen Klasse in den Schritt, um zu »prüfen«, ob ich ein Mädchen war oder nicht. Verprügelt wurde ich eigentlich nicht, und je älter ich wurde, umso besser wurde es in der Schule. Dass ich mich im Grunde glücklich schätzen kann, sagt viel über die damals weit verbreitete Homo- und Transfeindlicheit in Schulen aus. Einige meiner Freund:innen und viele trans Personen, die ich im Laufe meiner Arbeit kennengelernt habe, erlitten während ihrer Schulzeit tagtäglich schreckliche Qualen.

Aufgrund meiner Erfahrung bin ich mir bewusst, was für ein komplexes Netz aus Schamgefühlen homo- und transfeindliches Mobbing spinnen kann. Es war verwirrend, von Leuten verspottet und belästigt zu werden, die über meine Sexualität Schlüsse gezogen hatten, obwohl ich mir meiner sexuellen Orientierung nicht einmal selbst sicher war. Außerdem hatte ich nicht das Gefühl, dass ich mit anderen darüber sprechen konnte, weder in der Schule noch zu Hause. Denn das hätte nur noch mehr Aufmerksamkeit auf mein Queer-Sein gelenkt. Erwachsene hätten Fragen gestellt, auf die ich nicht vorbereitet war oder die ich mich nicht sicher fühlte zu beantworten. Zwar sprachen einige progressive Lehrkräfte das Thema Homosexualität im Rahmen des Sexualkundeunterrichts an, aber diese Lehrkräfte waren rar gesät – und während meiner gesamten Schulzeit wurden trans Menschen kein einziges Mal erwähnt. Unabhängig von ihrer persönlichen Haltung zu diesen Themen äußerten sich die meisten Lehrkräfte dazu nicht konkret. Einige wenige waren jedoch genauso voreingenommen wie die Mitschüler:innen, die mich schikanierten. Mehr als einmal wurde mir geraten, mich »zurückzunehmen« – eine subtile Täter-Opfer-Umkehr: Ich sollte meine Weiblichkeit unterdrücken, weil sie negative Aufmerksamkeit auf sich zog. Als wir auf einem Schulausflug nach London durch Soho spazierten, scherzte der stellvertretende Schulleiter: »Bleibt hier lieber mit dem Rücken zur Wand, Jungs.« Section 28 warf einen langen Schatten: Das Verbot der Aufklärung über LGBTIQ*-Themen hatte nicht nur zur Folge, dass queere Schüler:innen nicht offen leben konnten, sondern auch, dass eine schädliche Kultur des Schweigens entstand, in der sich sowohl unter den Schüler:innen als auch im Kollegium ungehindert Vorurteile ausbreiten konnten. Queere Jugendliche ihrerseits wurden durch die nie aufhören wollenden Demütigungen gezwungen, diese zu verinnerlichen. Oft wollten sie (genau wie ich) nicht darüber reden, aus Angst, eine ohnehin schon schreckliche Situation noch schlimmer zu machen. Es überrascht nicht, dass diese Demütigungen in der Kindheit eine Reihe negativer Auswirkungen auf die psychische Gesundheit im späteren Leben nach sich ziehen können. Section 28 muss als das in Erinnerung bleiben und verurteilt werden, was es war: eine erschütternde Vernachlässigung der eigenen Pflicht vonseiten der Regierung, die die jungen Menschen des Landes mit ihren Problemen im Stich ließ.

In den Jahrzehnten nach der Abschaffung von Section 28 gibt es Anzeichen dafür, dass sich die Situation für lesbische, schwule und bisexuelle Schüler:innen langsam – sehr, sehr langsam – gebessert hat. Einer Untersuchung von Stonewall zufolge ist die Zahl der queeren Schüler:innen, die wegen ihrer sexuellen Orientierung gemobbt werden, seit 2007 um fast ein Drittel zurückgegangen. Die Zahl der Schulen, die Mobbing dieser Art offen verurteilen, hat sich fast verdreifacht, und homofeindliche Äußerungen sind in Klassenzimmern, Fluren und auf Schulhöfen wesentlich seltener zu hören.[11] In der Öffentlichkeit wird zunehmend eingesehen, dass schulische Aufklärung über gleichgeschlechtliche Beziehungen und sexuelle Orientierung notwendig ist. (Allerdings nicht überall: Im März 2019 stimmten einundzwanzig Abgeordnete gegen einen LGBTIQ*-inklusiven Leitfaden für den Sexualkundeunterricht an englischen Schulen. Im selben Monat fanden vor der Parkfield Community School, einer Grundschule in Birmingham, Protestkundgebungen gegen die Einführung eines LGBTIQ*-inklusiven Sexualkundeunterrichts statt.)

Das zunehmende Bewusstsein, dass ein schulisches Umfeld inklusiv gestaltet werden muss, wird nicht ebenso bereitwillig auf trans Schüler:innen ausgeweitet. So wie in den Achtzigern die britischen

Medien eine »schwule Agenda« in den Schulen befürchtet hatten, herrschte in den späten 2010er-Jahren eine ähnliche Panik davor, dass der »Genderwahn« das Bildungssystem durchdringen würde. Während die Ablehnung einer LGB-inklusiven Bildung das Terrain von religiösen Konservativen und vom rechten Rand der Tories geworden ist, zieht sich der Widerstand gegen schulische Auflärung über die Existenz von trans Personen quer durch das politische Spektrum. Gleichzeitig kommen nur allzu oft Medienangriffe auf Organisationen vor, die Familien unterstützen und Fortbildungen in Schulen und öffentlichen Einrichtungen anbieten, insbesondere auf Mermaids. Schlimmer noch: Es wurden speziell Verbände gegründet, die gezielt Kampagnen gegen trans Inklusion in Schulen durchführen, sowohl in den Medien als auch durch Rechtsbehelfe gegen Gemeinderäte, die Richtlinien zur trans Inklusion in Schulen umsetzen. Einer dieser Verbände, Transgender Trend, liefert regelmäßig Zitate für entsprechende Artikel in Zeitungen wie *The Sunday Times* und *Daily Mail*. Nach eigenen Angaben wurde Transgender Trend 2015 von einer »Gruppe besorgter Eltern« gegründet und richtet sich an »alle, die über die soziale und medizinische ›Transition‹ von Kindern, die Einführung von ›Geschlechtsidentitätskunde‹ in Schulen und über neue Richtlinien und Gesetze besorgt sind, die auf subjektiven Vorstellungen von ›Gender‹ statt auf der biologischen Realität des Geschlechts basieren«. 2018 veröffentlichte der Verband Handreichungen für Schulen, deren Aufmachung dem Infomaterial von großen LGBTIQ*- und Trans-Organisationen sehr ähnelt und die Lehrkräfte angeblich dabei helfen sollen, Kinder zu unterstützen, die mit ihrer Geschlechtsidentität ringen. Bei näherer Betrachtung hatten die Broschüren genau den gegenteiligen Zweck: Sie ermutigten dazu, die Bedürfnisse von trans Kindern infrage zu stellen und zu unterdrücken. »Die von Transgender-Organisationen erteilten Ratschläge konzentrieren sich auf die Transgender-Person und blenden dabei die Pflichten der Schule gegenüber der gesamten Gemeinschaft aus«, raunt der Leitfaden unheilvoll. Ohne jegliche Beweise wird darin behauptet, trans Kinder und Jugendliche seien »ein völlig neues Phänomen. Schulen müssen sich darüber im Klaren sein, dass es keine langfristige Evidenzbasis für die ›Transition‹ von Kindern gibt, auch nicht für die soziale Transition.«[12]

Forschung ist transfeindlichen Gruppen wie Transgender Trend fremd – gerade, weil sich ihre Behauptungen durch Recherchen in Luft auflösen. Stattdessen stützen sie sich auf unbewiesene Mythen, Spekulationen und Unterstellungen: zum Beispiel, dass trans Menschen ein neues Phänomen seien oder dass trans zu sein mit sozialem Ansehen verbunden sei. Dies sei zu unterbinden. »Die Schule sollte jegliche Maßnahmen vermeiden, durch die ein Transgender-Kind zu einer ›Cause célèbre‹ werden könnte«, warnt dasselbe Infomaterial und verweist gleichzeitig auf »das Risiko einer ›sozialen Ansteckung‹ durch prominente trans Internet-Vlogger, die eine medizinische Transition verherrlichen«.[13] Laut Transgender Trend kann ein Coming-out als trans »von dem Kind auch als Ausrede für schlechtes Benehmen oder schlechte schulische Leistungen benutzt werden oder um besondere Rechte und Freistellungen zu erhalten, die anderen Kindern nicht gewährt werden«.[14] Mit anderen Worten: Trans zu sein mache ein Kind nicht nur glamouröser und beliebter, sondern könne ihm auch besondere Privilegien verleihen oder als eine Art Freibrief fungieren.

Es muss betont werden, dass all diese Behauptungen völliger Unsinn sind. Tatsächlich zeigen Untersuchungen, dass die Realität für trans Schüler:innen ganz anders aussieht als von den Anti-Trans-Kampagnengruppen beschrieben. In einer Studie an deutschen Schulen berichteten nur 52 Prozent der befragten Jugendlichen, dass LGBTIQA*-Themen mindestens einmal im Rahmen der sexuellen Bildung thematisiert wurden. In der Studie »Coming-Out – und dann!?« zur Lebenssituation von LGBTIQ*-Jugendlichen in Deutschland gaben 56 Prozent der trans Schüler:innen an, dass ihre geschlechtliche Identität an der Schule nicht mitgedacht werde. 47 Prozent wurden in ihrer geschlechtlichen Identität nicht ernst genommen. 77 Prozent der

LGBTIQ*-Schüler:innen in Großbritannien geben an, dass sie in der Schule nie über Geschlechtsidentitäten aufgeklärt wurden, geschweige denn darüber, was es bedeutet, »trans« zu sein; 33 Prozent der trans Schüler:innen können in der Schule ihren selbst gewählten Namen nicht benutzen; 58 Prozent dürfen nicht die Toiletten ihrer Wahl benutzen.[15] Dieses durch die Versäumnisse von Erwachsenen entstandene Umfeld führt zu mehr Feindseligkeit und Mobbing unter den Kindern. Erschreckenderweise hat fast jede zehnte junge trans Person während der Schulzeit eine Morddrohung bekommen. Die unbequeme Wahrheit sieht so aus: Anstatt verwöhnt oder bevorzugt behandelt zu werden, erhalten viele trans Schüler:innen kaum institutionelle Unterstützung und werden zum Teil explizit davon abgehalten, sich in der Schule frei zu entfalten.

Doch gerade heute, wenn stärkere Inklusion, uneingeschränktes Engagement gegen Mobbing und effektivere Schutzmaßnahmen erforderlich sind, entsteht ein falsches politisches Narrativ, wonach trans Kinder privilegiert behandelt werden, ihre Mitschüler:innen destabilisieren und von ihnen die Gefahr einer sozialen Ansteckung ausgeht, indem sie andere Kinder zu ihrer »Gender-Ideologie« bekehren. Angesichts all dieser Aufregungen wird klar, dass sich in Großbritannien eine moralische Panik um trans Kinder und Jugendliche entwickelt hat.

In ihrer klassischen Analyse der moralischen Panik beschreiben die Soziologen Erich Goode und Nachman Ben-Yehuda fünf Hauptmerkmale. Mit »Besorgnis« ist die Überzeugung gemeint, dass das Verhalten einer bestimmten Gruppe sich wahrscheinlich negativ auf die Gesellschaft auswirkt; »Feindseligkeit« – eigentlich selbsterklärend – führt dazu, dass die betroffene Gruppe als Feindbild gesehen wird und in den Medien als Außenseiter:innen, von der Norm abweichend und verantwortlich für Verbrechen oder andere soziale Probleme dargestellt wird; »Konsens« beschreibt den Glauben, die betroffene Gruppe berge eine äußerst reale Bedrohung für die Gesellschaft; »Unverhältnismäßigkeit« meint, dass die gesellschaftlichen Maßnahmen gegen die Gruppe in keinerlei Verhältnis zur tatsächlich von ihr ausgehenden Bedrohung stehen; und schließlich »Flüchtigkeit« – eine moralische Panik bricht meist schnell aus und verschwindet auch schnell wieder, weil das Interesse der Medien und damit der Öffentlichkeit nachlässt oder eine neue Panik die vorherige ersetzt.[16]

Die Geschichten, die über trans Kinder, insbesondere in Schulen, verbreitet werden, sollen die Öffentlichkeit beunruhigen – zumindest lässt sich aus der Wortwahl nichts anderes schlussfolgern. So lauten Schlagzeilen beispielsweise »Unsere Kinder fallen der Trans-Lobby zum Opfer« oder »Der Kult um die Genderidentität schadet Kindern«.[17] Dieses Narrativ passt zu Goodes und Ben-Yehudas Definition einer moralischen Panik. Die Feindbilddarstellung von trans Personen beruht auf drei Schlüsselfaktoren.[18] Erstens, das Reduzieren von trans Kindern auf grobe Stereotype, wie Nick Robinsons Über-einen-Kamm-Scheren von jungen trans Mädchen mit dem abgenutzten Zerrbild von erwachsenen »Typen, die eine Geschlechtsumwandlung gemacht haben«. Zweitens, Übertreibung, und zwar das Dramatisieren der steigenden Anzahl von Kindern, die sich als trans outen, durch Begriffe wie »Trend« und die gezielte Auswahl von Statistiken für einseitige Schlagzeilen wie »Ministerin lässt 4000-prozentigen Anstieg der Rate von Kindern untersuchen, die ihr Geschlecht wechseln wollen«.[19] Zwischen 2015 und 2020 wurden in England 10 478 Kinder (laut Definition unter 18 Jahren) an den GIDS überwiesen. Insgesamt leben in England etwa 12 Millionen Kinder. Selbst wenn die Zahl der Kinder steigt, die sich mit Geschlechterfragen an die Gesundheitsbehörde wenden, und selbst wenn sich alle von ihnen dauerhaft als trans identifizieren, würden diese Überweisungen höchstens rund 0,09 Prozent der gesamten Kinder in England ausmachen. Auch das fast immer als verwerflich dargestellte Einwirken von LGBTIQ*-Verbänden auf Schulen wird übertrieben (die größte britische LGBTIQ*-Organisation Stonewall arbeitet mit etwa 1500 der 32 770 Schulen in Großbritannien zusammen). Das Gleiche gilt für den angeblich so leichten Zugang zu medizinischen Behandlungen und das Alter, in dem diese angeboten werden. Schließlich stützt sich das Feindbild auf Behauptungen über das Verhalten der Gruppe. In den feindseligen Schlagzeilen wird regelmäßig das Wort »Grooming«[20] verwendet, um den angeblichen Einfluss der »Transgender-Lobby« auf Kinder zu beschreiben: ein Begriff, mit dem bewusst auf sexualisierte Gewalt angespielt wird, da Grooming die Kontaktanbahnung Erwachsener mit Minderjährigen für die Planung und Vorbereitung des sexuellen Missbrauchs bedeutet. In transfeindlichen Blogs, Onlineforen und in den sozialen Medien werden wilde Behauptungen aufgestellt, dass trans zu sein eine homofeindliche Verschwörung sei, da sie »homosexuelle Kinder heterosexuell« machen würde. Außerdem wird wird über die Existenz einer digitalen Transgender-Sekte spekuliert, die versucht, autistische junge Menschen zu rekrutieren. Letztere Behauptung basiert darauf, dass es Hinweise auf eine Verbindung zwischen Transidentität und Autismus gibt: Autistische Menschen leiden mit größerer Wahrscheinlichkeit an Geschlechtsdysphorie und identifizieren sich dadurch als trans – allerdings gibt es bisher kaum Hinweise, warum das der Fall sein sollte. Wichtiger als die Klärung dieser möglichen Verbindung ist, dass junge trans Menschen, die autistisch oder anderweitig neurodivers sind, ein noch höheres Risiko haben, in der Schule gemobbt und ausgegrenzt zu werden als neurotypische junge trans Menschen.[21] Auffallend ist auch, dass Anti-Trans-Theorien genauso negativen Stereotypen über Autismus verbreiten wie transfeindliche Klischees.

Soziolog:innen sind sich weitgehend einig, dass moralische Panik zu rückschrittlichen Gesetzesänderungen und zu Strafmaßnahmen führen kann, die sich erheblich auf die Bürgerrechte auswirken. Ebenso relevant ist, dass sie auch Institutionen – wie Schulen – dazu bringen kann, zögerlicher zu handeln, wenn es darum geht, die betroffene Gruppe zu schützen. Es ist wichtiger denn je, dass die Menschen, die für das Wohlergehen und die Erziehung von Kindern verantwortlich sind, entsprechend ausgebildet und über die Fakten informiert werden, damit sie trans Kinder schützen können.

Die moralische Panik, die trans Kinder und ihre Familien zur Zielscheibe macht, verdeckt nicht nur das Mobbing und die Ausgrenzung, mit denen trans Kinder bereits konfrontiert sind, sondern schürt sie zusätzlich.

»Ich habe den Eindruck, dass die Akzeptanz beziehungsweise Toleranz auf wackligen Beinen steht«, sagt Kate über die Haltungen, denen sie und ihre Tochter Alex im Alltag begegnen. »Wenn ein negativer Artikel erscheint, in dem es darum geht, dass es trans Kinder eigentlich gar nicht gibt und die Eltern ihre Kinder misshandeln würden, mache ich mir wirklich Sorgen. Wie wird sich das darauf auswirken, wie die anderen Eltern Alex wahrnehmen und wie sie das dann an ihre Kinder weitergeben?«

Besonders besorgt ist Kate darüber, welche Konsequenzen die Medienberichterstattung bereits jetzt auf Alex' Erfahrungen in der Schule hat. »Das einzige richtige Problem, das wir in der Schule hatten, war in der Woche nach der BBC-Dokumentation *Transgender Kids: Who Knows Best?*. Das ist kein Zufall, also das Timing. Ich weiß nicht, welche Eltern sich das angeschaut und was sie dann zu ihren Kindern gesagt haben, und dann sagen ihre Kinder etwas Gehässiges zu Alex. Aber es hat eine merkbare Auswirkung.«

Laut Joe erzählen viele Eltern von trans Kindern ähnliche Geschichten über den Zusammenhang zwischen Mobbing und falscher Darstellung in den Medien: »Wenn eine Dokumentation oder ein Zeitungsartikel erscheint, dann werden die Kinder in der Schule schikaniert. Sie werden auf Snapchat beschimpft, sie werden verprügelt oder kriegen einen Ziegelstein durchs Fenster geschmissen. Alle wissen, dass das passiert, und in unseren Gruppen kriegen wir das mit.«

Wenn trans Kinder wie Alex heranwachsen und auf die weiterführende Schule gehen, kommen sie, wie alle Jugendliche, in ein Umfeld, in dem sie nicht mehr so leicht vor Vorurteilen bewahrt und von ihren Eltern beschützt werden können. Wie andere Mädchen im Teenageralter wird auch Alex lernen müssen, ihre eigene Identität im Bezug auf ihr Geschlecht – und darüber hinaus – in der Welt zu behaupten. Aber ihre Eltern machen sich Sorgen, dass sie im Vergleich zu anderen Mädchen mit besonderen Schwierigkeiten konfrontiert sein wird, da Teenager eher als jüngere Kinder dazu neigen, auf Menschen herumzuhacken, die anders sind.

»Nach der Grundschule?«, sagt Kate. »Ich kann mir nicht vorstellen, dass es leicht wird, vor allem, weil wir nicht gerade in der fortschrittlichsten Gegend für queere Kinder leben.«

Die Haltung der britischen Medien und die Diskussion über trans Kinder beunruhigen Kate und Joe, doch es gibt auch eine positive Seite: Die größere Sichtbarkeit von trans Menschen im öffentlichen Leben schenkt ihnen Hoffnung für die Zukunft ihrer Tochter. Sie glauben, dass sich die Einstellung der Gesellschaft derzeit ändert und sich weiter zum Besseren wenden wird. In Joes Worten:

»Früher habe ich mir große Sorgen um ihre Beziehungen und ihre Lebensperspektiven gemacht, um ihre Lebenserwartung, ihre Gesundheit und das ganze Drumherum. Und jetzt? Ehrlich gesagt glaube ich, dass es ihr gut gehen wird. Bei jedem ist irgendwas los. Wir alle haben unser Päckchen zu tragen. Natürlich mache ich mir Sorgen um sie. Alle Eltern machen sich Sorgen um ihre Kinder. Aber inzwischen gibt es Menschen in der Öffentlichkeit, die trans sind und gut zurechtkommen und sich hervortun, und ich denke, das werden immer mehr, und Alex wird richtig aufblühen.«

Nach diesem Familienbesuch war ich überzeugt davon, dass Alex trotz der fast unvermeidlichen Schwierigkeiten, die auf sie zukommen werden, ein gutes Leben haben würde – dank der Liebe und Unterstützung ihrer Eltern, die hundertprozentig hinter ihr stehen. Die Begegnung mit Alex hat auch mir Hoffnung für die Zukunft gegeben. Sie und ich sind beide transweiblich und wurden nur eine Generation auseinander geboren. Doch die Welt, in der sie aufwächst, scheint viel mehr Platz für trans Menschen zu haben als die, die ich damals kannte.

Das führt uns zu einer anderen Frage über das Aufwachsen als trans Kind. Alex' Elternhaus ist ein Ort der Liebe und Geborgenheit, aber das gilt keineswegs für alle trans Kinder. In der Studie »Wie geht's euch?« zur Lebenssituation von LGBTIQ*-Personen in Deutschland gaben trans Personen unter 20 Jahren dementsprechend an, dass niemand (13,8 Prozent) oder nur wenige Personen aus der Familie oder Verwandtschaft (30 Prozent) über die eigene geschlechtliche Identität Bescheid wüssten. Die National LGBT Survey der britischen Regierung aus dem Jahr 2018 – die größte jemals durchgeführte Umfrage unter LGBT-Personen überhaupt – ergab, dass 44 Prozent der trans Personen zu Hause nicht offen über ihre Geschlechtsidentität sprechen, weil sie eine negative Reaktion befürchten. Die Umfrage gibt auch einen Einblick in die Art der negativen Reaktionen, vor denen junge trans Menschen Angst haben: In der Studie »Wie geht's euch?« gaben 61,4 Prozent der befragten trans Personen und 61,9 Prozent der nicht-binären Personen an, dass sie in der Familie mindestens einmal Diskriminierung erfahren haben. 16 Prozent der Jugendlichen, die sich weder als männlich noch weiblich verorten, berichten von Erfahrungen von sexualisierter Gewalt zu Hause. Damit sind sie stärker von sexualisierter Gewalt betroffen als weibliche (9 Prozent) und männliche (3 Prozent) Jugendliche. Diese Gewalt geht überwiegend von Erwachsenen aus. 29 Prozent der nicht-binären Jugendlichen berichten von physischer Gewalt im Elternhaus. In Großbritannien wurden 27 Prozent der befragten trans Jugendlichen im vergangenen Jahr von einer Person, mit der sie zusammenleben, verbal angegriffen; 5 Prozent haben von einer Person, mit der sie zusammenleben, körperliche Gewalt erfahren. Schockierenderweise waren in beiden Fällen die Eltern die häufigsten Täter:innen.[22]

Ablehnung und Entfremdung in der Familie haben verheerende Auswirkungen auf die Gesundheit. Sie haben auch materielle Folgen. Für einige Kinder ist die einzige Option, auszuziehen. Andere haben gar keine Wahl: Sie werden von den Eltern vor die Tür gesetzt. Dadurch sind trans Jugendliche und junge Erwachsene in Großbritannien sehr viel häufiger von Wohnungslosigkeit betroffen als gleichaltrige cis Personen. Laut einer Studie von akt, einer Organisation, die seit 1989 queere Jugendliche unterstützt und ihnen sichere Unterkünfte zur Verfügung stellt, sind 24 Prozent der wohnungslosen Jugendlichen LGBTIQ*, und 77 Prozent davon haben aufgrund ihrer sexuellen Orientierung oder geschlechtlichen Identität Missbrauch oder Ablehnung in ihrer Familie erfahren.[23] Als Minderheit innerhalb einer Minderheit sind trans Jugendliche unter wohnungslosen Menschen unverhältnismäßig stark vertreten: Eine von vier trans Personen war schon einmal wohnungslos.

»Die Zahlen sind erheblich gestiegen«, erzählt mir Tim Sigsworth, der Geschäftsleiter von akt, am Hauptsitz der Organisation in London. »Als ich vor zwölf Jahren bei akt angefangen habe, waren weniger als 5 Prozent der Menschen, die unsere Leistungen in Anspruch genommen haben, trans. Heute sind es etwa 35 Prozent.«

Anschließend spreche ich mit Dawn, einer Regionalleiterin von akt in Newcastle. Im Nordosten Englands, so Dawn, seien etwa die Hälfte der jungen Menschen, die die Dienste von akt nutzen, trans. Der Grund für diesen drastischen Anstieg im letzten Jahrzehnt? Tim und Dawn zufolge liegt es daran, dass sich immer mehr Menschen in jüngeren Jahren outen würden, aber sich die Einstellung der Familie und des Umfelds nicht schnell genug ändere. Daher seien trans Jugendliche und junge Erwachsene verstärkt Feindseligkeiten ausgesetzt. Laut Dawn ist das der Hauptunterschied zwischen der Situation von jungen trans Menschen und der von jungen lesbischen, schwulen und bisexuellen Menschen, mit denen sie ebenfalls arbeitet: »Das Verständnis für sexuelle Orientierungen wird immer besser, aber die Geschlechtsidentität ist für viele nach wie vor schwer zu begreifen. Die Eltern wissen nicht, was mit dem jungen Menschen los ist. Einige gehen schlecht damit um.«

An einem kühlen Novemberabend lerne ich bei einem wöchentlichen Treffen für junge trans Menschen in Cardiff den fünfundzwanzigjährigen Rudy Harries kennen. Inzwischen studiert Rudy im Master an der Universität Cardiff. Er hat gute Freund:innen und ist verlobt. Das Leben ist schön. Doch noch vor einem Jahr war er wohnungslos, erzählt mir Rudy. Beim Abschied gibt er mir eine Kopie der Rede, die er einige Tage zuvor bei einem Treffen von Cymorth Cymru gehalten hat, dem Dachverband von Organisationen in Wales, die wohnungslose Menschen unterstützen. Er sagt, diese Rede beschreibe seine persönliche Erfahrung am besten. Ich lese sie auf der Zugfahrt nach Hause.

»Im Sommer 2016 habe ich mein Studium abgeschlossen«, beginnt Rudy, seine Geschichte zu erzählen. »Ich musste nach Südwales zurückkehren, weil es mir psychisch nicht gut genug ging, um ins Berufsleben einzusteigen. Meine Familie gehört einer erzkonservativen religiösen Sekte an.« Seit dem siebzehnten Lebensjahr war Rudy offen queer. Nachdem er sich zunächst als bisexuell geoutet hatte, begann er an der Universität mit der medizinischen Transition: Er nahm Testosteron ein, was ihm ein männlicheres Aussehen und eine männlichere Stimme verlieh. Damit tat sich seine Familie schwer, und als er wieder in sein Elternhaus einzog, machte ihm vor allem ein naher Angehöriger das Leben zur Hölle.

»Dort eskalierte der Missbrauch von verbalen zu körperlichen Übergriffen«, so Rudy weiter, »und nach einem Gespräch mit meiner Beziehung, die weit weg wohnt, habe ich beschlossen, vor Ort eine Beratungsstelle für häusliche Gewalt aufzusuchen und um Hilfe zu bitten.« Das Fachpersonal dort machte sich ernsthaft Sorgen, dass Rudys Leben in Gefahr war. »Sie haben die Lage eingeschätzt und sind zu dem Schluss gekommen, dass für mich die unmittelbare Gefahr bestand, ermordet zu werden. ›Wenn du dort bleibst‹, sagten sie mir, ›bist du spätestens in einem halben Jahr tot.‹«

Die Lage war ernst, aber Rudy stellte fest, dass die bestehenden Einrichtungen für Opfer häuslicher Gewalt nicht auf eine Person wie ihn – einen trans Mann im Transitionsprozess – vorbereitet waren. Tatsächlich war das Angebot für Betroffene häuslicher Gewalt stark gegendert. »Mir wurden drei Möglichkeiten angeboten«, schreibt er weiter, »ein Frauenhaus, ein Männerhaus oder mich bei der Stadtverwaltung als wohnungslos melden. Es sagt eine Menge über die

Angst aus, in der britische trans Menschen heute, im Jahr 2019, leben, dass ich mich für die Wohnungslosigkeit entschied.«

Rudy dachte, da er sich im Transitionsprozess befand, würde er in einer gegenderten Einrichtung für Opfer häuslicher Gewalt zur Zielscheibe werden: »Durch die Hormonbehandlung [wurden] meine Figur und meine Stimme von Tag zu Tag männlicher. Ich hatte Angst, die Bewohner:innen würden mich an die Boulevardpresse ausliefern, wenn ich eine gegenderte Einrichtung aufsuchte.«

Rudy sah sich mit einem Problem konfrontiert, dem trans Menschen häufig begegnen, wenn sie Krisendienste in Anspruch nehmen: Es herrscht nicht nur ein Mangel an spezialisierten Angeboten, die Angst vor geschlechtergetrennten Einrichtungen kann auch dazu führen, dass trans Menschen sich selbst den Zugang verwehren – so wie bei Rudy. Wohnungslose trans Menschen wollen nicht riskieren, in Schutzeinrichtungen weiteren Belästigungen und Vorurteilen ausgesetzt zu sein. Sich wohnungslos zu melden, löste Rudys Probleme nicht. In den letzten zehn Jahren hat die Wohnungslosigkeit in Großbritannien von Jahr zu Jahr zugenommen. Die hohe Zahl an Wohnungslosen, die allein in Wales auf eine Unterbringung warteten, führte dazu, dass Rudy trotz seiner lebensgefährlichen Lage als »Priorität C« eingestuft wurde – die dritte von vier Stufen für die dringendsten Fälle. Er wurde in einem Bed and Breakfast untergebracht, wie es für Menschen, die auf eine Unterkunft warten, üblich ist. Dort verschlimmerte sich die Situation drastisch.

»Ein paar Wochen nach meiner Ankunft saß ein Neuer am Frühstückstisch. Er war gerade im Gefängnis gewesen, weil er einen schwulen Mann verprügelt hatte. Darauf schien er stolz zu sein. Ich wusste: Wenn ich nicht von dort wegkomme, bin ich in ernsthafter Gefahr.«

Hier stieß Rudy auf ein weiteres grundsätzliches Problem für trans Personen, die mit Wohnungs- oder Obdachlosigkeit konfrontiert sind: Das Risiko, belästigt zu werden, wenn sie in einer Gemeinschaftsunterkunft mit homo- oder transfeindlichen Menschen zusammenleben. Für den Antrag von Sozialleistungen in Großbritannien gilt, dass alle alleinstehenden Menschen unter 35 Jahren, die das neue Universal Credit (ehemals Wohngeld) beantragen, in einer Wohngemeinschaft leben sollten, um die Kosten für den Staat gering zu halten (es gibt einige Ausnahmen, z. B. für Menschen, die ein betreutes Wohnungssystem wie eine Pflegefamilie verlassen haben, und für Menschen mit bestimmten Behinderungen). Für Personen, die kurz vor der Wohnungslosigkeit stehen, bieten Notunterkünfte wie das Bed and Breakfast, in dem Rudy untergebracht wurde, nicht einmal die grundlegendste Privatsphäre.

»Es gibt Fälle, in denen junge trans Menschen in Wohnheime mit Gemeinschaftsbad gesteckt werden«, erzählt Dawn von akt. »Ich hatte einen Fall, in dem eine junge trans Frau, die gerade transitionierte, ein Bad teilen musste. Das ist inakzeptabel.« Besonders für junge Menschen, die sichtbar trans sind, kann die fehlende Privatsphäre bedrohlich werden. Denn das bedeutet oft, dass sie in privaten Räumen wie Badezimmern belästigt werden. »Wenn ein trans Mann den ganzen Tag seine Brust abbindet und nicht will, dass die anderen davon erfahren, muss er es in einer Gemeinschaftsunterkunft verheimlichen und seinen Binder länger tragen, als gesund ist, bis spät in die Nacht, wenn die anderen schlafen. Das ist ein riesiges Problem.«

Der akt-Geschäftsleiter Tim Sigsworth betont: »Gemeinsame Unterbringung funktioniert nicht, wenn jemand einen sehr privaten und persönlichen Transitionsprozess durchläuft.«

Als Rudy mit einem Mann zusammenwohnen musste, der wegen eines gewalttätigen homofeindlichen Hassverbrechens verurteilt worden war, schrieb er an seinen Abgeordneten im walisischen Parlament und wurde versetzt. Allerdings blieb er drei Monate lang in einer Notunterkunft, da die Behörde keine geeignete vorübergehende Wohnung für ihn finden konnte. Laut seiner Rede bei Cymorth Cymru im November 2019 war das direkt auf seine Transidentität zurückzuführen: Die verfügbaren Notunterkünften, Wohngemeinschaften und vorübergehenden Wohnungen waren entweder nach Geschlechtern getrennt oder hatten bestimmte Altersanforderungen.

»Für manche war ich zu alt, für manche nicht Frau genug, für andere nicht Mann genug. Ich hing da in der Luft. Als trans Mann, der Opfer häuslicher Gewalt war, passte ich nicht ins System.« Zum Teil hat das mit dem Aussehen zu tun: Ein trans Mann, der im Prozess der Transition ist, hat vielleicht Angst, mit männlichem Erscheinungsbild in ein Frauenhaus zu gehen, befürchtet aber auch Anfeindungen, wenn er in einem Männerhaus als trans auffällt.

Gemäß Tim Sigsworth ist das ein grundlegendes Problem für schutzbedürftige Menschen, die mehrdimensionale Diskriminierung erleben: »Soziale Hilfsangebote können immer nur jeweils ein Problem angehen und stecken hilfesuchende Personen deshalb in Schubladen. Man wird nicht als Ganzes betrachtet. Das ist ein großes Problem. Vieles fällt unter den Tisch.«

Die Fachkraft der walisischen Obdachlosenhilfe Llamau, die Rudys Notunterkunft betreibt, half ihm schließlich wieder auf die Beine. »Die Person hat mir eine längerfristige Unterkunft vermittelt, in der ich mich zu Hause fühlen und daran arbeiten konnte, mir ein neues Leben aufzubauen.« Rudy stimmt Tim zu: »Menschen sind komplex und passen nicht in Schubladen. Es gibt keine Standardlösung.«

Die Tatsache, dass in bestimmten Kontexten verschiedene Formen von Marginalisierung, Vorurteilen und Unterdrückung zusammenwirken – auch Intersektionalität genannt –, ist seit einigen Jahren in aktivistischen Kreisen zunehmend anerkannt. Doch die Menschen, die an vorderster Front in der sozialen Arbeit tätig sind, haben oft weder die Zeit noch die Ressourcen, um intersektionale Diskriminierungsformen zu berücksichtigen, mit denen junge trans Menschen konfrontiert sind, die von ihren Familien abgelehnt werden und Schwierigkeiten haben, ein Zuhause zu finden. Junge trans Menschen aus bestimmten ethnischen, kulturellen und religiösen Kontexten benötigen zum Beispiel häufiger Hilfe. Tim erzählt, dass in London 80 Prozent und außerhalb Londons 58 Prozent der Menschen, die die Leistungen von akt in Anspruch nehmen, People of Color sind. Junge trans Personen of Color haben also einen überproportional hohen Bedarf an Unterstützung bezüglich ihrer Wohnsituation. Zusätzlich zu den institutionellen Hürden, mit denen sie konfrontiert werden, weil sie trans sind, haben sie sehr wahrscheinlich weitere durch Rassismus verursachte Hindernisse zu bewältigen. Laut Tim liegt das unter anderem daran, dass die Helfer:innen in Verbänden und Organisationen für Wohnungslose nicht die Communitys widerspiegeln, denen sie Unterstützung anbieten: »People of Color haben es meines Erachtens hauptsächlich mit Hilfsorganisationen zu tun, die von *weißen*, nicht religiösen Menschen geleitet werden. Daher werden die jungen Leute, mit denen wir arbeiten, oft nicht von einer trans Person oder einer Person of Color beraten und meist auch nicht von einem gläubigen Menschen.«

Akt hingegen achtet darauf, dass sowohl die Angestellten als auch die Ehrenamtlichen die Identitäten der Hilfesuchenden widerspiegeln. Eine dieser Ehrenamtlichen, die früher selbst von akt unterstützt wurde, ist Robyn, eine siebenundzwanzigjährige nicht-binäre trans Person. Robyn ist transweiblich (was hier bedeutet, dass ihr bei der Geburt das männliche Geschlecht zugewiesen wurde, aber ihre Identität auf dem Geschlechterspektrum näher am Weiblichen/Femininen liegt und sie weibliche Pronomen verwendet).

»Geboren und aufgewachsen bin ich in Birmingham in einem ziemlich kleinen Viertel, in dem fast nur Muslim:innen leben, hauptsächlich pakistanische Muslim:innen«, erzählt Robyn. Sie besuchte die Parkfield Community School – die Schule, die 2019 Schlagzeilen machte, als aufgrund des LGBTIQ*-inklusiven Sexualkundeunterrichts vor den Schultoren protestiert wurde. »Es wundert mich nicht, dass der Protest an dieser Schule angefangen hat«, so Robyn. Ihre Familie ist zwar muslimisch, war aber nicht »superreligiös«. Der Glaube wurde eher »kulturell« ausgedrückt. Schon lange bevor ihre Sexualität und ihr Geschlecht zum Thema wurden, fühlte sich Robyn als Außenseiterin in der Familie.

»Ich hatte andere Interessen als sie. Häufig war meine Familie sehr intolerant. Mit vielen Ansichten von ihnen war ich nicht einverstanden. Wir waren völlig unterschiedlich und hatten ganz andere politische Meinungen, und dadurch bin ich aufgefallen.« Eine glückliche Kindheit hatte sie nicht: »Zu Hause war es schwer auszuhalten, auch ohne dass die Geschlechterfrage ins Spiel kam.«

Ich erkundigte mich, ob sie Gewalt erfahren hatte.

»Sehr viel, und unaufhörlich. Fast immer von meinem Vater. Aber später, als mein großer Bruder älter wurde, hat er oft mitgemacht – wir sind sechs Jahre auseinander.«

Schon früh in ihrer Jugend wurde Robyn klar, dass sie sich zu Menschen aller Geschlechter hingezogen fühlte, und war sich unsicher, ob sie vielleicht homo- oder bisexuell sein könnte. »Dass es trans Menschen gibt, war mir eigentlich gar nicht bewusst. Erst mit siebzehn, achtzehn bekam ich mit, dass es dafür sogar ein Wort gibt. Jedenfalls dachte ich, dass ich einfach ein sehr femininer, schwuler oder bisexueller Mann bin und dass ich mich gern sehr feminin zeige. Ich dachte: ›Bin ich eine Drag-Queen? Ich versteh das nicht.‹«

An der Universität konnte Robyn sich als bi outen; bald wurde ihr klar, dass sie auch trans ist. Mit zweiundzwanzig musste sie ihr Studium wegen psychischer Probleme abbrechen. Sie hatte keine Arbeit – und nun auch kein Dach über dem Kopf. Ihre Familie vermutete wohl, Robyn sei schwul, und wurde offen homofeindlich, um sie »davon abzubringen«. Anstatt nach Hause zurückzukehren, wandte sie sich an akt, wo ihr bei der Wohnungssuche geholfen wurde. Schließlich beschloss sie, sich vor ihren Freund:innen auf Facebook zu outen – ein Schritt, der zwangsläufig bedeutete, dass sie das ihrer Familie sagen musste. »Es machte mich fertig, dass ich ihnen das sagen muss, das hat mich sehr belastet. Und ich wusste: Sie sind gewalttätig. Also habe ich mit schlimmen Reaktionen gerechnet. Allein schon der Stress, dass ich es ihnen nicht sagen wollte, hat mich ernsthaft krank gemacht.«

Robyns psychische Gesundheit verschlechterte sich so sehr, dass sie einen Suizidversuch unternahm. Daraufhin wurde sie in eine Männerpsychiatrie eingewiesen. Sie beschloss, ihrer ganzen Familie von dort per SMS mitzuteilen, dass sie trans ist, und zu fragen, ob sie damit klarkamen. Sie erhielt keine Antwort. »Irgendwann hat mich meine Schwester angerufen und gesagt: ›Also, du musst natürlich im Krankenhaus bleiben, weil du dieses ganze verrückte Zeug erzählst, dass du ein Mädchen bist. Aber mach dir keine Sorgen, die kriegen dich schon wieder hin.‹«

Robyn glaubt, ihre Familie hätte sie wieder als Sohn und Bruder akzeptiert, wenn sie sich entschuldigt und eingeräumt hätte, psychisch krank zu sein. Bis heute spricht nur noch ein Familienmitglied, ein jüngerer Bruder, mit ihr.

Robyn betont, dass sie oft Angst hatte, aufgrund ihrer ethnischen und religiösen Zugehörigkeit von *weißen* Menschen in eine »Schublade« gesteckt zu werden, auch dann, wenn sie Unterstützung von LGBTIQ*-Organisationen in Anspruch nahm. »Ich habe mich unwohl gefühlt, über die Religion meiner Familie zu sprechen. Ich wollte nicht, dass es dann heißt: ›Ach, du bist also trans und deine Familie ist muslimisch? Das passt natürlich nicht zusammen.‹ Und das war's dann. Aber so einfach ist es nicht.«

Das Hauptproblem daran, wie *race* ihre trans Erfahrung geprägt hat, ist für Robyn, dass sie an beiden Fronten mit Intoleranz kämpfen muss: mit Transfeindlichkeit in der Community ihrer Familie und mit rassistischen Vorurteilen innerhalb der trans Community, bei der sie Unterstützung sucht. »Ich habe mich wirklich bemüht, Kontakte zu trans Gruppen zu knüpfen, aber da ist alles sehr *weiß;* es fühlt sich fast so an, als wäre das absichtlich so. Es tut weh, Anschluss an Menschen zu finden, die verstehen, was ich durchmache, nur um dann dann festzustellen, dass alle *weiß* sind und nur einen Bruchteil von dem nachvollziehen können, was ich als trans Frau of Color erlebe.«

Ein rassistisches Vorurteil besteht laut Robyn darin, dass sie eine Sexarbeiterin sein muss oder mal war. Die Frage wurde ihr sogar schon mal direkt gestellt. »Erstens ist es echt daneben, so etwas zu sagen, und zweitens geht diese Annahme von nur einem einzigen möglichen Narrativ aus. Zu einer *weißen* Person würdest du das nicht sagen. Du würdest dich unwohl dabei fühlen. Aber du glaubst, du kennst meine ganze Geschichte? Klar, natürlich läuft das bei uns allen genau gleich ab.«

Robyns Beschreibung einer trans Bewegung von *weißen* und für *weiße* Menschen – während in Wirklichkeit vor allem trans Personen of Color von Wohnungslosigkeit betroffen sind –, wirft die Frage nach den Prioritäten innerhalb der trans Bewegung auf. Wenn in den letzten Jahren über »Trans-Rechte« berichtet wurde, lag der Fokus dabei auf den gesetzlichen Rechten (wie auf der Vereinfachung des Verfahrens zur rechtlichen Anerkennung des Geschlechts oder auf der Eintragung eines geschlechtsneutralen Personenstands) sowie auf dem zwischenmenschlichen Verhalten wie der Nachfrage, welche Pronomen eine Person verwendet. Diese Schwerpunkte in der Medienberichterstattung werden von cis Menschen gesetzt und dienen oft dazu, Kontroversen zu erzeugen und die Fronten zu verhärten. Daher sind in der trans Bewegung, wie in vielen anderen Bewegungen, die sich um einen Aspekt der persönlichen Identität gebildet haben, sowohl die Klassenpolitik als auch die Kapitalismuskritik in den Hintergrund geraten. Abgesehen davon, dass trans Menschen viel Zeit und Energie aufwenden müssen, um ihre Bürgerrechte zu verteidigen und anständige Umgangsformen einzufordern, gibt es dafür einen weiteren, recht einfachen Grund.

In jeder Minderheit gehören diejenigen, die Forderungen nach Anerkennung und besserer Behandlung voranbringen können, in der Regel zur Mittelschicht. Sie können diese Forderungen voranbringen, da sie über Zeit, Ressourcen und den Zugang zur Politik verfügen, doch aufgrund ihrer Klassenzugehörigkeit nehmen sie drängende Probleme wie Armut und Wohnungslosigkeit nicht wahr. Diese Probleme wiederum hindern viele Menschen daran, sich an aktivistischen Bewegungen zu beteiligen. Das dadurch entstandene Ungleichgewicht in der Repräsentation führt dazu, dass persönliche, individuelle Freiheiten über der wirtschaftlichen Emanzipation der gesamten Minderheitengruppe priorisiert werden.

In der Politik ist das nicht anders. In den Medien – und auch von großen LGBTIQ*-Lobbygruppen – werden Armut und Wohnungslosigkeit selten als »Trans-Themen« betrachtet. Doch der Universal Credit, der 2013 als Teil umfassender Sparmaßnahmen von der konservativen Koalitionsregierung eingeführt wurde, hat größere Nachteile für trans Menschen in prekären Lebenssituationen als viele andere in der jüngeren Zeit verabschiedeten Maßnahmen. Der Universal Credit, bei dem zwischen Antragstellung und Leistung sechs Wochen liegen, ist eine der Hauptursachen dafür, dass junge trans Menschen in eine Notlage geraten. »In der Zeit können Vermieter:innen dich rauswerfen. In der Zeit kann die finanzielle Situation eines jungen Menschen sehr schnell ins Wanken geraten«, so Tim Sigsworth.

Darüber hinaus haben die Folgen der Sparmaßnahmen in den letzten Jahren zu einer Wohnungskrise geführt, in der Mieter:innen den Vorurteilen privater Vermieter:innen ausgesetzt sind. Dazu gehört zum Beispiel, nicht an eine trans Person vermieten zu wollen, weil sie trans ist, oder – aus Vorurteilen gegenüber Armut an sich – grundsätzlich nicht an Sozialhilfeempfänger:innen. Tim Sigsworth sagt dazu: »Heutzutage bevorzugen Vermieter:innen Leute mit festem Job und einem gewissen Einkommen, weil sie davon ausgehen, dass die immer ihre Miete bezahlen können.«

Um nicht auf der Straße leben zu müssen, machen viele wohnungslose trans Personen »Couchsurfing«: Sie übernachten bei Freund:innen oder bezahlen in manchen Fällen mit Sex für ein Dach über dem Kopf. Früher oder später landen viele auf der Straße. Für trans Menschen kann das Leben dort brutal sein. »Als obdachloser Mensch wirst du angegriffen. Als obdachloser trans Mensch erst recht«, erzählte Anna, eine obdachlose vierundzwanzigjährige trans Frau, der Lokalzeitung *Bristol Cable*.[24] Anna »wusste schon immer«, dass sie trans ist, »aber erst mit dreizehn war ich alt genug, um meine Gefühle in Worte zu fassen. Ein Jahr lang habe ich es verheimlicht – ich habe mich davongeschlichen, mich hübsch gemacht und versucht, Selbstvertrauen zu entwickeln. Irgendwann habe ich es meiner Mutter erzählt, und das war's – sie hat mich geschlagen und rausgeworfen.« Nachdem sie mit vierzehn vor die Tür gesetzt worden war, war Anna zehn Jahre lang wohnungslos. Als trans Frau auf der Straße zu leben, machte sie besonders verletzlich: »Es ist erstaunlich, wie viele Leute trans Menschen behandeln, als wären sie Sexobjekte. Das ist ekelhaft – da fühle ich mich beschissen.«

Auf der Straße wurde sie unablässig angebaggert, und ihr wurde ständig mit sexueller Gewalt gedroht: »›Willst du mitkommen und meinen Schwanz lutschen?‹ ›Du kannst bei mir übernachten, wenn du mich vögelst.‹ ›Ich geb dir einen Fuffi, wenn du mir einen bläst.‹ Mehr halten die nicht von uns. Es ist noch schlimmer, weil ich obdachlos und angreifbar bin. Manche haben versucht, mich zu vergewaltigen.«

Annas Erfahrungen sind kein Einzelfall. Im Juli 2017 berichtete die *Bristol Post*, dass eine andere obdachlose trans Frau aus Bristol, bekannt als Jo, von der Kirche zurückkehrte und feststellte, dass das Buswartehäuschen, in dem sie gelebt hatte, vorsätzlich in Brand gesetzt worden war. Sie saß auf einer Mauer in der Nähe und sah hilflos zu, wie ihr gesamtes Hab und Gut in Flammen aufging. Anwohner:innen, die Jo kannten, sagten der Zeitung, sie »wurde misshandelt, weil sie trans ist und draußen lebt«.[25]

Die Geschichten von Anna und Jo zeigen deutlich, welche Gewalt obdachlosen trans Menschen widerfährt. Trotzdem sehen sich viele gezwungen, auf der Straße zu bleiben, weil sie in herkömmlichen Obdachlosenheimen auf Transfeindlichkeit stoßen. »Wir brauchen eine LGBT-Unterkunft. In eine für Männer wollen sie mich nicht schicken, weil ich dort angegriffen werden würde oder andere Sachen passieren könnten. Aber in eine für Frauen schicken sie mich auch nicht, weil ich noch ›bestückt‹ bin«, erzählt Anna dem *Bristol Cable* und beschreibt somit einmal mehr, wie die Geschlechtertrennung von Hilfsangeboten dazu führt, dass viele trans Menschen durch das Raster fallen.[26]

Ein Wandel wird nur möglich sein, wenn der Kampf gegen Klassismus wieder auf die politische Tagesordnung gesetzt wird. Das würde zum Beispiel bedeuten, den Fokus der LGBTIQ*- und Trans-Politik auf eine umfassende Kritik an Ansätzen wie dem Universal Credit, dem Mangel an Sozialwohnungen sowie der uneingeschränkten Macht privater Vermieter:innen zu richten. Maßnahmen gegen die Wohnungslosigkeit von trans Personen (und queeren Menschen im Allgemeinen) sind dringend erforderlich.

Dieser Herausforderung stellt sich eine Gruppe von Aktivist:innen in London. Das Outside Project, das im Winter 2017 ins Leben gerufen wurde, ist das erste LGBTIQ*-Obdachlosenheim in Großbritannien. Ursprünglich bestand das Projekt aus einem Tourbus mit zwölf Betten, der mittels Crowdfunding gekauft worden war. Inzwischen wird das Projekt durch kommunale Fördermittel mitfinanziert und ist im Gebäude der ehemaligen Feuerwache in Clerkenwell untergebracht, das tagsüber als Gemeinschaftszentrum für LGBTIQ*-Gruppen genutzt wird.

Am Vorabend der Londoner Pride 2019, an einem heißen Julitag, führte mich Harry Gay, der Kampagnenmanager des Projekts, durch die Unterkunft. Das Outside Project, so Gay, wurde von einer Gruppe von Menschen gegründet, die in regulären Einrichtungen der Obdachlosenhilfe gearbeitet hatten. »Sie haben gesehen, dass viele Leute aus dem LGBT-Spektrum, die in den herkömmlichen Unterkünften landen, dort zu kämpfen haben«, erzählt Harry. »Es gibt zwar gemeinnützige Organisationen, die dauerhaftere Unterkunft bieten, aber die Möglichkeiten für Menschen in einer akuten Krise sind sehr beschränkt.«

Während wir durch den Hof gehen, hören wir dröhnende Musik, und die Stimmung ist ausgelassen. Gäst:innen und Ehrenamtliche besprühen Schilder und Transparente für die Demo am nächsten Tag. Drinnen ist genauso viel los. Die Slogans auf den Plakaten sind frech und radikal: Solidarität mit LGBTIQ*-Migrant:innen und Grenzen abschaffen; Forderungen nach Wohnraum und dem Ende des Kapitalismus. Am selben Tag hatte ich Harry im überregionalen Fernsehen gesehen. Er hatte erklärt, die Pride sei zu kommerziell geworden. Die Organisator:innen der Pride in London, so sagte er, interessieren sich mehr für das radikale Image des Outside Projects als für die wichtige Arbeit, die es leistet.

Ich frage Harry, ob er ein Linker ist: »Ja, auf jeden Fall«, sagt er. Und das Projekt? »Na ja, alles, was wir tun, ist links. Ich glaube, wenn Aktivismus nur liberal ist, dann bringt er bloß Marketingstrategien hervor und ist mehr daran interessiert, das Kapital Einzelner zu vermehren, anstatt der Community zu helfen.« Die Aktivist:innen des Outside Projects sehen sich als kritische Stimme zu LGBTIQ*-Lobbyarbeit, die sich auf die Bedürfnisse der Mittelschicht und auf Unternehmen konzentrieren. »Dafür können wir von der Basis aus arbeiten und uns um die Bedürfnisse unserer Gäst:innen kümmern«, erklärt Harry. »Ich habe den Eindruck, in der LGBTIQ*-Bewegung dreht sich im Moment alles um die Inklusionspolitik am Arbeitsplatz und darum, sie zu bejubeln. Dort wurden Fortschritte erzielt, aber immer noch werden die Leute völlig übersehen, die auf der Strecke bleiben – wie trans und wohnungslose Menschen. Wir sind der Meinung, dass wir keine Inklusionspolitik am Arbeitsplatz brauchen, sondern Wohnraum. Das ist unsere Antwort, wenn jemand sagt: ›Findet ihr es nicht super, dass diese Organisation geschlechtsneutrale Toiletten hat?‹ Ja, schon, aber das sollte sowieso die Regel und nicht die Ausnahme sein.«

Harrys politische Haltung ist von den Ursachen der Wohnungslosigkeit seiner Klient:innen beeinflusst: »Wenn eine Firma eine Inklusionspolitik verfolgt, ist das gut, aber was ist mit ausbeuterischen Verträgen und niedrigem Mindestlohn? Aus diesen Gründen kommen die Leute zu uns. Das ist ein Problem der Arbeiter:innenklasse. Genau diese Menschen landen in unserer Unterkunft.«

Die Unterkunft hat dreizehn Plätze. Manche Menschen bleiben nur eine Nacht, manche kommen hin und wieder, andere bleiben länger. In der Regel ist das Ziel, den Ratsuchenden eine dauerhafte

Wohnung zu vermitteln. Dabei arbeitet das Projekt mit Stonewall Housing zusammen, einer traditionelleren LGBTIQ*-Organisation für Wohnungslose (sie arbeitet unabhängig von der bereits erwähnten Organisation Stonewall; beide beziehen sich mit ihrem Namen auf die Bar Stonewall Inn in New York City). Harry zufolge deckt das Outside Project einen dringenden Bedarf: »Ich denke, das Beste an uns ist Folgendes: In einer herkömmlichen Unterkunft müssen sich die Leute ständig über ihre Identität Gedanken machen und fragen sich, ob sie diese aufgrund von Homo- und Transfeindlichkeit vor dem Personal und anderen Bewohner:innen verheimlichen müssen. Wir hingegen konzentrieren uns auf die Unterbringung. In diesem Raum wird aus allem anderen keine große Sache gemacht.«

Wie bei größeren Organisationen sind auch hier unter den Klient:innen überproportional viele trans Menschen, vor allem trans Frauen. »Manches ist für eine trans Person auf der Straße besonders traumatisch. Eine trans Frau, die bei uns wohnte, musste sich aus Sicherheitsgründen auf der Straße wieder als Mann präsentieren. Wenn sie bei uns war, konnte sie ein paar Tage wieder zu sich selbst finden und sich so präsentieren, wie sie sich am wohlsten fühlte.«

Sucht und Sexarbeit sind unter trans Gäst:innen relativ weit verbreitet. Das Outside Project verfolgt einen weniger verurteilenden oder regelbasierten Ansatz als andere Organisationen: »Wenn Leute high oder betrunken bei uns auftauchen, ist das in Ordnung, solange sie nichts dabeihaben. Viele Unterkünfte lehnen das strikt ab, aber dann landen die Leute wieder auf der Straße. Wir wissen auch, dass einige trans Gäst:innen auf Sexarbeit angewiesen sind, um zu überleben, und das müssen sie hier nicht verbergen. Bei uns sind alle willkommen.«

Das Outside Project ist ein inspirierendes Beispiel für Graswurzelaktivismus, der den am meisten gefährdeten trans Personen zugutekommt. Hier bin ich Harrys Meinung: Die Trans-Bewegung – insbesondere der Teil, für den die Regierung und Medien ein offenes Ohr haben – hat diese Menschen anscheinend vergessen. Leider ist The

Outside Project die einzige Organisation dieser Art in Großbritannien. Die meisten trans Menschen auf der Straße haben immer noch mit Organisationen zu kämpfen, die nicht für sie ausgelegt sind. Für die Verwaltung, Leitung und Finanzierung von Projekten wie The Outside Project ist ein beachtliches Maß an Engagement nötig – und das ist schwer zu finden, insbesondere da mehrere aufeinanderfolgende rechte Regierungen die Fördergelder kürzten und die Nachfrage nach spezialisierten Krisendiensten das Angebot um ein Vielfaches übersteigt. Wohnungslosigkeit zu beenden ist ein wichtiges politisches Ziel für die gesamte Gesellschaft, und für trans Menschen ist es essenziell.

Ein weiterer Bereich, in dem das Budget drastisch gekürzt wurde, sind die Anlaufstellen für häusliche und sexualisierte Gewalt. Wie Rudys Versuch, häuslicher Gewalt zu entkommen, zeigt, sind Zufluchtseinrichtungen und Notunterkünfte in einer Krise. Seit 2010 haben die meisten Gemeinden in England, Wales und Schottland die Mittel für solche Unterkünfte gekürzt, und zwar um fast sieben Millionen Pfund (8,3 Millionen Euro) in den letzten acht Jahren. Derzeit werden fast zwei Drittel aller Personen, die an eine Notunterkunft verwiesen werden, abgelehnt, weil die finanziellen Mittel nicht ausreichen oder kein Platz frei ist. Diskussionen über häusliche Gewalt und die schwindenden Angebote für Überlebende konzentrieren sich in der Regel auf den häufigsten Fall: ein heterosexuelles Paar mit einem cis männlichen Täter und einem cis weiblichen Opfer. Trans Personen sind jedoch außergewöhnlich häufig von Gewalt durch ihre Partner:innen betroffen. Laut einer Studie von Stonewall hat im vergangenen Jahr eine von fünf trans Personen (19 Prozent) Gewalt durch eine:n Partner:in erlebt.[27] Darunter waren 21 Prozent trans Männer und 16 Prozent trans Frauen. In einer deutschen Studie berichteten Personen, die sich als weder männlich noch weiblich verorteten, von Gewalt durch ehemalige Partner:innen: 20 Prozent berichteten, geschlagen worden zu sein. 42 Prozent wurden zu sexuellen Handlungen gezwungen. Das ist deutlich höher als die Statistik zu häuslicher Gewalt in der cis Bevölkerung. Dort sind es in Großbritannien laut dem Office for National Statistics (ONS) 7,9 Prozent der Frauen und 4,2 Prozent der Männer. Das ONS vermutet, dass die tatsächlichen Zahlen für häusliche Gewalt höher liegt, was wohl auch auf die spezifischen Zahlen für trans Personen zutrifft: Gemäß einer Studie der Scottish Transgender Alliance und des LGBT Domestic Abuse Project erzählen eine:r von vier Betroffenen niemandem von der häuslichen Gewalt, die ihnen widerfahren ist.

Die Unsichtbarkeit von häuslicher Gewalt unter trans Personen ist zum großen Teil auf die Unsichtbarkeit des romantischen und sexuellen Lebens von trans Personen in der Gesellschaft zurückzuführen. Die in den Medien prominentesten Beispiele, ob Caitlyn Jenner in den USA oder die ehemalige Boxpromoterin Kellie Maloney in Großbritannien, sind trans Frauen, die spät transitionierten und vorher vermeintlich heterosexuelle Ehen mit Frauen geführt hatten. Doch das Liebesleben von trans Menschen ist weitaus vielfältiger, vor allem jetzt, da die sichtbare Community größer geworden ist und die Leute sich immer jünger outen. Trans Leute können Beziehungen mit cis oder trans Personen haben und daten Männer, Frauen oder nicht-binäre Menschen. In den Mainstream-Medien wird diese Realität selten dargestellt, was dazu führt, dass viele trans Menschen glauben, die Transition würde das Aus für ihr Liebesleben bedeuten. Wie viele trans Personen dachte ich eine Zeit lang zu Unrecht, dass mich niemand lieben könnte, der wüsste, dass mir bei der Geburt ein anderes Geschlecht zugewiesen worden war. Zwar lernte ich bald, dass das nicht stimmt, aber als trans Frau, die nur Männer datet, wurde mir schnell klar, dass sich Männer zu mir hingezogen fühlen und gleichzeitig gewalttätig sein können. Deutlich wurde mir das besonders bei Dating-Apps, wo ich immer offen sagte, dass ich trans bin. Wenn Männer mich anschrieben und ich ihre Annäherungsversuche ablehnte, schlug mir oft ein Schwall misogyner und transfeindlicher Beschimpfungen entgegen.

Online können wir eine fremde Person, die ein so böswilliges Verhalten an den Tag legt, einfach blockieren. Häusliche Gewalt im wirklichen Leben entwickelt sich jedoch oft heimtückisch und schleichend.

Täter:innen erzeugen ein Gefühl der Abhängigkeit und untergraben gleichzeitig das Selbstwertgefühl der Person, die sie misshandeln. Die negativen Botschaften, die trans Menschen von der Gesellschaft über ihren Körper, ihre Attraktivität als Partner:in und ihren Wert als Individuum erhalten, können sie besonders anfällig für emotionale, sexuelle und körperliche Gewalt durch ihre:n Partner:in machen. Laut GALOP, einer Organisation gegen Gewalt an LGBT*-Personen, sind trans und cis Menschen zwar ähnlichen Missbrauchsmustern ausgesetzt, aber viele trans Menschen sind zusätzlich mit Formen des Missbrauchs konfrontiert, die spezifisch mit ihrer Transidentität zusammenhängen. Täter:innen enthalten ihnen beispielsweise Medikamente vor oder verhindern Behandlungen, die mit der Transition zu tun haben. Sie weigern sich eventuell, die richtigen Pronomen für ihre Partner:innen zu verwenden, und hindern sie daran, anderen von der eigenen trans Geschichte oder Identität zu erzählen, oder reden ihnen ein, dass niemand ihnen den Missbrauch glauben würde, weil sie trans sind. Die höhere Arbeitslosenquote von trans Menschen und der fehlende Kontakt zur Herkunftsfamilie schränken zudem die Möglichkeiten ein, aus solchen Situationen zu entkommen. Bei Morden an trans Menschen (insbesondere an trans Frauen) sind weltweit cis männliche Lebenspartner oder Ex-Partner die häufigsten Täter. Zu den Opfern in Großbritannien gehören die sechsunddreißigjährige Naomi Hersi, die 2018 von Jesse McDonald ermordet wurde, den sie auf einer Dating-Website kennengelernt hatte, und die dreiunddreißigjährige Vanessa Santillan, die 2015 von ihrem Ehemann Joaquín Gómez Hernández verprügelt und erwürgt wurde.

Dennoch gibt es in England derzeit keine Notunterkunft speziell für LGBTIQ*-Personen und nur zwei Heime, beide in London, die auf die Unterstützung von LGBTIQ*-Betroffenenen spezialisiert sind. Wie bei der Wohnungslosenhilfe befürchten trans Personen oft, dass sie in den stark gegenderten Mainstream-Einrichtungen auf Ignoranz oder sogar Feindseligkeit stoßen. Abhängig von dem persönlichen Hintergrund können trans Menschen beim Zugang zu Hilfsangeboten unterschiedlichen Hindernissen begegnen. Trans Männer und nichtbinäre Menschen, denen bei der Geburt das weibliche Geschlecht zugewiesen wurde, scheuen sich möglicherweise davor, Angebote in Anspruch zu nehmen, die sich an Frauen richten, auch wenn die Misshandlung vor ihrer Transition stattfand oder die Täter:innen sie als Frauen wahrnehmen und entsprechend behandeln. Ihre Erfahrungen unterscheiden sich also von denen anderer männlicher Opfer. Da sie in einem Frauenhaus ihre Identität als Mann verleugnen und in einem Männerhaus Transfeindlichkeit fürchten müssten, bleibt vielen trans Männern der Zugang zu fachkundiger Unterstützung verwehrt.

Trans Frauen und andere trans Personen, denen bei der Geburt das männliche Geschlecht zugewiesen wurde, haben mitunter Angst, geeignete Frauenhäuser aufzusuchen, weil sie dort nicht willkommen sein können und im medialen Narrativ als Gefahr für cis Frauen dargestellt werden. Die meisten großen Frauenorganisationen in Großbritannien erklären zwar öffentlich, dass sie transweibliche Opfer unterstützen können und dies auch tun, aber noch immer begegnen trans Frauen im Hilfssektor feindseligen Haltungen.

»Viele Frauen und Kinder, mit denen wir arbeiten, haben schreckliche Angst vor Männern. Und ja, das schließt auch Männer ein, die sich als transgender identifizieren«, sagte im Januar 2019 eine Geschäftsführerin einer Frauenhilfsorganisation auf der Tagung einer Anti-Trans-Kampagne.[28] In einer anderen Rede vor dem schottischen Parlament behauptete dieselbe Person, dass die Identität von trans Frauen an sich eine Form des Missbrauchs gegenüber cisweiblichen Opfern sei: »Unsere Organisationen bieten kein geeignetes Umfeld für traumatisierte Frauen, wenn wir ihnen vorlügen, jemand sei in Wirklichkeit eine Frau. Doch wir beide wissen ganz genau, dass das ein Mann ist.«[29]

Für einen Investigativbericht des Magazins *gal-dem* im Februar 2021 über Transfeindlichkeit im Hilfssektor für Opfer geschlechtsspezifischer Gewalt wurden mehrere Ersthelfer:innen interviewt. Viele von ihnen waren besorgt über Vorurteile gegenüber trans Frauen (auch bekannt als Transmisogynie – ein Begriff, auf den ich später zurückkommen werde) in Organisationen zur Unterstützung von vor Gewalt fliehenden Frauen. »Den Mitarbeiter:innen zufolge«, so der Bericht, »wird Transmisogynie in den hierarchischen Strukturen oft von oben gebilligt. Dagegen vorzugehen ist schwer, weil die Entscheidungsträger:innen aus dem Sektor eng miteinander verbunden sind, und daher die Angst besteht, in keiner der Organisationen mehr Arbeit zu finden.«[30] Eine dieser transfeindlichen Situationen ereignete sich, als Mitarbeiterinnen einer Fraueneinrichtung eine neue telefonische Beratung anbieten wollten. Eine Nachwuchskraft war sich bezüglich der Inklusionspolitik der Organisation unsicher und fragte nach, für wen die Beratung gedacht sei, um sicherzustellen, dass sie auch trans Frauen unterstützen würden. »Die Antwort von [der Abteilungsleitung in der Organisation] und einer anderen Führungskraft lautete: ›Wenn sich die Person am Telefon wie eine Frau anhört, dann sprecht mit ihr [...]. Wenn sie nicht wie eine Frau klingt, auch wenn sie sagt, dass sie eine ist, legt auf. Die unterstützen wir nicht.‹«

Derselben Untersuchung zufolge bekamen Mitarbeiterinnen mit, dass Kolleginnen abfällige Kommentare über trans Frauen machten. Dazu gehörten die Bezeichnung von trans Frauen als »Männerfrauen«, die Aussage, nur »biologische Frauen« sollten Zugang zu Frauenhäusern haben, und die Äußerung von Führungskräften gegenüber neueren Angestellten, dass sie sich wie »Täter« verhielten, wenn sie sich für die Integration von trans Frauen einsetzten, da sie sich damit auf die Seite der »Männer« stellten. Selbst im offenen Gespräch über trans Frauen, die möglicherweise Unterstützung benötigten, wurde eine entmenschlichende Sprache verwendet: »Der Fokus liegt echt auf dem Penis«, sagte eine Mitarbeiterin dem Magazin. Einige Frauen, die in diesem Sektor arbeiten, sollen angewiesen worden sein, auf ihren persönlichen Social-Media-Accounts keine Beiträge mehr zur Unterstützung von trans Frauen zu posten.

Die Tatsache, dass im Hilfssektor Menschen in Führungspositionen trans Frauen offen als »Männer« bezeichnen und trans Frauen mit cismännlichen Tätern in einen Topf werfen, hilft zu verstehen, weshalb viele trans Frauen auf institutionelle Hürden stoßen, wenn sie in geschlechtergetrennten Einrichtungen Unterstützung suchen. Die Diskussion in den britischen Medien über trans Frauen und die »Nur für Frauen«-Haltung der Krisendienste für Opfer häuslicher Gewalt haben mit verhindert, dass Reformen zur rechtlichen Anerkennung des Geschlechts und einer richtige Auseinandersetzung mit den Erfahrungen von trans Frauen mit häuslicher Gewalt verabschiedet wurden – diese Erfahrungen werden jetzt schlicht ausgeblendet.

Hier ist zu betonen, dass die Probleme, mit denen trans Frauen in dieser Hinsicht konfrontiert sind, den Problemen von Frauen of Color, lesbischen und behinderten Frauen sehr ähnlich sind.[31] Sie verbergen eine umfassendere Agenda: Die Feindseligkeit und die böswilligen Debatten über die Inklusion von trans Frauen in Einrichtungen zum Schutz vor häuslicher Gewalt dienen den Interessen einer rechten Regierung, die diese Dienste *grundsätzlich* nicht finanzieren will. Die künstliche Kontroverse über trans Inklusion ist ein bewusstes Ablenkungsmanöver: Die erbitterte Debatte über trans Frauen erschwert die politische Solidarität und Bündnisse zwischen LGBTIQ*-Menschen und heterosexuellen cis Frauen. Solche Bündnisse sind allerdings dringend notwendig, um gegen Kürzungen und Änderungen von Sozialleistungen zu kämpfen. Diese Sozialleistungen können Menschen ermöglichen, die Person, die sie missbraucht, zu verlassen. Doch die Solidarität bleibt aus. Stattdessen wird in transfeindlichen Debatten jegliche Verantwortung gegenüber trans Opfern von sich gewiesen und oft betont, dass trans Menschen eigene Einrichtungen und Zufluchtsorte schaffen sollten, wenn sie diese so dringend benötigen.

Spezialisierte Angebote für trans Opfer sind zwar zu begrüßen, aber es besteht ein Unterschied zwischen dem Befürworten von Hilfsangeboten, die auf Menschen mit bestimmten Erfahrungen zugeschnitten sind, und dem Kampf für eine erzwungene Trennung.[32] Zudem ist die Idee dieser hypothetischen »dritten« Räume, die oft als fadenscheinige Lösung für das »Problem« von trans Frauen in Frauenräumen angepriesen werden, eigentlich nicht umsetzbar: Trans Menschen machen einen sehr kleinen Teil der Bevölkerung aus und leben über das ganze Land verteilt, daher wäre es schwierig, überall dort spezialisierte Hilfsangebote aufzubauen, wo eine trans Person Hilfe benötigt. Es darf nicht sein, dass es entweder speziell zugeschnittene oder gar keine Angebote gibt. Die Unterbringung in regulären Heimen muss immer möglich sein. In vielen Einrichtungen für Frauen geht das bereits, wie die Leitung einer Notunterkunft sagt:

»Wenn eine Frau zu uns kommt und sagt, dass sie trans ist, dann fragen wir: Willst du an einen spezialisierten LGBT-Dienst verwiesen werden oder willst du bei uns bleiben? Egal ob es um Sexualität, Geschlecht, soziokulturelle Zugehörigkeit, *race* oder Behinderung geht, wenn wir eine andere Organisation kennen, die spezialisierte Unterstützung anbietet, dann schlagen wir diese vor, bieten aber gleichzeitig an, dass die Frauen in unsere allgemeine Einrichtigung gehen können, wenn sie das möchten.«[33]

Viele Menschen, ob trans oder cis, werden glücklicherweise nie die Leistungen eines Obdachlosenheims oder einer Notunterkunft für Betroffene von häuslicher Gewalt in Anspruch nehmen müssen. Mit zunehmendem Alter werden jedoch viele von uns auf Pflegeheime und Krankenhäuser angewiesen sein, die in vielerlei Hinsicht mit den genannten öffentlichen Unterkünften vergleichbar sind und viele der gleichen Probleme bezüglich der Geschlechtertrennung mit sich bringen. In den nächsten fünfzig Jahren wird es in Großbritannien voraussichtlich 8,6 Millionen mehr Menschen geben, die 65 Jahre oder älter sind. Diese Anzahl entspricht in etwa der Bevölkerung Londons. Mit einem wachsenden Anteil älterer Menschen wächst auch der Druck auf den Sozialstaat. Außerdem erreichen immer mehr trans Menschen ein hohes Alter, sodass es dringender wird, sich um ihre Bedürfnisse zu kümmern.

Dazu gehört der Schutz der Menschenwürde älterer trans Menschen in Pflegeheimen, wo sie möglicherweise stärker diskriminiert werden als zu der Zeit, als sie noch eigenständig gelebt haben. Ältere trans Menschen haben eine Zeit erlebt, in der trans zu sein oder das damit verbundene Verhalten (einschließlich Straftaten im Zusammenhang mit Homosexualität) kriminalisiert oder pathologisiert wurde. Ältere queere Personen, trans Menschen eingeschlossen, sind zudem stärker von sozialer Isolation betroffen – zum Teil, weil sie seltener Kinder haben. Fast die Hälfte aller trans Eltern haben keinen Kontakt zu ihren Kindern.[34] Die Aussicht, in ein Pflegeheim zu ziehen, ist jedoch bedrückend, da trans Personen den Verlust ihrer persönlichen Handlungsmacht sowie Anfeindungen durch Pflegepersonal und andere Bewohner:innen befürchten müssen. In einem Video über trans Senior:innen im Rahmen der Kampagne *Growing Older As Me* von My Genderation nennt Cat Burton, eine sechsundsechzigjährige Pilotin im Ruhestand, einige Beispiele, wie trans Menschen leicht die Kontrolle über ihr Aussehen und ihren Geschlechtsausdruck verlieren können:

»Transgender Personen können Bedürfnisse haben, die für das Pflegepersonal nicht unbedingt offensichtlich sind. Eine trans Frau, die plötzlich nicht mehr in der Lage ist, sich wie gewohnt um ihre Gesichtsbehaarung zu kümmern, oder eine trans Frau, die eine Perücke trägt und von Pflegekräften ohne Perücke gesehen wird, die vielleicht nicht die größte Sorgfalt darauf verwenden, sie [mit dem Geschlechtsausdruck, mit dem sie sich am wohlsten fühlt,] zu den anderen Heimbewohner:innen zu bringen.«[35]

Ältere trans Menschen, die sich erst spät outen, vor allem diejenigen, die sich chirurgische Eingriffe wünschen würden, scheuen sich womöglich davor, bei der Intim- und Körperpflege Hilfe in Anspruch zu nehmen, wenn ihre Genitalien oder weitere Geschlechtsmerkmale nicht mit ihrer Geschlechtsidentität übereinstimmen. Jenny-Anne Bishop, eine trans Aktivistin, die im Rahmen des Projekts Trans Ageing and Care der Universität Swansea mit mehreren trans Personen über ihre Erfahrungen und Ängste vor dem Älterwerden gesprochen hat, brachte genau diese Sorge um die Intimpflege zur Sprache:

»Der Körper [einer trans Person] entspricht nicht unbedingt ihrem Geschlechtsausdruck. Wenn die Person Hilfe beim An- und Ausziehen oder Waschen braucht, besteht immer die Gefahr, dass eine Pflegekraft überrascht reagiert, die Person auslacht oder sich abfällig äußert.«[36]

Bishop nannte auch Beispiele von trans Menschen, die im Pflegeheim von anderen Bewohner:innen ausgegrenzt wurden. Über eine trans Frau, die ausgeschlossen wurde, sagte sie:

»Die anderen setzten sich beim Essen nicht zu ihr, sie ließen sie nicht mitspielen und sorgten dafür, dass sie ihre Lieblingssendungen im Fernsehen nicht sehen konnte. Irgendwann kümmerte sich das Pflegepersonal weniger um sie und niemand achtete darauf, ob sie gegessen hatte. Mittlerweile geht es ihr gut, weil unsere Gruppe in Liverpool davon erfuhr. Wir haben dafür gesorgt, dass sie in ein anderes Pflegeheim verlegt wurde, wo sie sehr gut aufgenommen wurde.«[37]

Demente trans Menschen sind besonders gefährdet. Mit zunehmendem Abbau der Einnerungsfähigkeit vergessen sie womöglich ihre Transition und empfinden ihren Körper oder ihre Kleidung als fremd und beängstigend. »Das kann dazu führen, dass sie sehr desorientiert und ängstlich werden«, so Sean Page, ein Pflegeberater für Demenz an der Betsi Cadwaladr University Health Board, gegenüber BBC News. »Manche verstehen nicht, warum sie als ein bestimmtes Geschlecht angesprochen werden, weil sie sich nicht daran erinnern können, diesen Wunsch öffentlich geäußert zu haben.«[38] Solche Herausforderungen werden in Zukunft sicherlich größer, da sowohl die Anzahl als auch das Alter der offen trans lebenden Personen steigt.

Die Lebensrealität von trans Menschen ist heute in der Öffentlichkeit kaum sichtbar. Wenn ich an meinen Besuch bei Kate, Joe und Alex denke, fällt mir auf, wie nervös sie waren, öffentlich über ihre Situation zu sprechen, weil die feindselige Medienberichterstattung auf Moralpanik und verzerrte Narrative ausgerichtet ist. Doch die Gespräche mit trans Menschen über ihre eigenen Prioritäten haben mir gezeigt, dass der Fokus und die politische Energie dringend neu ausgerichtet werden müssen. Mobbing in der Schule, Ablehnung innerhalb der Familie, Wohnungslosigkeit, häusliche Gewalt und Diskriminierung in Pflegeheimen sind wichtige Probleme, von denen nach wie vor zahlreiche trans Menschen betroffen sind – auch wenn die Gesellschaft anscheinend immer toleranter wird. Diese Schwierigkeiten betreffen trans Menschen in ihren intimsten Lebensbereichen und beeinflussen tagtäglich ihr Wohlbefinden. Das alles wirft tiefgreifende Fragen darüber auf, was es bedeutet, heute in Großbritannien trans zu sein. Dazu gehören grundlegende Probleme wie die mangelnde Akzeptanz in der Familie und in der Community, der anhaltende politische Angriff auf das Sozialsystem durch aufeinanderfolgende neoliberale Regierungen sowie eine Gesellschaft, die eine starre Zweigeschlechtlichkeit auferlegt, indem sie jeden Menschen bestraft oder ausschließt, der nicht genau in dieses binäre System passt.

Die Emanzipation und das Wohlergehen von trans Menschen als Gruppe erfordern nicht nur einen veränderten, wertschätzenden Umgang mit Unterschieden innerhalb einer Familie oder Gemeinschaft, sondern auch die Bereitstellung von angemessenen Ressourcen – insbesondere von Geldern – für Menschen, die von ihrem direkten sozialen und familiären Umfeld ausgestoßen wurden.

Bei alledem kann nicht genug betont werden, dass die politischen Forderungen von trans Personen mit denen von Migrant:innen, deren Nachfahren und anderen People of Color, Menschen mit Behinderung oder psychischen Erkrankungen sowie lesbischen, schwulen und bisexuellen Menschen übereinstimmen (und natürlich sind trans Personen in all diesen Gruppen zu finden). Die Überschneidungen zwischen den Bedürfnissen verschiedener marginalisierter Menschen müssen hervorgehoben werden. Denn oft wird so getan, als seien die Belange von trans Menschen ein Nischenthema und übermäßig komplex, um trans Menschen zu entmündigen. Durch die Betonung des »Minderheitenstatus« von Minderheiten wird der Fokus fortwährend darauf gelenkt, im öffentlichen Diskurs ihre Andersartigkeit zu erklären, wodurch die Minderheit weiter als Abweichung oder geringfügiges Problem abgetan werden kann. Im speziellen Fall von trans Menschen beginnt diese Entmündigung auf der grundlegendsten Ebene: bei unseren Körpern und unserem Recht, ohne Einmischung der Gesellschaft selbstbestimmt darüber zu verfügen. Die gesellschaftliche Emanzipation aller trans Menschen beginnt mit der Befreiung und der Emanzipation des trans Körpers.

2 RICHTIGE UND FALSCHE KÖRPER

Wenn öffentlich wird, dass eine Person trans ist, gilt die erste Rückfrage oft dem Operationsstatus. Als meine Mutter einem Nachbarn, der mich seit meiner Kindheit kannte, von meiner Transition erzählte und dass ich nun als Frau leben würde, erkundigte er sich zuallererst, wann ich mich denn einer Genitaloperation unterziehen würde. Ihm war sicher nicht bewusst, wie übergriffig seine Frage war – vor allem, dass er sich ausgerechnet bei einer Mutter über die Genitalien ihrer Tochter informierte. Ich habe zwar schon den Eindruck, dass das zunehmende öffentliche Bewusstsein und die Sichtbarkeit von trans Personen insgesamt zu einem höflicheren Umgang mit uns führen, aber die Neugier auf medizinische Details bleibt bestehen. Sie wird jetzt eben durch die Blume zum Ausdruck gebracht. Auf einer Party wurde ich einmal gefragt, ob ich denn bereits »den ganzen Prozess« durchlaufen hätte oder noch durchlaufen würde. Viele, denen ich von diesem Buch erzählte, fragten mich, ob ich darin meine medizinische Transition ausführlich beschreiben würde. (Falls Sie das Buch aus diesem Grund lesen, muss ich Sie leider enttäuschen.)

Die lange Tradition, trans Menschen sensationalistisch und herabwürdigend als medizinische Freaks darzustellen, geht auch im 21. Jahrhundert weiter. »Transsexueller Ex-Bauarbeiter bleibt halb Mann, halb Frau – Krankenkasse lehnt Brust-OP ab« – so lauteten bis in die 2010er-Jahre hinein die typischen Schlagzeilen über die Gesundheitsversorgung von trans Personen.[1] Bis vor Kurzem wurde überwiegend auf diesem Niveau über das Thema gesprochen. Solche Geschichten machen die Menschen, die sich um geschlechtsangleichende medizinische Maßnahmen bemühen, lächerlich und schüren Verachtung gegenüber dem Empfinden von Geschlechtsdysphorie sowie gegenüber dem NHS, weil der trans Personen medizinisch versorgt. Das Narrativ von anspruchsvollen, verwöhnten Menschen mit Transitionsanliegen, die erwarten, dass die Operationen auf ihrer Wunschliste aus öffentlicher Hand bezahlt werden, macht es immer noch salonfähig, auf diese Weise über den Körper von trans Personen zu sprechen. Dass wir fast ausschließlich Sensationsberichterstattung über die spezifischen Hormonbehandlungen und Operationen lesen können, die einige trans Menschen wünschen, ist Teil des Problems.

In Gesprächen über die Gesundheitsversorgung von trans Menschen muss es auch immer um deren allgemeine körperliche, sexuelle und psychische Gesundheit gehen. Ohne diesen ganzheitlichen Blick bleibt verborgen, in was für einem desolaten Zustand sich das britische Gesundheitssystem im Hinblick auf die Versorgung von trans Menschen befindet.

Im Rahmen der Inquiry into Transgender Equality, durchgeführt vom Parlamentsausschuss für Frauen und Gleichstellung unter dem Vorsitz der Abgeordneten und damaligen Ministerin für Frauen und Gleichstellung Maria Miller, wurde 2016 ein Bericht veröffentlicht, dem zufolge »der NHS trans Personen im Stich lässt. Zu vieles weist darauf hin, dass das aktuelle Vorgehen als diskriminierend und als Verstoß gegen das Gleichstellungsgesetz bezeichnet werden kann.«[2]

Im Folgenden möchte ich untersuchen, inwiefern trans Menschen heutzutage von dem britischen Gesundheitssystem unterdrückt werden und wie das mit den Diskriminierungen anderer marginalisierter Gruppen zusammenhängt, deren Leben durch ärztliche Vorurteile geprägt sein kann.

Zunächst eine der wichtigsten – und für viele verwirrenden – Fragen: Warum brauchen manche trans Personen überhaupt medizinische Maßnahmen? Der Fachausdruck Dysphorie (das Gegenteil von Euphorie) bezeichnet das starke Gefühl der Angst, des Leids und der Unzufriedenheit, das manche trans Menschen in Bezug auf ihre primären Geschlechtsmerkmale (Genitalien), sekundären Geschlechtsmerkmale (Brust, Gesichtsbehaarung, Menstruation, Gesichtsform, Stimme) oder in Bezug darauf empfinden, wie die Gesellschaft sie aufgrund dieser Merkmale als männlich oder weiblich wahrnimmt und sie entsprechend behandelt. Früher wurde das »Transsexualismus« und später »Geschlechtsidentitätsstörung« genannt. Heute bezeichnet das Wort Geschlechtsdysphorie diese Erfahrung, mit der viele trans Menschen zu kämpfen haben und die durch eine medizinische Behandlung verbessert werden kann. In trans Communitys ist der Begriff zwar weit verbreitet, aber Dysphorie wird auf sehr unterschiedliche Weise erlebt, daher unterscheidet sich auch der medizinische Bedarf.

Insgesamt kommt Geschlechtsdysphorie in der Gesellschaft selten vor: Betroffen sind circa 0,4 Prozent der Bevölkerung. Das macht es schwierig, sie den meisten Menschen zu erklären, die damit keine Erfahrung haben. Oft greifen wir daher auf Metaphern zurück. Und so wurde die ungeschickte Formulierung »im falschen Körper geboren« zum beliebten Schlagwort in den Massenmedien. Ungeschickt deshalb, weil viele trans Personen finden, dass diese Umschreibung auf Dysphorie nicht einmal annähernd zutrifft. Besser drückt es meiner Meinung nach die trans Autorin Andrea Long Chu aus: »Dysphorie fühlt sich manchmal an wie ein gebrochenes Herz.«[3] Ein gebrochenes Herz und die damit verbundene tiefe Trauer, die uns handlungsunfähig macht, sowie das Gefühl, dass uns etwas fehlt oder verloren gegangen ist – und das dieselben Hirnareale aktiviert wie körperlicher Schmerz! –, kann so überwältigend sein, dass es den Alltag beeinträchtigt. Das gilt auch für Dysphorie. Zumindest für mich beschreibt das die Verzweiflung, die viele trans Menschen im Bezug auf ihren Körper empfinden, wesentlich treffender. Und tatsächlich fühlte auch ich mich so, bevor ich medizinische Maßnahmen ergriffen habe.

Dysphorie ist allerdings keine Voraussetzung, um trans zu sein. Untersuchungen zufolge erleben bis zu 10 Prozent aller Personen, die sich als trans, nicht-binär, dazwischen oder darüber hinaus verstehen, keine Dysphorie. Manchmal wird irrtümlicherweise angenommen, dass trans Männer und trans Frauen unter Dysphorie leiden, nicht aber nicht-binäre Personen. In Wahrheit haben manche nicht-binäre Menschen sehr wohl das dringende Bedürfnis nach medizinischen Maßnahmen, einige trans Männer und trans Frauen hingegen überhaupt nicht. Doch bis zu einem gewissen Grad erleben die meisten trans Menschen Dysphorie – deshalb befasse ich mich in diesem Kapitel mit ihr.

Als Reaktion auf die traditionell nachlässige, sensationsheischende Berichterstattung hat die Bewegung für Trans-Sichtbarkeit in den letzten Jahren weitgehend versucht, Diskussionen über die Körper und Gesundheitsversorgung von trans Menschen zu vermeiden. Die Titelseite des *Time Magazines* aus dem Jahr 2014, auf der die US-amerikanische Schauspielerin und prominente trans Aktivistin Laverne Cox abgebildet war, sollte eine neue Ära im Kampf für die Rechte von trans Menschen einläuten. Bemerkenswert war an Cox' Engagement, dass sie sich kategorisch weigerte, über die eigene medizinische Transition zu sprechen, und betonte, dass dies nicht der richtige Fokus sei. In einem viralen Interview sagte sie zur TV-Moderatorin Katie Couric:

»Das Interesse an der Transition und an Operationen objektifiziert trans Menschen. Das hält uns davon ab, uns ernsthaft mit deren Erfahrungen auseinanderzusetzen. Die Lebensrealität von trans Menschen ist nämlich, dass wir sehr oft Gewalt erleiden. Im Vergleich zum Rest der Gesellschaft werden wir unverhältnismäßig stark diskriminiert. Unsere Arbeitslosenquote ist doppelt so hoch wie der landesweite Durchschnitt; die von trans Personen of Color sogar viermal so hoch wie der landesweite Durchschnitt. Die höchste Mordrate ist die an trans Frauen. Wenn wir den Fokus auf die Transition legen, kommen wir gar nicht dazu, über diese Punkte zu sprechen.«[4]

Die geschickte Zurückweisung von Courics dreister Fragerei zeigt die Frustration vieler trans Personen, denen ständig vermittelt wird, dass sie nur dann von der Öffentlichkeit gehört werden, wenn sie auch bereit sind, im Detail über ihren Körper zu reden. Damals war Cox'

Weigerung, sich auf dieses geschmacklose Gespräch einzulassen, neu und aufregend. Dass sie sich nicht zwingen ließ, in den Medien über ihre medizinische Transition zu sprechen, brachte einen Stein ins Rollen, und immer mehr trans Personen, insbesondere der jüngeren Generation, ließen sich nun ebenfalls nicht mehr von cis Menschen ins Kreuzverhör nehmen.

Zwar war diese Weigerung ein wichtiger Schritt dafür, dass trans Menschen die Kontrolle über ihre Narrative zurückerobern, aber sie führte nicht zu der dringend notwendigen neuen Diskussion über Gesundheit und die allgemeinen und strukturellen Probleme, mit denen trans Menschen in der gesamten medizinischen Versorgung konfrontiert sind. Dazu gehören routinemäßige Untersuchungen, psychische Gesundheit, sexuelle Gesundheit, Reproduktions- und sogar Palliativmedizin. Die fehlende Diskussion über diese Themen, dieses Schweigen, birgt ein neues Risiko: Indem wir uns zu Recht nicht unter Druck setzen lassen, persönliche Details über unsere Transition offenzulegen, verlieren wir den letzten Funken von öffentlichem Interesse an unserer Gesundheit und unserem Wohlbefinden.

Trans Menschen in Großbritannien haben bereits versucht, Veränderungen im Gesundheitswesen herbeizuführen. Im Februar 2013 wurden dem General Medical Council (GMC) achtundneunzig Fälle vorgelegt, in denen britischen Ärzt:innen und medizinischem Fachpersonal Fehlverhalten gegenüber trans Patient:innen vorgeworfen wird. Nachdem eine Graswurzelkampagne in den sozialen Medien Hunderten von trans Personen die Möglichkeit gegeben hatte, von Behandlungsfehlern und Missbrauch zu berichten, wurden ihre Fälle von der Aktivistin und liberaldemokratischen Parlamentskandidatin Helen Belcher zusammengetragen. Die einzelnen Vorwürfe wurden vertraulich behandelt, aber bezogen sich, so Belcher, unter anderem auf »sexuellen und körperlichen Missbrauch, verbale Angriffe, Behandlungsfehler, die in manchen Fällen gefährlich waren, angedrohte oder tatsächliche Verweigerung der Weiterbehandlung, schlechte Organisation und Entscheidungen, die nicht zum Wohle der

Patient:innen waren«. Es handelte sich, so ihr Fazit, um eine »schreckliche Lektüre«.[5] Obwohl der General Medical Council zunächst Interesse gezeigt hatte, den Beschwerden offiziell nachzugehen, wurden aus formellen Gründen und aufgrund der Anonymität der Einsendungen schließlich nur neununddreißig der achtundneunzig Fälle weiterverfolgt. Davon wurden nur drei umfassend untersucht. Stattgegeben wurde am Ende keinem.

Obwohl keine offizielle Entschädigung erreicht werden konnte, war allein schon der Versuch ein Wendepunkt: Trans Menschen tauschten sich über ihre Erfahrungen mit ärztlichem Fehlverhalten aus, was sie wiederum dazu motivierte, sich für echten institutionellen Wandel einzusetzen. Wie so viele politische Aktionen für die Emanzipation von trans Menschen in den 2010er-Jahren wurden auch die Ermittlungen des GMC erst dank der sozialen Medien möglich. Die Einzelheiten des weit verbreiteten Missbrauchs britischer trans Menschen durch die Personen, die ihnen eigentlich helfen sollten, wurden weder von einer Zeitung noch durch eine Untersuchung aufgedeckt. Alles begann mit einem Hashtag. #TransDocFail wurde 2013 von einer trans Frau ins Leben gerufen, die britischen trans Twitter-Nutzer:innen einen Raum schaffen wollte, um öffentlich über Fehler im Gesundheitssystem zu sprechen. Innerhalb von vierundzwanzig Stunden wurde der Hashtag über tausend Mal verwendet. Da im Internet alles von Dauer ist, sind viele anonymisierte Versionen dieser Berichte noch online zu finden. Sie bieten ein anschauliches Bild der Machtverhältnisse zwischen trans Menschen und Ärzt:innen sowie der weit verbreiteten Ignoranz und offenen Vorurteile gegen trans Menschen in den medizinischen Berufen. Außerdem zeigen sie die Ohnmacht, die trans Patient:innen angesichts anhaltender Misshandlung empfinden. So gaben in einer deutschen Studie 40 Prozent der befragten trans Personen aus Deutschland an, dass sie in den letzten 12 Monaten Diskriminierung im Gesundheits- oder Sozialsystem erlebt haben. Zu den spezifischen Erfahrungen im Gesundheitssystem befragt, berichteten 15 Prozent von allgemeinem Schwierigkeiten im Zugang,

25 Prozent von unangenehmen/übergriffigen Fragen oder Kommentaren, 22 Prozent, dass spezifische Bedürfnisse ignoriert wurden. 18 Prozent vermieden Kontakt mit dem Gesundheitssystem.

Solche Proteste und Forderungen nach besserer Behandlung sind aus der Trans-Bewegung nicht wegzudenken. 1972 schrieb eine Gruppe von Transsexuellen und Transvestiten, die sich als Zweig der neuen Gay Liberation Front regelmäßig in Notting Hill in London traf, einen Beitrag für die aktivistische Broschüre *Lesbian Come Together*. 60 000 Menschen in Großbritannien nähmen gegengeschlechtliche Hormone ein, erklärten sie, anderen werde die Einnahme ärztlich verwehrt. Sie beschrieben die Stigmatisierung, der trans Personen durch medizinisches Fachpersonal ausgesetzt waren, wenn sie sich einer Hormontherapie und chirurgischen Eingriffen unterziehen wollten, sowie ihren Kampf um Selbstbestimmung: »Die Psychiater, die uns Elektroschocks verpassen, halten uns für erbärmlich oder tragisch [...]. Eine unserer Schwestern erzählte, sie habe nach sechs Monaten psychiatrischer Behandlung begriffen, dass niemand sie besser kenne als sie selbst.«[6]

Zwar erhalten trans Patient:innen in Deutschland keine Elektroschocks mehr – diese spezielle Barbarei nahm in den späten Sechzigern ein Ende –, aber auch heute sind sie vonseiten der Schulmedizin Verfolgung und Ungerechtigkeit ausgesetzt. Dabei geht es nicht nur um einige vereinzelte transfeindliche Psychiater:innen oder um die nicht böse gemeinte Unwissenheit von Arzthelfer:innen, die innerhalb eines Nachmittags durch eine entsprechende Fortbildung schnell behoben werden könnte. Im britischen Gesundheitssystem werden trans Menschen strukturell und institutionell diskriminiert.

Das kommt vielleicht überraschend für Leute, die behaupten, Transidentität sei ein Hype, der von der Pharmaindustrie, privaten Schönheitskliniken und der gewissenlosen internationalen Medizinbranche gepuscht werde. Verbreitet wird diese Verschwörungstheorie von scheinbar so grundverschiedenen Gruppen wie der Christlichen Rechten in den USA und einigen trans-ausschließenden feministischen Schriftstellerinnen. Im Jahr 2018 behauptete das US-amerikanische konservative Magazin *The Federalist*, dass »extrem reiche weiße Männer (und Frauen), die in biomedizinische Firmen investieren, unzählige Transgender-Organisationen finanzieren und sich daran eine goldene Nase verdienen«[7]. Trans Menschen, so glauben diese Verschwörungstheoretiker:innen, seien Teil eines Schneeballsystems zur Körpermodifikation: Nachdem wir auf reiche Leute in weißen Kitteln hereingefallen sind, die uns Lügen über »unser Geschlecht« erzählt haben, wollen wir nun neue Mitglieder anwerben, um unsere Fehlentscheidungen zu rechtfertigen. Die Unterstellung, trans Menschen und ihre Ärzt:innen steckten bei einem gefährlichen medizinischen Trend unter einer Decke, hat sich auch in liberale Zeitungen und Nachrichtensendungen geschlichen. Besonders gefährlich ist die Diskussion über die wenigen trans Kinder, deren Geschlechtsdysphorie sich so negativ auf ihre psychische Gesundheit auswirkt, dass der Einsatz von Pubertätsblockern empfohlen werden könnte. Doch die Vorstellung, dass trans Menschen und ihre Ärzt:innen gemeinsame Sache machen, ist lächerlich. Mit der Realität hat das nichts zu tun.

Das System der transitionsbedingten Versorgung entstand im Laufe des 20. Jahrhunderts als Teilbereich des stark patriarchalisch geprägten Fachgebiets der Psychiatrie. Institutionell wurden schließlich Hormontherapien und Operationen als Mittel benutzt, damit (vor allem männliche) Ärzt:innen regulieren konnten, wen sie als »akzeptable« trans Person betrachteten und wen nicht – dies regulierte folglich auch die Grenzen des Geschlechts an sich. Als die medizinische Transition als Behandlungsverfahren entwickelt wurde, ging es nicht primär darum, trans Ratsuchenden zu helfen. Das Ziel war, die Geschlechtervielfalt in der Gesellschaft zu regeln und zu kontrollieren und dabei die binäre Geschlechterordnung zu bewahren. Zwar erlaubten Hormonpräparate und chirurgische Eingriffe einen Wechsel zwischen den beiden Geschlechtern, aber die Vorstellung von zwei sich gegenseitig ausschließenden Kategorien, männlich und weiblich, blieb bestehen. Um das starre binäre System aufrechtzuerhalten, schufen cis Menschen bervormundende, auf Vorurteilen basierende Anforderungen, die Menschen mit Transitionsanliegen erfüllen mussten, um sich überhaupt für medizinische Versorgung zu qualifizieren. Einige dieser Anforderungen gibt es heute noch, wenn auch in etwas weniger drakonischer Form.

Historisch gesehen ging es bei der transitionsbezogenen Versorgung also weniger um die Ermächtigung von trans Personen als vielmehr darum, für klare Verhältnisse zu sorgen in einer Gesellschaft, in der Einzelne die binäre Geschlechterordnung zu bedrohen schienen.[8] In diesem Sinne ist die Entwicklung der trans Gesundheitsfürsorge eher mit der reproduktiven Gesundheit von Frauen* vergleichbar – insbesondere dem Zugang zu kostenlosen, sicheren und legalen Schwangerschaftsabbrüchen – als mit einem Schneeballsystem der Schönheitschirurgie, wie es sich Verschwörungstheoretiker:innen zusammenfantasieren.

An dieser Stelle sollten wir uns die Entwicklung der Einstellung zu Abtreibungen vor Augen führen. Sie sind in Großbritannien weiterhin strafbar (in Nordirland wurden Schwangerschaftsabbrüche erst im Jahr 2019 legalisiert). Grundsätzlich stellt ein Schwangerschaftsabbruch eine schwere Straftat dar. Nur wenn der Eingriff unter den strengen Regelungen des Abtreibungsgesetzes von 1967 vorgenommen wird, ist er keine Straftat. Erforderlich sind dazu die

* Reproduktive Gesundheitsversorgung wie Abtreibungen, Verhütung und Fruchtbarkeitsbehandlungen betrifft unter anderem alle Menschen mit einem Uterus, also auch einige trans Männer und nicht-binäre Menschen, die schwanger werden können. Aus diesem Grund ist es richtiger zu sagen, dass reproduktive Gesundheit nicht *nur* ein Frauenthema ist, sondern auch ein Bestandteil der medizinischen Versorgung für diejenigen trans Menschen, die Kinder gebären können. Da dieser Bereich allerdings historisch gesehen weltweit überwiegend Frauen betrifft und von konservativen und regressiven politischen Kräften als fest mit der Rolle der Frau in der Gesellschaft verknüpft verstanden wird, verwende ich hier aus Zweckmäßigkeit den Begriff »reproduktive Gesundheit von Frauen«.

Zustimmung von zwei Ärzt:innen und eine genehmigte Begründung des Abbruchs. Das Abtreibungsgesetz wurde nicht aus dem feministischen Wunsch heraus verabschiedet, Frauen volle Selbstbestimmung über ihren Körper zu gewähren, sondern um etwas dagegen zu unternehmen, dass zahlreiche Frauen nach unsachgemäßen »Hinterhofabtreibungen« starben. Mit fünfzig bis sechzig Frauen jährlich war das in Großbritannien in den zehn Jahren vor 1967 die Hauptursache der Müttersterblichkeit.[9] Einen größeren Zuspruch fand der geregelte Zugang zu Abtreibungen damals unter den (größtenteils männlichen) Mediziner:innen auch aufgrund des Contergan-Skandals von 1962. Das Medikament, das gegen Schwangerschaftsübelkeit verschrieben wurde, führte dazu, dass Tausende Babys mit schweren Behinderungen geboren wurden – viele Frauen waren per Gesetz gezwungen, Kinder mit schweren, lebensbedrohlichen Fehlbildungen oder anderen gesundheitlichen Problemen zur Welt zu bringen. Kurzum: Zwar hat sich seit den Sechzigern die gesellschaftliche und medizinische Einstellung zum Schwangerschaftsabbruch geändert, aber bei den rechtlichen und politischen Grundlagen des Zugangs dazu steht nicht die Selbstbestimmung von Patient:innen im Mittelpunkt. Daher ist das Recht auf Abtreibung immer noch nicht sicher vor Angriffen aus dem konservativen Lager.

Schon seit ihrer Entstehung ist der Zugang zu transitionsbezogener Gesundheitsversorgung ebenso ein ideologisches Schlachtfeld. Menschen, die eine medizinische Transition, Abtreibung oder Verhütung benötigen, geht es um körperliche Selbstbestimmung, das Recht auf psychisches Wohlbefinden und die Freiheit, das eigene Leben selbst zu gestalten – auch entgegen der vorherrschenden Geschlechterrollen. (Wer eine Gedächtnisstütze braucht: Diese Rollen betrachten Frauen als Brutkasten und trans Personen als Bedrohung für die strikte Trennung von männlichen und weiblichen Geschlechterrollen, von der die Macht des Patriarchats ausgeht.) Der Zugang zu Schwangerschaftsabbrüchen und der Zugang zu Trans-Gesundheitsversorgung werden oft auf ähnliche Weise angeprangert. Das geschieht zum einen durch die übertriebene Darstellung, dass eine Abtreibung oder Transition sehr häufig und sehr wahrscheinlich bereut werden, und zum anderen durch den unverhältnismäßigen medialen Fokus auf Geschichten von Menschen, die das tatsächlich bereuen, um so das Prinzip der Selbstbestimmung grundsätzlich zu untergraben. Aber nur etwa fünf Prozent der Frauen bereuen eine Abtreibung in irgendeiner Weise. Mehrere Studien zeigen, dass geschlechtsangleichende Operationen sogar noch seltener bereut werden – etwa in null bis zwei Prozent der Fälle.[10] Trotzdem ist die Angst vor dem Bereuen zu einem mächtigen Instrument geworden, um das Aufschieben oder Verweigern einer Behandlung zu rechtfertigen.

Kein Wunder also, dass konservative Politiker:innen die Trans-Gesundheitsversorgung und die reproduktiven Rechte von Frauen in einem Atemzug angreifen. Die ungeheuerlichsten Beispiele in jüngster Zeit sind – wenig überraschend – in den Maßnahmen der Trump-Regierung von 2016 bis 2020 zu finden.

Im Jahr 2017 setzte Trump die »Mexico City Policy« aus der Reagan-Ära wieder in Kraft und verbot die staatliche Finanzierung von Organisationen, die in anderen Ländern Abtreibungen durchführen oder sich für Abtreibungsrechte einsetzen (auch bekannt unter dem Begriff »Global Gag Rule«). Zugleich nutzte Trump seine Nominierungen für den Supreme Court, um die Richter:innenposten mit Abtreibungsgegner:innen zu besetzen. Trans Menschen wurde der Zutritt zum Militär verboten (unter anderem, weil die Gesundheitsversorgung von trans Menschen, die in der Armee dienten, von der US-Regierung finanziert wird); der Schutz für trans Kinder in Schulen, den Präsident Barack Obama veranlasst hatte, wurde aufgehoben; und im Mai 2019 signalisierte die Regierung, dass sie das Bundesgesetz abschaffen wolle, das trans Personen vor Diskriminierung im Gesundheitswesen und bei Krankenversicherungen schützt. Mit anderen Worten: Medizinisches Personal sollte das Recht erhalten, trans Menschen aus beliebigen Gründen die Behandlung zu verweigern. Die beiden politischen Positionen sind miteinander verknüpft: Sowohl der eingeschränkte

Zugang zu Schwangerschaftsabbrüchen als auch der eingeschränkte Zugang zur Trans-Gesundheitsversorgung sind auf konservative Haltungen zu Geschlechterrollen und dem Recht auf körperliche Selbstbestimmung zurückzuführen.

In Großbritannien ist der Kulturkrieg um die körperliche Selbstbestimmung zwar weniger ausgeprägt, aber es gibt ähnliche Überschneidungen zwischen der Anti-Abtreibungs- und der Anti-Trans-Bewegung. Zwischen 2015 und 2020 sponserte der konservative Abgeordnete für Monmouth, David T. C. Davies, Veranstaltungen im Parlament für Anti-Trans-Lobbygruppen und leitete persönlich eine Debatte in der Westminster Hall über die Legitimität von Rechten für trans Personen. Davies stimmte auch gegen die Ehe für alle und – unter Missachtung der internationalen medizinischen Leitlinien – für die Verkürzung der Abtreibungsfrist von vierundzwanzig auf zwölf Wochen.

Der Vergleich mit Schwangerschaftsabbrüchen ist vor allem deshalb nützlich, weil der politische Kampf um reproduktive Rechte wesentlich mehr Menschen betrifft und daher auch das Bewusstsein dafür größer ist als für das Ringen um eine gute Trans-Gesundheitsversorgung. Hilfreich ist der Vergleich aber auch im Hinblick auf die allgemeine Verwirrung in der Öffentlichkeit, ob trans zu sein als psychische Erkrankung betrachtet werden sollte und, falls nicht, warum der NHS dann die Behandlungskosten trägt. Ich glaube, das Leid aufgrund einer ungewollten Schwangerschaft (die keine Krankheit ist, aber einen medizinischen Eingriff erfordern kann) ist als Analogie gut geeignet, um zu erklären, warum der NHS die medizinische Versorgung von trans Menschen übernimmt: um das Wohlbefinden zu erhalten und persönliches Leid zu verhindern.

Was wir als »psychische Erkrankung« definieren (und stigmatisieren), ist an sich eine politische Frage. Zum Beispiel ist unsere Wahrnehmung von Homosexualität als Identität und nicht als Störung eine relativ neue Entwicklung, die durch jahrzehntelange Arbeit zur Entpathologisierung ermöglicht wurde. Ähnlichen Bemühungen zur

Entpathologisierung von Transidentitäten haben erste Erfolge erzielt. Im Mai 2019 strich die Weltgesundheitsorganisation in der elften Ausgabe der Internationalen Klassifikation der Krankheiten (ICD-11), die 2022 in Kraft tritt, die Diagnose »Störungen der Geschlechtsidentität« aus dem Kapitel zu psychischen und Verhaltensstörungen. Stattdessen wird unter einem neuen Kapitel »Zustände mit Bezug zur sexuellen Gesundheit«* der Begriff »Genderinkongruenz« aufgeführt. Schon im Oktober 2017 kündigte die damalige britische Premierministerin Theresa May die Pläne ihrer Regierung an, das Verfahren zur Änderung des amtlichen Geschlechtseintrags in England und Wales zu vereinfachen und zu entpathologisieren, »weil trans zu sein keine Krankheit ist und auch nicht als solche behandelt werden sollte«.[11]

Es besteht jedoch ein Spannungsverhältnis zwischen dem Fortschritt, die historische Verbindung zwischen psychischer Störung und der Identität von trans Menschen zu lösen, und der Wichtigkeit für das Wohlbefinden vieler trans Personen, Zugang zu kostenloser Gesundheitsversorgung zu erhalten. Theresa Mays Aussage, trans Menschen sollten nicht »behandelt« werden, als wären sie krank, klingt erst einmal gut. Doch nachdem aufeinanderfolgende konservative Regierungen zunehmend Druck auf den NHS und andere Sozialsysteme ausgeübt haben, ist diese Aussage mit Misstrauen zu betrachten. Sowohl trans als auch cis Patient:innen sind von der Entwicklung betroffen, dass der NHS sich zunehmend auf den privaten Sektor verlassen muss. Denn das treibt die Kosten in die Höhe und stellt den finanziellen Gewinn einer medizinischen Versorgung, zu der auch Behandlungen und Operationen rund um die geschlechtliche Identität gehören, in den Vordergrund. Was für eine Ironie: Aus-

* Bis dato liegt nur ein Übersetzungsentwurf, nicht aber die finale deutsche Übersetzung vor. Gemäß Arn T. Sauer und Timo O. Nieder wird es sicher zu Undeutlichkeiten kommen, da der Begriff ›sexual‹ im Deutschen sowohl ›sexuell‹ als auch ›geschlechtlich‹ bedeuten kann (also sexuelle/geschlechtliche Gesundheitsbedingungen. In: Max Nicolai Appenroth/María do Mar Castro Varela (Hg.): *Trans & Care*. Bielefeld: transcript 2019, S. 77. (Anm. der Übers.)

gerechnet die Konservativen, die sonst dreist raunen, trans Personen würden auf Geldmacherei hereinfallen, lassen durch Kürzungen und Privatisierungen der profitgierigen Privatwirtschaft freie Hand.

Die fehlende Klarheit in Bezug auf die Trans-Gesundheitsversorgung, insbesondere wenn es um den Zugang zu Hormonpräparaten und Operationen geht, besteht bereits seit der Entwicklung dieser Behandlungen im frühen 20. Jahrhundert. Diese Entwicklung verlief langsam und ungleichmäßig. Oft war sie das Ergebnis des beruflichen Engagements einzelner Ärzt:innen, die trans Patient:innen behandelten. Mit steigender Nachfrage nahm auch die Assoziation solcher Maßnahmen mit psychischen Erkrankungen zu. Allmählich sammelte sich die Macht, die Kriterien festzulegen, wer wann und wie eine Transition vornehmen durfte – in trans Communitys »Gatekeeping« genannt –, in den Händen weniger Medizinner:innen (viele davon mit Erfahrungen auf dem Gebiet der Psychiatrie). Sie bestimmten, ob eine Person »trans genug« war, um behandelt zu werden. Ab den Neunzigern änderte sich die Situation langsam. Auf der ganzen Welt haben trans Menschen und progressive Ärzt:innen trans affirmative Modelle entwickelt, bei denen das entscheidende Kriterium für bestimmte Behandlungen die informierte Zustimmung der Patient:innen ist – und nicht eine psychiatrische Diagnose.

Auf der ganzen Welt, außer in Großbritannien, wo das System leider größtenteils reformbedürftig, unzeitgemäß und ungeeignet ist. Hier setzt die Trans-Gesundheitsversorgung immer noch auf spezialisierte Genderkliniken. In Kanada, Neuseeland, den USA und vielen europäischen Ländern wurden solche Spezialkliniken schon längst abgeschafft und durch ein flexibleres System ersetzt. Wie um alles in der Welt konnte Großbritannien in seiner Fürsorgepflicht so weit zurückfallen, dass trans Menschen oft jahrelang auf Wartelisten stehen?

In fast jeder menschlichen Kultur finden sich historische Berichte über gendervariante Menschen, die aus ihrer Geschlechterrolle herausgetreten sind. Manche führten ihr Leben mit der Unterstützung und dem Einverständnis ihres Umfelds, das die Existenz eines dritten Geschlechts – oder gar mehrerer anderer Geschlechter – jenseits von Mann und Frau anerkannte. In anderen Fällen wurde die vermeintliche »Übertretung« von Geschlechternormen als strafwürdig angesehen. Bereits im 7. bis 5. Jahrhundert vor unserer Zeitrechnung gehörte zu den Gesetzen, die das religiöse und bürgerliche Zusammenleben der Israeliten regelten, das ausdrückliche Verbot von Transvestismus im Fünften Buch Mose, Kapitel 22, Vers 5 (»Eine Frau soll nicht Männersachen tragen und ein Mann soll nicht Frauenkleider anziehen; denn wer das tut, der ist dem HERRN, deinem Gott, ein Gräuel.«). Die Tatsache, dass gegen diese »Abweichung« ein Gesetz erlassen werden musste, lässt darauf schließen, dass es, nun ja, eben einen Anlass für dieses Gesetz gab – Transvestismus also weit genug verbreitet war, um bei den Gesetzgebern Besorgnis zu erregen. Noch früher, im 3. Jahrtausend v. u. Z., wurde die sumerische Göttin Inanna von einer Anhänger:innenschaft transvestitischer Priester verehrt, die sogenannten Gala, die weibliche Namen nutzten und in mit Weiblichkeit assoziierter Sprache Loblieder sangen. Und im Rom des 3. Jahrhunderts n. u. Z. soll die jugendliche Kaiserin Elagabal, die von 218 bis 222 regierte und der bei der Geburt das männliche Geschlecht zugewiesen worden war, offen den Wunsch geäußert haben, als Frau angesehen zu werden. Wenn wir den antiken Geschichtsschreibern Cassius Dio und Herodian Glauben schenken dürfen, schminkte Elagabal sich die Augen, zupfte sich den Bart aus, trug Perücken und bestand darauf, als Königin angesprochen zu werden. Cassius Dio schreibt, Elagabal habe der Person, die ihr weibliche Genitalien schenken könnte, eine hohe Belohnung in Aussicht gestellt. Tatsächlich waren Rituale der Körpermodifikation und Kastration charakteristisch für Sekten und Kulte mit travestitischen Anhänger:innen. Im Jahr 2002 wurden in Catterick in North Yorkshire die sterblichen Überreste einer der römischen *galli* (ein:e kastrierte:r Priester:in der Göttin Kybele) gefunden. Sie trug Frauenkleider und Schmuck. Die *galli* kastrierten sich selbst im Rahmen eines ekstatischen Festes, das *dies sanguinis* hieß – der »Tag des Blutes«. Sie schminkten sich und hellten sich die Haare auf. Der Fund in Catterick zeigt, dass es bereits im 4. Jahrhundert rituell kastrierte weibliche *galli* in Großbritannien gab – der früheste Beweis für Geschlechtervielfalt auf der Insel.

Allerdings ist das, was wir heute unter dem Begriff »trans« verstehen, aus einer neueren Auffassung von geschlechtlicher Varianz entstanden. Der Begriff »transsexuell« entwickelte sich im frühen 20. Jahrhundert, als die aufkommende Sexualwissenschaft versuchte, sexuelle und geschlechtliche Abweichung zu identifizieren, zu kategorisieren und zu behandeln. 1886 veröffentlichte der deutsch-österreichische Psychiater Richard von Krafft-Ebing mit *Psychopathia Sexualis* ein einflussreiches Werk, in dem Verhaltensweisen, die wir heute als Zeichen einer LGBTIQ*-Identität betrachten würden, als psychotisch und gestört pathologisiert wurden.[12]

Ein prägender Begriff der frühen Sexualwissenschaft war die »sexuelle Inversion« für Menschen, deren sexuelles oder geschlechtsspezifisches Verhalten eher als für das andere Geschlecht angemessen galt. Offensichtlich unterschied dieses Konzept nicht zwischen homosexuellen und trans Menschen: Eine Invertierte konnte eine cis Frau sein, die sich zu Frauen hingezogen fühlte, oder eine Person, die sich so kleidete und präsentierte, wie es eher von Männern erwartet wurde – oder eine Kombination aus beidem. Unberücksichtigt blieben wissenschaftliche Durchbrüche wie die Entdeckung der Sexualhormone Ende des 19. Jahrhunderts sowie die Erkenntnis in den frühen 1930er-Jahren, dass Menschen beider Geschlechter sowohl Östrogen als auch Testosteron produzieren. Diese Entdeckungen stellten die auf äußeren Genitalien beruhende binäre Vorstellung von Geschlecht infrage und deuteten darauf hin, dass das Geschlecht weniger konstant und unveränderlich ist, als es zuvor den Anschein gehabt hatte. Außerdem legten sie nahe, dass eine Veränderung des Geschlechts möglich sei.[13]

Dennoch hielt sich das Konzept der Inversion hartnäckig und setzte sich in der medizinischen Praxis durch. Mit den gleichen Hormontherapien, mit denen heute trans Menschen unterstützt werden – also der Einsatz von feminisierendem Östrogen für trans Frauen und maskulinisierendem Testosteron für trans Männer –, versuchten Endokrinologen in der Mitte des 20. Jahrhunderts, sexuell invertierte und intergeschlechtliche Menschen zu »heilen«, und verabreichten ihnen Hormone, um das Ungleichgewicht zu »beheben«, das ihre »Störung« verursacht hätte. Homosexuelle Frauen wurden beispielsweise mit Östrogen behandelt. Manche homosexuellen Männer erhielten Testosteron, andere wurden mit Östrogen chemisch kastriert, was ihre Triebe unterdrücken sollte. In den Fünfzigern wurden diese hormonellen »Heilmethoden« für sexuelle und geschlechtliche Abweichungen allmählich seltener (vor allem, weil sie nicht funktionierten) und mit psychiatrischen und Aversionstherapien ersetzt – doch an der zugrunde liegenden Vorstellung von sexueller Inversion und Störung änderte sich nichts. Die nicht einvernehmliche, gewaltsame Zwangsbehandlung mit Hormonen ist ein schwerer Eingriff in die körperliche Unversehrtheit von LGBTQ*-Personen und Menschen mit intergeschlechtlichen Körpern, hat unzählige Leben zerstört und ist als Schandfleck in der Geschichte der westlichen Medizin zu betrachten. Diese Erfahrung eint trans Personen und cis lesbische, schwule und bisexuelle Menschen* und ist Beweis für den gemeinsamen Kampf gegen unsere Pathologisierung und Misshandlung im letzten Jahrhundert und darüber hinaus.

Der Erste, der sich für den affirmativen Umgang mit Menschen mit Variationen von sexuellen und geschlechtlichen Identitäten einsetzte, war der deutsche Sexualwissenschaftler Magnus Hirschfeld, ein Wegbereiter für ein positiveres Verständnis von sexueller Vielfalt. Im

* Inter* Menschen eint ebenfalls diese Erfahrung. Inter* Personen werden häufig im Kleinkindalter medizinisch zu einem der beiden Normgeschlechter hin behandelt, ohne dass eine wirkliche medizinische Notwendigkeit vorliegt. Siehe: »Menschenrechte zwischen den Geschlechtern. Vorstudie zur Lebenssituation von Inter*Personen«. Dan Christian Ghattas, hg. v. Heinrich Böll Stiftung. Siehe auch das Themenpapier »Menschenrechte und intergeschlechtliche Menschen« des Menschenrechtskommissars des Europarats.(Anm. der Übers.)

Jahr 1910 veröffentlichte er das Buch *Die Transvestiten,* in dem er eine Unterscheidung zwischen Sexualität und Geschlechtsidentität traf, die heute als selbstverständlich gilt. Während das Modell der sexuellen Inversion nicht zwischen dem Geschlechtsausdruck in Form von Kleidung, Verhalten etc. und der sexuellen Orientierung differenziert hatte, erkannte Hirschfeld diese als unterschiedlich an. 1919 eröffnete er in Berlin das Institut für Sexualwissenschaft als Privatpraxis, das zu einer internationalen Forschungsstätte auf dem Gebiet der Sexualität und des Geschlechts wurde und jährlich 20 000 Besucher:innen empfing, bis es 1933 von den Nazis zerstört wurde. Dort entstanden die moderne Terminologie und Behandlung von trans Menschen. Hirschfeld prägte den Begriff »Transsexualismus« für den Zustand von Personen, die den starken Wunsch hatten, als das andere Geschlecht zu leben (im Gegensatz zum einfachen Transvestitismus), und dafür hormonelle und chirurgische Unterstützung benötigten. Sein Kollege Harry Benjamin verbreitete später in der englischsprachigen Welt der Medizin das Wort »transsexual«. In Hirschfelds Institut lebten und arbeiteten viele Transvestiten und Transsexuelle während der Behandlung. 1931 führte Hirschfeld die weltweit erste vollständige geschlechtsangleichende Operation durch, und zwar an Dora Richter, einer »Mann-zu-Frau-Transsexuellen (MzF)« (um einen eher veralteten Begriff zu verwenden) aus einer ländlichen Region Deutschlands. Seine nächste, noch berühmtere Operation war die an der dänischen Künstlerin Lili Elbe, die 2015 von Eddie Redmayne in dem Hollywood-Biopic *The Danish Girl* dargestellt wurde.

Die ersten beiden medizinischen Behandlungen von Geschlechtsdysphorie in Großbritannien fanden in einem ganz anderen Rahmen statt als in der spezialisierten Praxis von Hirschfeld im Berlin der Weimarer Republik. Der erste bekannte Fall einer britischen Person, die mithilfe von Hormonen und Operationen eine medizinische Transition vollzog, war der trans Mann (oder »Frau-zu-Mann (FzM)«) Michael Dillon. Der 1915 in eine aristokratische Familie geborene Dillon präsentierte sich von der Jugend an in der Schule durchweg männlich, studierte in Oxford und wurde Kapitän des Frauen-Ruderteams, wobei er durch sein androgynes Erscheinungsbild in der Boulevardpresse Berühmtheit erlangte.[14] In den späten 1930er-Jahren erfuhr er, dass Ärzte erfolgreich eine Testosteronpille entwickelt hatten, und wandte sich an Dr. George Foss. Dieser hatte Testosteron zur experimentellen Therapie gegen übermäßig starke Menstruationsblutungen eingesetzt und bei seinen Patientinnen eine maskulinisierende Wirkung wie eine tiefere Stimme und Bartwuchs festgestellt.

Foss war sich unsicher, aber fasziniert von Dillons Wunsch. Er bestand darauf, dass sein Patient sich zunächst von einem Psychiater bestätigen ließ, dass er bei klarem Verstand war. Dann verschrieb er ihm die Tabletten zur Eigenanwendung. Dank seines naturwissenschaftlichen Abschlusses verfügte Dillon über eine Ausbildung, die ihm ein ungewöhnliches Maß an Autonomie über seine »Geschlechtsumwandlung« gab. Detailliert protokollierte er den gesamten Verlauf seiner hormonellen Transition. Im Jahr 1946 veröffentlichte er seine Aufzeichnungen unter dem Titel *Self. A Study in Ethics and Endocrinology*. Trotz der negativen Konnotation des Wortes soll sich Dillon selbst als »Invertierter« bezeichnet haben (wahrscheinlich kannte er den neu geprägten Begriff »Transsexualismus« nicht). Zum Schutz seiner Identität zog er nach Bristol, wo er eine Stelle als Mechaniker annahm; dort wurde er als Mann wahrgenommen und mit männlichen Pronomen angesprochen. Im Jahr 1942 überzeugte er einen Chirurgen, eine Mastektomie bei ihm durchzuführen, und 1944 ließ er in seiner Geburtsurkunde den neuen männlichen Personenstand eintragen. So vehement, wie sich die britischen Medien in letzter Zeit gegen die bloße Vorstellung sträuben, das Geschlecht von trans Menschen anzuerkennen, weil wir uns damit womöglich auf »dünnes Eis« begeben könnten, ist es erstaunlich, dass die medizinische Transition und die Änderung des Geschlechtseintrags während des Zweiten Weltkriegs unkomplizierter möglich waren, als das heute oft der Fall ist. Die Annahme der Mainstream-Medien, strenge »Kontrollen« der Transition seien notwendig und seien das auch schon immer gewesen, beruht auf der Verdrängung und Unkenntnis medizinischer und rechtlicher trans Geschichte.

1945 zog Dillon nach Dublin, um am Trinity College Medizin zu studieren. Dort unterzog er sich mehreren genitalangleichenden Operationen. Durchgeführt wurden sie von einem der damaligen Vorreiter:innen auf dem jungen Gebiet der plastischen Chirurgie, Sir Harold Gillies, der im Krieg mehrere Genitalrekonstruktionen an verwundeten Soldaten vorgenommen hatte. Im darauffolgenden Jahr publizierte Dillon ein populärwissenschaftliches Sachbuch. Dadurch wurde Roberta Cowell, die später die erste transsexuelle Frau Großbritanniens und erste britische Person, die sich einer »Geschlechtsumwandlung von Mann-zu-Frau« unterzog, auf ihn aufmerksam. Die beiden pflegten eine enge Freundschaft, und möglicherweise entwickelte Dillon Gefühle für sie, aber sie wies seine Annäherungsversuche zurück. Ihre erste Operation (Orchiektomie, also die Kastration durch Entfernung der Hoden) nahm sogar Dillon selbst vor, obwohl er noch keine Zulassung als Arzt hatte und er die in Großbritannien damals illegale Operation heimlich durchführen musste. Nach der Orchiektomie wurde Cowell an Gillies überwiesen, der bei ihr 1951 die Bildung einer Vagina durchführte.

Trotz Cowells und Dillons bahnbrechender Transition wurde Transsexualismus erst in den Sechzigern von der britischen Schulmedizin offiziell als Diagnose anerkannt. Ihre geschlechtsangleichende Operation erhielt Cowell mithilfe eines Schlupflochs: Ihr gelang es, sich fälschlicherweise als intergeschlechtlich diagnostizieren zu lassen. Doch medizinische Unterstützung fanden trans Menschen weiterhin selten. In den 1960er- und 1970er-Jahren nutzten einzelne Menschen mit Transitionsanliegen die umstrittene, unklare Verbindung zwischen intergeschlechtlichen Geschlechtsmerkmalen und dem psychischen Erleben von Geschlechtsdysphorie, um bestimmte Ärzt:innen zu einer Behandlung zu bewegen – was trotzdem nur selten gelang. Eine 1966 im *British Medical Journal* veröffentlichte Studie ergab, dass nur »9 Prozent der Psychiater, 6 Prozent der Allgemeinmediziner und 3 Prozent der Chirurgen« bereit seien, transsexuellen Patient:innen ohne Weiteres zu helfen.[15] Konkret heißt das, das Leben und Schicksal von trans Menschen war von der Laune einer sehr kleinen Anzahl britischer Ärzt:innen abhängig. Am einflussreichsten – oder berüchtigtsten – war Dr. John Randell, der in der ersten Genderklinik praktizierte, die ebenfalls 1966 im Charing Cross Hospital in London eröffnet wurde. Die überwiegende Mehrheit der Menschen, die zwischen 1960 und 1980 in Großbritannien medizinisch transitionierten, werden auf die eine oder andere Art direkten, persönlichen Kontakt zu John Randell gehabt haben, und von ihm gehört haben sicherlich alle. Er wird in den meisten britischen Memoiren von bekannten trans Personen erwähnt, zum Beispiel von der Reiseschriftstellerin Jan Morris oder von dem trans Bond-Girl und Playboy-Model Caroline Cossey. Nur wenige haben ihn in guter Erinnerung.

Den meisten Berichten zufolge war Randell ein kontrollsüchtiger Mensch. Nur etwa 15 Prozent der Personen, die ihn aufsuchten, behandelte er mit Hormonen und Operationen; außerdem entschied er nach höchst eigenwilligen, patriarchalischen Kriterien, wer für eine medizinische Transition infrage kam und wer nicht. So lehnte er beispielsweise trans Frauen ab, die er für zu groß hielt oder die nach der Transition keinen weiblicheren Beruf ergreifen wollten, um als Frau durchzugehen. »Ich finde, wenn sie Damen sein wollen«, schrieb er 1969 über trans Frauen, »dann sollten sie sich auch wie Damen verhalten. Unser Ziel ist schließlich Anpassung.«[16] Seine Einstellung zum Geschlecht war ebenfalls klar: »[I]ch unterstütze die Ansicht nicht, dass ein phänotypischer Mann eine weibliche Psyche haben kann. Menschen, die nach eigener Auskunft mentale Orientierungen dieser Art haben, sind in Wirklichkeit anatomische Männer mit zwanghaften Überzeugungen oder der übersteigerten Vorstellung, sie seien weiblich. Somit sind sie psychisch abnormal.« Selbst Patient:innen, denen Randell bei der Transition geholfen hatte, empfanden ihn oft als schroff, ja sogar grausam. »Sie wissen schon, dass Sie das nicht zur Frau gemacht hat – Sie werden immer ein Mann bleiben«, soll er zu einer trans Frau gesagt haben, die sich nach der Operation bei ihm bedankte.[17]

Es ist wichtig, kurz innezuhalten und sich bewusst zu machen, dass der einflussreichste Vorreiter der Trans-Gesundheitsversorgung in Großbritannien im 20. Jahrhundert ein cismännlicher Psychiater war, der weder an die tief verwurzelten Identitäten von trans Personen glaubte, noch, dass Geschlechternormen gesellschaftliche Konstruktionen sind, die erweitert, hinterfragt und abgeschafft werden können. Er war der Meinung, trans Personen hätten Wahnvorstellungen und müssten Geschlechterstereotype nachahmen. Er war nicht der Ansicht, dass ihnen die Interpretation und der Ausdruck ihres Geschlechts freistehen sollte.

Auch heute ist Randells Haltung noch weit verbreitet; Beispiele dafür lassen sich überall im vorherrschenden öffentlichen Diskurs über trans Menschen finden. »Wir alle begegnen heutzutage wahrscheinlich Leuten, die sich für Frauen halten, die weibliche Namen, feminine Kleidung und jede Menge Lidschatten tragen und uns wie eine grässliche Parodie erscheinen, aber das darf man ja nicht sagen«, schrieb die feministische Autorin Germaine Greer im Jahr 2009. »[W]enn jemand ›transitioniert‹, verwandelt sich sein Look anscheinend in ein Klischee – nuttige Schuhe und Vogelnest-Haare für die Jungs; Bärte, Muskeln und Tattoos für die Mädels«, so die *Guardian*-Kolumnistin Julie Bindel 2004. Sie forderte ihr Lesepublikum auf, sich »eine Welt vorzustellen, in der nur Transsexuelle leben. Das wäre ja wie am Set von *Grease*.« Um einen Anspruch auf Richtigkeit geht es gar nicht: Die beiden Aussagen sollen cis Leser:innen unterhalten und deren Vorurteile bestätigen. An dieser Stelle gilt es zu bedenken, was die Beschreibung von trans Personen als »Parodien«, die bestehende Geschlechterstereotype verstärken, auf grausame Weise ausblendet: Dass gerade diese trans Menschen – deren Geschlechtsausdruck, Kleidung, Frisuren, Make-up-Vorlieben etc. schon immer genauso vielfältig waren wie die von cis Menschen – seit fünfzig Jahren von ihren Ärzt:innen in starre Geschlechterrollen gedrängt werden, nur um dann von cis Außenstehenden als zu stereotyp und rückständig verspottet und verhöhnt zu werden. Klingt nach einer Zwickmühle? Ja, ist es auch.

Anfang der 1990er-Jahre hatte sich in Großbritannien ein einheitlicher Ansatz in transitionsbezogenen Behandlungen von Erwachsenen etabliert: Bei der Diagnose wurde der Schwerpunkt auf die persönliche Schilderung der Lebensgeschichte und Dysphorie der Person mit Transitionsanliegen gelegt statt auf willkürliche Kriterien, die die jeweiligen Ärzt:innen nach Lust und Laune festlegten. Zwar hat dieser neue Ansatz bis zur Jahrtausendwende die trans Versorgung durch den NHS zweifellos verbessert, aber an der Einstellung der Medizin hat sich kaum etwas geändert. Insbesondere nicht-binäre trans Personen hatten es immer noch schwer, eine Behandlung zu erhalten, oder mussten Informationen verschweigen, damit sie dem »akzeptierteren Narrativ« entsprachen: dass sie einfach von Mann zu Frau transitionieren, oder umgekehrt. Hinzu kommt, dass sich trotz der Verbesserungen in den letzten zwei Jahrzehnten die britischen Dienstleister:innen für trans Menschen im Gesundheitswesen seit den Sechzigern nicht wesentlich weiterentwickelt haben. In den USA und in Kanada sind Genderkliniken – zentrale auf Menschen mit Transitionsanliegen spezialisierte Einrichtungen, die das Monopol auf den Zugang zur Versorgung haben – nach und nach einem flexibleren Modell gewichen. Dabei können verschiedene Gesundheitszentren nach informierter Zustimmung der Behandlungssuchenden schneller Hormone verschreiben, ohne dass ein bürokratisches Diagnoseverfahren erforderlich ist. Trans Menschen in Großbritannien hingegen müssen immer noch mit dem Modell der Genderkliniken leben – also mit einem undurchschaubaren System für den Zugang zur medizinischen Versorgung, das den heutzutage bewährten Methoden in vielen anderen westlichen Ländern hinterherhinkt.

Die Krise in der britischen Gesundheitsfürsorge für trans Menschen ist endemisch und hat Veränderungen dringend nötig, insbesondere nachdem sie sich durch die Unterbrechung der klinischen

Behandlung während der Corona-Pandemie noch verschärft hat. Nicht nur die finanzielle Lage muss sich verbessern, sondern auch die Struktur und Herangehensweise an die transitionsbedingte Versorgung. Die liegt nach wie vor in den Händen einzelner spezialisierter Genderkliniken, die von Chefärzt:innen mit einem Hintergrund in psychischer Gesundheit geleitet werden und ihr Arbeitspensum immer weniger bewältigen können. Fast überall in Großbritannien müssen sich Erwachsene, die transitionsbezogene Leistungen in Anspruch nehmen wollen, derzeit an ihre hausärztliche Praxis wenden und um eine Überweisung an eine der sieben staatlichen Genderkliniken bitten. Die einzige Ausnahme ist Wales, wo vor Kurzem ein reformiertes, modernes System eingeführt wurde. Im Jahr 2016 ergab der parlamentarische Untersuchungsausschuss zur Gleichstellung von trans Menschen, dass viele Hausärzt:innen sich ihrer Zuständigkeit nicht bewusst sind, Patient:innen an spezialisierte Einrichtungen zu überweisen. Einige lehnten das sogar offen ab. Nachgewiesen wurde dem Ausschuss eine »anhaltende Weigerung einiger Allgemeinmediziner:innen, Überweisungen an Genderkliniken auszustellen«.[18] Selbst wenn die Bereitschaft da ist, können mangelnde Kenntnisse über das korrekte Verfahren im NHS zu gravierenden Fehlern im Überweisungsprozess führen, die in anderen medizinischen Bereichen nicht vorkommen. Dazu gehören die irrtümliche Überweisung an Psycholog:innen oder Psychiater:innen (was keine Voraussetzung mehr ist) und mehrmonatige Verzögerungen, bevor Behandlungssuchende auf die richtigen (und langen) Wartelisten der Genderkliniken gesetzt werden.[19] Etwa 24 Prozent der trans Menschen in Großbritannien geben an, dass sie von ihren Hausärzt:innen unzureichend unterstützt werden[20], während in der allgemeinen Bevölkerung nur 6 Prozent diese Unzufriedenheit äußern.[21]

Selbst wenn trans Personen an eine Genderklinik überwiesen werden, ist das Begutachtungsverfahren dort mit nervenzerreißend langen Wartelisten verbunden. Notwendig sind zwei Termine bei einer auf Gender spezialisierten Fachkraft (die in der Regel einen beruflichen Hintergrund in der Psychiatrie hat). Entgegen den NHS-Richtlinien, die seit Juni 2019 empfehlen, dass der erste Termin achtzehn Wochen nach der Überweisung stattfindet, teilten britische Genderkliniken ihren Klient:innen mit, sie müssten mindestens zwei Jahre warten. Laut eigenen Angaben stehen auf der Warteliste der Genderklinik The Laurels, die in Exeter sitzt und für den Südwesten Englands zuständig ist, fast 2000 Personen. Das bedeutet, dass Menschen unter Umständen bis zu drei Jahre auf den ersten Termin warten. Die Lockdowns während der Pandemie haben diesen katastrophalen Rückstau noch verschlimmert. Da Hormone fast immer erst beim zweiten Termin verschrieben werden, müssen viele trans Personen ab dem Erstgespräch mit ihren Hausärzt:innen (ein Schritt, der an sich schon viel Mut und Zeit erfordert) mit mindestens drei bis vier Jahren rechnen, bis sie hoffentlich mit der medizinischen Transition beginnen können.

Selbst wenn eine Hormonbehandlung empfohlen wird, verschreiben die Genderkliniken sie nicht selbst, sondern weisen die hausärztliche Praxis dazu an. Das kann zu einem weiteren Problem führen. Nicht selten weigern sich Hausärzt:innen, Hormonpräparate zu verschreiben – selbst auf Anweisung der Genderklinik –, da sie der Ansicht sind, die Verschreibung an trans Patient:innen liege außerhalb ihres Zuständigkeitsbereichs. Dies kann zu weiteren Verzögerungen führen, sodass manche trans Personen gezwungen sind, eine andere Praxis zu finden, die bereit ist, ihnen Hormone zu verschreiben.

Zusätzlich zu Hormonpräparaten können trans Frauen nach dem zweiten Termin acht Laser-Behandlungen zur Entfernung der Gesichtsbehaarung in Anspruch nehmen. Doch angesichts des dringenden Bedürfnisses, die Gesichtsbehaarung loszuwerden, um Dysphorie zu lindern und als Frau durchzugehen, sind die Wartezeiten viel zu lang, und es werden nicht genügend Sitzungen angeboten (bei meiner Transition waren zum Beispiel über 24 Sitzungen nötig, wofür ich Tausende von Pfund aus eigener Tasche zahlte). Größtenteils sind diese Probleme auf die Struktur der Genderkliniken zurückzuführen, die eindeutig nicht zweckmäßig ist. In einer Zeit, in der sich immer mehr Menschen trauen, sich als trans zu outen, sind die Kliniken schlichtweg überfordert.

Für trans Menschen, die sich unter Kostenübernahme durch den NHS operieren lassen möchten, ist die Wartezeit noch länger. Zu den chirurgischen Eingriffen, die trans Männern und transmännlichen* Personen zur Verfügung stehen, gehören Operationen im Brustbereich (Mastektomie und Rekonstruktion eines männlichen Brustprofils), Hysterektomie und Genitaloperationen. Wenn ein trans Mann einen dieser Eingriffe wünscht, muss er gemäß den Klinik-Richtlinien nach Beginn der Testosterontherapie mindestens ein Jahr warten. Trans Frauen und transweiblichen Menschen werden in der Regel nur Genitaloperationen angeboten. Nur in Schottland und Nordirland werden (in seltenen Fällen) auch gesichtsfeminisierende Operationen ermöglicht, in denen die als männlich wahrgenommene Knochenstruktur angepasst werden kann. Die Genitalrekonstruktion, die von Außenstenden als »die OP« bezeichnet wird, gilt in der allgemeinen Vorstellung nach wie vor als der zentrale Aspekt einer Transition. Allerdings muss darauf hingewiesen werden, dass sie für viele trans Menschen in der Transition nicht den höchsten Stellenwert hat. Schließlich sind die Genitalien der Teil des Körpers, den andere eher selten zu sehen bekommen. Vielen trans Personen sind Körperform, Gesichtsbehaarung, Stimme und Gesichtsmerkmale wesentlich wichtiger, damit andere im Alltag ihr wahres Geschlecht erkennen. Dennoch sehen zahlreiche trans Menschen diese OP als unerlässlich an, um sich in ihrem Körper wohlzufühlen (insbesondere trans Frauen, von denen sich 60 Prozent für eine Genitaloperation entscheiden[22]). Doch die Wartelisten sind derzeit so lang, dass die meisten nach der ersten Überweisung fünf Jahre oder länger auf eine Operation warten müssen.

* Die Begriffe »transmännlich« und »transweiblich« beziehen sich hier auf nicht-binäre Menschen, die ihr Geschlecht mit konventionell männlicher oder weiblicher Ästhetik ausdrücken, ohne sich als Mann oder Frau zu identifizieren. Das kann den Einsatz von Hormonen und Operationen einschließen.

Es ist nicht weiter verwunderlich, dass die Wartezeit für eine Operation so lang ist. In Deutschland gibt es nur eine Handvoll von Chirurg:innen, die genitalangleichende Operationen für transfeminine Personen durchführen. Dadurch und durch den bürokratischen Prozess der Kostenübernahme bei den gesetzlichen Krankenkassen entstehen lange Wartezeiten. Bei einer Befragung gaben 21 Prozent der Personen an, dass sie schon ins Ausland gefahren sind, um einen besseren Zugang zur transitionsspezifischen Gesundheitsversorgung zu erhalten. In Großbritannien verfügen ebenfalls nur rund ein halbes Dutzend Chirurg:innen über das notwendige Fachwissen, um feminisierende Genitalmodifizierungen durchzuführen – und zwei der besten gehen in den nächsten fünf Jahren in den Ruhestand. »Wir brauchen mehr Chirurg:innen«, so der Urologe Phil Thomas 2016 im *Guardian*. »Was wir leisten müssen, um den Bedarf zu decken, steigt ins Unermessliche, und der NHS hinkt hinterher.«[23] Da die Zahl der Überweisungen für Genitaloperationen jedes Jahr um 20 Prozent steigt, stellt der Mangel an chirurgischen Nachwuchskräften in Zukunft ein weiteres Hindernis für die medizinische Versorgung von trans Menschen dar. Die Kosten für Operationen werden vom NHS übernommen, aber von Dienstleister:innen in Privatkliniken durchgeführt, wodurch die Kosten steigen und die Wahrscheinlichkeit sinkt, langfristig zu planen und in künftige Chirurg:innen zu investieren. Der Bericht der Trans Inquiry aus dem Jahr 2016 drückte ernste, massive Bedenken hinsichtlich des Zustands der Gesundheitsversorgung für trans Menschen in Großbritannien aus.

In den Jahren seit dem vernichtenden Urteil dieses Untersuchungsausschusses wurde nichts getan, um die Krise anzugehen. Vonseiten der Politik besteht in Großbritannien kaum Bereitschaft, die medizinische Versorgung für trans Menschen zu reformieren. Die konservative Regierung, die noch nie besonders daran interessiert war, die öffentlichen Ausgaben für Minderheiten, die keine große wirtschaftliche Macht besitzen, zu erhöhen, hoffte stattdessen, sie könne der trans Community mit der Reform des Gender Recognition Acts 2004 günstig ihr Wohlwollen signalisieren. Bezüglich der Reformvorschläge des Gesetzes über die Anerkennung der Geschlechtszugehörigkeit aus dem Jahr 2017 schrieb die trans Autorin Roz Kaveney, sie seien »ein Gesetzesentwurf, der in naher Zukunft wahrscheinlich nicht umgesetzt wird, den wir zwar begrüßen, der aber auf unserem Wunschzettel nicht ganz oben stand. [...] Mit dieser vagen liberalen Geste ist das Kabinett May teilweise deshalb einverstanden, weil sie nichts kostet.«[24]

Gäbe es einen »Wunschzettel« mit politischen Prioritäten von trans Menschen, dann stünde die Reform des Gesundheitssystems ganz oben. Das würde sich mehr auf den Alltag von trans Personen auswirken als die Möglichkeit, den Geschlechtseintrag amtlich zu ändern, was ohnehin nur in wenigen Kontexten relevant ist, wie (ehemals) das Rentenalter oder das rechtliche Geschlecht bei der Trauung.

Die britischen Medien interessieren sich ebenso wenig wie die Regierung für die rostigen Mechanismen der Trans-Gesundheitsversorgung. Jahrelang drückte sich das mediale Interesse an diesem Thema ausschließlich in anzüglichen, manchmal nachweislich falschen Geschichten über Leute aus, die »ihre Geschlechtsumwandlung bereuen«. Berichtet wurde immer wieder von den gleichen Einzelfällen, wie dem von Claudia, einer Person, die 2003 von der Journalistin Julie Bindel interviewt wurde: »Ich habe mich aus den falschen Gründen [für eine Transition] entschieden, und dann war es zu spät.« Claudias persönliches Leid war zweifellos echt, aber keine repräsentative Momentaufnahme der Trans-Gesundheitsfürsorge. Was sie erlebt hat, kommt nur selten vor, doch ihre Erfahrung wurde verallgemeinert und die Falschmeldung verbreitet, unzählige Menschen hätten zu schnell unwiderruflich »transitioniert«.

Im Jahr 2014 berichtete der *Mirror* folgendermaßen von Chelsea Attonleys Entschluss, eine Brustvergrößerung operativ rückgängig zu machen und ihre Hormontherapie abzubrechen: »Transsexuelle fordert, staatlich finanzierte 10 000-Pfund-Geschlechtsumwandlung soll rückgängig gemacht werden. Sie beklagt: ›Es ist anstrengend, eine Frau zu sein‹. Chelsea Attonley hat die Nase voll und will auf Kosten der Steuerzahler ihre Brust-OP und Geschlechtsangleichung rückgängig machen, damit sie wieder ein Mann werden kann.«[25] Das stimmte nicht. Attonleys Operation war nicht vom NHS finanziert worden: Die Brustvergrößerung hatte sie selbst bezahlt, und einer Genitaloperation hatte sie sich nie unterzogen.

Die trans Frau Ria Cooper wurde von der *Daily Mail* als »Großbritanniens jüngste Geschlechtsumwandlerin« bezeichnet, die nun »ihre Transition rückgängig machen« wolle. In Wirklichkeit hatte Cooper nicht vollständig detransitioniert, sondern die Hormonbehandlung einige Jahre wegen einer psychischen Erkrankung unterbrochen. Später erzählte sie *Vice:*

»Ich würde auf keinen Fall sagen, dass meine Transition ein Fehler war, das war sie nicht, aber ich habe damals so viel durchgemacht [...]. Ich habe als Escort gearbeitet und wurde von einem Kunden angegriffen. Für mich lief einfach alles schief, und deshalb hatte ich einen Zusammenbruch. [...] [F]ür eine gute Story tun die Medien alles – sie erzählen so viel Scheiße.«[26]

Die verschwindend geringe Anzahl von trans Personen, die ihre körperliche Transition teilweise bereuen, werden seit Jahrzehnten entweder als gierige und bockige Leute oder als bedauernswerte, irregeleitete Opfer eines Kults dargestellt. Daher bekommt die Öffentlichkeit ein völlig falsches Bild. Wegen dieser Geschichten haben viele den Eindruck, die medizinische Transition sei fragwürdig, geschehe zu schnell und werde in den meisten Fällen bereut. Die Wahrheit sieht völlig anders aus. Unter medizinischen Spezialist:innen herrscht Einigkeit darüber, dass eine angemessene medizinische Intervention äußerst wirksam ist, um Geschlechtsdysphorie zu lindern. Nach Genitaloperationen liegt die Zufriedenheitsrate bei 94 Prozent[27] (im deutlichen Gegensatz zur Zufriedenheit nach kosmetischen Wahleingriffen in der allgemeinen Bevölkerung, die laut einer Umfrage gerade einmal 28 Prozent beträgt). Außerdem betrachten sowohl trans Personen als auch medizinische Fachkräfte das Zulassungsverfahren als viel, viel zu langsam.

Wie wir bereits gesehen haben, ist die medizinische Behandlung von trans Menschen nicht nur eine Frage des Verfahrens, sondern auch eine Frage der Macht. In gewisser Weise wäre es einfacher zu argumentieren, dass wir lediglich eine bessere Finanzierung und vielleicht mehr Genderkliniken im NHS benötigen, um die steigende Nachfrage zu decken. Aber wir brauchen etwas Grundlegenderes: einen Wandel in der Einstellung zur transitionsunterstützenden Gesundheitsversorgung. Trans Personen machen sich wenig Hoffnung, dass sie selbst, ihr Körper und ihre Identität in allen medizinischen Bereichen respektiert werden – von der Hausarztpraxis und Eingriffen über die Notaufnahme bis hin zu Krebsspezialist:innen oder die sexuelle Gesundheit. Die Hoffnung schrumpft umso mehr, wenn es um Leistungen im Zusammenhang mit der geschlechtlichen Identität geht, die immer noch von der Auffassung überschattet sind, dass Ärzt:innen als »Gatekeeper:innen« agieren. Das bestreiten zwar viele moderne Mediziner:innen, doch solange bei Leistungen rund um die Geschlechtsidentität ärztliche Gutachten und die Diagnostik im Mittelpunkt stehen, wird sichergestellt, dass, so die Soziologin Ruth Pearce, »sie *sehr wohl* diese Gatekeeping-Funktion übernehmen und damit als ›Geschlechtsexpert:innen‹ *Macht ausüben*«.[28]

Vor der Diagnose müssen in Großbritannien mehrere Termine in Genderkliniken wahrgenommen werden (die dreißig bis neunzig Minuten dauern können). Dabei liegt der Fokus auf den Gefühlen zur eigenen Geschlechtsidentität, dem Verhältnis zum eigenen Körper und sexuellen Erfahrungen – zum Teil wird sogar nach sexuellen Fantasien gefragt.[29] Manche Menschen mit Transitionswünschen werden auch gebeten, Tagebuch zu führen oder ihren trans Lebenslauf aufzuschreiben. In einer Klinik soll sogar ein Familienmitglied oder ein:e Freund:in mitgebracht werden, was den Eindruck vermitteln kann, eine zweite Person müsse die eigenen Aussagen »bestätigen«. Es ist nachvollziehbar, dass viele das gesamte Verfahren als entwürdigend, erniedrigend und nervenzerreißend empfinden.

Während meiner Untersuchung in der Genderklinik für Erwachsene in Hammersmith in London wurden mir umfassende, aufdringliche Fragen zu meiner Kindheit und meinem Familienhintergrund gestellt, zum Beispiel, warum sich meine Eltern scheiden ließen und wieso ich keinen Kontakt mehr zu meinem Vater hätte. Nichts davon war relevant, um zu beurteilen, ob ich geistig dazu in der Lage war, einer Behandlung zuzustimmen und die Auswirkungen auf meinen Körper zu erfassen, und ob ich in der körperlichen Verfassung war, um mit der Behandlung zu beginnen. Ich hatte den Eindruck, dass anhand meiner persönlichen Geschichte die Echtheit meiner Identität beurteilt werden sollte. Dennoch fühlte ich mich gezwungen, alle Fragen zu beantworten, aus Angst, sie würden mich sonst nicht behandeln. Die Sorge war nicht unbegründet. Ich glaube zwar, dass ich für das medizinische Personal in der Klinik ein »Musterbeispiel« war, wurde mir trotzdem zweimal mit Verzögerungen oder Aufschub meiner Behandlung gedroht. Ein Grund war medizinischer Natur. Bei meinem ersten Termin war ich noch Raucherin. Trotz zahlreicher Versuche hatte ich es nicht geschafft, aufzuhören. Mir wurde gesagt, dass ich laut den Regeln der Klinik seit mindestens drei Monaten Nichtraucherin sein müsse, bevor mir Östrogen verschrieben werden könne. (Dicke trans Personen werden auf ähnliche Weise bevormundet, indem sie zu einer deutlichen Gewichtsabnahme aufgefordert werden, bevor ihnen eine Operation gestattet wird.) Die Ironie war, dass ich zu der Zeit bereits Östrogen nahm: Achtzehn Monate zuvor hatte ich in einer Privatpraxis selbst für das Rezept bezahlt. Meine Privatärztin hatte mir zwar geraten, mich ernsthaft zu bemühen, mit dem Rauchen aufzuhören, da das in Kombination mit einer langfristigen Hormontherapie ein Risikofaktor für Blutgerinnsel sei, hatte aber auch eingesehen, dass es einer Person mit starker Geschlechtsdysphorie leichter fallen würde, eine schwere Nikotinsucht zu überwinden, sobald sie sich nach Beginn der Behandlung für diese Dysphorie besser fühlte. Die Ärztin verstand auch, dass die Verweigerung der Hormonbehandlung schlimmere Auswirkungen auf die psychische und physische Gesundheit einer trans Person haben könnte, als ihr diese Behandlung zu bewilligen – unter Kontrolle der mit dem Rauchen verbundenen Risiken.

Ich bin zwar der Meinung, dass jeder Versuch, Behandlungsverweigerungen als Druckmittel einzusetzen, ungerecht und gefährlich ist, aber mir ist bewusst, dass sie auf einer fundierten Abschätzung der medizinischen Risiken beruhten. Dennoch kann ich jetzt, Jahre später, zugeben, dass ich bei meinem zweiten Termin noch Raucherin war. Ich gab trotzdem an, mich an die Dreimonatsregel gehalten zu haben, um mit meiner Transition voranzukommen. Die Androhung, meine Behandlung zu verschieben, führte zu einem Vertrauensbruch zwischen der Klinik und mir: Ich lieferte ihnen nicht alle medizinisch relevanten Informationen, die sie brauchten, um meine Gesundheit korrekt zu kontrollieren.

Der zweite Grund für eine mögliche Verzögerung war meiner Meinung nach problematischer. Kurz nach meinem Coming-out hatte ich meinen Vornamen in meinem sozialen und beruflichen Umfeld geändert, aber bei meinem ersten Termin fragte mich der Arzt, ob ich meinen Namen rechtlich in »Shon« hätte ändern lassen und ob das ein typischer Frauenname sei. Ich teilte ihm mit, dass meine Freund:innen und meine Familie mich alle Shon nannten, ich den Namen bereits viele Jahre verwendete und unter diesem Namen auch als freie Autorin veröffentliche. Rechtlich hatte ich meinen Namen noch nicht geändert, erklärte ich, weil es bislang nicht nötig gewesen war, meinen Reisepass oder Führerschein umschreiben zu lassen. Daraufhin wurde mir gesagt, ich müsse den Namen zunächst amtlich ändern lassen und die Namensänderung nachweisen. Bis dahin würde die Behandlung aufgeschoben werden – was eine weitere Verzögerung von mindestens sechs Monaten bedeutete. Einen sachlichen Grund gab es dafür nicht. Damals nahm ich unter der Kontrolle einer Privatärztin bereits seit anderthalb Jahren Hormone. Meine Brüste waren gewachsen und ich hatte meine Gesichtsbehaarung dauerhaft entfernen lassen. Die Forderung, meinen Namen amtlich zu ändern, bevor der NHS meine Behandlung übernehmen würde, erschien mir wie eine Strafe. Die Vornamensänderung durch eine sogenannte Willenserklärung ist kostenlos, aber da mit der Willenserklärung formell erklärt wird, dass der alte Name endgültig abgelegt wird, müssen alle Dokumente, auf denen der Geburtsname steht (einschließlich Reisepass und Führerschein), geändert werden – und das ist teuer. Ich kenne inzwischen trans Personen, die ihren geschlechtsneutralen Vornamen (zum Beispiel »Alex«) behalten wollten, aber unter Druck gesetzt wurden, rechtlich einen anderen Namen anzunehmen, weil das in den »Regeln der Genderklinik« so vorgesehen sei. Solche Fälle untermauern Ruth Pearces Beobachtung, dass Mediziner:innen zu »Geschlechtsexpert:innen« gemacht werden. Durch den Druck, rechtlich einen neuen Namen anzunehmen, sind trans Personen häufig gezwungen, sich in allen Lebensbereichen zu outen, bevor sie im Rahmen des NHS mit einer Hormontherapie beginnen können. Für manche trans Menschen mag das funktionieren, für andere aber nicht. Meiner Meinung nach ist es unangebracht, dass Ärzt:innen dermaßen in das Leben von Menschen eingreifen.

Es gibt weitere unerhörte Beispiele für das Machtgefälle zwischen NHS-Mediziner:innen und Patient:innen. Noch 2018 wurden Hausärzt:innen, die Menschen mit Transitionswünschen an die Leeds and York Gender Identity Clinic überweisen wollten, fälschlicherweise angewiesen, eine körperliche Untersuchung der Geschlechtsteile vorzunehmen.[30] Zum Glück wurde diese Anweisung inzwischen gestrichen. Weder der internationale Best-Practice-Leitfaden noch die Ausführungen des NHS England zu trans Versorgungsleistungen befürworten Routine-Genitaluntersuchungen. Sie können, darauf weisen beide Leitlinien ausdrücklich hin, nicht von Behandlungssuchenden verlangt werden. Dennoch wird manchen trans Personen (entweder aus ärztlicher Unwissenheit oder aufgrund eines bewussten Machtmissbrauchs) gesagt, sie müssten diese übergriffige Untersuchung über sich ergehen lassen, was nicht einvernehmliche Berührungen und Begutachtungen des Intimbereichs nach sich ziehen kann, die von einigen als Missbrauch empfunden werden.

Besonders deutlich zeigt sich diese Machtdynamik im Zusammenhang mit chirurgischen Eingriffen. In die Versorgungsempfehlungen »Standards of Care« hat der Weltverband für Transgender Gesundheit (WPATH) eine schon lange bestehende Vorgabe von Psychiater:innen und anderen im Bereich der Trans-Gesundheitsversorgung tätigen Fachkräften aufgenommen, der zufolge Behandlungssuchende ein Jahr lang in der »gewünschten« Geschlechterrolle leben müssen* – früher auch »Alltagstest« gennant. Britische Genderkliniken verlangen einen Nachweis, dass Menschen diesen Zeitraum im »gewünschten« Geschlecht abgeschlossen haben, bevor eine Genital- oder Brustoperation durchgeführt wird. Die gelebte Erfahrung als Mann oder Frau soll der transitionierenden Person Gewissheit geben, dass die Transition das Richtige für sie ist, bevor sie den unwiderruflichen Schritt geht und sich operieren lässt. Aber dieser Nachweis ist in vielerlei Hinsicht subjektiv. Es besteht die Gefahr, dass Ärzt:innen ihn von ihrer persönlichen stereotypen Sichtweise aus betrachten. Im Fall von nicht-binären Menschen, die weder als Mann noch als Frau beziehungsweise jenseits dieser binären Kategorien anerkannt werden möchten, ergibt es außerdem wenig Sinn, darauf zu bestehen, dass sie »in der Rolle« als nicht-binär leben.

Der leitende Arzt der Londoner Genderklinik, Dr. James Barrett, beschreibt, wie ein »erfolgreiches« Leben nach der Transition aussehen kann:

»Im Wesentlichen bezieht sich ›Erfolg‹ auf stabile Beziehungen und auf die berufliche, sexuelle und psychologische Stabilität. [...] Im Beruf ist ›Erfolg‹ erreicht, wenn die Patienten von den meisten so behandelt werden, als gehörten sie dem angeblichen Geschlecht an. Es geht nicht unbedingt darum, dass das Umfeld der Patienten glaubt, sie *hätten* dieses Geschlecht. [...] Das Ziel sollte nicht sein, dass andere

* Das kontinuierliche Leben für die Dauer von zwölf Monaten in einer Geschlechtsrolle, die im Einklang mit der Geschlechtsidentität steht, empfiehlt der WPATH nur im Falle einer Metaidoioplastik oder Phalloplastik bei trans Männern und Vaginalplastik bei trans Frauen. (Anm. der Übers.)

glauben, sie hätten das angebliche Geschlecht, sondern dass sie als dieses Geschlecht angesehen und entsprechend behandelt werden. [...] Einige Patienten behaupten vehement, ihnen sei egal, was andere über sie denken, und dass ihre eigene Gewissheit über ihr Geschlecht entscheidend sei. Diese Einstellung widerspricht dem Sinn und Zweck eines Alltagstests und verspricht, wenn man danach handelt, allem Anschein nach längerfristig keine guten Ergebnisse.«[31]

Mit anderen Worten: Trans Menschen, die sich operieren lassen wollen, müssen dem medizinischen Personal beweisen, dass sie sich in einem von cis Menschen dominierten Umfeld aktiv um die Akzeptanz (oder zumindest Toleranz) dieser cis Menschen bemühen (und sie auch erhalten). Das Gefühl, die gesellschaftliche Zustimmung anderer zu benötigen, um sich operieren lassen zu dürfen, können trans Personen of Color oder neurodiverse trans Menschen, zum Beispiel autistische Personen, noch stärker vermittelt bekommen.

Natürlich beschränken sich rassistische Vorurteile in der Medizin nicht nur auf trans Menschen. In Großbritannien haben Schwarze Frauen ein fünfmal höheres Risiko, während der Geburt zu sterben, als *weiße* Frauen; in den USA ergab eine Studie aus dem Jahr 2016, dass Schwarzen Patient:innen bei den gleichen Beschwerden seltener Schmerzmittel verschrieben wird als *weißen* Menschen.[32] Solche Statistiken deuten darauf hin, dass Schwarze Patient:innen womöglich weniger ernst genommen werden oder ihnen unterstellt wird, dass sie ihre Symptome übertreiben – und beides beeinträchtigt die Qualität der Behandlung. Forschungsergebnisse legen nahe, dass Anti-Schwarzer Rassismus das »Gatekeeping« hinsichtlich hormoneller Behandlungen und Operationen für Schwarze trans Menschen im klinischen Umfeld erhöhen oder verstärken kann: Insbesondere Schwarze trans Frauen wurden in Beratungsgesprächen mit dem Vorurteil konfrontiert, ihr Erscheinungsbild sei »zu männlich« für eine Frau, was ihrer Ansicht nach auf rassistischen Vorstellungen von Geschlecht und Weiblichkeit beruhte.[33] Es liegt auf der Hand, dass die Erfahrungen von trans Personen of Color mit strukturellem Rassismus in der Medizin und Chirurgie noch immer erschreckend wenig untersucht und erforscht sind und dass die Berichte von *weißen* Menschen über transfeindliche Diskriminierung wahrscheinlich am meisten Beachtung finden.

Selbst dort, wo die Beziehung zwischen Ärzt:innen und Patient:innen nicht offen diskriminierend oder übergriffig ist, bleibt sie in hohem Maße patriarchalisch, was zum großen Teil darauf zurückzuführen ist, dass die meisten Ärzte und Chirurgen in diesem Bereich cis Männer sind. In dieser Hinsicht hat sich seit John Randell kaum etwas verändert. Trans Autor:in Juno Roche erinnert sich an die eigene Genitalrekonstruktion im Jahr 2006:

»Die meisten Ärzte, mit denen ich während des Prozesses zu tun hatte – von meinem Hausarzt über den Psychiater bis hin zu Chirurgen –, waren Männer, und ich hatte nie das Gefühl, dass diese Gespräche in einem sicheren Umfeld geführt werden konnten. Obwohl es Ärzte waren, fühlte ich mich unwohl, mit cis Männern über Lust zu sprechen, weil ich durch meine Erfahrung in der Sexarbeit vorsichtig geworden bin.«[34]

Ärzten geht es Roche zufolge bei der Rekonstruktion von Genitalien häufig um das Aussehen. Dabei vergessen sie, dass Geschlechtsteile auch Sexualorgane sind, die zum Geben und Empfangen von Lust bestimmt sind. In dem Fall hatte Roche den Eindruck, dass sich die Einstellungen der Ärzte teilweise auf Altersdiskriminierung und Sexismus gegenüber Frauen mittleren Alters zurückführen ließen: »[D]ie Gatekeeper sahen eine Frau mittleren Alters und gingen davon aus, dass ich keinen Sex hätte – denn wer hat schon Sex mit Frauen mittleren Alters, geschweige denn mit trans Frauen mittleren Alters?«

Deutlich erkennbar wird das der Trans-Medizin innewohnende Patriarchat für trans Frauen, so Roche, insbesondere in der »konkreten, klinischen Realität der Geschlechtangleichung, die Tiefe über Empfindung und Angleichung über Lust stellt«. Roche erinnert sich an eine besonders unangenehme Routineuntersuchung nach der OP, den sogenannten »Tiefentest«, bei dem der Chirurg die Tiefe der neuen Vagina mit den Fingern überprüfte, ohne auf Roches offensichtliche Schmerzen und Unbehagen zu achten. Das ist beispielhaft für die in der gängigen klinischen Praxis verankerte Frauenfeindlichkeit.

Die Trans-Gesundheitsversorgung ist also Teil eines umfassenderen politischen Kampfes für körperliche Selbstbestimmung, den Frauen, LGBTIQ*-Menschen, Personen mit Behinderungen und Personen of Color führen – ein Kampf, der sich in den 2010er-Jahren, dem Jahrzehnt der Budgetkürzungen, zugespitzt hat. Dieser Kampf konzentrierte sich in erster Linie auf trans Erwachsene. Denn das zunehmende gesellschaftliche Bewusstsein über sie hat eine stärkere Interessenvertretung und die Widerlegung der Mythen über die medizinische Transition ermöglicht. Selbst transfeindliche und reaktionäre Menschen in Medien und Politik, die nach wie vor mit Unbehagen und Abneigung reagieren, tolerieren inzwischen wohl oder übel die medizinische Transition von Erwachsenen als Frage der Selbstbestimmung. Schließlich, so konnten trans Menschen erfolgreich argumentieren, dürfen Erwachsene mit dem eigenen Körper tun, was sie möchten.

Im Falle von Kindern mit Geschlechtsdysphorie wird die Argumentation jedoch komplexer. Zwar outen sich mehr trans Kinder und Jugendliche als je zuvor, aber sie können in der Öffentlichkeit nicht für sich selbst eintreten, wie es trans Erwachsene tun. Als ich in den frühen Nullerjahren mit Beginn der Pubertät unter akuter Dysphorie litt, hielt ich es nicht für möglich, dass Ärzt:innen mir helfen konnten. Es schien mir, wie vielen anderen Jugendlichen auch, als wäre ich der einzige Mensch auf der Welt, der sich so fühlte wie ich. Doch ich spürte auch immer deutlicher, dass das tiefe Unbehagen über meinen Körper und die Geschlechterrolle, in die ich gedrängt wurde, anders war als die typische Pubertätskrise meiner Klassenkamerad:innen. Ich entwickelte eine Angststörung und zog mich von Freundschaften zurück. Als Erwachsene, die in ihren Zwanzigern transitioniert hat, kann ich mir vorstellen, dass sich die Erlebnisse von trans Kindern und Jugendlichen in den 2020er-Jahren – besonders von denen, die Hilfe suchen, um mit der Transition zu beginnen – stark von meinen unterscheiden. Wir sind zwar mit ähnlichen Erfahrungen aufgewachsen, leben aber in sehr unterschiedlichen Welten. In meiner Jugend hatten weder mein vierzehnjähriges Ich noch eine erwachsene Person in meinem Umfeld jemals von Geschlechtsdysphorie gehört. Heute finden dank der größeren Sichtbarkeit, des Internets und der sozialen Medien viele trans Kinder schneller Worte für das, was sie fühlen. Sie erfahren auch früher von den medizinischen Möglichkeiten, die Menschen in ihrem Alter zur Linderung der Dysphorie zur Verfügung stehen. Für junge Menschen mit starker Dysphorie kann diese neue Offenheit ein Rettungsanker sein. Allerdings hat das stärkere Bewusstsein unter jungen trans Menschen auch zu neuen politischen Problemen, Mythen und, wie bereits erörtert, zu moralischer Panik geführt.

Angesichts der hartnäckigen Fehlinformationen muss noch einmal klar benannt werden, was »Transition« in Bezug auf Kinder bedeutet. Ich betone: Kein trans Kind kann sich in Großbritannien einer Genitalrekonstruktion unterziehen. Zum einen legen medizinische Leitlinien ein Mindestalter von siebzehn Jahren für die Einwilligung zur Operation fest, zum anderen würde hierzulande kein:e Chirurg:in einen solchen Eingriff an Minderjährigen durchführen. In Großbritannien kann eine Überweisung für geschlechtsangleichende Operationen an über Achtzehnjährigen nur durch eine der sieben Genderkliniken für Erwachsene erfolgen. Die irreführende Verwendung von unklaren, veralteten Begriffen in Schlagzeilen über »Kinder mit Geschlechtsumwandlung« impliziert, dass Genitaloperationen an Kindern durchgeführt werden – aber das ist nicht der Fall. In Bezug auf Kinder und Jugendliche bedeutet der Begriff »Transition« meist die soziale Transition. Wenn junge trans Menschen über ihre Transition sprechen, meinen sie in der Regel, dass sie einen anderen Vornamen und andere Pronomen verwenden als die ihnen bei der Geburt zugewiesenen und dass sie ihren Geschlechtsausdruck anpassen, um sich besser entfalten zu können. Zugleich wünschen sie sich, dass ihr

Umfeld (insbesondere Familie, Gleichaltrige und Lehrkräfte) diesen Geschlechtsausdruck anerkennen. Vor der Pubertät bezieht sich der Begriff »Transition« ausschließlich auf solche nichtmedizinischen Schritte.

Auf der klinischen Ebene kann jegliche medizinische Intervention erst mit dem Einsetzen der Pubertät beginnen. In der Pubertät produziert der Körper Geschlechtshormone in einer Menge, die für die Herausbildung der sekundären Geschlechtsmerkmale, die typischerweise cis Männer und cis Frauen voneinander unterscheiden, erforderlich ist. Biologisch betrachtet geht es bei der Pubertät in erster Linie um die Zeugungsfähigkeit, aber sie festigt auch, wie das Geschlecht einer Person gesellschaftlich wahrgenommen wird.

Kein Wunder, dass für Kinder mit akuter Dysphorie, die durch eine soziale Transition in der Kindheit gemildert worden war, der Beginn der Pubertät eine große Belastung sein kann. Seit dem Treffen mit Joe und Kate und dem Gespräch über ihre Tochter Alex, die bereits mehrere Jahre glücklich und unbeschwert als Mädchen lebte und auch von anderen so wahrgenommen wurde, verstehe ich besser, wie traumatisch die drastischen Veränderungen in der Pubertät sein können. Dann kann all das Leid wieder hochkommen, das Alex im Alter von drei Jahren empfunden hatte, als sie ihre Eltern verzweifelt anflehte, anzuerkennen, dass sie ein Mädchen ist. Meist sind es diese Fälle, in denen eine medizinische Behandlung erwogen wird: Durch die Einnahme von Medikamenten, die die Ausschüttung von Geschlechtshormonen unterdrücken, kann die Pubertät eines Kindes aufgehalten werden. Seit den 1970er-Jahren werden Hormonblocker zur Behandlung einer verfrühten Pubertät eingesetzt. Darunter versteht man eine natürliche Variation, die aufgrund des sichtbaren »Vorsprungs« zu Gleichaltrigen und mit einer geringeren Körpergröße im Erwachsenenalter mit sozialer Stigmatisierung, Mobbing und einer starken Belastung einhergehen kann. Der neuere Einsatz von Hormonblockern bei Kindern mit Geschlechtsdysphorie (in Großbritannien seit den 1990er-Jahren) dient in erster Linie dazu, Kindern und ihren Familien mehr Zeit zu geben, über die Geschlechtsidentität und die späteren medizinischen Möglichkeiten nachzudenken, bevor durch die Pubertät irreversible körperliche Veränderungen eintreten.

Wenn Blocker verabreicht werden, läuft die Behandlung auf eins von zwei Ergebnissen hinaus. Entweder kann das Kind das Medikament schließlich absetzen, dann beginnt, wie auch bei der Behandlung von Kindern mit verfrühter Pubertät, die endogene (sogenannte »natürliche«) Pubertät. Oder das Kind blockiert weiterhin die Ausschüttung von Geschlechtshormonen und beginnt eine »gegengeschlechtliche« Hormonbehandlung (um es mit den Worten der Medizin zu beschreiben: phänotypische Männer nehmen Östrogen; phänotypische Frauen nehmen Testosteron). Somit beginnt die »gegengeschlechtliche« Pubertät und damit die medizinische Transition.

Nicht alle Kinder, die trans sind, wollen auch Pubertätsblocker. Der Wunsch danach garantiert auch nicht, sie zu bekommen – nicht zuletzt, weil sowohl in Großbritannien als auch weltweit hartnäckig Widerstand gegen ihren Einsatz geleistet wird. Im März 2021 verabschiedete Arkansas als erster US-Bundesstaat ein Gesetz, das es Ärzt:innen dort verbietet, Personen unter 18 Jahren Hormonblocker zu verschreiben oder sie an andere Stellen zu überweisen, wo sie welche bekommen könnten. Wer dagegen verstößt, dem droht der Entzug der ärztlichen Zulassung. Alabama ging noch einen Schritt weiter und legte einen Gesetzesentwurf vor, der Ärzt:innen kriminalisieren würde, die einer Person unter 19 Jahren eine trans-affirmative Behandlung anbieten. Während ich diese Zeilen schreibe, wurden in insgesamt sechzehn US-Bundesstaaten vergleichbare Gesetzesentwürfe zum Verbot der Gesundheitsversorgung für trans Jugendliche vorgelegt.

Doch Großbritannien zieht im ideologischen Krieg gegen den Zugang zu Hormonblockern anscheinend mit den USA gleich. Im Oktober 2020 beantragten zwei Personen – eine erwachsene ehemalige Patientin, Keira Bell, und die Mutter eines Teenagers in Behandlung – eine gerichtliche Überprüfung des Tavistock and Portman NHS Trust, der den Gender Identity Development Service (GIDS) betreibt, die einzige Genderklinik für Kinder und Jugendliche in England und Wales (Schottland hat eine eigene). Es ging um die Frage, ob es erlaubt sein sollte, dass Ärzt:innen Kindern unter sechzehn Jahren Pubertätsblocker verschreiben, oder ob ein Gericht diese Entscheidung von Fall zu Fall treffen sollte. Die Argumentation der Klägerinnen fußte auf der Frage, ob Jugendliche überhaupt fähig sind, in eine derartige Behandlung einzuwilligen. Die zu dem Zeitpunkt dreiundzwanzigjährige Keira Bell hatte im Alter von sechzehn Jahren vom GIDS eine Überweisung zur Behandlung mit Pubertätsblockern erhalten. Mit siebzehn hatte sie begonnen, Testosteron einzunehmen, und sich mit zwanzig einer Mastektomie unterzogen, um als Mann zu leben. Ihre Anwälte erklärten dem Gericht, sie habe ihre Entscheidung bereut und mit Anfang zwanzig »detransitioniert«. Sie argumentierten, Keira Bell sei nicht in der Lage gewesen, eine informierte Entscheidung über die pubertätsunterdrückende Behandlung zu treffen, genau wie auch andere Jugendliche nicht dazu in der Lage wären.

Zum Erstaunen vieler Aktivist:innen für Trans-Gesundheit entschied das Gericht zu Bells Gunsten. Das Urteil lautete, die Verschreibung von Hormonblockern bei Kindern unter sechzehn Jahren bedürfe der ausdrücklichen Genehmigung eines Gerichts. Keine andere medizinische Behandlung von Jugendlichen in Großbritannien fordert ein so starkes Eingreifen der Justiz. Als Begründung für diesen besonderen Umgang mit Hormonblockern wies der Gerichtshof auf Studien hin, denen zufolge fast alle Kinder, die Blocker erhielten, später gegengeschlechtliche Hormone einnehmen würden. Daraus leitete er ab, dass Blocker, die selbst zwar reversibel sind, als eine Art »Einstiegsdroge« für irreversible Folgebehandlungen fungierten. Folglich müsse ein Gericht, um die Verschreibung von Blockern zu genehmigen, davon überzeugt sein, dass ein Kind nicht nur versteht, was die Unterdrückung der Pubertät zum gegenwärtigen Zeitpunkt bedeutet, sondern auch, wie sich die künftige Einnahme gegengeschlechtlicher Hormone oder gar spätere Operationen auf das restliche Leben auswirken können. Mit diesem Urteil fallen England und Wales in der Gesundheitsversorgung von trans Jugendlichen im internationalen Vergleich zurück.

Viele Menschen aus trans Communitys hatten den Eindruck, diese Entscheidung sei von Vorurteilen beeinflusst und mit dem Gedanken getroffen worden, dass eine Transition möglichst zu vermeiden sei. Dazu wurde Keira Bells Reue über irreversible Veränderungen, die sie als Erwachsene vorgenommen hat, mehr Gewicht zugesprochen als dem Leid von trans Jugendlichen, die mit Dysphorie leben. Auch hier besteht eine Parallele zu Einzelpersonen, die eine Abtreibung bereuen und als Präzedenzfall benutzt werden, um den Zugang zu Abtreibungen grundsätzlich zu verurteilen. Es überrascht daher nicht, dass Bells Anwalt Paul Conrathe seit Langem Fälle von Abtreibungsgegner:innen vertritt. In Zusammenarbeit mit der Antiabtreibungspartei ProLife Alliance wollte Conrathe 2001 eine gerichtliche Anordnung im Namen von Stephen Hone erwirken, um Hones Ex-Freundin zur Fortsetzung einer ungewollten Schwangerschaft zwingen. Dass ausgerechnet dieser Mann die rechtliche Prüfung einer weiteren Art der körperlichen Selbstbestimmung erstreiten konnte, sollte uns zu denken geben.

Unmittelbar nach dem Bell-Urteil hat der NHS England sämtliche neuen Überweisungen für Pubertätsblocker für GIDS-Patient:innen unter sechzehn Jahren ausgesetzt, was einem Pauschalverbot entspricht. Dieses Verbot gilt nach wie vor für alle neuen Behandlungssuchenden. Einen Hoffnungsschimmer, dass wir von diesem extremen Weg teilweise wieder abweichen werden, bietet ein Gerichtsurteil aus dem März 2021. Vorgebracht wurde der Fall von der Mutter eines fünfzehnjährigen trans Mädchens. Die Mutter beantragte beim Gericht die Erklärung, dass sie rechtsfähig sei, im Namen ihres Kindes in eine Behandlung mit Pubertätsblockern einzuwilligen. Das Urteil fiel zu Gunsten der Mutter aus: Wie auch bei anderen medizinischen Behandlungen für Kinder können Eltern nach englischem Recht im Namen ihres Kindes zur Behandlung mit Pubertätsblockern einwilligen, wenn das Kind selbst nicht dazu in der Lage ist. Das ist zwar eine wichtige Rechtsprechung, aber die konkreten langfristigen Auswirkungen für aktuelle Patient:innen sind alles andere als klar. Im April 2021 kündigte der NHS die Gründung einer unabhängige Kommission an, die prüfen soll, ob derzeitige GIDS-Patient:innen unter sechzehn Jahren die Hormonbehandlung fortsetzen können sollten – doch für künftige Patient:innen wird das Pauschalverbot bestehen bleiben. Unabhängig von der GIDS-Regelung führt dieses Urteil dazu, dass nur trans Kinder, deren Eltern hinter ihnen stehen, vielleicht irgendwann Zugang zu Pubertätsblockern erhalten. Kindern ohne elterliche Unterstützung bleibt dieser Weg verwehrt.

Diese falsche Entwicklung, dass nur trans Kinder mit elterlicher Unterstützung Zugang zu Behandlungen bekommen, bestand de facto schon immer. Theoretisch können Hausärzt:innen ein Kind auch ohne elterliche Beteiligung ans GIDS überweisen, doch in der Praxis ist es ohne Hilfe der eigenen Eltern unmöglich, einen Termin beim GIDS zu erhalten. Nur wer von den Eltern unterstützt wird, hatte also jemals eine echte Chance, Pubertätsblocker verschrieben zu bekommen. Inzwischen wurde gegen das Bell-Urteil Berufung eingelegt, und im September 2021 wurde es aufgehoben. Es ist ungewiss, ob der Zugang zu Blockern in Schottland und Nordirland auf ähnliche Weise infrage gestellt werden wird. Im September 2020 wurde eine unabhängige Prüfung der Leistungen für junge trans Menschen in England unter der Leitung der ehemaligen Präsidentin des Royal College of Paediatrics and Child Health Dr. Hilary Cass angekündigt – der Zwischenbericht liegt seit März 2022 vor. Vorläufige Empfehlungen der Untersuchung enthalten unter anderem eine dramatische Erweiterung der medizinischen Betreuung von trans Kindern und Jugendlichen, die Erhebung von belastbarem Datenmaterial zu trans Kindern und Jugendlichen in Großbritannien und weltweit sowie die bessere Schulung von medizinischem Personal. Um die Rechtslage zur Gesundheitsversorgung von trans Jugendlichen tobt ein Sturm, der sich so schnell nicht legen wird.

Die Wartezeit für einen Ersttermin beim GIDS beträgt derzeit über zwei Jahre. Durch das Begutachtungsverfahren des GIDS für die Aufnahme und die anschließenden Wartezeiten bis zum Beginn der Behandlung vergeht ungefähr ein weiteres Jahr, bevor die Jugendlichen, die für Hormonblocker zugelassen sind, damit beginnen können. Drei Jahre von der ersten Überweisung bis zum Beginn der Behandlung – für Teenager eine Ewigkeit. Um die Entwicklung der sekundären Geschlechtsmerkmale so wirksam wie möglich zu unterdrücken, sollte mit der Einnahme von Blockern gleich am Anfang der Pubertät begonnen werden – dieses Stadium nennen Kinderärzt:innen »Tanner II« (im Stadium »Tanner I« sind die Geschlechtsmerkmale noch vollständig vorpubertär). Der genaue Zeitpunkt dieses optimalen Stadiums unterscheidet sich von Kind zu Kind und liegt in der Regel zwischen dem neunten und zwölften Lebensjahr. Zur Behandlung von verfrühter Pubertät wird das Medikament meist vor dem vollendeten achten Lebensjahr erstmals verabreicht, ohne dass ein gerichtlicher Beschluss notwendig wäre. Außerhalb Großbritanniens besteht daher international Konsens darüber, dass es medizinisch nicht ratsam ist, für die Verabreichung von Hormonblockern bei Geschlechtsdysphorie pauschal ein Mindestalter festzulegen.

Vor dem Fall Bell wurden weniger als der Hälfte der GIDS-Patient:innen Pubertätsblocker verschrieben. Außerdem zeigen Zahlen, die dem Gericht 2020 vorgelegt wurden, dass im Geschäftsjahr 2019/20* lediglich fünfundneunzig Personen unter sechzehn und nur zweiundzwanzig unter dreizehn mit der Einnahme von Blockern begonnen hatten. Laut weiteren GIDS-Statistiken gingen im Geschäftsjahr 2018/19 rund 2406 neue Überweisungen im GIDS ein. Davon waren nur 230 der Kinder – also 9,6 Prozent – zum Zeitpunkt der Überweisung zehn Jahre alt oder jünger. Das bedeutet, dass bereits vor dem Fall Bell über 90 Prozent der Kinder, die an das GIDS überwiesen wurden, praktisch keine Chance hatten, vor der Pubertät mit der Einnahme von Blockern zu beginnen. Die überwiegende Mehrheit der

* In Großbritannien ist das Geschäftsjahr nicht mit dem Kalenderjahr identisch, sondern beginnt am 1. April und endet am 31. März. (Anm. d. Übers.)

Neuüberweisungen an das GIDS 2018/19 waren Jugendliche im Alter von dreizehn bis sechzehn Jahren. Wer also mit dreizehn ans GIDS überwiesen wird, kommt angesichts der dreijährigen Wartezeit erst im Alter von sechzehn für eine Behandlung mit Hormonblockern infrage. Wer bei der Erstüberweisung sechzehn ist, wäre nach der Wartezeit schon erwachsen.

Die Realität sieht demnach so aus: Die Zahl der Kinder, die rechtzeitig medizinisch behandelt werden, war schon vor der gerichtlichen Anfechtung im Dezember 2020 winzig. Im Vergleich zu anderen westlichen Ländern hat Großbritannien einen äußerst konservativen Ansatz zur Behandlung mit Pubertätsblockern; und die ohnehin schon geradezu unerträglich langen Wartezeiten werden immer länger, ohne Aussicht auf Verbesserung.

Das alles zeigt: Wer in den juristischen und medialen Auseinandersetzungen um britische trans Kinder und Jugendliche nicht zu Wort kommt, sind die jungen Behandlungssuchenden selbst. Sogar ich als erwachsene trans Person, die in den Medien arbeitet, werde oft nach meiner Meinung zum Zugang junger Menschen zu medizinischer Versorgung gefragt, zu einer Erfahrung also, die nicht meine eigene ist.

Um besser zu verstehen, wie es sich für Teenager anfühlt, Zugang zu Gesundheitsversorgung zu bekommen, besuche ich in Südwales eine Grupppe für trans Jugendliche zwischen sechzehn und fünfundzwanzig. Dort lerne ich den achtzehnjährigen Henry kennen, der gerade mit seiner Testosterontherapie begonnen hat. Sechs Jahre zuvor, in der 8. Klasse, outete sich Henry erstmals, »erst als bi oder gay, und ein Jahr später habe ich mich dann bei Freund:innen als trans geoutet. Ungefähr zur gleichen Zeit habe ich auch meiner Klassenleiterin davon erzählt, weil ich damals Probleme mit Angstzuständen hatte.« Henry erzählt, im Hintergrund habe es in der Schule zwar immer homofeindliche Äußerungen gegeben, er habe sich aber nie persönlich angegriffen gefühlt.

»Eigentlich war es erstaunlich leicht. Ich hatte mit unzähligen Fragen und Kommentaren gerechnet, aber niemand hat mich etwas gefragt. Die Schule meinte, sie würden mich sofort mit meinem neuen Namen ansprechen. Niemand hat sich getraut, mir direkt Fragen zu stellen, das haben alles meine Freund:innen abbekommen.«

Schließlich outete er sich bei seiner Mutter. »Sie war überrascht. Sie dachte, ich würde ihr sagen, dass ich homosexuell bin. Es dauerte eine Weile, bis sie sich damit anfreunden konnte. Aber transfeindlich war sie nie. Sie meinte nur: ›Ich brauche etwas Zeit, um das zu verstehen.‹«

Henry wusste immer, dass er sich eine medizinische Transition wünschte, und er war bereits von einer unterstützenden Lehrerin ermutigt worden, seine Hausärztin aufzusuchen: »Sie meinte: ›Geh zum Arzt, das kann nicht schaden. Das heißt nicht, dass du irgendwelche Entscheidungen treffen musst.‹ Ich bin wirklich froh, dass sie mir dazu geraten hat, sonst hätte ich es noch jahrelang aufgeschoben.«

Henry war vierzehn, als seine Hausärztin die erste Überweisung ausstellte; sein erster Termin beim GIDS fand über ein Jahr später statt. Seine Mutter begleitete ihn. »Mir wurden die Standardfragen gestellt: ›Wann hast du gemerkt, dass du trans bist? Wann hast du dich geoutet? Wie steht es um deine psychische Gesundheit?‹«, erzählt Henry. Auch seine Mutter wurde zu seiner Kindheit befragt. Sechs Monate später hatte der inzwischen sechzehnjährige Henry in London einen zweiten Termin mit zwei Ärzt:innen. Diesmal wurden er und seine Mutter getrennt befragt.

Zunächst gingen die Ärzt:innen genauso vor und stellten ihm die gleichen typischen Fragen. Dann, sagt Henry, haben sie ihn gebeten, seine Erfahrungen bezüglich des Geschlechts zu beschreiben. Auf diese Art von Fragen fand Henry nur schwer Antworten. »Manches konnte ich nur schwer in Worte fassen. Auch wenn ich ein trans Mann bin, fällt es mir wirklich schwer, mein Geschlecht zu beschreiben, ohne auf Stereotype zurückzugreifen, denen ich aber nicht unbedingt entspreche. Ich bin nicht besonders maskulin.«

Das Verfahren empfand Henry als emotional anstrengend – aber wie er erzählt, waren die Ärzt:innen immer »nett« und sympathisch ihm gegenüber. »Ich habe immer wieder gesagt: ›Ich weiß nicht, warum ich trans bin, und ich kann auch nicht erklären, was Geschlecht ist.‹ Dann haben sie versucht, sich auf mich einzulassen, und die Frage umformuliert: ›Na, wie würdest du es denn erklären?‹, aber es war trotzdem schwierig.«

Bei späteren Gesprächen in der Londoner Klinik schlug Henrys Frust manchmal in Wut um – insbesondere als er erfuhr, dass er mindestens ein Jahr lang Pubertätsblocker nehmen musste, bevor er mit der Testosteronbehandlung beginnen konnte. »Während meiner Zeit dort war ich oft ziemlich wütend, weil ich wusste, dass ich zuerst auf Blocker gesetzt werden würde, und ich dachte: ›Ich beantworte diese ganzen Fragen, die wirklich schwierig sind, und ich kriege keine Unterstützung [um Testosteron zu bekommen].‹ Ich habe mich oft ziemlich über sie aufgeregt. Und das haben sie gemerkt.«

Das Verfahren zog sich so lang hin, dass Henry wusste, wenn er endlich Blocker nehmen könnte, wäre es zu spät. In der Regel haben GIDS-Patient:innen drei bis sechs Termine. Henry weiß nicht mehr, wie viele es bei ihm waren, aber er erinnert sich an mindestens vier. Bei diesen Terminen musste Henry seine Dysphorie beschreiben, was ihm sehr schwerfiel. »Das ist sehr persönlich, und ich kenne diese Leute ja nicht. Da ist alles hochgekommen, und dann waren meine ganzen Probleme so präsent, und ich bekomme keine Unterstützung von denen. Es wird noch Jahre dauern, bis ich mit der Behandlung beginnen kann, das war mir alles so krass bewusst.« Henry erzählt mir, er habe bei den Gesprächen mit den Ärzt:innen viel geweint und oft »dichtgemacht«.

Henrys Frust lag nicht nur an der klinischen Herangehensweise in den persönlichen Gesprächen mit den Fachkräften im GIDS, sondern auch an den medizinischen Regelungen selbst. Mit sechzehn hatte er noch immer keine Überweisung zur Behandlung mit Hormonblockern erhalten, und durch die Pubertät waren bereits viele irreversible Veränderungen eingetreten. »Ich habe sie gefragt: ›Was kann ich denn [von den Pubertätsblockern] erwarten?‹«, erinnert er sich, »und sie dann: ›Oh, vielleicht hilft dir ein Jahr ohne Hormone in deinem Körper.‹ Und ich dachte nur: ›Nein, das bringt mir nichts.‹«

Zu diesem Zeitpunkt hatte Henry bereits seit mehreren Jahren tagein, tagaus als Junge gelebt. Er hatte das Gefühl, dass das Gesundheitspersonal beim GIDS weit hinterherhinkte – und dass weder die Menschen noch das System daran interessiert waren, aufzuholen. Besonders hart sei es gewesen, zuzusehen, wie die anderen Jungen in seinem Umfeld eine männliche Pubertät durchliefen, während er immer noch auf medizinische Hilfe wartete: »Ich hatte das Gefühl, dass ich wegen ein paar willkürlicher Regeln, die eigentlich keinen Sinn machen, nicht weiterkam. Ich hatte das Gefühl, dass das alles nicht zum Wohle von trans Personen war. Es ist für cis Menschen, die ein Problem damit haben, dass trans Jugendliche die Pubertät, die sie wollen, im gleichen Alter durchlaufen wie alle anderen auch.«

Für die Beurteilung verwenden die Fachkräfte im GIDS einen psychodynamischen Ansatz: Die Befragung zu frühen Lebenserfahrungen soll helfen, die bewussten und unbewussten Beweggründe einer Person zu verstehen. In ihre Ausbildung fließen häufig die Therapiemodelle und Terminologie von Bindungsstörungen, Symbolarbeit und Traumtheorie ein, die aus der Arbeit von Carl Jung und der Kinderpsychoanalytikerin Melanie Klein stammen, einer Schülerin von Sigmund Freud. Deutlich wurde das in den Gepprächen mit Henrys Mutter, die von seiner Geburt berichten sollte. Was das bezwecken sollte, war ihr schleierhaft. Und obwohl ihr gesagt wurde, es gebe keine falschen Antworten, waren ihr, genau wie Henry, die Absichten hinter vielen dieser Fragen unklar. Auch das gehört zum traditionellen psychodynamischen Verfahren. Auf dem Weg zu einer Diagnose legen Ärzt:innen nicht immer Wert darauf, den Patient:innen die Hintergründe ihrer Fragen zu erläutern.

Als Henry schließlich eine Überweisung für die Blut- und Knochenuntersuchung erhielt, um mit der Einnahme von Pubertätsblockern beginnen zu können, war er siebzehneinhalb. Seit seiner Überweisung an GIDS waren drei Jahre vergangen. Mit der Aussicht auf einen

Termin kurz nach seinem achtzehnten Geburtstag wurde ihm geraten, sich auf die Warteliste der Genderklinik für Erwachsene setzen zu lassen. Henrys Frust und Verzweiflung sind spürbar: »Für Sechzehn- und Siebzehnjährige«, erklärt er mir, »taugt das GIDS gar nichts.«

Einige Monate nach seinem achtzehnten Geburtstag hatte Henry im Westen Londons einen Termin in der Genderklinik für Erwachsene. Das musste mindestens der sechste Termin gewesen sein, glaubt er sich zu erinnern, bei dem er wieder die gleichen Fragen beantworten musste, die er schon seit Jahren beantwortete. Am Ende des Gesprächs sagte die Ärztin, er solle noch einen weiteren Termin wahrnehmen, bevor er mit der Hormoneinnahme anfangen könne – und da brach Henry zusammen.

»Besonders verständnisvoll war sie nicht«, erzählt Henry über die Ärztin. »Sie wollte wissen: ›Warum weinst du denn so?‹, und ich habe gesagt: ›Weil ich so enttäuscht bin.‹ Am Ende ist meine Mutter reingekommen und hat alles erklärt. Selbst dann hat die Ärztin geantwortet: ›Ich verstehe nicht, warum du dich so aufregst.‹ Ich glaube, manchmal begreifen sie einfach nicht, wie emotional und kräftezehrend das alles sein kann und wie viel Hoffnung wir auf diese Termine setzen. Es bedeutet uns so viel.«

Schließlich konnte die Ärztin überzeugt werden, Henry sofort für eine Behandlung mit Testosteron zu empfehlen. Als ich ihn treffe, nimmt er die Hormone seit zweieinhalb Monaten – noch nicht lange genug, als dass die auffälligsten Veränderungen, wie eine tiefer werdende Stimme, schon bemerkbar wären. Seit seinem ersten Besuch bei seiner Hausärztin sind fast fünf Jahre vergangen – ein langer und emotional anstrengender Prozess.

Henry entspricht dem Typ jüngerer trans Personen, auf die die Presse einen besonders strengen Blick hat: ein Teenager, dem bei der Geburt das weibliche Geschlecht zugewiesen wurde und der sich nach Andeutungen, er könne vielleicht bi oder lesbisch sein, schließlich als trans outete. Zunehmend kritisch berichten die Medien von Überweisungen ans GIDS von Menschen, denen bei der Geburt das weibliche Geschlecht zugewiesen wurde und die sich als männlich oder nicht-binär identifizieren. Im Geschäftsjahr 2009/10 haben vierzig Personen, auf die das zutrifft, eine erstmalige Überweisung erhalten; 2017/18 war die Zahl bei 1806. Während junge Menschen, die von männlich zu weiblich transitionieren, früher die größte Gruppe darstellten, sind heute zwei Drittel der GIDS-Patient:innen Menschen mit weiblichem Zuweisungsgeschlecht. Diese Tendenz ist weltweit zu beobachten und hat zu erheblichen Spekulationen geführt. Die Ursache ist unbekannt, aber die übliche Erklärung der trans Communitys, dass dies auf die zunehmende Sichtbarkeit, Akzeptanz und Offenheit gegenüber trans Menschen und Geschlechterdiversität in der Gesellschaft zurückzuführen sei, stößt in den Medien weitgehend auf Skepsis.

Die konservative britische Presse hat oft eine andere Theorie: Das Coming-out als trans sei unter jungen Lesben und Mädchen mit Autismus zu einer sozialen Ansteckung geworden – die Jugendlichen versuchten entweder der mit der Entwicklung eines erwachsenen Frauenkörpers einhergehenden Frauenfeindlichkeit zu entkommen oder wären aufgrund von Homofeindlichkeit unglücklich und würden sich schämen. Als Reaktion auf zahllose Medienberichte zu diesem Thema kündigte die Abgeordnete und damalige Ministerin für Frauen und Gleichstellung Penny Mordaunt im September 2018 eine Untersuchung über die steigenden Zahlen von »Mädchen« an, die in Bezug auf ihre Geschlechtsidentität Unterstützung suchten (nach der Entlassung von Mordaunt im Zuge einer Kabinettsumbildung von Boris Johnson wurde die Untersuchung stillschweigend auf Eis gelegt). Belege für eine soziale Ansteckung gibt es nicht – die Theorie beruht lediglich auf den subjektiven und feindseligen Eindrücken der Kommentator:innen. Typisch ist folgende Bemerkung der *Times*-Kolumnistin Janice Turner im November 2017:

»Die LGBT-Community will nicht akzeptieren, dass der enorme Anstieg von transitionierenden Mädchen – genau wie Magersucht oder Selbstverletzung – auf eine soziale Ansteckung zurückzuführen ist, denn das widerspricht einer zentralen Säule der Trans-Ideologie, dass Gender ›angeboren‹ sei.«[35]

Ich frage Henry, was er davon hält. »Ach, das habe ich online schon oft erlebt. Das ist so nervig«, antwortet er. »Wenn du mit einem Mädchen sprichst, die an Magersucht oder unter body dysmorphia leidet, und dann einem trans Mann zuhörst, der über seine Erfahrungen spricht, wird dir klar, dass das etwas völlig anderes ist.« Der entscheidende Unterschied ist natürlich, dass Magersucht dazu führen kann, dass du dich im schlimmsten Fall zu Tode hungerst, während eine medizinische Transition dich nicht umbringt, sondern psychisches Leid lindert.

Transidentität und Magersucht oder selbstverletzendes Verhalten über einen Kamm zu scheren, sei außerdem zu kurz gedacht, da viele junge trans Personen wirklich mit diesen Erkrankungen zu kämpfen haben, sagt Henry: »Viele trans Personen leiden tatsächlich unter einer Essstörung, was mit dem Wunsch zusämmenhängt, den eigenen Körper verändern zu wollen. Ich denke, dass Dysphorie manchmal eine Essstörung verursachen kann – aber nicht umgekehrt. Ich glaube, dass trans Menschen mit Essstörungen zusätzliche Unterstützung brauchen, anstatt gesagt zu bekommen, sie seien nicht wirklich trans. Manche trans Personen haben psychische Erkrankungen, die überhaupt nichts damit zu tun haben, dass sie trans sind, und es schadet ihnen, wenn wir alle ihre Probleme auf ihr Transsein zurückführen.«

Viele seiner trans Freund:innen seien Autist:innen, erzählt mir Henry. Und das von der Presse geschürte Vorurteil, Autist:innen würden sich in Bezug auf ihr Geschlecht täuschen, sei genauso schädlich. »Es ist ableistisch und beleidigend, autistischen Menschen zu unterstellen, sie könnten keine Entscheidungen treffen oder würden sich selbst nicht kennen – Vorurteile tun nichts, als trans Menschen zu schaden.«

Henry glaubt, die negative Berichterstattung über die Gesundheitsversorgung für junge trans Männer sei ironischerweise darauf zurückzuführen, dass sie oft nicht für voll genommen werden, was seiner Meinung nach mit Sexismus zusammenhängt. »Ich und meine männlichen trans Freunde werden oft viel jünger geschätzt [als wir tatsächlich sind] und entsprechend behandelt. Es geht immer wieder um die Frage, ob trans Männer Sexismus erleben. Ich glaube, viele von uns schon, weil wir immer noch als Frauen gelesen und behandelt werden. Es gibt eine Menge sexistischer Stereotype, die meiner Meinung nach immer noch auf mich angewendet werden.«

Henrys scharfsinnige Analyse der Diskrepanz zwischen seiner eigenen und der gesellschaftlichen Wahrnehmung seines Geschlechts widerspricht der simplen Erklärung, er sei nur eine Lesbe, die versucht, Homo- und Frauenfeindlichkeit zu entgehen. Eigentlich, so Henry, ist er sich über seine genaue sexuelle Orientierung gar nicht im Klaren, weil er als Teenager keine romantischen Beziehungen hatte. »Ich weiß noch nicht, ob ich einfach nur kein Interesse habe oder ob es daran lag, dass ich mit einer unbehandelten Dysphorie zu kämpfen hatte.«

2013 veröffentlichte die Medizinethikerin Simona Giordano eine klinische, ethische und rechtliche Bewertung der Behandlung von Kindern mit Geschlechtsdysphorie, in der sie zu dem Schluss kam, dass »die Unterlassung oder der Aufschub einer Behandlung keine moralisch neutrale Option ist«.[36] Was sie damit meint, ist klar: Es besteht ein Zusammenhang zwischen der tief verwurzelten Verachtung gegenüber dem Leben und den Körpern von trans Menschen in großen Teilen der Medien und der Gesellschaft und den aktuellen Einschränkungen bei der Behandlung von trans Kindern, wie auch Henry sie erlebt hat. Weltweit erkennt jedoch der affirmative Versorgungsansatz an, dass wir die Verantwortung haben, jungen Menschen mit Dysphorie zu helfen – und dass es ernsthafte ethische Konsequenzen hat, wenn wir es ihnen nicht nur nicht leichter, sondern auch noch schwerer machen. Wie Giordano 2020 in ihrem Aufsatz schreibt:

»Pubertätsblocker sind keine ›neue‹ Behandlung. Sie wurden vor mehr als zwei Jahrzehnten von führenden medizinischen Gremien in Großbritannien und weltweit empfohlen und gehören daher seit vielen Jahren zur medizinischen Standardbehandlung.«[37]

Mit anderen Worten: Es gibt nicht den geringsten Grund, warum trans Jugendlichen zur Linderung von Geschlechtsdysphorie keine Pubertätsblocker zur Verfügung stehen sollten. Wie jedes Medikament sollte die Einnahme von Hormonblockern unter ärztlicher Kontrolle erfolgen. Außerdem ist die Forschung zu sämtlichen etwaigen Nebenwirkungen zu begrüßen, damit Patient:innen über alle Aspekte ihrer Behandlung besser informiert werden können. Der derzeitige politische Aufschrei über die medizinische Behandlung von trans Jugendlichen hierzulande ist hingegen weder wissenschaftlich noch ergebnisorientiert, sondern rein ideologisch.

Was kann also getan werden? Angesichts der überfüllten Wartelisten wäre es naheliegend, dass sich als nächster Schritt ein progressives Bündnis – von Familien von trans Jugendlichen über wohlgesinnte Ärzt:innen bis hin zu LGBTIQ*-Organisationen, Feminist:innen und Politiker:innen – lautstark und öffentlich für eine trans-affirmative Gesundheitsversorgung einsetzt und für ein breiteres Spektrum an Behandlungsmöglichkeiten kämpft. Das derzeitige Monopol einer einzelnen Londoner Klinik (mit Psycholog:innen statt Kinderärzt:innen) über den Zugang zur Versorgung aller Minderjährigen in England und Wales ist zu kritisieren. Alle Menschen mit Transitionsanliegen in Großbritannien, ob Kinder oder Erwachsene, verdienen mehr Auswahlmöglichkeiten und flexiblere Versorgungsmodelle. Zum Beispiel, dass hausärztliche Praxen bei der Verschreibung von Blockern und Hormonbehandlungen eine größere Rolle übernehmen und dass dezentrierte, communitybasierte NHS-Genderkliniken eröffnet werden – die ähnlich wie Zentren für sexuelle Gesundheit ohne Termin besucht werden können* –, die trans Personen auf Leitungsebene und im Tagesgeschäft einbeziehen. Der psychiatrische Ansatz zur Begutachtung und Diagnose muss beendet und durch mehrere

* Im Original »Walk-in sexual health clinics«. Dabei geht es um Anlaufstellen, die u. a. »Walk-in hours« anbieten, zu denen Besuche ohne vorherige Anmeldung möglich sind. Bei »Clinic« geht es nicht um Klinik im Sinne eines Krankenhauses, sondern um eine ärztliche Praxis. (Anm. der Übers.)

Alternativen für Wahlbehandlungen und optional wahrnehmbare Beratungsangebote ersetzt werden. In anderen Ländern ist das bereits üblich. Auch in Großbritannien soll in London und Manchester dieser Ansatz in kleinen Pilotprojekten erprobt werden. In den 2020er-Jahren wird der rechtzeitige Zugang zur transitionsbezogenen Gesundheitsversorgung das dringlichste Problem der trans Communitys in Großbritannien sein.

Natürlich dreht sich nicht jeder Aspekt der trans Gesundheit um die Transition. Damit verbunden – aber dennoch davon zu unterscheiden – sind die sexuelle Gesundheit, Fruchtbarkeit und psychische Gesundheit. In all diesen Bereichen stoßen trans Menschen aufgrund der Unwissenheit oder Vorurteile von medizinischem Fachpersonal in regulären Einrichtungen auf besondere Probleme. Daher werden immer mehr alternative Einrichtungen gegründet, die mit der Unterstützung von trans-affirmativem medizinischem Fachpersonal von und für trans Personen betrieben werden. In London gibt es mit 56T und CliniQ zwei Spezialambulanzen, die trans Menschen an jeweils einem Abend pro Woche in Soho und Camberwell Beratung und Service im Bereich der sexuellen Gesundheit anbieten. Sowohl trans Männer, die Sex mit Männern haben, als auch trans Frauen, die Sex mit Männern haben, gehören zur Risikogruppe für bestimmte sexuell übertragbare Erkrankungen, einschließlich HIV. In Großbritannien ist die Datenlage zwar unzureichend, aber Schätzungen zufolge leben weltweit etwa 19 Prozent aller trans Frauen mit HIV; die Wahrscheinlichkeit, dass trans Frauen HIV-positiv sind, ist weltweit neunundvierzigmal höher als in der allgemeinen Bevölkerung.[38] Dieses Risiko erhöht sich für Schwarze trans Frauen und trans Frauen of Color und/oder Sexarbeiterinnen, die einen bedeutenden Anteil der trans Bevölkerung ausmachen. Zu trans Männern und nicht-binären Menschen, die mit HIV leben, gibt es kaum Daten. Ein Forschungsprojekt der Deutschen Aidshilfe ist gerade dabei, diese Forschungslücke zu schließen. Die Studienergebnisse werden voraussichtlich im Laufe des Jahres 2022 veröffentlicht. Im Bereich der sexuellen Gesundheit ist eine nicht stigmatisierende Unterstützung durch Ärzt:innen, die mit der Identität und den Körpern von trans Personen vertraut sind und diese respektvoll behandeln, sowohl für die einschlägige Forschung als auch für die Trans-Gesundheit entscheidend. Leider gibt es diese Anlaufstellen von und für trans Personen nur in London. Anderswo sind trans Personen gezwungen, Einrichtungen zur sexuellen Gesundheit aufzusuchen, in denen sie vielleicht misgendert werden, ihre Erfahrungen nicht verstanden werden oder ihr Sexualverhalten verurteilt wird.

Von trans Personen geleitete Anlaufstellen für sexuelle Gesundheit und Wohlbefinden wie 56T und CliniQ zeigen, wie eine ganzheitliche medizinische Versorgung für trans Menschen aussehen könnte. Beide bieten auch Beratungen an. Auch wenn sie bislang keine Hormone verschreiben dürfen, können sie Menschen, deren Hausärzt:innen weniger kooperativ sind, Hormonspritzen verabreichen. Eine Ausweitung von Leistungen dieser Art über die sexuelle Gesundheit hinaus auf die psychische und transitionsbezogene Versorgung, und zwar auch außerhalb Londons, wäre ein Schritt in die richtige Richtung, um die strukturellen Diskriminierungen abzubauen, die trans Personen seit fast einem Jahrhundert im Gesundheitssystem erleben.

Einer der wichtigsten Bereiche, in denen trans Menschen in Großbritannien und auf der ganzen Welt der größten medizinischen Ungerechtigkeit ausgesetzt sind, ist die Reproduktionsmedizin. Anfang der 1970er-Jahre gab Schweden als weltweit erstes Land trans Personen die Möglichkeit, ihren Geschlechtseintrag amtlich zu ändern. Allerdings wurde zugleich ein strikter Sterilisationszwang durchgesetzt – mit der Begründung, solche Menschen seien psychisch krank und ungeeignet, für Kinder zu sorgen. Das ist schlicht und ergreifend Eugenik. 2012 setzten schwedische Gerichte diese grauenvolle Regelung schließlich außer Kraft – doch in den vierzig Jahren dazwischen hatte sich die Praxis in vielen anderen europäischen Ländern verbreitet – darunter in Deutschland, Frankreich, Belgien, Bulgarien, Zypern, in der Tschechischen Republik, in Finnland, Griechenland, Lettland,

Litauen, Luxemburg, Rumänien, in der Slowakei und in Slowenien. Die genannten Länder, die gegen die körperliche Unversehrtheit von trans Menschen verstoßen, hatten zu dem Zeitpunkt übrigens allesamt die Europäische Menschenrechtskonvention unterzeichnet. Die Vereinten Nationen haben erzwungene Sterilisation als eine Form von Folter beziehungsweise grausamer, unmenschlicher oder erniedrigender Behandlung anerkannt, und der Europarat hat in den letzten zehn Jahren endlich festgelegt, dass die Mitgliedstaaten diese Praxis abschaffen müssen. 2017 erließ der Europäische Gerichtshof für Menschenrechte ein Urteil, dem zufolge der Sterilisationszwang das Recht von trans Personen auf Privat- und Familienleben verletzt.[39] Dennoch wird in vielen Ländern überall auf der Welt immer noch die Sterilisation von trans Personen gefordert, darunter auch in Japan.

In Großbritannien war die Unfruchtbarmachung zum Glück nie eine gesetzliche Voraussetzung. Allerdings war und ist sie die indirekte Konsequenz der Verweigerung von regionalen Clinical Commissioning Groups* des NHS, die Fruchtbarkeitsbehandlung von trans Personen zu finanzieren. In der Regel verringert eine Hormonbehandlung die Fruchtbarkeit – und zerstört sie manchmal sogar ganz. Daher werden trans Personen vor Beginn einer Hormontherapie darüber aufgeklärt, wie sie ihre Fruchtbarkeit erhalten können. Obwohl es kaum Untersuchungen darüber gibt, ob diese Unfruchtbarkeit dauerhaft bestehen bleibt, sollen trans Patient:innen laut medizinischem Personal damit rechnen, nach einigen Monaten Hormontherapie unwiederbringlich fortpflanzungsunfähig zu sein. Einige trans Personen unterziehen sich auch Operationen, bei denen Fortpflanzungsorgane entfernt oder angepasst werden, zum Beispiel einer Hysterektomie (Entfernung des Uterus), Orchiektomie (Entfernung der Hoden) oder Genitalrekonstruktionen.

* Die Clinical Commissioning Groups sind für die Sicherstellung der Gesundheitsversorgung zuständig. Sie ermitteln den Versorgungsbedarf sowie den Prozess der Ressourcenverteilung und sind sowohl Finanzierungsträger als auch Leistungserbringer. (Anm. d. Übers.)

Die Kryokonservierung von Keimzellen, auch bekannt als Einfrieren von Spermien oder Eizellen, ist teuer. Zu Beginn entstehen Kosten in Höhe von mehreren tausend Pfund sowie im Anschluss mehrere hundert Pfund jährlich als »Miete« für die Lagerung in der Klinik bis zur Verwendung der Zellen. Das ist während der Aufregung und den Kosten einer Transition für kaum eine Person zu stemmen außer für die wohlhabendsten trans Menschen – es sei denn, die Kosten werden vom NHS übernommen. Die Verfügbarkeit einer kostenlosen Fruchtbarkeitsbehandlung für britische trans Menschen hängt allerdings von ihrer Postleitzahl ab. Während es ein klares Finanzierungskonzept für andere Patient:innen gibt, die (zum Beispiel aufgrund einer Chemotherapie) unfruchtbar werden, ist der Ansatz für transitionsbezogene Fruchtbarkeitsbehandlungen höchst uneinheitlich. Wie viele andere trans Menschen habe ich schon in meinen Zwanzigern meine Fruchtbarkeit für immer aufgegeben, weil die Kryokonservierung nicht vom NHS übernommen wurde und ich sie mir privat nicht leisten konnte. Mir persönlich fiel die Entscheidung zwar leicht (ich dachte, wenn ich jemals eine Familie gründen möchte, würde ich lieber adoptieren), aber für viele trans Menschen ist das eine Zwickmühle: Entweder lebst du länger mit Dysphorie oder du gibst deinen Traum von leiblichen Kindern auf. In Großbritannien sind eine Transition und leibliche Elternschaft oft unvereinbar. Aber das muss nicht zwingend so sein.

Dass einfach hingenommen wird, wie trans Menschen per Gesetz – oder, wie in Großbritannien, durch finanzielle Umstände – zur Fortpflanzungsunfähigkeit gezwungen werden, trifft den Kern der Sache. Hier zeigt sich, wie trans Körper von den Menschen, deren ethische Verantwortung es ist, uns zu behandeln, sowie von der Gesellschaft im Allgemeinen konstruiert, verstanden, verleumdet und unterdrückt werden. »Es war nie so gedacht, dass trans Menschen sich fortpflanzen!«, schreibt die britische trans Frau Aoife Bale ironisch in einem Essay über trans Fruchtbarkeit in einem vom Trans Health Collective herausgegebenen Heft:

»Wir waren eine kranke Abweichung, ein toter Ast am Baum der Gesellschaft, der abgeschnitten werden musste, um den gesunden Teilen nicht noch mehr Nährstoffe zu entziehen – aber er sollte auf eine Weise abgeschnitten werden, die verhindert, dass ein hässlicher, plumper Stumpf die Aussicht zerstört.«[40]

Die transitionsbedingte Gesundheitsversorgung muss dringend revolutioniert werden. Denn sie wurde nicht geschaffen, um uns zu helfen, sondern um zu verbergen, was cis Menschen unbequem ist, und um auszulöschen, was unsere Existenz für den Rest der Gesellschaft bedeutet. Das ist der Grund, warum wir in so vielen Kulturen keine Familien gründen durften und autoritäre Regierungen ständig unseren Zugang zu Gesundheitsversorgung erschweren. Doch mit diesen Gefahren leben wir nicht allein. Cis Frauen, behinderte Menschen, dicke Menschen, Schwarze Menschen, HIV-positive Menschen und trans Menschen sind allesamt bis heute in hohem Maße medizinischer Diskriminierung und Missbrauch ausgesetzt. Diesen Kampf kämpfen wir also gemeinsam – und er sollte nicht trans Menschen allein überlassen werden. Insbesondere nach der Coronapandemie werden wir in den 2020er-Jahren und darüber hinaus in einer neuen Ära der Rezession und des wachsenden Konservatismus darum kämpfen, dass in unsere Gesundheit investiert wird. Das ist eine entmutigende, beängstigende Zeit. Aber aus der Solidarität zwischen uns allen, die an den Rand der Gesellschaft gedrängt werden, kann ein neuer Gesundheitsaktivismus entstehen und ein neuer Widerstand.

3 KLASSENKAMPF

Im Dezember 2017 wurde vor dem Zentralen Arbeitsgericht in London der Diskriminierungsfall der ehemaligen Primark-Mitarbeiterin Alexandra de Souza E Souza verhandelt. De Souza, die trans ist, klagte gegen das Einzelhandelsunternehmen, weil sie durch systematisches Mobbing und Diskriminierung am Arbeitsplatz zur Kündigung gedrängt worden war. Eine Vorgesetzte sprach de Souza vor dem Team und der Kundschaft wiederholt mit ihrem früheren (männlichen) Namen an – einem Namen, den sie seit sechzehn Jahren nicht mehr verwendet hatte und der nur in ihrem Pass zu sehen war. Eine Kollegin, ebenfalls Verkäuferin, besprühte sie mit Parfüm, bis sie husten musste, und sagte, de Souza rieche nach Urin »wie eine Herrentoilette« und habe eine »tiefe Männerstimme«. Eine andere Kollegin sagte einem Elektriker, er könne die Damentoilette ruhig betreten, weil »da drin keine Damen« seien, obwohl sie wusste, dass de Souza da war und sie hören konnte. Eine Person aus dem Team nannte sie »einen Witz«, eine andere Kollegin sagte, sie bete für sie, weil de Souza »das Böse in sich« trage. De Souzas Beschwerden an das Unternehmen wurden nicht beachtet, und es wurde kein Beschwerdeverfahren durchgeführt. Das Arbeitsgericht entschied zugunsten von de Souza und gab ihr recht, dass dieses Verhalten ein diskriminierendes Arbeitsumfeld geschaffen habe, wodurch de Souza eine »sehr schwere« seelische Verletzung davongetragen habe, und sie »aus dem Job gemobbt« worden sei.[1]

Wegen fehlender finanzieller Mittel und unzureichender Kenntnisse über die eigenen Rechte gehen trans Beschäftigte mit geringem Einkommen wie Alexandra de Souza selten vor Gericht. In den meisten Mobbingfällen am Arbeitsplatz passiert Folgendes: Entweder die trans Person kündigt, wahrscheinlich stressbedingt, oder aber sie bleibt und beißt die Zähne zusammen, weil sie finanziell auf die Stelle angewiesen ist. Alles deutet darauf hin, dass eine offen trans lebende berufstätige Person einem erheblichen Risiko von Mobbing am Arbeitsplatz ausgesetzt ist, das von Ungleichbehandlung über spöttische Bemerkungen bis hin zu körperlicher Gewalt reichen kann. Letzteres ist eine nur allzu reale Bedrohung. 39 Prozent der trans Personen in Deutschland berichteten in einer Studie von Diskriminierungserfahrungen am Arbeitsplatz in den vergangenen 12 Monaten. 5 Prozent der letzten Gewalterfahrungen, von denen trans Personen berichteten, ereigneten sich am Arbeitsplatz. Ein kürzlich von Stonewall veröffentlichter Bericht liefert eine noch ernüchterndere Statistik: Eine von acht britischen trans Personen wurde am Arbeitsplatz schon mal körperlich angegriffen.[2]

Im Vergleich zur Gesamtbevölkerung sind trans Menschen mit größerer Wahrscheinlichkeit von Armut betroffen und haben ein geringeres Einkommen. Einem EU-Bericht von 2015 zufolge fallen in der EU lebende trans Menschen häufiger in das untere Einkommensquartil als cis Menschen.[3] Laut eigenen Angaben würde sogar jede:r dritte Arbeitgeber:in in Großbritannien trans Personen weniger wahrscheinlich einstellen.[4] Die Arbeitslosenquote von trans Menschen wird zwar nicht offiziell erfasst, aber Studien zeigen, dass sie mit großer Sicherheit deutlich höher liegt als der landesweite Durchschnitt;[5] in Irland beläuft sich die Arbeitslosenquote von trans Personen auf 50 Prozent.[6] Entweder können diese Personen transitionieren oder die Transition ist bereits einige Jahre her, dann müssen sie ihre Vorgeschichte geheim halten (doch das ist aufgrund von unveränderlichen körperlichen Merkmalen nicht allen trans Personen möglich). In Deutschland sind zudem 37 Prozent aller angestellten trans Menschen nicht gegenüber ihren Kolleg:innen geoutet.[7]

Vorurteile sind etwas Hartnäckiges. Jenseits von persönlicher Kränkung schaffen sie auch eine wirtschaftliche Realität, die das Leben von trans Menschen prägt und einschränkt. Laut der British Social Attitudes Survey halten sich Brit:innen für wesentlich weniger transfeindlich, als sie es sind. Zwar geben 82 Prozent der Befragten an, sie hätten »überhaupt keine« Vorurteile gegenüber trans Personen, aber nur 41 Prozent stimmen zu, dass es trans Menschen »auf jeden Fall« erlaubt sein sollte, Kinder zu unterrichten, und nur 43 Prozent bejahen, dass es trans Personen gestattet sein sollte, Polizeibeamt:innen zu werden.[8] Solche unbewussten Vorurteile sind der Grund, warum Arbeitgeber:innen trans Personen seltener einstellen. Es ist bezeichnend, dass die allgemeine Bevölkerung trans Menschen im Lehrberuf und bei der Polizeiarbeit skeptisch gegenübersteht. Beide Tätigkeiten erfordern Vertrauen und Autorität; beide gelten gemeinhin als Grundpfeiler einer geordneten, wohlhabenden, zivilisierten Gesellschaft – sei es durch das Aufrechterhalten der Rechtsstaatlichkeit und Verbrechensverhütung oder durch die Bildung der Kinder und Jugendlichen in der Gesellschaft. Da LGBTIQ*-Menschen seit jeher als Gefahr für Kinder und als Verführer:innen der Jugend dargestellt werden, wirkt die Skepsis gegenüber trans Lehrkräften auf deprimierende Weise vertraut. Wie dramatisch sich das auf trans Menschen auswirken kann, verdeutlichte der tragische Fall der trans Lehrerin Lucy Meadows aus der Einleitung, die 2013 suizidierte, nachdem sich die Medien auf sie gestürzt hatten.

Historisch gesehen bedeutete eine Transition den finanziellen Ruin – selbst für Menschen, die von vornherein bessergestellt waren. Die siebzigjährige britische trans Frau Jenny-Anne Bishop, die in Nordwales als Graswurzelaktivistin sehr engagiert ist, schätzt, dass »ich über die Jahre durch Gehaltseinbußen, kürzere Betriebszugehörigkeit und fehlende Beitragszeiten für die Rente mindestens 250 000 Pfund verloren habe, nur weil ich trans bin«.[9] Wie viele trans Menschen ihrer Generation hatte auch Bishop zu der Zeit, als direkte Diskriminierung am Arbeitsplatz noch legal war, finanzielle Probleme: »Innerhalb der [trans] Community habe ich mich in den frühen Siebzigerjahren geoutet, aber sobald auf der Arbeit herauskam, dass ich im Privatleben trans bin, dauerte es nie lange, und ich wurde entlassen oder meine Stelle wurde abgebaut.«

Seit 1999 sind trans Menschen in Großbritannien bis zu einem gewissen Grad vor Diskriminierung geschützt. Damals traten im Rahmen des Sex Discrimination Acts 1975 neue Bestimmungen zur Geschlechtsangleichung in Kraft. Inzwischen gilt der Equality Act 2010, der einen größeren Schutz bietet. Diesem Gleichbehandlungsgesetz zufolge ist jede Person, die geschlechtsangleichende Schritte unternimmt oder von der angenommen wird, dies getan zu haben, vor entsprechender Diskriminierung geschützt. Das bedeutet, dass sich niemand weigern darf, eine Person einzustellen, weil sie trans ist, niemand sie entlassen darf, weil sie trans ist, und niemand ihr Waren oder Dienstleistungen verwehren darf, weil sie trans ist. Dieser Schutz erstreckt sich auch auf die Familie und Partner:innen von trans Menschen, die aufgrund ihrer Verbindung zu der betreffenden trans Person diskriminiert werden. Gesetzliche Schutzmaßnahmen sind zwar äußerst wichtig und keine Selbstverständlichkeit (derzeit schützen beispielsweise nur zweiundzwanzig US-Bundesstaaten trans Menschen im Beruf), doch damit allein können tiefer liegende Vorurteile nicht abgebaut werden. Jenny-Anne Bishop erinnert sich: »Auch nachdem der Schutz von trans Menschen gesetzlich verankert worden war, fand sich, vor allem im Privatsektor, immer ein Weg, dich loszuwerden.«[10]

Selbst wenn eine trans Person in einem sicheren Arbeitsverhältnis mit einem rechtsverbindlichen Vertrag steht, sind die Rechtsberatung und Prozesskosten mit hoher Wahrscheinlichkeit unerschwinglich. Seit 2010 kürzen die aufeinanderfolgenden konservativen Regierungen die Mittel für die Beratungs- und Prozesskostenhilfe – und für Diskriminierungsfälle im Beruf werden die Hilfen erst gewährt, nachdem sowohl die sachlichen Voraussetzungen (sprich, hat die Klage Aussicht auf Erfolg?) als auch die Bedürftigkeit der Kläger:innen geprüft wurden.

Ob eine trans Person den ihr gesetzlich zustehenden Schutz auch durchsetzen kann, ist von der allgemeinen arbeitsrechtlichen Situation abhängig. Besonders Firmen mit eher schlecht bezahlten Stellen und prekären Bedingungen – wie Null-Stunden-Verträgen, bei denen eine offizielle Kündigung nicht notwendig ist, sondern einfach keine Arbeit mehr zugeteilt wird –, haben es leicht, trans Menschen zu diskriminieren. In solchen Jobs sind besonders häufig trans Menschen aus der Arbeiter:innenklasse oder »ungelernte« trans Arbeitskräfte tätig. Tatsächlich begegnete ich 2007 während eines Ferienjobs in einem der vielen Callcenter in meiner Heimatstadt Bristol erstmals (bewusst) einer trans Frau. Wir machten Kaltakquise – ein wirklich undankbarer Job mit mieser Bezahlung und Null-Stunden-Vertrag, bei dem die Toilettenpausen getimt und, falls für zu lang befunden, einer Führungskraft gemeldet wurden, die uns streng ermahnte, uns künftig zu beeilen. Die Belegschaft unterschied sich von der aller anderer meiner Arbeitsstellen insofern, als dass zwei Minderheitengruppen überrepräsentiert waren: Frauen, die sichtbar trans waren, und Frauen aus der somalischen Community in Bristol. (Ein Job im Callcenter, bei dem die Frauen sich nicht mit Perücke oder Hijab der Kundschaft zeigen mussten, war sicher für beide Gruppen attraktiv, die auch in der Opferstatistik für Hasskriminalität in Bristol überrepräsentiert sind.)[11]

Die soziale Klassenzugehörigkeit prägt die Erfahrungen von trans Menschen. Natürlich gibt es auch in der Mittelschicht trans Personen, aber die große Mehrheit gehört zur Arbeiter:innenklasse – genau wie die große Mehrheit der Gesamtbevölkerung. Trans Menschen arbeiten häufig unter eher prekären Bedingungen mit geringerer Bezahlung und einem hohen Risiko von Diskriminierung und Mobbing am Arbeitsplatz. Damit ist der politische Kampf von trans Menschen Teil eines größeren Klassenkampfes.

Trotzdem wird Trans-Politik oft zu Unrecht als verzärtelt, mittelschichtorientiert und arbeiter:innenfeindlich dargestellt. 2013 schlug sich die umstrittene britische feministische Kolumnistin Julie Burchill mit einem Artikel im *Observer* auf die Seite ihrer Freundin Suzanne

Moore, einer Kolumnistin beim *Guardian*. Kurz zuvor hatten einige trans Personen und ihre Unterstützer:innen Moore auf Twitter konfrontiert, da sie im *New Statesman* in einem Artikel über Feminismus und Wut eine unpassende Bemerkung über »brasilianische Transsexuelle« gemacht hatte. Burchill verteidigte Moore, indem sie die, wie sie sie nannte, lautstarke, autoritäre geschlossene Front der »Transgender-Lobby« dafür zurechtwies, dass sie die Frechheit besitze, eine Schriftstellerin aus der Arbeiter:innenklasse – also Moore – über ihre Privilegien zu belehren. Das Ganze gipfelte in einer derart bissigen und hasserfüllten Schmährede gegen trans Menschen, dass der *Observer* den Artikel zurückzog, von den Online-Servern löschte und sich unterwürfig für die Veröffentlichung entschuldigte. »Transen, Tunten oder wie auch immer ihr euch heutzutage nennt, ich warne euch: Wehe, ihr bedroht oder schikaniert uns einfachen, als Frau geborenen Frauen«, wetterte Burchill. »Wir haben vielleicht nicht so viele schicke, wohlklingende Doktortitel wie ihr, aber wir schlagen uns schon ein Leben lang mit PMS und sexueller Belästigung herum.«[12]

Wer schon angesichts Burchills hasserfüllter Wortwahl sprachlos ist, übersieht vielleicht, dass sie tut, als würden trans Frauen nur so mit Doktortiteln um sich werfen: Diese Karikatur zielt darauf ab, trans Personen als Produkte ihrer Privilegien und eines hochintellektuellen Gender-Diskurses zu zeichnen, denen jeglicher Bezug zur physischen und wirtschaftlichen Lebensrealität von Frauen aus der Arbeiter:innenklasse fehlt. Burchills Polemik beruht auf der – völlig aus der Luft gegriffenen – Vorstellung, es gäbe eine Kluft zwischen »Menschen aus der Arbeiter:innenklasse« auf der einen Seite und »trans Menschen« auf der anderen. Laut Burchills unsinniger Argumentation gehören sie und Moore zu »der Minderheit von Frauen aus der Arbeiter:innenklasse, die es in der britischen Presse weit gebracht haben, und ich glaube, das trägt zu der Sackgasse mit den Transen bei [...]. Wir wissen, dass wir uns alles selbst erarbeitet haben. Ohne Geld von der Familie, ohne Sicherheitsnetz.« Diese Andeutung – trans Menschen seien als Reiche, die von Geburt an Privilegien genossen haben, ohnehin nicht ernst zu nehmen – blendet schamlos aus, was die Realität zeigt, nämlich dass trans Personen häufiger in Armut leben als der Rest der Bevölkerung.

Nachdem der *Observer* Burchills Artikel offline genommen hatte, schrieb Suzanne Moore selbst eine Kolumne über den Aufruhr. Trotz des widerwilligen Versuchs, einen versöhnlichen Ton anzuschlagen (der Titel lautete: »Mir ist egal, ob du als Frau geboren wurdest oder eine geworden bist«), greift Moore auf genau die gleiche irrige Zweiteilung und dasselbe Scheinargument zurück wie Burchill in ihren Beschimpfungen: »Transphobie« sei ein sinnloses Konzept und ein albernes, weitgehend belangloses Ablenkungsmanöver, mit dem interne Streitereien im linken Milieu über irrelevante sprachliche Details aufrechterhalten werden würden.

»In Island werden Banker wegen Betrugs ins Gefängnis gesteckt. Bei uns werden sie zu Rittern geschlagen. Wenn mir also vorgeworfen wird, ich hasse transgender Menschen, dann erscheint mir das ein bisschen ... irrelevant.« Den Kampf von trans Menschen gegen Ungleichheit hält Moore, anders als den von cis Frauen, für nebensächlich: »Der Genitalstatus anderer Leute interessiert mich nicht so sehr wie der Zusammenbruch des Gesellschaftsvertrags.«[13] Ein ziemlich unbedachtes Argument, das außer Acht lässt, dass die weit verbreitete, lüsterne Besessenheit vom »Genitalstatus« von trans Menschen so oft zu Gewalt gegen sie führt und sich auf entwürdigende Weise massiv auf ihre Stellung im »Gesellschaftsvertrag« des Kapitalismus auswirkt.

Die Ansicht, Trans-Aktivismus sei nicht der Kampf einer unterdrückten Gruppe, die – neben vielen anderen Problemen – wirtschaftlich stark benachteiligt ist, sondern die »ideologische« Nabelschau einer privilegierten Kulturelite, ist auf beiden Seiten des politischen Spektrums gängig. Rechte und linke transfeindliche Rhetorik setzt gleichermaßen darauf, trans Menschen von der allgemeinen Arbeiter:innenklasse abzugrenzen. Unterstützt wird das durch die nicht enden wollende Kritik an der »Identitätspolitik« der Millennials. Auch die Medien räumen den politischen Anliegen von trans Personen in der Regel nur in wenigen ausgewählten Kontexten Raum ein, in denen die Akteur:innen eher der Mittelschicht angehören: Ein naheliegendes Beispiel ist, dass sich die Presse darauf stürzt, wenn Personen an Universitäten wegen gewisser Äußerungen keine Plattform mehr geboten wird.

Nach Donald Trumps Sieg bei den US-Präsidentschaftswahlen im November 2016 vermuteten sowohl die Konservativen als auch die politische Mitte, dass Trump seinen Aufstieg womöglich einigen wenigen Fortschritten zu verdanken habe, die trans Menschen in den Jahren davor errungen hatten. »Die Identitätspolitik zu akzeptieren, wurde den Demokraten schließlich zum Verhängnis«, polterte Charles Krauthammer in der *Washington Post*, »Trump hat es geschafft, die weiße Arbeiter:innenklasse zu verstehen und dann zu mobilisieren.« Sie habe das Gefühl gehabt, auf der Strecke zu bleiben, während Minderheiten wie »der vergleichsweise winzige Anteil von transgender Personen Vorteile, besondere Aufmerksamkeit und kulturelle Zustimmung« erhielten.[14] Die *New York Times* griff dieses Argument auf: »Wie erklärt man dem durchschnittlichen Wähler [d.h. männlich, weiß, Arbeiter:innenklasse] die angebliche moralische Dringlichkeit, dass Studenten sich aussuchen dürfen, welche Pronomen für sie verwendet werden sollen?«[15], überlegte Mark Lilla und offenbarte prompt die eigene Voreingenommenheit gegenüber trans Personen: »Wie soll man denn nicht zusammen mit diesen Wählern über den Spaßvogel an der Universität Michigan lachen, der als gewünschte Anrede ›Seine Majestät‹ angegeben hat?« Besonders deutlich wurde die Andeutung, Trans-Rechte seien für Trumps Sieg verantwortlich, in einem Scherz des Komikers Colin Jost bei *Saturday Night Live*: »Die Dating-App Tinder hat diese Woche eine neue Funktion angekündigt, die siebenunddreißig verschiedene Auswahlmöglichkeiten für die Geschlechtsidentität bietet«, witzelte Jost. »Sie heißt: ›Warum die Demokraten die Wahl verloren haben‹.«[16]

Vom feindseligen Feminismus von Burchill und Moore in Großbritannien bis hin zu den Sticheleien von Komikern in den USA: Der

Impuls, trans Menschen getrennt von jeglichem nennenswerten wirtschaftlichen und politischen Kampf zu betrachten, heißt, ihnen Solidarität zu verweigern. Paradoxerweise schadet das auch den Angelegenheiten, für die sich diese liberalen Kommentator:innen einsetzen, und zwar indem sie den politisch Rechten eine Steilvorlage bieten. Von Letzteren werden trans Menschen – ebenfalls paradoxerweise – als mächtige, dogmatische Kulturelite und gleichzeitig als kindische, erbärmliche »Snowflakes« (zu Deutsch: »Schneeflocken«) dargestellt, die sich der eigenen Zerbrechlichkeit und Sensibilität hingeben. Der rechte Blogger Milo Yiannopoulos, der konservative Kommentator Ben Shapiro und der umstrittene Psychologieprofessor und bekannte Autor Jordan Peterson von der Universität Toronto haben sich beim konservativen Publikum alle mit unterschiedlich großem Erfolg als Verfechter der Redefreiheit positioniert, die sich nicht davor scheuen, die Mächtigen herauszufordern. Diese »Macht« gehe, so deren Ansicht, von einer Elite aus, einer Sprachpolizei, die politische Korrektheit diktiert (soll heißen: für trans Personen die selbst gewählten Pronomen zu verwenden, was Peterson als das Abtreten von »linguistischem Territorium an postmoderne Neomarxisten [*sic*]« bezeichnet).[17] In Großbritannien spiegelt sich die reaktionäre Darstellung von Trans-Politik als Produkt einer mächtigen Lobby in Publikationen wie *Spiked* wider, deren Herausgeber Brendan O'Neill regelmäßig gegen trans Personen hetzt. Im Juli 2017 bezeichnete O'Neill die vorgeschlagenen Reformen des Gender Recognition Acts als »orwellsche Zustände«:

»Es ist verrückt. Und die meisten wissen das auch. Fragen Sie einen normalen, anständigen Bürger, ob Dave, 32, der als Junge geboren wurde, immer noch einen Penis hat und einen Dreitagebart nach einem heftigen Wochenende, fragen Sie einen normalen Bürger, ob Dave ein Mann oder eine Frau ist, und ich wette, die Antwort lautet: ›Ein Mann.‹«[18]

O'Neill führt weiter aus: »Die autoritären Folgen der von der Regierung unterstützten Trans-Agenda sind erschreckend.«

Ständig und systematisch zu betonen, »gewöhnlichen Menschen aus der Arbeiter:innenklasse« stünden trans Personen als großes Mysterium oder gar als akute Bedrohung gegenüber, ist ein starkes, wirksames Instrument, um die politischen Forderungen von trans Menschen lächerlich zu machen und als belanglos abzutun. Außerdem unterschlägt das die zahlreichen Hinweise dafür, dass in Großbritannien, wie überall auf der Welt, die große Mehrheit der trans Personen zur Arbeiter:innenklasse gehört. Die Trans-Erfahrung ist untrennbar mit einem wirtschaftlichen Kampf verknüpft. Das eine kann es ohne das andere nicht geben.

Während sich die Geschlechtsidentität für die meisten trans Personen negativ auf das Einkommen auswirkt, gibt es eine wohlhabende Minderheit von trans Menschen, die sich von vielen Aspekten der gesellschaftlichen Transfeindlichkeit einfach mit Geld freikaufen können. Eine gebildete trans Person aus der Mittelschicht mit Universitätsabschluss und Standardaussprache wird unabhängig von der Geschlechtsidentität sehr wahrscheinlich weiterhin von den positiven Vorurteilen gegenüber Menschen aus der eigenen Schicht profitieren. Was die soziale Transition betrifft, sind viele bürokratische Abläufe – die Änderung von Dokumenten, Krankenakten und Geschlechtseinträgen sowie der Umgang mit Ärzt:innen und Arbeitgeber:innen – wesentlich leichter, wenn eine Person der gleichen Klasse angehört wie ihr Gegenüber, das einem sonst im Weg stehen könnte. Außerdem ist es wahrscheinlicher, die eigenen Rechte zu kennen oder kompetente Beratung in Anspruch nehmen zu können.

Vermögende trans Menschen sind Einzelfälle. 2014 war die reichste Geschäftsführerin in den USA die fünfundsechzigjährige Martine Rothblatt, eine trans Frau, die mit vierzig Jahren transitionierte. Laut eigenen Angaben schützte sie das beträchtliche Vermögen, das sie in ihrer Karriere vor dem Coming-out aufgebaut hatte (das heißt, als sie von der Gesellschaft noch als Mann und nicht als trans Frau wahrgenommen und entsprechend behandelt wurde), vor vielen verheerenden Folgen von Transfeindlichkeit. Natürlich war Rothblatt in der

Familie und sicher auch in vielen beruflichen Bereichen dennoch transfeindlicher Stigmatisierung und Beschämung ausgesetzt – aber sie hatte ausreichend Mittel, um die soziale, rechtliche und medizinische Transition schneller, unkomplizierter und mit deutlich weniger wirtschaftlichen Folgen durchzuführen als ärmere trans Menschen. 2018 machte in Großbritannien Pips Bunce, ein:e genderfluide Direktor:in bei Credit Suisse, Schlagzeilen, nachdem Bunce als eine der »Top Female Executives« in die Liste »Champions of Women in Business« von HERoes und der *Financial Times* aufgenommen worden war. Bunce, als Mann geboren und aufgewachsen, ist nicht-binär und zeigt sich an manchen Tagen als konventioneller Geschäftsmann Phillip und an anderen als Frau, Pippa oder »Pips«. Ein großer Teil der Berichterstattung in den Mainstream-Medien war sehr kritisch und drehte sich vor allem um die Frage, ob eine Person, die nicht ständig als Frau lebt, in eine Liste weiblicher Führungspersönlichkeiten hätte aufgenommen werden dürfen. Noch frustrierender an der Berichterstattung war für viele trans Menschen die Klassenfrage, nämlich dass Bunces Spitzenkarriere als Banker:in eine falsche Vorstellung von der finanziellen Situation vieler trans Menschen vermittelte. Wie Rothblatt ist sich auch Bunce der eigenen Privilegien bewusst:

»Ich hatte das Glück, in meiner Karriere sehr weit zu sein. Ich bin in einer Führungsposition. [...] Ich bin sehr etabliert [...] Auf meiner Zugangskarte sind Fotos von mir als Pippa und Phil. Das hat zwar viele, viele Monate gedauert, aber wenigstens weiß ich, dass dieses Hindernis nun auch für andere aus dem Weg geräumt ist.«[19]

Was den psychologischen und finanziellen Schaden angeht, besteht eine tiefe Kluft zwischen der wohlhabenden trans Person, die um die Abbildung zweier Passbilder auf der Zugangskarte zu den Büros einer internationalen Investmentbank kämpft, und den Erlebnissen von Alexandra de Souza bei Primark. Außerdem bringt das wirtschaftliche Privileg von Bunce auch politischen Einfluss mit sich: Im Mai 2018 sprach Bunce auf einer parlamentarischen Veranstaltung zum Thema Gleichstellung von trans Personen, deren Gastgeberin Maria Miller war, Parlamentsabgeordnete der Conservative Party und Ministerin für Frauen und Gleichstellung. Bunce konnte nicht nur institutionelle Hürden am eigenen Arbeitsplatz überwinden – die hohe berufliche Stellung verschafft Bunce auch bei Gesetzgebenden Gehör.

Wohlhabendere trans Personen können ihre Mittel auch nutzen, um sich den gesellschaftlichen Geschlechternormen anzupassen und somit das Risiko, Transfeindlichkeit ausgesetzt zu sein, weiter verringern. In trans Communitys wird das manchmal als »Passing« bezeichnet. Erfahrungsgemäß wird eine trans Person umso eher eingestellt, je mehr sie den gesellschaftlichen Erwartungen an das Aussehen eines Manns oder einer Frau entspricht – und, was noch wichtiger ist, umso geringer ist die Wahrscheinlichkeit, auf der Straße belästigt zu werden. Laut einer EU-weiten Studie aus dem Jahr 2020 schränkt sich eine von vier deutschen trans Personen aus Angst vor Diskriminierung oder Belästigung in ihrem Kleidungsstil ein; fast ein Drittel meidet aus demselben Grund bestimmte Straßen.[20] Die beiden Statistiken hängen zusammen: Viele trans Menschen sehen sich gezwungen, entweder ihr Aussehen zu verändern oder sich an den öffentlichen Raum anzupassen, weil ihnen Gewalt droht.

Wenn die Entscheidung auf Ersteres fällt, hängen die zu erfüllenden Anforderung an das Aussehen stark von den Hierarchien der sozialen und ethnischen Zugehörigkeit ab. Das geschlechtsspezifische Aussehen ist nicht nur untrennbar mit der Klassenzugehörigkeit und den wirtschaftlichen Mitteln verknüpft, sondern auch rassistisch markiert. Wenn eine Schwarze trans Frau aus der Arbeiter:innenklasse die gesellschaftlichen Anforderungen an das, was als feminin akzeptiert wird, erfüllen und Gewalt vermeiden will, muss sie sich auf die weibliche Schönheitsindustrie einlassen, die oft ebenso rassistisch wie finanziell exklusiv ist. Darum sind Angebote wie Open Barbers, ein Haarsalon für trans Personen in London, ein wichtiger Teil des Community-Aktivismus. Wie Tobi Adebajo, eine nigerianische nichtbinäre Person und Friseur:in des Salons, erklärt:

»Letzten Endes läuft es aufs Geld hinaus. Viele trans Menschen sind arm. Wir müssen an ihre Sicherheit denken, wenn sie in den Salon kommen, und auch wenn sie dann hier sind. Viele meiner Kund:innen fühlen sich nicht sicher, wenn ihre Haare nicht frisiert sind. Das ist ja auch völlig verständlich. Die Welt ist wahnsinnig transfeindlich. Sich anständig die Haare machen zu lassen, hilft ihnen, sich der Welt zu stellen.«[21]

Adebajos Aussage gilt insbesondere für Frauen und andere trans Personen, die einen eher konventionell femininen Geschlechtsausdruck möchten: Körper- und Gesichtshaarentfernung, Frisur, Make-up und Kleidung sind allesamt ein teures Unterfangen. Am äußersten Ende des Spektrums stehen plastisch-ästhetische feminisierende Operationen, die in Europa in der Regel privat bezahlt werden müssen und durchschnittlich 20 000 Pfund kosten.

Zwar werden einige Leistungen der Trans-Gesundheitsversorgung, einschließlich Operationen, vom NHS abgedeckt, aber dazu muss eine behandlungssuchende Person oft, wie bereits erläutert, erst ihre »Funktionsfähigkeit« als Arbeitskraft in der kapitalistischen Gesellschaft nachweisen: ein Jahr lang in der »gewählten« Geschlechtsrolle leben (»Alltagstest«) als verpflichtendes Kriterium für eine Genitaloperation (früher war der Alltagstest auch für die Verschreibung von Hormonen verpflichtend). Zudem war bis 2011 in den Versorgungsempfehlungen festgelegt, dass das Bestehen des Alltagstests anhand der Fähigkeit einer trans Person bewertet werden soll, »voll- oder teilzeitbeschäftigt zu bleiben, zu studieren oder sich ehrenamtlich in der Gesellschaft zu engagieren«. Solche Empfehlungen haben noch immer einen großen Einfluss.

Für viele trans Menschen ist das ein Dilemma: Ohne beruflich zu funktionieren, kann der Zugang zu einer transitionsbezogenen Behandlung problematisch sein. Aber ohne transitionsbezogene Behandlung ist die Wahrscheinlichkeit hoch, diskriminiert zu werden und Schwierigkeiten im Berufsleben zu haben. Wegen dieser Zwickmühle engagierten sich Menschen, die sichtbar trans waren, häufig ehrenamtlich in Sozialkaufhäusern, um diese belastenden Bedingungen zu erfüllen.

Hinter den Bemühungen von trans Menschen um mehr »Sichtbarkeit« in den Mainstream-Medien in den letzten zehn Jahren steckte vor allem die Überzeugung, mehr korrekte Berichterstattung würde zu mehr Empathie für trans Personen in der breiten Bevölkerung führen. Das, so die Hoffnung, soll sowohl im Alltag als auch in der Politik zu einer besseren Behandlung von trans Personen führen.

Der Plan ging nicht auf – oder zumindest nicht gut genug, um das Leben der Mehrheit von trans Personen deutlich zu verbessern. Das Problem ist, dass die Medien dabei durch die rosarote Brille betrachtet werden, als seien sie eine Art Megafon, das wohlwollend unsere Stimmen verstärkt, die Wahrheit aufdeckt und die Öffentlichkeit informiert. Dahinter steckt ein unpolitisches Verständnis vom Zweck der Medien in einer kapitalistischen Gesellschaft, der – wie der Zweck jeder anderen Branche auch – in erster Linie darin besteht, Gewinn zu erwirtschaften. Daher zielt ein Großteil der Mainstream-Medien auf Unterhaltung ab und klammert sich an bewährte Schemata und Konventionen, um den Profit bloß nicht zu gefährden. Wenn es um trans Menschen geht, konzentrieren sich die Medien eher weniger auf die Aspekte unseres Lebens, die ohnehin auch der breiten Gesellschaft vertraut sind, sondern stellen stattdessen in den Vordergrund, was uns anders, eigenartig, anstößig, unangenehm oder sonderbar macht. Cis Menschen, so die Annahme von Medienchef:innen, wollen keine Nachrichten über einen trans Angestellten im Callcenter sehen, der über schlechte Bezahlung und darüber spricht, dass die Schichtarbeit ärztliche Termine erschwert. Denn das wäre deprimierend und vermutlich auch vielen schlecht bezahlten Menschen, die nicht trans sind und medizinische Probleme haben, bekannt. Die Leute wollen jedoch (so zumindest die Logik dahinter) spätabends eine Channel-4-Dokumentation sehen, in der eine trans Frau große Brustimplantate bekommt oder sich den Stirnwulst abschleifen lässt. Dokus dieser Art sind seit der BBC2-Dokumentation *A Change of Sex* aus dem Jahr 1979 regelmäßig im britischen Fernsehen zu sehen. Zu den neueren Beispielen gehören die Channel-4-Serie *Embarrassing Bodies*, die Dokureihe *Born in the Wrong Body* und *What Makes a Woman* mit dem trans Model Munroe Bergdorf. Wenn trans Körper objektifiziert werden, bieten sie Unterhaltung – wenn sie im Dienste des Profits arbeiten, tun sie das nicht.

Das habe ich selbst erlebt. Als ich anfing, regelmäßig als freiberufliche Journalistin und Kolumnistin zu arbeiten, war ich noch nicht lange öffentlich als trans geoutet. Wie viele war ich in der Euphorie kurz nach dem Coming-out selbstgerecht, übereifrig und hatte eine schrecklich überhebliche Vorstellung davon, was ich im medialen Diskurs um trans Menschen bewirken könnte. Die schnelllebigen Online-Medien und die sogenannte »Gig-Economy« – in der freiberufliche Autor:innen und Journalist:innen ohne garantiertes Honorar auf Auftragsbasis arbeiten, je nachdem, für welche Themenvorschläge sich die Redakteur:innen entscheiden – bevorzugen kurze, in der ersten Person verfasste Meinungsartikel mit Bezug zu aktuellen Nachrichten und kurzer Abgabefrist. Die besser bezahlten Aufträge, die mich auch beruflich mehr erfüllten, waren längere Artikel, für die ich Interviews führte, verschiedene Stimmen zu Wort kommen ließ und ein bestimmtes soziales Thema gründlich analysierte. Meist fand ich es aber schwieriger, Zeitungen von solchen Artikeln zu überzeugen (vor allem zu Trans-Anliegen, denn die galten als »Nischenthemen«). Und wenn sie akzeptiert wurden, dauerte es länger, sie für die Veröffentlichung vorzubereiten, was bedeutete, dass sich die Bezahlung oft verzögerte.

Außerdem mangelte es, wie ich feststellte, nicht an Online-Redakteur:innen, die gern Essays über meine persönlichen Erfahrungen lesen wollten. Zu den Themenvorschlägen gehörten unter anderem: Wie ich mich vor meiner Familie geoutet habe; was mich zu einer Frau macht; wie Make-up mir geholfen hat, zu meinem wahren Ich zu finden (hat es nicht); wie Dating als trans Person ist; wie der Sex seit Beginn der Östrogeneinnahme ist im Vergleich zu vor der Transition; ob die Männer, die sich mit trans Frauen verabreden, schwul oder hetero sind; ob Germaine Greer Recht hatte, dass ich keine »echte« Frau sei; und so weiter. Das Prinzip war klar und immer dasselbe: Am meisten Geld innerhalb kürzester Zeit konnte ich verdienen, wenn ich entweder intime Details aus meinem Privatleben ausschlachtete oder hitzig auf etwas reagierte, das Menschen mit einer größeren Plattform als ich über trans Personen gesagt hatten. Wenn professionelle trans Journalist:innen über Trans-Themen schreiben wollen, sind die typischen Alternativen immer noch, persönliche Einzelheiten offenzulegen, und Repliken in der ersten Person. Dem habe ich mich oft gefügt, weil ich das Geld brauchte und mich mit den Medienhäusern gut stellen wollte, um Folgeaufträge zu bekommen.

Allein vom Standpunkt der Sichtbarkeitspolitik aus betrachtet, befand ich mich zweifellos in einer angesehenen, privilegierten Position: Dass eine trans Frau in den Medien überhaupt eine Plattform und eine Stimme bekommt, ist noch immer eine Seltenheit. Ich habe das meiner Ausbildung, sozialen Klassenzugehörigkeit und meinen Beziehungen in den Medien zu verdanken. Doch das ändert nichts an der Tatsache, dass ich in einer schwachen Position war und die Medienhäuser in den Verhandlungen am längeren Hebel saßen. Dieses Ungleichgewicht wirkte sich nicht nur auf meine Karriere aus, sondern hat auch die Repräsentation, die trans Menschen von mir erhalten haben, beeinflusst und wohl auch verzerrt. Erstens begünstigten die Arbeitsbedingungen in den Medien Menschen mit meinem Hintergrund, die in der ersten Person schrieben, gegenüber benachteiligten trans Menschen – und bildeten somit *weiße*, gut ausgebildete trans Personen aus der Mittelschicht ohne Behinderung als Standard ab, obwohl sie statistisch gesehen die Ausnahme sind. Zweitens fühlte ich mich finanziell unter Druck gesetzt, mich auf ein erschöpfendes Maß an Offenheit und Emotionsarbeit angesichts der unvermeidlichen Anfeindungen und erniedrigenden Kommentare im Internet einzulassen. Außerdem hatte ich das Gefühl, auf mir würde eine ungeheure Verantwortung gegenüber anderen trans Menschen lasten, als Sprecherin für eine große und vielfältige Community aufzutreten.

Eigentlich hätte mich das alles nicht überraschen sollen. Denn die britischen Medien gehören einer sehr kleinen Gruppe aus der mittleren und oberen Mittelschicht, die sowohl die inhaltliche als auch die personelle Entscheidungsgewalt hat. Das zeigen mehrere Statistiken. Während 7 Prozent der britischen Bevölkerung eine Privatschule besuchten, waren 2016 rund 51 Prozent der britischen Spitzenjournalist:innen ehemals auf einer Privatschule und nur 19 Prozent auf einer staatlichen Schule (im Gegensatz zu fast 90 Prozent der Bevölkerung). Ähnliches gilt für andere mächtige Institutionen wie das Parlament und die oberen Ränge der Justiz. Also bewegen sich Medienschaffende in denselben sozialen Kreisen wie andere Entscheider:innen aus dem »Establishment« und sind daher eher bereit, sich diesen traditionellen Machtsystemen zu fügen und mit ihnen zusammenzuarbeiten. Den wirtschaftlichen und politischen Status quo aufrechtzuerhalten, liegt ganz im Interesse vieler Institutionen, die den Mediendiskurs bestimmen.

In diesen Medienstrukturen können soziale Bewegungen nur dann medialen Anklang finden, wenn sie sich auf gefällige, entpolitisierte Art präsentieren und den Status quo nicht bedrohen. Dazu wird eine (akzeptierte) trans Person und ihr persönlicher Kampf um Freiheit oder »Rechte« verstärkt sichtbar gemacht, ohne einen Bezug zu strukturellen politischen Entscheidungen herzustellen. Auf den ersten Blick wirkt das alles progressiv. Doch ohne eine größere Bewegung, die sich mit anderen marginalisierten Gruppen solidarisiert, werden wohlhabendere trans Personen unweigerlich zu Unterdrücker:innen ihrer ärmeren und enteigneten trans Mitmenschen.

Kurz nachdem Alexandra de Souza den Diskriminierungsfall gegen Primark gewonnen hatte, wurde das Unternehmen zu einem von Stonewalls »Diversity-Champions«. Das Diversity-Champion-Programm von Stonewall ist ein Forum für Handlungsempfehlungen für Arbeitgeber:innen, die sich der stärkeren Inklusion ihrer LGBTIQ*-Angestellten verpflichten wollen. Gegen einen Mitgliedsbeitrag bietet die gemeinnützige Organisation Schulungen, Konferenzen und Infomaterial für Unternehmen an, um ihnen bei der Erfüllung ihrer gesetzlichen Pflichten zu helfen und auch über die reine Einhaltung von Vorgaben hinaus einen inklusiveren Arbeitsplatz zu schaffen.

Zwar hat dieses Programm – und Stonewalls Unterstützung großer Unternehmen im Allgemeinen – einen wichtigen Beitrag zum Leben vieler trans Menschen in Großbritannien geleistet, aber das Modell eines vereinzelten und von oben angeordneten Wandels weist auch eine Reihe von politischen Problemen auf. Optimistisch gesehen zeigt sich in Primarks Zusammenarbeit mit Stonewall der Wunsch des Unternehmens, aus Fehlern zu lernen und sicherzustellen, dass queere Angestellte künftig gut behandelt werden. Zynisch gesehen hat einfach das Image des Unternehmens extrem unter dem Fall gelitten: Die Geschäftsführung dachte vielleicht, das soziale Gütesiegel von Stonewalls Diversity-Champion-Programm könne helfen, den eigenen Ruf wiederherzustellen.

Manchmal fällt der Begriff »Pinkwashing«, wenn es um den Versuch von Unternehmen und Marken geht, unethische Geschäftspraktiken oder Habgier in der Chefetage zu verschleiern, indem sie öffentlich behaupten, LGBTIQ*-Rechte zu unterstützen. Hintergedanken hin oder her – unterm Strich ist der Effekt doch bestimmt trotzdem positiv, wenn LGBTIQ*-Organisationen die Chance erfolgreich nutzen können, um die Bedingungen für einige trans Angestellte zu verbessern, oder? Das Problem ist, dass solche Verbesserungen im Kleinen an einzelnen Arbeitsplätzen, so nützlich sie auch sein mögen, keinen systemischen Wandel herbeiführen und völlig im Ermessen der einzelnen Arbeitgeber:innen liegen. Am gesellschaftlichen Gesamtbild ändert das nichts, insbesondere nicht an den anhaltenden Problemen der vulnerabelsten trans Menschen. Kein von Unternehmen durchgeführtes Diversitätsprogramm kann eine progressive, strukturelle Lösung für die Unterdrückung von trans Beschäftigten bieten. Das muss deutlich gesagt werden: Diversitätsprogramme in Unternehmen können niemals die Sicherheit, die Würde und den Wohlstand von trans Arbeitskräften – oder Arbeitskräften im Allgemeinen – in der

Weise garantieren, wie es eine starke, solide Gewerkschaftsbewegung und ein angemessen finanzierter Sozialstaat können.

Wenn es um trans Beschäftigte geht, wird dieser freiwillige, willkürliche Charakter von Diversität in Unternehmen besonders deutlich. Die meisten Betriebe in Großbritannien arbeiten nicht mit Stonewall zusammen; die meisten zahlen nicht für regelmäßige Schulungen zum Thema Trans-Inklusion – und die große Mehrheit will oder kann sich den Mitgliedsbeitrag für Diversitäts- und Inklusionsprogramme nicht leisten. Von den Schulungsangeboten der LGBTIQ*- und Trans-Organisationen profitieren vor allem trans Beschäftigte bei großen Firmen mit einer Personalabteilung oder in öffentlichen Einrichtungen: Diese Angestellten gehören ohnehin schon zu den sozial besser Gestellten.

Einen weiteren Grund, warum der Schwerpunkt auf Diversität in Unternehmen zu kurz greift, bringt die Dichterin und Aktivistin Nat Raha auf den Punkt:

»Die Trans-Emanzipation für Büroangestellte verhilft denjenigen trans Menschen zum Erfolg, die in einer zunehmend multikulturellen Gesellschaft als akzeptabel gelten, in der Unternehmen Diversität als Good Practice und trans Personen als hochproduktive Arbeitskräfte betrachten.«[22]

In einer kapitalistischen Gesellschaft lassen sich Arbeitgeber:innen am wirksamsten von notwendigen Änderungen überzeugen – vom Bürokonzept über eine neue Videokonferenzsoftware bis hin zur Achtung und zum Schutz der Würde eines trans Teammitglieds –, wenn mit der Steigerung von Effizienz und Produktivität argumentiert wird. Nach dieser Logik sollten trans Mitarbeiter:innen deshalb mit Würde und Akzeptanz behandelt werden, weil sie bessere Arbeitskräfte sind, wenn sie in einem wertschätzenden Umfeld tätig sind. So wird tatsächlich offen auf Veranstaltungen wie der vom *Economist* gesponserten Konferenz »Pride and Prejudice« argumentiert. Von 2016 bis 2019 fanden im Rahmen der Konferenz jährlich Veranstaltungen in London, New York und Hongkong statt, bei denen einige der größten und umsatzstärksten Unternehmen der Wirtschaftswelt empfangen wurden. Beworben wurde sie Interessierten als »eine globale LGBT-Konferenz und Initiative, die eine neue Debatte über die wirtschaftlichen und menschlichen Kosten der Diskriminierung der LGBT-Community anstoßen wird«.[23] Die Titel der Seminare und Workshops lauteten zum Beispiel »Neue Ansätze für den Business-Case der LGBT-Inklusion«. *The Economist* zufolge sollten sich alle Unternehmen für LGBT-Rechte einsetzen.

Schön und gut. Aber nicht gut genug. Dass das Engagement nicht besonders weit führt, ist Absicht. Liberale Programme dieser Art werden zwar als emanzipatorisch präsentiert, aber sie schreiben fest, was als annehmbar gilt: Trans Menschen und ihre politischen Forderungen sind nur dann akzeptabel, wenn ihre Akzeptanz eine intensivere Teilhabe am kapitalistischen System ermöglicht. Dies spalte die sozialen Bewegungen, so Schriftsteller:in und Performancekünstler:in Ray Filar: »Die Anzugträger kommen rein und übernehmen. Das war bei der Frauenbewegung so, bei der Gay Liberation Front, der Anti-Aids-Bewegung, bei Black Power.« Filar ist der Ansicht, diese Entwicklung führe dazu, dass die »annehmbareren« trans Personen die Türen hinter sich zuschlagen und ihre weniger willkommenen Gefährt:innen im Regen stehen lassen.

»Die Bewegungen werden den radikalen, wütenden, nicht respektablen und nichtkonformen Menschen entzogen, die jahrelang die nicht entlohnte harte Vorarbeit geleistet haben, und dann werden sie zunehmend von engstirnigen Karriereaktivist:innen überrannt, die sich einen Namen machen wollen.«[24]

Mit anderen Worten: Bewegungen für soziale Gerechtigkeit, die ihre Fähigkeit, selbst Prioritäten und Stoßrichtungen festzulegen, reichen Konzernen und Medienhäusern überlassen, räumen diesen Unternehmen auch das Entscheidungsrecht darüber ein, welche politischen Forderungen angemessen sind und welche nicht. Die transfeministische Autorin Sylvia McCheyne ist der Meinung, dass diese Art von liberalem Aktivismus zwar in mancher Hinsicht hilfreich für Trans-Belange wie Forschung und Sichtbarmachung sein kann, »sich aber immer noch vorwiegend auf ein Konzept der Befreiung stützt, das auf das dominierende *weiße* Publikum zugeschnitten ist. Themen wie Intersektionalität bleiben Lippenbekenntnisse. Im Grunde wird versucht, einen kapitalistischen Ansatz für die Trans-›Befreiung‹ zu schaffen beziehungsweise für diejenigen, die im Kapitalismus einer solchen würdig erscheinen.«[25]

Die Befreiung darf nicht den Verbänden und NGOs überlassen werden. Sowohl in Großbritannien als auch weltweit unterliegt der gemeinnützige LGBTIQ*-, trans und feministische Sektor starken Einschränkungen. Stonewall, wo ich vier Jahre lang als Koordinatorin für trans Ehrenamtliche gearbeitet habe, agiert als parlamentarische Interessenvertretung, die »überparteilich« ist: Das heißt, weder die Organisation noch ihre Angestellten dürfen öffentlich politische Parteien auf eine Weise kritisieren, die Rückschlüsse auf ihre politische Haltung zulässt. Das liegt zum Teil an der Arbeitsweise der Organisation, die während der aufeinanderfolgenden konservativen Regierungen auf die Einflussnahme rechter schwuler Männer und lesbischer Frauen angewiesen ist, aber auch daran, dass der gesetzliche Maulkorberlass der konservativen Regierung von David Cameron Verbänden verbietet, vor Wahlen politische Kampagnen zu führen. (Der Grund ist nachvollziehbar: Die meisten hätten zuallererst die rigorosen Sparmaßnahmen seiner Regierung kritisiert.)

Naturgemäß sind gemeinnützige Organisationen dazu da, Löcher im Sozialsystem zu stopfen. Manchmal basieren ihre Wortwahl und Herangehensweise auf der Annahme, dass Vorurteile wie Transfeindlichkeit im luftleeren Raum stattfinden oder altmodische Überbleibsel einer früheren Generation sind und nicht ein direktes Produkt dessen, wie unsere Gesellschaft hier und heute agiert. In Großbritannien hat der gemeinnützige Sektor zwar viel erreicht, was lobenswert ist, vor allem in der Arbeit mit trans Jugendlichen. Aber im Grunde bekämpfen die Organisationen immer nur Brände in einem Gebäude, das neu aufgebaut werden müsste. Natürlich gibt es noch mehr akute Probleme mit der derzeitigen Struktur und Kultur der meisten LGBTIQ*-Verbände. Bei Stonewall gibt es in den Führungspositionen beispielsweise nur wenige People of Color und überhaupt keine trans Personen. Das Kuratorium bestand mehrere Jahre lang ausschließlich aus cis Menschen, bis 2021 eine trans Frau ernannt wurde. Selbst in Verbänden, die sich für unser Wohlergehen einsetzen, sind für trans Personen in der Regel nach wie vor nur schlechter bezahlte, prekäre Positionen zugänglich. Insbesondere Schwarze und asiatische trans Communitys sind in LGBTIQ*-Organisationen in Großbritannien immer noch völlig unterrepräsentiert. Doch genau diese Communitys bekommen die systematische Unterdrückung von queeren Menschen am meisten zu spüren. Oft haben trans Personen und Communitys of Color sehr wenig Vertrauen in NGOs. Zu Recht prangern sie die unkritische Nähe dieser Organisationen beispielsweise zur Polizei und zum Innenministerium an, obwohl in beiden Institutionen Rassismus tief verwurzelt ist (worauf ich in späteren Kapiteln noch eingehen werde).

Zudem sind »Partner«-Unternehmen und -Medien, die ihre Solidarität mit LGBTIQ*-Menschen bekunden, in ihrem Handeln nicht konsequent. Tatsächlich sprach sich *The Economist*, Gastgeber der »Pride and Prejudice«-Konferenz, im Oktober 2018 in einem extrem feindseligen Leitartikel gegen die dringend benötigte Reform des Gender Recognition Acts aus.[26] Wie wir bereits gesehen haben, sind diese Reformen nicht einmal besonders radikal. In mehreren europäischen Ländern sind sie bereits in Kraft, darunter Irland, Norwegen, Dänemark, Schweden, Malta und Portugal. Die Reform zur rechtlichen Anerkennung des Geschlechts wird von allen großen LGBTIQ*- und Trans-Organisationen in Großbritannien befürwortet, folgt den EU-Leitlinien und setzt die Yogyakarta-Prinzipien um (ein Dokument, das im Rahmen einer Versammlung von Menschenrechtsgruppen veröffentlicht wurde und internationale Empfehlungen für LGBTIQ*-Rechte enthält). Auf politischer Ebene wurde die Reform zeitweise von den Programmen aller großen britischen Parteien unterstützt und hatte die demokratische Zustimmung der Gewerkschaftsbewegung bekommen. Trotz all dessen, trotz der recht konservativen Vorschläge der Leitlinie, und obwohl *The Economist* in der Vergangenheit bereits anerkannt hatte, wie wichtig Trans-Rechte in einer gerechten, aufgeschlossenen Gesellschaft sind, lehnten das Magazin und dessen Redakteur:innen die politischen Forderungen der Mainstream-Trans-Bewegung ohne Weiteres ab, weil sie einen weniger pathologisierenden Ansatz zur rechtlichen Anerkennung des Geschlechts nicht befürworteten.

Eine von Unternehmen ausgehende Trans-Befreiung blendet auch aus, dass einige trans Personen mehrfach benachteiligt werden. Inwiefern sich *race* und Behinderungen auf die beruflichen Perspektiven britischer trans Personen auswirken, ist nicht ausreichend erforscht. Klar ist, dass nicht *weiß* zu sein (trans People of Color werden am Arbeitsplatz häufiger diskriminiert als ihre *weißen* Kolleg:innen) und eine Behinderung zu haben die Wahrscheinlichkeit erhöht, dass eine trans Person von Armut betroffen ist. Bei den am stärksten gefährdeten Menschen treffen mehrere Diskriminierungsformen aufeinander, weshalb sie nicht nur dem höchsten Risiko von Gewalt und Armut ausgesetzt sind, sondern auch außerhalb der Fürsprache und professionellen Interessenvertretung von LGBTIQ*-Organisationen stehen. Da diese Probleme global auftreten, arbeitet weltweit die überwiegende Mehrheit der berufstätigen trans Menschen immer noch hauptsächlich in einer Branche: der Sexindustrie.

4 SEX SELLS

Immer mal wieder höre ich, angeblich seien trans Menschen bis etwa 2013 einfach unsichtbar oder der allgemeinen Bevölkerung unbekannt gewesen – quasi die Trans-Version von Philip Larkins Gedicht, laut dem es Sex seit 1963 gibt. Das habe ich in meiner Jugend in den frühen 2000er-Jahren anders wahrgenommen. Zu dieser Zeit waren trans Menschen sogar sehr präsent in unserem Kollektivbewusstsein. Allerdings tauchten sie fast immer als Karikaturen oder in anzüglichen Witzen auf. Besonders die »trans Hure« oder Prostituierte wurde – meist zum Zweck der Komik, außer in Krimis, da war sie das Mordopfer – quer durch die gesamte Popkultur zum Klischee. In Komödien waren die Witze immer gleich: Ein heterosexueller Mann nimmt ihre Dienstleistung in Anspruch, stets unwissentlich, und die ach so lustige Wahrheit bringt ihn in eine sexuell peinliche Situation. In den ersten acht Minuten der erfolgreichen britischen romantischen Komödie *Tatsächlich Liebe* aus dem Jahr 2003 werden ein Bräutigam und sein Trauzeuge vor der Trauung mit folgendem Dialog eingeführt:

PETER: Keine Überraschungen?
MARK: Keine Überraschungen.
PETER: Nicht wie gestern Nacht?
MARK: Nicht wie gestern Nacht. Keine Angst.
PETER: Es war ein Fehler, die brasilianischen Prostituierten einzuladen.
MARK: Ich weiß.
PETER: Vor allem, als rausgekommen ist, dass das alles Männer waren.
MARK: Ja, da hast du recht.[1]

In einer anderen britischen Komödie, *Bridget Jones – Am Rande des Wahnsinns*, besteht ein ähnlicher Witz darin, dass Hugh Grants Figur von einem Erlebnis mit einer thailändischen Escort erzählt: »Zum Glück war da dieses hinreißende Thaimädchen … das sich dummerweise als Thaijunge entpuppte.«[2] Ähnlicher Motive bediente sich regelmäßig auch das US-amerikanische Network-Fernsehen. Im Finale der dritten Staffel von *Sex and the City* wird die Hauptfigur Samantha Jones von den Schwarzen und Latina trans Sexarbeiterinnen wach gehalten, die vor ihrem Fenster im New Yorker Meatpacking District anschaffen (»Samanthas freundliche präoperative Transsexuelle vom Nachbarschaftsstrich«[3], wie uns Carrie Bradshaw erzählt). »Ich bezahle ein Vermögen dafür, dass ich in einem Viertel wohne, das trendy bei Tag und transy bei Nacht ist!«, grölt Samantha beim Brunch mit ihren (ebenso wohlhabenden, *weißen* cis) Freundinnen, die sich gemeinsam mit ihr über diese »Transsexuellen« lustig machen. Die trans Frauen hätten »Möpse oben und Eier unten« und lockten so auf dem Straßenstrich ihre Kunden an – die »pseudohetero Familienväter aus New Jersey«. Natürlich ist schon lange bekannt, dass es trans Sexarbeiterinnen gibt, die ihre Dienstleistungen an Männer verkaufen. Offenbar spiegeln die Witze sogar wider, dass es meist trans Frauen of Color sind, die dieser Arbeit nachgehen.

Auf der ganzen Welt sind trans Menschen in der Sexarbeit überrepräsentiert. In Großbritannien machen trans Personen weniger als 1 Prozent der Bevölkerung aus, aber 4 Prozent der Sexarbeiter:innen.[4] Für Deutschland können diese Zahlen leider nicht bestimmt werden, da zwar eine Registrierungspflicht zur Sexarbeit besteht, aber Menschen nicht nach ihrem sozialen Geschlecht, sondern nach ihrem rechtlichen Geschlecht geführt werden.

Es ist bekannt, dass es trans Sexarbeiter:innen auch außerhalb der fiktionalen Welt gibt. Wenn wir neben Escort-Leistungen und Straßenprostitution auch Pornografie und Webcamming in unsere Definition von Sexarbeit einbeziehen, sprechen die Streaming- und Verkaufszahlen dafür, dass Erotikangebote mit trans Darsteller:innen ein florierender, kontinuierlich wachsender Markt sind. Das Kernpublikum sind heterosexuelle Männer, die mit einer um erstaunliche 455 Prozent höheren Wahrscheinlichkeit im Internet nach Trans-Pornografie suchen als Frauen.[5] Im Januar 2018 zeigte die jährliche Statistik des Online-Porno-Streaming-Dienstes PornHub, dass die Suchanfragen nach der transgender Pornokategorie weltweit um 36 Prozent gestiegen sind und die Kategorie in einigen Ländern, darunter Argentinien und Russland, zu den zehn beliebtesten gehört.[6] Zwar bilden trans Frauen die Mehrheit der trans Sexarbeiter:innen, aber auch andere trans Menschen – einschließlich transmännlicher und nicht-binärer trans Personen, die sich nicht als Frauen identifizieren – vermarkten sich der Kundschaft gegenüber als »Frauen«.

Weniger bekannt ist außerhalb der trans Communitys der Nischenmarkt für trans Männer, die Sex verkaufen und »FTM«* (Female-to-Male)-Pornos drehen. Wie ein trans Sexarbeiter erklärt:

»Ich glaube, viele wissen gar nicht, dass es in der Sexarbeit trans Männer gibt, auch weil wir nicht in haufenweise Pornos vorkommen. Es gibt Unmengen an Pornofilmen mit cis Männern, cis Frauen und trans Frauen (wobei Letztere ganz andere Labels bekommen, die nicht so … geschmackvoll sind), darum haben die Leute eher das auf dem Schirm, denke ich. Das eigene Begehren ist aber fluid und kann sich wandeln, also gibt es natürlich auch Leute, die uns buchen wollen.«[7]

Angesichts des kontinuierlichen Wachstums des Markts für Trans-Pornos, die weltweit von Hunderttausenden angesehen werden, gilt

* In der Trans-Pornografie werden die Darsteller:innen in der Regel mit einer typischen Branchensprache beschrieben, die auf das (überwiegend männliche) Publikum zugeschnitten ist, und nicht mit den Eigenbezeichnungen aus den trans Communitys. In Pornos mit trans Frauen werden die Darstellerinnen meist als »Shemale« oder »Transe« bezeichnet. Pornos mit trans Männern werden meist als »FTM« (Female-to-Male) vermarktet, was auf eine ältere medizinische Bezeichnung zurückgeht. Viele trans Personen würden diese Begriffe nicht verwenden und empfinden sie außerhalb des Kontextes der Sexarbeit als beleidigend.

für einen beträchtlichen Teil der Männer mit Internetzugang vermutlich, dass die erste – oder sogar einzige – trans Person, die sie bewusst sehen, ein:e Sexarbeiter:in ist. Dadurch haben trans Sexarbeiter:innen eine größere Sichtbarkeit als trans Menschen in anderen Berufen, obwohl sie in der Regel auf politischer Ebene und in den LGBTIQ*-Arbeiter:innenbewegungen institutionell am wenigsten repräsentiert sind. Obwohl unsere Gesellschaft ihre Körper extrem mythologisiert, fetischisiert und verunglimpft, erhalten trans Sexarbeiter:innen im Vergleich zu anderen trans Berufstätigen am wenigsten Solidarität und politische Aufmerksamkeit für ihre Lebenswirklichkeit. Verstärkt wird dieses Ungleichgewicht, wenn die trans Person immigriert und eine Person of Color ist.

Die weite Verbreitung und der Konsum von Trans-Sexarbeit zu Unterhaltungszwecken schlagen sich offenbar nicht im Abbau transfeindlicher Vorurteile in der Gesellschaft nieder. Vielmehr handelt es sich anscheinend um zwei fast völlig voneinander getrennte Phänomene. Nirgends wurde das deutlicher als in den Nachrichten im August 2018, laut denen der rechte Verschwörungstheoretiker und Gründer von *InfoWars* Alex Jones, dessen Videos wegen homo- und transfeindlicher Hassreden von YouTube entfernt worden waren, angeblich beim Anschauen von Trans-Pornos erwischt worden war. In einer Aufzeichnung von Jones seien versehentlich die geöffneten Tabs im Browser seines Handys zu sehen gewesen. Den Zuschauenden fiel auf, dass ein offener Tab mit »Naughty tbabe Marissa Mi…« anfing, womit wohl die australische trans Pornodarstellerin und Escort Marissa Minx gemeint war. In den sozialen Medien erntete Jones Kritik und Spott für seine »Doppelmoral« – einerseits nutzte er seine Reichweite, um Hass gegen trans Personen zu schüren, andererseits sah er sich selbst Trans-Pornos an.

Später stritt Jones ab, die Seite bewusst geöffnet zu haben (er gab einem unerwünschten Pop-up-Fenster die Schuld), und behauptete, er habe noch nie Trans-Pornos angesehen. Wir sollten uns dennoch mit der Kritik befassen, sein mutmaßliches Verhalten stelle eine »Doppelmoral« dar: Als würde der Hass auf eine Gruppe sexuelles Verlangen nach ihr ausschließen.

Dieser Vorwurf geht völlig an der Realität vorbei. In einer patriarchalischen, kapitalistischen Gesellschaft existiert schließlich auch die Frauenfeindlichkeit von Männern ohne Weiteres neben dem Verlangen, die sexuelle Arbeit von Frauen auszunutzen. Daran ändert sich nichts, nur weil die Frau trans ist. Im Gegenteil, angesichts der politischen Unsichtbarkeit der meisten trans Frauen kann sich das sogar verstärken. Im Klartext: Viele Männer, die die Dienstleistungen von trans Sexarbeiter:innen in Anspruch nehmen, sind dieselben, die sich für die Unterdrückung aller trans Menschen und aller Sexarbeiter:innen aussprechen. Es sind dieselben Männer, die Hass verbreiten und zu Gewalt gegen sie aufrufen, und dieselben Männer, die in einigen Fällen selbst körperliche Gewalt gegen trans Menschen und Sexarbeiter:innen ausüben.

Es ist kein Zufall, dass trans Sexarbeiter:innen auf der ganzen Welt oft Vorkämpfer:innen im LGBTIQ*-Community-Organizing und -Aktivismus sind, besonders in Ländern, in denen LGBTIQ*-Rechte vom Staat eingeschränkt werden. Manchmal prallen die beiden Fronten aufeinander. Am 28. Juni 2015 gipfelte der Christopher Street Day in Istanbul in der Türkei in einem Gewaltakt. Als Tausende von Menschen sich versammelten, um durch die Stadt zu marschieren, setzte die Polizei Pfefferspray gegen die Demonstrierenden ein, eröffnete das Feuer mit Gummigeschossen und brachte sie mit Wasserwerfern zu Fall. Trans Aktivist:in Rüzgâr Buşki erklärte gegenüber CNN, das brutale Vorgehen des Staats während der Pride-Parade, die seit dreizehn Jahren ein fester Bestandteil des queeren Lebens in Istanbul ist, habe damit zu tun, dass es dem türkischen Präsidenten Recep Tayyip Erdoğan kurz zuvor nicht gelungen war, ausreichend Stimmen für eine Alleinregierung zu gewinnen.[8] Erdoğans Angriff auf LGBTIQ*-Menschen war ein skrupelloser, populistischer Schachzug, mit dem er seine konservative Anhängerschaft mobilisieren und andere Minderheiten einschüchtern wollte. Ein Pressefoto wurde wie so oft zum Symbol –

diesmal für den Widerstand der türkischen LGBTIQ*-Community gegen Polizeigewalt. Das Bild zeigt die zweiundzwanzigjährige trans Frau Hande Kader in einer Auseinandersetzung mit der Polizei, bei der sie wütend ihren Tränen freien Lauf lässt. Die junge und leidenschaftliche Aktivistin und Sexarbeiterin Kader schrie die Journalist:innen an, die die Fotos gemacht hatten, die sie schließlich als Fürsprecherin ihrer Community ins Rampenlicht rückten: »Ihr macht Fotos, aber ihr veröffentlicht sie nicht. Niemand hört unsere Stimmen.«[9]

Am 12. August 2016, gut ein Jahr nachdem Hande Kader auf dem Christopher Street Day in Istanbul Berühmtheit erlangt hatte, wurden ihre sterblichen Überreste am Straßenrand in Zekeriyaköy gefunden, einem abgelegenen Stadtbezirk, der bei der Istanbuler Wirtschaftselite als Wohnort beliebt ist. Kader war mehrmals vergewaltigt und anschließend in einem Blutrausch erstochen worden. Ihre Leiche war angezündet worden. Nach ihrer Ermordung wurde unter anderem spekuliert, ob sie möglicherweise nicht von einem Einzeltäter, sondern von einer Bande getötet worden war. Augenzeug:innen hatten sie zuletzt in das Auto eines Kunden steigen sehen. Der Mörder wurde nie gefasst, und niemand wurde angeklagt. Demnach werden wir vielleicht nie erfahren, ob Kader von einem frauenfeindlichen Kunden getötet wurde oder durch einen gezielten, bewussten politischen Racheakt, weil sie sich öffentlich für LGBTIQ*-Rechte eingesetzt hatte. So oder so, trans zu sein kombiniert mit der Arbeit auf der Straße hatte sie besonders angreifbar gemacht und steht in direktem Zusammenhang mit ihrem schrecklichen Tod im Alter von dreiundzwanzig Jahren. Die beiden Aspekte lassen sich bei der Analyse der Gewalt gegen Kader und viele andere wie sie eigentlich nicht voneinander trennen.

Hande Kaders Schicksal ist erschreckend alltäglich. Wie bereits erwähnt, waren trans Sexarbeiter:innen früher, wenn sich die Popkultur gerade nicht über sie lustig machte, in Fernsehserien wie *Law and Order: Special Victims Unit* die Mordopfer. Das hat einen Grund. Weltweit sind 62 Prozent aller trans Mordopfer, deren Beruf bekannt war, trans Sexarbeiter:innen. In Europa liegt die Zahl sogar bei 88 Prozent. In Deutschland wurden laut dem internationalen Transgender Murder Monitoring seit 2008 zwei trans Personen aufgrund ihrer geschlechtlichen Identität ermordet, darunter auch ein:e Sexarbeiter:in. Laut einem von Transgender Europe (TGEU) veröffentlichten Bericht über Trans-Sexarbeit wurden in der Türkei zwischen 2008 und 2017 vierundvierzig trans Frauen ermordet, von denen die meisten Sexarbeiterinnen waren.[10] Während die Türkei die höchste Rate ermordeter trans Personen in Europa hat, waren in Frankreich, Italien, Portugal und Spanien – die Länder, in die die meisten trans und genderdiversen Menschen aus Afrika sowie Mittel- und Südamerika einwandern – 69 Prozent der registrierten trans Mordopfer Migrant:innen. Die meisten waren Sexarbeiter:innen.[11] Sogar in Großbritannien, wo die Trans-Mordrate glücklicherweise zu den niedrigsten in Europa gehört, waren drei der neun ermordeten trans Personen zwischen 2008 und 2020 Sexarbeiterinnen: Vanessa Santillan, Andrea Waddell und Destiny Lauren. Jedes Jahr am 20. November gedenken queere Communitys, Organisationen und Vereine der trans Menschen, die wir weltweit durch Gewalttaten verloren haben. Ich unterstütze den Gedenktag und habe selbst schon an den Mahnwachen teilgenommen. Aber ich fühle mich etwas unwohl dabei, dass sie in Großbritannien von *weißen* trans Menschen aus der Mittelschicht organisiert werden, die nicht in der Sexarbeit tätig sind. Überwiegend sind nicht die finanziell gut gestellten trans Menschen, die ein Forum in der Community haben, anfällig für tödliche Gewalt, wie sie unsere Schwestern erleiden. (Es muss eine konstruktive Diskussion stattfinden, wie die ermordeten Menschen angemessen gewürdigt werden können, ohne dass wir uns ihre Erfahrungen aneignen oder die Rolle der Gewalt in der Sexarbeit und des migrationsfeindlichen Rassismus bei ihren Todesfällen ausblenden.)

Zudem sind die meisten Morde an trans Menschen keine wahllosen »Hassverbrechen« durch Fremde. Die Opfer sind meist trans Frauen, und die Mörder sind Männer, die Sex mit ihnen haben wollen.

Eine 2018 durchgeführte Auswertung von Mordstatistiken in der Sexarbeitsbranche ergab, dass »in einer [...] Studie über Sexarbeiterinnen in London die Sterblichkeitsrate von cis Sexarbeiterinnen zwölfmal höher war als die von Frauen in der allgemeinen Bevölkerung, und Mord wurde als eine der häufigsten Todesursachen festgestellt« – und das gilt für trans Frauen ebenso wie für cis Frauen.[12] Weltweit geht für trans Sexarbeiter:innen oft die größte Gefahr von den Männern aus, denen sie ihre Dienstleistungen verkaufen. Das ist keine rätselhafte »Doppelmoral«, sondern entsetzliche und manchmal tödliche Realität. Außerdem sollte das ein dringender Weckruf für die Gesellschaft und die Arbeiterbewegungen sein, trans Sexarbeiter:innen besser zu schützen und zu unterstützen. Die höhere Wahrscheinlichkeit, von der Familie abgelehnt zu werden und wohnungslos zu sein, sowie die erheblichen Kosten für die medizinische Versorgung und die Schwierigkeit, eine andere berufliche Tätigkeit zu finden, führen dazu, dass viele trans Menschen der stigmatisierten Sexarbeit nachgehen. Und wie wir bereits gesehen haben, sind trans Sexarbeiter:innen besonderen und schweren Formen der Gefahr und Gewalt ausgesetzt. Daher müssen die Rechte und die Sicherheit von Sexarbeiter:innen im Mittelpunkt der Trans-Emanzipationsbewegung stehen.

Der politische Zusammenhang zwischen gendervarianten Menschen und Prostitution reicht viele Jahrhunderte zurück. Einem Eintrag in den Plea and Memoranda Rolls for the City of London im Dezember 1394 zufolge wurde in Cheapside eine sich prostituierende transvestitische Person in Frauenkleidung verhaftet, weil die Person mit einem Mann, John Britby, »jenes abscheuliche, unaussprechliche und schändliche Laster begangen« hatte (eine sexuelle Handlung, wie wir sicher annehmen dürfen). Die Person, als John Rykener geboren, aber auch als Eleanor bekannt – und noch als Frau gekleidet, als sie den Beamten bei der Befragung den Namen Eleanor nannte –, wurde vom Mayor of London verhört. Der Verfahrensbericht enthält eine anschauliche Beschreibung von Rykeners Leben und sexueller Vorgeschichte.

Eigenen Angaben zufolge habe sich Rykener erstmals in Bishopsgate im Haus von Elizabeth Brouderer als Frau gekleidet. Diese betrieb neben ihrem Beruf als Stickerin ein Bordell, für das sie ihre weiblichen Lehrlinge und die eigene Tochter zur Sexarbeit ausbildete. Rykener erzählte dem Gericht, dass Brouderer, obwohl Rykener als Mann geboren worden war, Eleanor ebenso in Sex mit Männern unterrichtete. Dahinter steckte womöglich die Absicht, Kunden mit Rykeners Geschlecht zu täuschen und zu erpressen: Bei Rykeners Vernehmung wurde eine Kundenliste mit mehreren Priestern und Mönchen enthüllt, von denen einer mit einem Goldring für den Sex bezahlt hatte. In der (auf Latein verfassten) Gerichtsakte heißt es zwar, Rykener habe diese Kunden als *»ignotos«* (»unwissend«) bezeichnet, aber es ist nicht ganz klar, ob sie sich irgendwann Rykeners Geschlecht bewusst wurden und dennoch weitermachten. John Britby, der Mann aus Yorkshire, der verhaftet wurde, weil er Rykeners Leistungen in Anspruch genommen hatte, behauptete, er sei auf der Suche nach einer Frau gewesen. In dieser Hinsicht hat sich seit dem 14. Jahrhundert bis zu den Witzen in *Tatsächlich Liebe* nicht viel geändert. Die Aussagen von Rykener und Britby stimmten darin überein, dass Britby Rykener ein eindeutiges Angebot gemacht hatte und Rykener daraufhin einen Preis genannt hatte. Aus dem Dokument geht nicht hervor, ob Rykener verurteilt oder bestraft wurde.[13]

Zwar ist der Rechtsfall von John/Eleanor Rykener der einzige im England des späten Mittelalters, der sich mit gleichgeschlechtlichem Sex oder Crossdressing befasst, aber vergleichbare Fälle kommen in der britischen Rechtsgeschichte immer wieder vor. Tatsächlich geben Polizei- und Gerichtsakten über Prostitutionsfälle das beste historische Bild von Menschen wieder, die in Großbritannien vollständig oder zeitweise als ein anderes Geschlecht lebten. Kommerziellen Sex zwischen einem männlichen Kunden und einem männlichen Prostituierten mit weiblichem Namen und femininer Kleidung gab es im 18. Jahrhundert häufig in den sogenannten *molly houses* (*moll* war damals ein umgangssprachlicher Begriff für in der Sexarbeit tätige

Frauen und schwule Männer). Am 5. Oktober 1728 berichtete das *Weekly Journal* über eine Polizeirazzia in solch einer Einrichtung:

»In der vergangenen Sonntagnacht durchsuchte ein Constable mit seinen zuständigen Assistenten das Haus von Jonathan Muff, alias Miss Muff, in Black-Lyon Yard in der Nähe der Kirche in Whitechapel, wo sie neun männliche Damen festnahmen.«[14]

Im 18. Jahrhundert waren in England an die dreißig *molly houses* bekannt, was angesichts der Bevölkerungszahl auf eine weit verbreitete Subkultur dieser Art von Sexarbeit schließen lässt. Bis zum 19. Jahrhundert war es üblich geworden, dass Männer in Frauenkleidung genau wie Prostituierte aus Gründen der öffentlichen Ordnung oder wegen »Anstiftung zu widernatürlicher Unzucht« verhaftet wurden, selbst wenn sie nicht in der Sexarbeit tätig waren.

Der historische Zusammenhang zwischen gendervarianten Menschen und Sexarbeit bedeutet, dass auch die Geschichte ihrer jeweiligen Widerstandsbewegungen, also Forderungen nach weniger staatlicher Unterdrückung, weniger Stigmatisierung und besseren Bedingungen, miteinander verbunden sind: Das wurde besonders in der zweiten Hälfte des 20. Jahrhunderts deutlich. Die trans und gender-nonconforming Menschen, die in den USA 1969 die Stonewall-Unruhen anführten, arbeiteten auf dem Straßenstrich, darunter auch Sylvia Rivera. 1973 war Rivera zu der Ansicht gelangt, die aufkommende Gay-Liberation-Bewegung vergesse in ihrem Streben nach Anerkennung bereits die trans und gender-nonconforming »Stricher:innen«. In einer denkwürdigen Rede auf der Kundgebung zum Christopher Street Liberation Day in New York City, bei der Rivera von der Menge ausgebuht wurde, kritisierte sie die »Männer und Frauen, die zum Club der *weißen* Mittelschicht gehören«, weil sie Rechte für sich selbst erkämpften, ohne die Verhältnisse der queeren Sexarbeiter:innen zu berücksichtigen. Diese Menschen, die sie als »unsere schwulen Brüder und eure lesbischen Schwestern im Gefängnis« bezeichnete, seien auf der Strecke geblieben – und die neue Homosexuellenbewegung habe »einen Scheiß« für sie getan:

»Seid ihr jemals verprügelt worden? Vergewaltigt? Ins Gefängnis gesteckt? Denkt mal darüber nach. Sie sind verprügelt und vergewaltigt worden, nachdem sie schon viel von ihrem Geld im Gefängnis ausgeben mussten [...] für ihren Geschlechtswechsel. Die Frauen haben dafür gekämpft, ihr Geschlecht zu wechseln. Dafür, Frauen zu werden [...]. Ich war im Gefängnis. Ich wurde vergewaltigt. Und verprügelt. Viele Male! Von Männern. Heterosexuellen Männern. Die hier gar nichts zu suchen haben. Aber tut ihr irgendwas für sie [die trans Frauen im Gefängnis]? Nein.«

Wie zu Riveras Zeiten gehören trans Sexarbeiter:innen, vor allem immigrierte und/oder People of Color, auch heute noch zu mehreren politischen Gruppen, denen es an wirtschaftlicher und politischer Macht mangelt und die daher regelmäßig behandelt werden, als wären sie entbehrlich. Dennoch gehen einige der berühmtesten trans Personen der Welt offen damit um, früher in der Sexarbeit tätig gewesen zu sein. Eine davon ist die US-amerikanische Schriftstellerin Janet Mock, die in ihrem autobiografischen Buch *Redefining Realness* über ihre Erfahrungen in der Sexbranche berichtet. Georgina Beyer, die erste offen trans lebende Abgeordnete der Welt, machte vor ihrer Wahl ins neuseeländische Parlament 1999 kein Geheimnis aus ihrer Vergangenheit als Sexarbeiterin; sie setzte sich für das neuseeländische Gesetz zur Entkriminalisierung von Sexarbeit ein, das 2003 verabschiedet wurde. In Großbritannien hat sich die Schriftstellerin und Aktivistin Paris Lees ebenfalls zu ihren Erfahrungen als Sexarbeiterin geäußert und 2016 ihre Ehrendoktorwürde Sexarbeiter:innen gewidmet.

Eine 2017 durchgeführte Studie unter trans Sexarbeiter:innen in fünf europäischen Ländern (Georgien, Polen, Serbien, Spanien und Schweden) gibt eine Vorstellung davon, wie sehr diese Gruppe marginalisiert ist. Nahezu 70 Prozent der Personen, die innerhalb der vergangenen zwölf Monate Sexarbeit nachgingen, taten dies in erster Linie, um ihren Lebensunterhalt zu verdienen; fast 40 Prozent gaben als Hauptgrund fehlende Alternativen an.[15] Wie die britischen feministischen Autorinnen und Sexarbeitsaktivistinnen Juno Mac und Molly Smith schreiben:

»Dass besonders viele marginalisierte Menschen in der Prostitution tätig sind, wird als Beweis dafür gesehen, wie ausbeuterisch und fremdartig diese Branche ist, aber in Wirklichkeit spiegelt sich darin das normalisierte, systemische Versagen der Gesellschaft wider.«[16]

Laut dem Team des bereits erwähnten Outside Projects, der ersten Unterkunft für LGBTIQ*-Wohnungslose in Großbritannien, sind viele der trans Bewohner:innen, die auf der Straße gelebt haben, Sexarbeiter:innen. Tim Sigsworth, Geschäftsleiter von akt, einer Organisation für Wohnungslose, bestätigt das für die wohnungslosen trans Jugendlichen, mit denen er arbeitet. Zum Überleben sind sie auf Sexarbeit für Geld oder eine Unterkunft angewiesen.

Doch abgesehen von Geld kann Sexarbeit in einer transfeindlichen Gesellschaft auch einige andere wichtige Vorteile mit sich bringen. Oft empfinden trans Personen die Arbeit mit anderen trans Menschen als unterstützend: Durch die Sexarbeit kann sich eine Gemeinschaft bilden, die ein Gefühl von Zugehörigkeit und Familie vermittelt und die Möglichkeit bietet, sich zu vernetzen und sich von anderen, oft älteren trans Menschen zu Themen wie Transition, Gesundheit und Sozialleben beraten zu lassen.[17]

Wie könnte Emanzipation für trans Sexarbeiter:innen aussehen? Nun, ein Anfang wäre, sich vor allem auf die Sicherheit der Arbeiter:innen zu konzentrieren. In einigen feministischen Debatten, die von Frauen geführt und geprägt werden, die weder trans noch in der Sexarbeit tätig sind, mag dieser Schwerpunkt umstritten sein. Im britischen Feminismus ist wohl die einzige Kontroverse, die noch heftiger und erbitterter ist als die über trans Personen (auf die ich in Kapitel 7 näher eingehen werde), die Kontroverse über Sexarbeit. Die angeführten Argumente sind komplex – damit ließen sich ganze Bücher füllen, was auch geschehen ist –, aber es gibt ein paar grundsätzliche Streitpunkte in Bezug auf den rechtlichen Status von Sexarbeit.

Im Wesentlichen gibt es zwei Fronten. Auf der einen Seite stehen die von Sexarbeiter:innen geleiteten Kollektive und ihre feministischen Verbündeten, die sich vor allem auf die persönliche Sicherheit und Arbeitsrechte konzentrieren und daher die Entkriminalisierung von Sexarbeit fordern. Und auf der anderen Seite stehen Feministinnen, die Prostitution in erster Linie als ultimativen Ausdruck des Patriarchats, männlicher Gewalt und der Ausbeutung von Frauen betrachten.[18] Unser Zorn müsse sich, so die zweite Gruppe, gegen die männlichen Kunden (»Freier«) richten. In den Fokus rücken manchmal auch die Manager:innen (»Zuhälter:innen«), die es in bestimmten Zweigen der Sexarbeit gibt. In erster Linie vertritt der Antiprostitutionsfeminismus die Ansicht, dass die Forderung der Männer nach dem Recht, Sex zu kaufen, verurteilt und kriminalisiert werden sollte. Angesichts der extremen Gewalt, der trans Sexarbeiter:innen, insbesondere trans Frauen, weltweit ausgesetzt sind, scheint es naheliegend, dass auch die Trans-Politik männliche Gewalt und folglich Männer, die für Sex bezahlen, verurteilen sollte. Ja, viele Zweige der Sexbranche – von Pornografie über den Straßenstrich bis hin zu geführten Bordellen – beruhen tatsächlich auf der Ausbeutung finanziell und sozial vulnerabler trans Sexarbeiter:innen durch cis Männer. Doch der gegensätzliche Weg, nämlich eine Trans-Politik, die sich für Sexarbeiter:innen einsetzt, dient nicht der moralischen Absolution der Kund:innen oder der Absolution für unethische Geschäftspraktiken. Es geht gar nicht um Moral. Stattdessen wird anerkannt, dass in einer Gesellschaft, in der Geld überlebenswichtig ist, eben auch trans Sexarbeiter:innen existieren, dass für die Marginalisierten in dieser Gesellschaft Sexarbeit eine von wenigen Optionen ist und trans Sexarbeiter:innen somit unabhängig von der Verurteilung oder Kriminalisierung ihrer Kundschaft darauf *angewiesen* sind, sexuelle Dienstleistungen zu verkaufen. Diese Tatsache zu akzeptieren, verschiebt den Fokus von der Beendigung der Nachfrage nach sexuellen Dienstleistungen (»End-Demand-Ansatz«) hin zu Schadensminderung für die Arbeiter:innen.

Daher muss die vollständige Entkriminalisierung sämtlicher Formen der Sexarbeit ein zentraler Grundsatz der Bewegung für Trans-Rechte sein, so wie sie auch die einstimmige zentrale Forderung von Gruppen für Sexarbeiter:innen auf der ganzen Welt ist, darunter der Berufsverband für erotische und sexuelle Dienstleistungen, Hydra oder Trans*Sexworks in Deutschland, SWARM in Großbritannien, SWAI in Irland, STRASS und Acceptess-T in Frankreich, OTRAS in Spanien und, außerhalb Europas, Empower in Thailand, SANGRAM in Indien und KESWA in Kenia. Für die Entkriminalisierung setzen sich auch Menschenrechtsorganisationen wie Amnesty International und die Weltgesundheitsorganisation ein (die die Entkriminalisierung von Sexarbeit als beste Maßnahme zur Eindämmung von HIV und anderen sexuell übertragbaren Krankheiten bei Sexarbeiter:innen betrachtet).

Aber was bedeutet Entkriminalisierung? In England, Wales und Schottland ist der Verkauf von Sex scheinbar entkriminalisiert, aber das »Betreiben einer Prostitutionsstätte« – was schlicht bedeuten kann, dass sich zwei oder mehr Sexarbeiter:innen aus Sicherheitsgründen Räumlichkeiten teilen –, und die Kundenwerbung, das Herumlungern, die Anstiftung, der Straßenstrich und die Organisation durch Dritte sind allesamt illegal. Dies zwingt Sexarbeiter:innen dazu, in geschlossenen Räumen allein zu arbeiten, während sämtlichen auf der Straße tätigen Sexarbeiter:innen Verhaftungen drohen. Damit werden ihnen wichtige Möglichkeiten genommen, sich zu schützen. Im Grunde bedeutet dieses Rechtsmodell, dass die Kundschaft nach dem Gesetz keine Straftat begeht – aber es bedeutet auch, dass Sexarbeiter:innen wiederholt polizeilichen Maßnahmen wie Razzien und Festnahmen sowie der Beschlagnahmung ihrer Einkünfte ausgesetzt sein können. Im Falle von migrantischen Sexarbeiter:innen kann der Kontakt mit der Polizei zur Abschiebung führen. Ein besonderer Hohn ist das für migrantische trans Sexarbeiter:innen, die ihre Heimatländer in der Regel verlassen haben, weil trans zu sein dort Inhaftierungen, Vergewaltigungen oder den Tod zur Folge haben kann. Außerdem hindert es Sexarbeiter:innen, die zum Zweck der sexuellen Ausbeutung nach Großbritannien verschleppt wurden, Hilfe zu suchen. Im April 2018 berichtete *Pink News*, dass die Regierung »Tanya« (ein Pseudonym) abschieben wolle, eine thailändische trans Frau, die in der Abschiebehaftanstalt Yarl's Wood festgehalten wurde. Tanya war 2014 von einer Bande nach Großbritannien verschleppt und als »Ladyboy«-Escort ausgebildet worden. Sie war der Bande entkommen und versuchte, sich ein neues Leben aufzubauen, wurde jedoch inhaftiert und entging dank der erfolgreichen Intervention von Aktivist:innen knapp der Abschiebung. Die Kriminalisierung von Sexarbeit schadet den Sexarbeiter:innen.

Das Modell der vollständigen Entkriminalisierung hingegen setzt alle strafrechtlichen Gesetze und verwaltungs- oder zivilrechtlichen Anordnungen zur Bestrafung von Sexarbeit außer Kraft. Das Modell hebt alle Gesetze zur Prostitution auf und entkriminalisiert die Kundschaft, die Sexarbeiter:innen und sämtliche mit der Sexarbeit verbundenen Aktivitäten, vom Fahrdienst bis hin zum Management. Stattdessen fällt Sexarbeit unter das Arbeitsrecht (wobei die Gesetze zu sexuellem Missbrauch, Vergewaltigung, Nötigung und Ausbeutung, die in allen Kontexten außerhalb der Sexarbeit gelten, natürlich weiterhin Anwendung finden). Die Entkriminalisierung enthebt auch die Polizei ihrer derzeitigen Stellung als oberste Aufsichtsinstanz der Sexbranche.[19] Mir ist wichtig zu betonen, dass Entkriminalisierung nicht das Gleiche ist wie Legalisierung, wie es sie in manchen Ländern gibt, darunter Deutschland. Dort sind, wie Autor:in Ray Filar anmerkt, Sexarbeiter:innen gezwungen, sich registrieren zu lassen und umfassende Gesundheitsberatungen wahrzunehmen, wodurch dann doch ein illegaler informeller Markt für diejenigen entsteht, die dazu nicht bereit sind.[20]

Ein alternatives Modell wird von bestimmten Feminist:innen vorgeschlagen, denen zufolge Sexarbeit de facto immer Gewalt gegen Frauen ist und durch die Beendigung der Nachfrage gestoppt werden sollte. Genannt werden sie (in Deutschland, Anm.) typischerweise

»Abolitionist:innen« oder (international und eher abwertend) *carceral feminists* (in Anspielung auf ihre Forderung nach polizeilicher Überwachung und Gefängnissen). Ihr Vorschlag ist ein Rechtsmodell, das die Kundschaft kriminalisiert und gleichzeitig das Ziel hat, den Sexarbeiter:innen zu helfen, aus der Sexarbeit auszusteigen, falls sie das wünschen. Das wird in der Regel als »schwedisches« oder »nordisches« Modell bezeichnet (Schweden war das erste Land, das derartige Gesetze verabschiedete) und wird inzwischen auch in Frankreich, Nordirland und der Republik Irland angewandt. Allerdings wenden Organisationen für Sexarbeiter:innen in diesen Ländern ein, dass die Sicherheit durch diese Gesetzgebung abgenommen hat – Grund zur Sorge ist das insbesondere für trans Sexarbeiter:innen. Vor Abschluss dieses Buchs wurden in Frankreich seit der Einführung des nordischen Modells 2016 zwei trans Sexarbeiterinnen getötet. Die erste war Vanesa Campos, eine peruanische trans Frau, die im August 2018 im Pariser Stadtpark Bois de Boulogne erschossen wurde, als sie versuchte, eine Bande bewaffneter Männer daran zu hindern, ihren Kunden auszurauben. In einer Erklärung, die nach ihrem Tod veröffentlicht wurde, machte der Pariser Berufsverband für Sexarbeit die Kriminalisierung der Sexarbeit in Frankreich für Campos' Anfälligkeit für Gewalt verantwortlich:

»Derzeit häufen sich in der gesamten Region Île-de-France (Paris) solche Fälle von Männerbanden, die es auf Sexarbeiterinnen abgesehen haben. Diejenigen, die versuchen, sich zu organisieren, um sich zu verteidigen und sie zu vertreiben, werden dann einzeln angegriffen. Heute betrauern wir diesen Verlust und fühlen uns wie immer im Stich gelassen. Die Morde an trans Sexarbeiterinnen sind keine Einzelfälle. Das ist ein wiederkehrendes Phänomen, und immer wieder versuchen wir, die Öffentlichkeit und die Behörden auf diese Gewalt aufmerksam zu machen. Leider stehen wir damit, wie immer, allein da.«[21]

Nach dem Mord demonstrierten Hunderte für die Rechte von Sexarbeiter:innen. Sie vertraten die Meinung, dass die Kriminalisierung von Sex kaufenden Männern seit 2016 in Frankreich dortige Sexarbeiter:innen – insbesondere Migrant:innen und trans Personen wie Vanesa – gezwungen hatte, in abgeschiedenen Gebieten zu arbeiten, um nicht von der Polizei entdeckt zu werden, was wiederum ihre Sicherheit gefährdete. Im Februar 2020 wurde Jessyca Sarmiento, ebenfalls eine migrantische trans Sexarbeiterin, in derselben Gegend von Paris vorsätzlich mit dem Auto überfahren.

In der Republik Irland ist der Kauf von Sex seit 2017 illegal. 2019 äußerte die Sex Workers Alliance Ireland (SWAI) bereits Bedenken gegen das neue Gesetz. In dem Jahr gab es in der Innenstadt von Dublin zehn Fälle, in denen trans Sexarbeiter:innen von Männern angegriffen wurden, die sich als Kunden ausgaben; in vielen Fällen waren die Opfer brasilianische trans Frauen. Um besser zu verstehen, warum SWAI der Ansicht war, die Gesetzesänderung habe zur erhöhten Gefährdung von Sexarbeiter:innen beigetragen, unterhielt ich mich im März 2020 mit Addy Berry als Vertretung von SWAI. Addy ist irisch, trans und in Dublin in der Sexarbeit tätig. Addy ist fast fünfzig Jahre alt und erzählt, seit der Jugend immer wieder in verschiedenen Bereichen der Sexarbeit gearbeitet zu haben. »Eigentlich wird die Kundschaft kriminalisiert«, sagt Addy über das neue Gesetz, »aber es hat nur dazu geführt, dass Sexarbeitende stärker stigmatisiert werden. Und ich glaube, dass genau das erreicht werden sollte.«

Die Definition von »sexuellen Dienstleistungen« ist in dem Gesetz extrem weit gefasst. Es reicht schon aus, dass etwas als sexuell gilt, um strafrechtlich relevant zu sein: Selbst eine Domina, die keinen Sex mit ihrer Kundschaft hat, kann in den Geltungsbereich des Gesetzes fallen. Addy ist der Ansicht, dass aufgrund des patriarchalischen Charakters der irischen Gesellschaft die Stigmatisierung eigentlich nie der Kundschaft galt, auch jetzt nicht, sondern immer den Sexarbeitenden. Das spiegele sich auch in der Strafverfolgung nach dem neuen Gesetz wider:

»Es gab ein paar Fälle, in denen die Kundschaft strafrechtlich verfolgt wurde, hauptsächlich in Nordirland [SWAI setzt sich sowohl in der Republik Irland als auch in Nordirland für Sexarbeitende ein]. Gelegentlich geschieht das auch im Süden – aber auf zwei Kund:innen kommen etwa sechzig Sexarbeitende, die strafrechtlich verfolgt werden.«

Dieses Ungleichgewicht bekommt Addy direkt im Rahmen der Outreach-Programme von SWAI mit, die sich an Menschen richten, die auf der Straße Sex verkaufen. Addy vertritt die Meinung, dass die Gesetzgebung nach dem nordischen Modell die uneinheitliche Vorgehensweise der Polizei vor Ort nicht berücksichtigt:

»Bei meiner Outreach-Arbeit sehe ich oft zwei Polizisten pro Sexarbeiter:in. Sie verscheuchen die Kundschaft mit ihren Scheinwerfern, denn ehrlich gesagt sind viele Bullen selbst Kunden.«

Mit der Aussage, dass die Polizei keine neutrale Institution ist, spricht Addy die Ansicht von vielen Interessengruppen von Sexarbeiter:innen aus. Die Kriminalisierung setzt voraus, dass die Polizei, die de facto als Aufsichtsinstanz eingesetzt wird, und die Kundschaft voneinander getrennte Gruppen sind. In Wirklichkeit sind Polizeigewalt und männliche Gewalt (einschließlich sexuellen Missbrauchs) miteinander verknüpft. Addy zufolge kommen polizeiliche Übergriffe relativ häufig vor: »Jedenfalls habe ich mit Leuten im Westen gesprochen, bei denen die Gardaí [Polizei] auf sexuelle Gefälligkeiten als Gegenleistung dafür besteht, dass die Arbeiter:innen nicht belangt werden.«

Addy erinnert sich an einen Fall im Juli 2015: Eine osteuropäische Sexarbeiterin warf einem Beamten vor, sie vergewaltigt zu haben, nachdem die Polizei in ihrer Wohnung eine Razzia wegen »Betreiben einer Prostitutionsstätte« nach dem bis 2017 gültigen irischen Prostitutionsgesetz durchgeführt hatte. Der betreffende Beamte sagte aus, er habe lediglich einvernehmlichen Sex mit ihr gehabt. Die Staatsanwaltschaft verzichtete darauf, Anklage gegen ihn zu erheben. Er musste nur eine geringe Disziplinarbuße bezahlen.[22]

Selbst wenn die Polizei nicht übergriffig wird, sagt Addy, ignorieren die Beamt:innen, wenn sie für die Einhaltung des Gesetzes sorgen, die wirtschaftliche Notwendigkeit, die hinter der Sexarbeit auf der Straße steckt.

»Sie kommen auf die Arbeitenden zu – die vollständig entkriminalisiert sind – und sagen ihnen: ›Du verschwendest heute Nacht hier draußen deine Zeit, Herzchen, du kannst genauso gut nach Hause gehen‹, was natürlich nicht geht, denn die Miete muss trotzdem gezahlt werden. Das führt nur dazu, dass Sexarbeiter:innen auf weniger gut beleuchtete und weniger vertraute Gegenden ausweichen oder mit weniger Verhandlungszeit ins Auto steigen, und damit erhöht sich die Wahrscheinlichkeit, dass etwas Schlimmes passiert.«

Ohne die strukturellen Ursachen zu bekämpfen, die Menschen, insbesondere trans Personen, überhaupt erst in die Sexarbeit treiben, hat es nur eine stärkere Entmachtung der Arbeitenden zur Folge, wenn der Kauf von Sex kriminalisiert wird. Die ohnehin schon vorhandene Ungleichheit wird verschärft, denn die Kundschaft weiß, dass die Arbeiter:innen wegen der geringeren Nachfrage und beschränkten Möglichkeiten, sicher zu arbeiten, noch verzweifelter sind. »Im Grunde ermutigt das die Kundschaft«, sagt Addy. »Bisher hatte noch niemand, mit dem ich gesprochen habe, das Gefühl, dass jetzt die Arbeiter:innen in der stärkeren Position sind [...]. Die Kundschaft verlangt ungeschützten Sex, und die Arbeiter:innen sind gezwungen, das ernsthaft in Betracht zu ziehen.«

Alle, die mit Sexarbeit in Verbindung stehen, riskieren nun kriminalisiert zu werden: Addy selbst musste aufgrund der Tätigkeit als Dominatrix die Wohnung räumen, da der Vermieter befürchtete, strafrechtlich belangt zu werden. Inzwischen kommen solche Zwangsräumungen häufig vor:

»Was die Wohnungen angeht: Selbst wenn eine allein arbeitet, kontaktiert die Polizei den Vermieter und droht ihm mit dem Gesetz zur Beteiligung Dritter. Also bleibt ihm keine Wahl als die Zwangsräumung. Mir ist das passiert und anderen auch schon.«

Was geschehen kann, wenn Sexarbeiter:innen nicht zusammen mit Freund:innen an einem sicheren Ort arbeiten können, liegt auf der Hand:

»Ich habe mit einer in der Sexarbeit tätigen trans Person gesprochen, die vergewaltigt wurde, weil sie gezwungen war, allein zu arbeiten. Die Person hatte Angst, sich an die Polizei zu wenden, weil sie befürchtete, die Situation damit zu verschlimmern.«

Laut Addy sind die Angriffe auf die brasilianischen trans Frauen in Dublin 2017 – die von den Behörden weitgehend unter den Teppich gekehrt wurden – ein extremes Beispiel für die grundsätzlich feindselige Stimmung gegenüber diesen Sexarbeiter:innen in der Stadt:

»Es gab Zwischenfälle mit einem gewaltbereiten Mob. Die Leute in der Nachbarschaft haben mitbekommen, dass in einem Haus trans Personen aus Brasilien arbeiten, und dann haben sie sich draußen zu so einem richtigen Wutmob zusammengefunden und die Fenster eingeworfen.«

Migrantische trans Sexarbeiter:innen profitieren nicht von der angeblich nicht vorhandenen Kriminalisierung im nordischen System. Jeder Kontakt mit der Polizei birgt die Gefahr, den Einwanderungsbehörden übergeben und in einer Haftanstalt festgehalten oder abgeschoben zu werden – und das kann migrantische Sexarbeiter:innen, die Gewalt ausgesetzt sind, einschließlich Menschenhandel und Ausbeutung, davon abhalten, Hilfe zu suchen. Das nordische Modell wird zwar oft als feministische Lösung für männliche Gewalt dargestellt, doch Sexarbeitsaktivist:innen vertreten die Ansicht, dass westliche Regierungen das Modell weniger zur Beseitigung männlicher Gewalt einführen, sondern vielmehr als Maßnahme eines größeren Plans zur Beschränkung der Zuwanderung.

Aber es geht auch anders. In Neuseeland wurde Prostitution 2003 entkriminalisiert. Der positive Effekt war deutlich: 2007 gaben 90 Prozent der auf der Straße tätigen Sexarbeiter:innen in Neuseeland an, dass sie über arbeitsrechtliche Ansprüche verfügten, und 96 Prozent, dass sie Rechtsansprüche hatten. Aus Sicherheitsgründen dürfen sich Sexarbeiter:innen in geschlossenen Räumen zu Gruppen zusammentun. Für das Management gelten ähnliche Arbeitsgesetze wie in anderen Berufen und an anderen Arbeitsplätzen. Sexarbeiter:innen, die für Dritte tätig sind, werden vor sexueller Belästigung am Arbeitsplatz geschützt: Eine neuseeländische Sexarbeiterin gewann 2014 gegen ihren Vorgesetzten einen Prozess wegen sexueller Belästigung, und im Dezember 2020 bestätigte die neuseeländische Menschenrechtskommission, dass eine Sexarbeiterin im Rahmen einer Schlichtung eine bahnbrechende sechsstellige Summe erhalten hatte, nachdem sie eine Beschwerde wegen sexueller Belästigung durch eine:n Geschäftsinhaber:in eingereicht hatte. »Es kommt immer auf den Kontext an«, so das Gericht. »Selbst in einem Bordell kann Sprache mit sexuellem Unterton in anzüglichen, unterdrückenden oder übergriffigen Situationen unangemessen verwendet werden.«

Nach dem neuseeländischen Arbeitsrecht haben Sexarbeiter:innen zudem Anspruch auf angemessene Pausen zwischen den Schichten und auf die Bereitstellung von Safer-Sex-Produkten wie Kondomen.[23] Indem die Angst vor strafrechtlichen Konsequenzen und drohender polizeilicher Überwachung aus dem Weg geräumt wird, werden Sexarbeiter:innen dazu befähigt, ihren Beruf sicher auszuüben. Die Entkriminalisierung in Neuseeland erleichtert es Sexarbeiter:innen auch, sich zu organisieren und für sich einzutreten: Das von Sexarbeiter:innen geführte New Zealand Prostitutes' Collective (NZPC) setzte sich vor 2003 für die Entkriminalisierung ein und hat sich inzwischen zu einer starken, staatlich geförderten Organisation entwickelt, die als angesehene Institution rund um Fragen zur Sexarbeit gilt. Das neuseeländische Modell ist empfehlenswert, hat aber natürlich dennoch deutliche Schwachstellen, besonders im Hinblick auf migrantische Sexarbeiter:innen. Migrant:innen mit befristeter Aufenthaltserlaubnis ist die Ausübung von Sexarbeit untersagt, und wer erwischt wird, kann abgeschoben werden. Durch dieses Risiko und die damit einhergehende Angst vor Abschiebung sind migrantische Arbeiter:innen anfälliger für Ausbeutung. Der Anspruch auf Entkriminalisierung sollte für alle gelten, ob mit oder ohne Aufenthaltspapiere.

An dieser Stelle muss wiederholt werden, dass Entkriminalisierung etwas anderes ist als Legalisierung, bei der der Staat innerhalb einer erlaubten Sexbranche eine aktive Rolle in der Lizenzerteilung und Reglementierung einnimmt (wie in Amsterdam). In einer Gesellschaft, in der trans Menschen noch immer durch Armut und Transfeindlichkeit zur Sexarbeit gezwungen sind, ist Entkriminalisierung die einzige Möglichkeit der Schadensminderung. Sie muss zu einer Kernforderung werden, und zwar nicht nur von Verbänden für Sexarbeiter:innen und von Menschenrechtsorganisationen, sondern aus Solidarität zu trans Sexarbeiter:innen auch von feministischen und LGBTIQ*-Organisationen.

Wie vieles in unserer globalisierten Welt ist heute auch die Sexbranche auf Technologie und das Internet angewiesen. Im Laufe der 2010er-Jahre ging die US-amerikanische Gesetzgebung zunehmend strikter gegen Online-Plattformen vor, die Anzeigen von Sexarbeiter:innen einblendeten. Das gipfelte in den Gesetzen FOSTA (Fight Online Sex Trafficking Act) und SESTA (Stop Enabling Sex Traffickers Act), die 2018 vom Repräsentantenhaus beziehungsweise Senat verabschiedet wurden. Diese Gesetze kriminalisieren Websites mit Inhalten, die im Zusammenhang mit »Menschenhandel« zum Zweck der sexuellen Ausbeutung stehen. Der Begriff »Menschenhandel« wurde dabei von den Gesetzgebenden nicht angemessen verwendet. Die Gesetze sind so weit gefasst, dass sie jegliche Werbeanzeigen der Sexbranche sowie Websites rund um Unterstützung, Beratung und Community-Aktivismus abdecken. Als Folge wurden Websites wie Craigslist Personals und Backpage.com offline genommen, auf denen sich Sexarbeiter:innen über gefährliche Kund:innen informieren konnten. »Wir sind komplett am Arsch«,[24] so Ceyenne Doroshow, eine Schwarze trans Frau, ehemalige Sexarbeiterin und Gründerin sowie geschäftsführende Direktorin des in New York ansässigen Vereins Gays and Lesbians Living in a Transgender Society (GLITS).

2018 erklärten trans Sexarbeiter:innen im Interview mit *Vice*, die Gesetze hätten eine Arbeitsatmosphäre voller Verzweiflung geschaffen, wovon Zuhälter:innen und Manager:innen profitierten, die die Kontakte zwischen den Arbeiter:innen und der Kundschaft herstellten. Die siebenundzwanzigjährige Sonja, eine trans Frau mit Behinderung, erzählte, FOSTA/SESTA hindere sie daran, ihre Dienstleistungen zu bewerben und die Kundschaft vorab zu prüfen. Dadurch sei sie in eine schlimme finanzielle Notlage geraten: »Ich habe versucht, wieder zu Kundschaft Kontakt aufzunehmen, die mich sexuell missbraucht oder meine Grenzen überschritten hatte, auch zu einer Person, die mich vergewaltigt hatte – so dringend habe ich Geld gebraucht.«[25]

Die schlimmste Folge von FOSTA/SESTA ist sicher die Gefährdung von Sexarbeiter:innen, ob trans oder nicht. Die Einschränkung der Erwerbsmöglichkeiten von Sexarbeiter:innen brachte jedoch auch eine größer angelegte konservative Offensive gegen digitale LGBTIQ*-Inhalte voran. Vor Redaktionsschluss dieses Buchs hat YouTube LGBTIQ*-Videos entmonetarisiert und Instagram hat LGBTIQ*-Inhalte eingeschränkt und als NSFW (*not safe for work* – also als unangemessen) markiert. Aufgrund von FOSTA/SESTA hat Facebook kürzlich Änderungen der Richtlinien angekündigt, die so weit gehen, dass sämtliche »sexualisierte Umgangssprache«, »sexuelle Rollen« und »sexuelle Fetische« untersagt werden, und seit 2018 hat Tumblr alle »nicht jugendfreien Inhalte« verboten. Da die meisten sozialen Netzwerke in den USA gehostet werden, sind auch britische Sexarbeiter:innen betroffen. Die staatliche Zensur der beruflichen Tätigkeit von trans Sexarbeiter:innen wirkt sich direkt auf die Arbeiter:innen aus, die dadurch ihren Lebensunterhalt verlieren. Darüber hinaus hat das auch allgemeine Auswirkungen auf die LGBTIQ*-Community, die mithilfe dieser Online-Plattformen Gemeinschaften bildet und sich über sexuelle Gesundheit informiert.

Verbände und Gewerkschaften von Sexarbeiter:innen sind – wie alle Gewerkschaften – ein entscheidendes Werkzeug zum Schutz der Arbeit und des Lebensunterhalts der am stärksten gefährdeten trans Arbeiter:innen. Mit großer Wahrscheinlichkeit passiert jedoch Folgendes: Während mehr Rechte für trans Personen auf dem »respektablen« Arbeitsmarkt errungen werden, lassen trans Personen aus der Mittelschicht trans Sexarbeiter:innen eher im Stich. Die unterschwellige Botschaft wird sein, dass Letztere die Trans-Bewegung in Verruf bringen oder die negativen Klischees aus *Tatsächlich Liebe* und *Sex and the City* verstärken würden. In Irland ist die wichtigste Organisation, die sich für Trans-Rechte einsetzt, das Trans Equality Network Ireland (TENI), das Äquivalent zu britischen gemeinnützigen Organisationen wie Stonewall und Gendered Intelligence. Addy sagt jedoch offen, dass TENI und ähnliche Verbände schweigen, wenn es um die Verteidigung von trans Sexarbeiter:innen geht:

»Ich habe Freund:innen bei TENI, aber ich persönlich kann mich nicht daran erinnern, dass sich TENI auch nur einmal für Sexarbeiter:innen eingesetzt hätte. Ich neige eher zu einer Musketier-Haltung – alle für eine und eine für alle –, aber [Mainstream-Organisationen] befinden sich in einer schwierigen Lage, denn da geht es immer auch um Fragen der Moral.«

Addy glaubt, LGBTIQ*-Organisationen und -Vereine seien besorgt, es könne ihrer Glaubwürdigkeit in der Öffentlichkeit schaden, sich zu vieler Themen anzunehmen:

»Bei Sexarbeiter:innen steht es insgesamt nicht so gut um die psychische Gesundheit und bei trans Personen auch nicht, also zeigen die Leute auf diejenigen, die zu beiden Gruppen gehören, und sagen: ›Auf die brauchst du gar nicht zu hören, die sind verrückt.‹«

Das alles unterstreicht, warum die Arbeitsrechte von trans Sexarbeiter:innen die gleichen sind wie die der gesamten Sexbranche: Diese Rechte müssen eine zentrale Forderung jeder radikalen Emanzipationsbewegung für LGBTIQ*-Menschen und Frauen sein. Eine der ersten Berufsgruppen, die in der Coronapandemie unmittelbar finanzielle Einbußen hinnehmen mussten, waren Sexarbeiter:innen. Organisationen wie SWARM (ein Kollektiv für Sexarbeiter:innen in Großbritannien) richteten umgehend einen Härtefallfonds ein. Eine engagiertere Community für trans Sexarbeiter:innen könnte sich beispielsweise um bessere finanzielle Mittel für Interessengruppen bemühen, die sich für Sexarbeiter:innen einsetzen, und größere, »respektablere« LGBTIQ*-Organisationen könnten mit mehr Ressourcen und mit ihrem Einfluss Verbände für Sexarbeiter:innen unterstützen. Grundsätzlich sollten große Gewerkschaften und LGBTIQ*-Vereine in Großbritannien auch für Sexarbeiter:innen eintreten. Dass gemeinnützige Organisationen wie Stonewall sich öffentlich für eine Entkriminalisierung von Sexarbeit aussprechen, ist ein erster Schritt, aber sie müssen auch die von Sexarbeiter:innen geführten Gruppen bei ihrer Arbeit unterstützen. Sexarbeiter:innen und trans Aktivist:innen waren die Ersten, die die gemeinsamen Interessen und die Bedeutung von Solidarität in einer feindseligen Gesellschaft erkannt haben, in der es ihnen an Sichtbarkeit und Einfluss mangelt. So lautet ihr Grundsatz: »Nichts über uns ohne uns.«

5 DER STAAT

»Ich glaube, wir wären nicht da, wo wir heute sind – dass wir immer mehr Menschen dazu ermutigen, sich ernsthaft mit Abolitionismus auseinanderzusetzen –, wenn uns nicht die trans Community gelehrt hätte, dass es möglich ist, den als völlig normal empfundenen Status quo erfolgreich anzufechten. Wenn es also möglich ist, das binäre Geschlechtersystem infrage zu stellen, dann können wir uns doch sicherlich auch erfolgreich gegen Gefängnisse, Haftanstalten und die Polizei wehren.«

ANGELA DAVIS, JUNI 2020[1]

Am 30. März 2020 verabschiedete das ungarische Parlament ein Gesetz, das Ministerpräsident Viktor Orbán die Befugnis erteilte, ohne zeitliche Begrenzung per Dekret zu regieren. Angeblich als Reaktion auf die Coronapandemie setzte das Dekret alle rechtlichen Kontrollmechanismen zugunsten Orbáns ultrakonservativer Regierung außer Kraft (mit Ausnahme des ungarischen Verfassungsgerichts, das seit Orbáns Wahl 2010 ohnehin mit Richter:innen besetzt ist, die ihn unterstützen). Die Machtergreifung alarmierte Kommentator:innen in ganz Europa, die darin ein klassisches Beispiel einer Taktik sahen, die schon zahllose autoritäre Regimes verfolgt hatten: Eine Krise wird genutzt, um die Macht der Exekutive zu erweitern und die demokratische Opposition auszuhebeln. Außerdem wurden die Notstandsbefugnisse nicht ad hoc erteilt. In ihnen gipfelte die jahrelange Unterdrückung der Pressefreiheit, der Unabhängigkeit der Justiz und der Zentralbank durch Orbáns Fidesz-Partei.

Einen Tag nachdem die ungarische Regierung die neuen Befugnisse erhalten hatte, legte sie einen Gesetzesentwurf vor, den Artikel 33. Er schlägt eine Änderung des Gesetzes zum Personenstandseintrag vor, das die Registrierung von Geburten und die Ausstellung von Ausweispapieren regelt. Demnach soll das ungarische Wort für Geschlecht »nem«, was sowohl *sex* als auch *gender* bedeuten kann, durch das Wort »születési nem« (»Geburtsgeschlecht«) ersetzt werden, das als »biologisches Geschlecht bestimmt nach primären Geschlechtsmerkmalen und Chromosomen« definiert wird. Diese scheinbar kleine Korrektur könnte schwerwiegende Folgen für die ungarische trans Community haben. Denn das einmal eingetragene Geburtsgeschlecht kann dann nachträglich weder in der Geburtsurkunde noch in den Ausweisdokumenten geändert werden. Die Begründung der Regierung ließ keinen Interpretationsspielraum: »Da es unmöglich ist, das biologische Geschlecht vollständig zu ändern, muss gesetzlich verankert werden, dass es auch standesamtlich nicht geändert werden kann.« Menschenrechts- und LGBTIQ*-Gruppen in Ungarn und ganz Europa sahen darin nicht nur einen Verstoß gegen die Europäische Menschenrechtskonvention und einen Widerspruch zum Fallrecht des ungarischen Verfassungsgerichts, sondern auch einen gezielten Angriff auf die Rechte, die es trans Personen erlauben, sicher als Bürger:innen in der Gesellschaft leben können.

Mal ganz abgesehen von der Böswilligkeit spricht Ungarns Artikel 33 auch Bände im Hinblick auf die politischen Prioritäten der Regierung: Warum um alles in der Welt befasst sich eine Regierung, die gerade ihre medizinische und wirtschaftliche Reaktion auf eine schwere Pandemie koordinieren muss, mit der Beschneidung der Freiheitsrechte von trans Menschen? Darin zeigt sich, wie im »Kulturkrieg« zwischen links und rechts in vielen Ländern oft die Rechte von trans Menschen beschnitten werden, um von anderen Streitthemen abzulenken.

Trans Menschen stehen symbolisch für größere, grundlegendere Bedenken hinsichtlich der Selbstbestimmung des Individuums in der Gesellschaft. Dass trans Personen die vorherrschende tief verwurzelte, verstaubte Vorstellung ablehnen, biologische Merkmale ließen Rückschlüsse auf die Identität zu, stellt den Nationalstaat vor ein Dilemma: Soll er den Einzelnen Glauben schenken und die selbstbestimmte Identität rechtlich und gesellschaftlich anerkennen? Oder sollte der Staat sich selbst die letzte Entscheidungsbefugnis in Bezug auf die Identität erteilen und seine Macht gegenüber der einzelnen Person durchsetzen – notfalls mit Gewalt? Im Angriff auf Transidentität an sich durch starre, unumstößliche Definitionen von *sex* und *gender*, wie die von Orbáns Fidesz-Partei, wiederholt sich die Vorgehensweise, mit der Staatsregierungen bereitwillig eine totalitäre Ideologie annehmen. Schließlich sind bereits seit 1933, als junge Nationalsozialisten Magnus Hirschfelds Berliner Institut für Sexualwissenschaft zerstört haben, Angriffe auf trans Menschen faschistische Praxis.

Angesichts dieser langen Tradition staatlicher Gewalt und Unterdrückung möchte ich die Beziehung zwischen trans Menschen und staatlichen Machtmechanismen untersuchen: Insbesondere will ich die Beziehung zwischen trans Menschen und der Polizei betrachten, zwischen trans Menschen und dem Gefängnissystem und trans Menschen und dem Einwanderungssystem, vor allem in Großbritannien. Doch werfen wir zunächst einen Blick auf das Militär in den Vereinigten Staaten. Nicht nur in Diktaturen wie der von Orbán gedeiht diese Art von staatlich geförderter Gewalt. Eins der deutlichsten aktuellen Beispiele, wie trans Personen als Staatsfeinde dargestellt werden, bietet – vielleicht wenig überraschend – die US-Bundesregierung während Trumps Präsidentschaft.

Am 26. Juli 2017 tweetete Donald Trump:

»Nach Beratung mit meinen Generälen und Militärexperten möchte ich darauf hinweisen, dass die Regierung der Vereinigten Staaten weder akzeptieren noch erlauben wird … dass transgender Personen in jedweder Funktion Militärdienst in den USA leisten. Unser Militär muss sich auf den entscheidenden und überwältigenden … Sieg konzentrieren und darf nicht mit enormen medizinischen Kosten und der Spaltung belastet werden, zu denen Transgender im Militär führen würden.«

Mit dem daraufhin verordneten Ausschluss von trans Menschen aus dem US-amerikanischen Militär wurde eine frühere, seit den 1960er-Jahren geltende Regelung wieder eingeführt, die 2016 von der Obama-Regierung abgeschafft worden war. Darüber hinaus erließ Trump in den ersten beiden Jahren seiner Amtszeit eine Reihe weiterer transfeindlicher Anordnungen. Unter anderem widerrief er den Erlass, dem zufolge staatliche Schulen trans Schüler:innen erlauben sollten, die der eigenen Geschlechtsidentität entsprechenden Toiletten zu benutzen. Trump begründete den Ausschluss von trans Personen aus dem Militär mit der »Belastung« durch die enormen medizinischen Kosten, die das Pentagon für die Finanzierung der Gesundheitsversorgung von trans Militärpersonal zu stemmen habe. Nicht einmal oberflächlich betrachtet ist diese Begründung haltbar: Nicht alle trans Menschen unterlaufen während des Militärdiensts eine medizinische Transition, und viele transitionierten schon Jahre vor dem Eintritt ins Militär. Dennoch betraf das Verbot alle trans Menschen, unabhängig davon, ob sie gerade medizinisch transitionierten oder nicht. Auch der Mythos um die laut Trump besonders belastenden Kosten wurde schnell widerlegt. Im Vergleich zu anderen Aspekten der Gesundheitsversorgung, die aktive Soldat:innen und Veteran:innen in Anspruch nehmen, sind die Kosten für die Trans-Gesundheitsversorgung vernachlässigbar. (Nach Trumps Ankündigung machte in den Medien eine Statistik die Runde, der zufolge das Pentagon fünfmal mehr für Viagra ausgebe als für die Gesundheit von trans Menschen.[2])

Innerhalb der trans Community fielen die Reaktionen auf das Trans-Verbot im Militär unterschiedlich aus. Einige vertraten die Ansicht, das Verbot verweigere trans Menschen das Recht und die Ehre, dem eigenen Land zu dienen. Zu diesen Stimmen zählten aktive und ehemalige trans Soldat:innen, wie die Aktivistin Charlotte Clymer. Sie argumentierte, trans Menschen blickten mit Stolz auf viele Jahre zurück, in denen sie für ihr Land gekämpft hatten. »Derzeit dienen Tausende offen trans lebende Soldat:innen – ausgebildete Fachleute, einige der besten und klügsten, die unser Militär zu bieten hat –, viele von ihnen in Kriegsgebieten«, sagte sie in einer Fernsehansprache bei *CBS News* und fügte hinzu, dass »sie nach wie vor die höchsten Leistungsansprüche erfüllen«. Sowohl in ihrer Rede als auch auf Twitter prangerte Clymer wiederholt an, dass Trump sich geweigert hatte, im Vietnamkrieg zu dienen, und bezeichnete ihn als »Drückeberger«. Es gebe keinerlei Beweise dafür, dass trans Menschen weniger zum Militärdienst geeignet seien als andere US-Bürger:innen, so die Argumentation, und da der Militärdienst ein Ausdruck von Patriotismus sei, sei es per se unpatriotisch, trans Menschen auf diese Weise auszugrenzen.

Wer dem US-Militär und der globalen Machtpolitik der USA allgemein eher kritisch gegenübersteht, nahm die Kritik an dem Verbot mit Skepsis wahr. Als Sozialistin und Antiimperialistin fällt es mir schwer zu akzeptieren, dass der Dienst im Militär einer westlichen Macht an sich etwas Ehrenhaftes (oder gar ein Bürgerrecht) sein soll. Darum war ich hin- und hergerissen zwischen Mitgefühl für die trans Militärangehörigen, deren Gesundheitsversorgung nun bedroht war und die in Angst vor Arbeitslosigkeit oder sogar Schikanen lebten, weil ihr Präsident sie als grundlegend ungleich stigmatisiert hatte, und meinem großen Unbehagen darüber, argumentieren zu müssen, dass trans Soldat:innen, tja, nun einmal ebenso gut wie cis Soldat:innen in andere Länder einmarschieren und Menschen töten können. Die liberalen Argumente von trans Menschen konzentrierten sich meist auf die Wiedereingliederung ins aktuelle Militärsystem als erstrebenswertes Ziel. Andere (zu denen auch ich mich zähle) hatten kein gutes Gefühl dabei, sich für die Eingliederung in ein System einzusetzen, das wir vehement ablehnen.

Diese Debatte (und dieses Dilemma) haben trans Menschen als politische Gruppe von der Schwulen- und Lesbenbewegung geerbt. In den Nullerjahren wurde das Recht, den Streitkräften beizutreten, neben der Ehe für alle zur zentralen Forderung von Gay-Rights-Kampagnen. Die Kritik von queeren Akademiker:innen und Aktivist:innen fiel ähnlich aus wie die Kritik zum Dienstverbot von trans Menschen im Militär. Die Homosexuellenbewegung verschenke ihr radikales, revolutionäres Potenzial für die Gesellschaft als Ganzes, so die Argumentation, und ordne sich stattdessen dem Kapitalismus und dem westlichen Imperialismus unter.

Sich als homosexuellen Menschen gegenüber wohlwollend zu präsentieren, galt für Regierungen und die *weiße* Mehrheitsbevölkerung in Europa und Nordamerika schon bald als Möglichkeit, sich von anderen Kulturen und rassifizierten Gruppen abzuheben. Wie es die Wissenschaftlerin Jasbir Puar ausdrückt: »›Akzeptanz‹ und ›Toleranz‹ gegenüber schwulen und lesbischen Personen sind zum Maßstab für das Recht auf und die Fähigkeit zu staatlicher Souveränität geworden.«[3] Mit anderen Worten: Die Integration der »richtigen« LGBTIQ*-Bürger:innen (*weiß*, legaler Aufenthaltsstatus, nicht kriminell, sexuell anständig) ist für die imperialistischen westlichen Mächte zu einem Mittel geworden, die eigene Vorherrschaft zu behaupten und ihre Rolle als moralische Entscheidungsinstanz für Menschenrechte und Gerechtigkeit für den Rest der Welt zu festigen – was erklärt, warum homosexuelle und trans Soldat:innen so beliebte Aushängeschilder für Mainstream-LGBTIQ*-Kampagnen und Gleichstellungsauszeichnungen sind. Zu den britischen Beispielen gehören James Wharton, der erste offen schwul lebende Soldat auf der Titelseite der offiziellen Monatszeitschrift *Soldier Magazines* der britischen Armee, und Hannah Graf, die nach ihrer Transition 2013 zur ranghöchsten trans Person in der britischen Armee aufstieg. Graf wurde von Stonewall zum »Trans Role Model of the Year 2019« und im selben Jahr auch zum MBE (Mitglied des Order of the British Empire) ernannt. Die Sichtbarkeit solcher Persönlichkeiten im öffentlichen Leben stärkt das Bild des Militärs als ultimative Instanz, über die zum Leben und Wohlstand des eigenen Landes beigetragen werden kann.

Natürlich können wir diesen unverfrorenen Hurrapatriotismus

kritisieren, aber er bietet einen ernüchternden Einblick in die Hintergründe von Trumps Priorität, trans Personen aus dem Militär auszuschließen. Das Verbot läutete einen Paradigmenwechsel ein, weg von dem sozialliberalen Ansatz westlicher Regierungen. Mit der Aussage, speziell die Trans-Gesundheitsversorgung verdiene keine staatliche Unterstützung und unterscheide sich von allen anderen Arten der Gesundheitsversorgung, wurde die Symbolkraft des Militärs genutzt, um auszudrücken, dass trans Personen als Belastung für den Staat und Bürde für das Volk angesehen werden. Wie bei Orbáns Abschaffung der gesetzlichen Anerkennung des Geschlechts ist eine derartige Erniedrigung einer Minderheitengruppe inhärent faschistisch, selbst wenn sie im Rahmen einer Demokratie und eines problematischen Militärsystems stattfindet. Aus diesem Grund habe ich trotz meiner Kritik an der US-Außenpolitik das Verbot letztendlich doch verurteilt. Schließlich wurde es vom neu gewählten Präsidenten Biden wenige Tage nach dem Amtsantritt im Januar 2021 aufgehoben, was eine Rückkehr zum liberalen Ansatz von Inklusion und Anpassung signalisiert, dem ich nach wie vor äußerst skeptisch gegenüberstehe. Dennoch muss betont werden, dass trans Personen keine Bürde für die Gesellschaft oder den Staat sind. Die Pflicht des Staats sollte es sein, trans Personen zu unterstützen, nicht andersherum.

Bislang beschäftigte sich dieses Buch vor allem mit dem Kampf von trans Menschen für Bedingungen, die für ein glückliches Leben und die Teilhabe an der Gesellschaft notwendig sind: Familie und Freund:innen, Gesundheit und Geld. Doch wenn wir die Beziehung zwischen trans Personen und dem Staat untersuchen wollen, müssen wir uns mit zwei zentralen Fragen auseinandersetzen, die zeigen, wie die Existenz von trans Personen die Struktur unserer Gesellschaft infrage stellt: Inwieweit müssen sich trans Personen anpassen, um sich in die derzeitige Gesellschaftsordnung einzufügen? Inwiefern zeigen die Herausforderungen, mit denen die Gesetzgebenden durch trans Menschen konfrontiert sind, grundlegende Mängel im gesamten System auf?

Während es für manche Gesellschaften allmählich normalisiert wird, dass es trans Menschen gibt, weist einiges daraufhin, dass der Staat nun die Autoritätsposition einnimmt, die früher medizinische Gatekeeper:innen innehatten. Er tut das, indem er versucht, die Grenzen dessen, was es bedeutet, im Kapitalismus auf akzeptable Weise trans zu sein, festzulegen, zu definieren und zu kontrollieren. Besonders deutlich wird das im britischen Konflikt über die Reform des Gender Recognition Acts. Der lautstarke Widerstand dagegen, dem Individuum die volle Freiheit zu gewähren, das eigene Geschlecht ohne externe Gutachten oder Bedingungen in Ausweispapieren anzupassen, deutet auf einen grundsätzlichen Widerwillen des Staats hin, die Herrschaft über das Leben von trans Personen aufzugeben.

Jegliche Analyse der Beziehung zwischen trans Menschen und dem Staat muss mit der Polizeiarbeit beginnen. Während trans Personen in der Gesellschaft sichtbarer und akzeptierter werden, muss sich auch die Polizei als vermeintliche Verteidigerin von trans Menschen gegen Intoleranz und Gewalt weiterentwickeln. In England und Wales umfasst die sogenannte Hasskriminalität, zu der auch Gewalt gegen trans Personen sowie deren Beleidigung und Belästigung gehören, verschiedene Straftaten, bei denen die Täter:innen durch Feindseligkeit aufgrund einer Behinderung, *race,* Religion, sexuellen Orientierung oder Transidentität des Opfers motiviert sind. Das Fenster im Haus gegenüber einzuschlagen, weil dein Nachbar deine Einfahrt zugeparkt hat, ist Sachbeschädigung; das Fenster deines Nachbarn einzuschlagen, weil er ein trans Mann ist, ist darüber hinaus ein Hassverbrechen. Im deutschen Gesetzestext werden homo- oder transfeindliche Motive bisher nicht explizit genannt und können deshalb schwerer nachverfolgt und bestraft werden.

Mit dem Begriff »Hasskriminalität« kann gegenüber der Staatsanwaltschaft die besondere Schwere einer Straftat ausgedrückt werden. Beweise für ein transfeindliches Motiv erhöhen die Wahrscheinlichkeit, dass eine Strafverfolgung im öffentlichen Interesse erforderlich ist, und gelten als strafschärfend: Die Staatsanwaltschaft kann für eine höhere Strafe plädieren, und Richter:innen können letztendlich eine höhere Strafe verhängen, als für die gleiche Straftat unter anderen Umständen vorgesehen wäre. Feindseliges Verhalten gegenüber einer anderen Person, das durch Hass motiviert ist, aber an sich keine Straftat darstellt, kann polizeilich als Hassvorfall erfasst werden. Trans Personen sind besonders häufig von Hasskriminalität betroffen: 10 Prozent der trans Personen aus Deutschland gaben bei einer Befragung an, in den letzten zwölf Monaten physische oder sexuelle Übergriffe erlebt zu haben, 41 Prozent der britischen trans Personen wurden 2016 Opfer eines Hassverbrechens oder Hassvorfalls.[4] Außerdem verschärft sich das Problem: 2020 wurden in Deutschland 782 Fälle von Hasskriminalität gegen LGBTIQ*-Personen registriert, darunter 154 Gewalttaten, von denen 144 Körperverletzungen waren. 40 dieser Gewalttaten wurden gegen trans Menschen verübt. Das ist ein Anstieg von 36 Prozent gegenüber 2019. Drei schwulenfeindlich motivierte Morde sind nicht in diese Statistik eingegangen.[5]

Das Innenministerium führt den Anstieg auf höhere Melderaten zurück und nicht auf eine Zunahme der Hasskriminalität an sich. Inzwischen werden transfeindliche Belästigung und Gewalt polizeilich besser erfasst und verfolgt. Denn sowohl innerhalb von Mainstream-LGBTIQ*-Organisationen als auch innerhalb der Polizei gibt es gemeinsame Bemühungen, Polizeiarbeit als idealen Weg gegen Transfeindlichkeit in der britischen Öffentlichkeit zu etablieren. Im Mittelpunkt dieses Ansatzes stehen in der Regel LGBTIQ*-Schulungen für Polizeikräfte. In einem Bericht von 2017 empfiehlt Stonewall ausdrücklich Schulungen für »alle Polizeibeamt:innen und Einsatzkräfte, um sicherzustellen, dass sie transfeindliche Hassverbrechen erkennen und aufzeichnen, Opfer besser unterstützen und Täter:innen vor Gericht bringen können«.[6] Mermaids, die gemeinnützige Organisation für Familien und Eltern von trans Kindern in Großbritannien, schult Polizeikräfte zum Thema Trans-Inklusion. Zudem werden queere Polizist:innen bestärkt, sich auf der Arbeit zu outen.

Die engere Zusammenarbeit zwischen Trans-Gruppen und der Polizei zog, wohl zwangsläufig, die Kritik der Medien auf sich. Sogar Protestgruppen wurden aktiv, die die Ansicht vertraten, die Polizei bevorzuge trans Personen übermäßig und schränke die freie Meinungsäußerung ein. »Durch den vehementen Druck sind die Regierungen auf Kommunal- und Landesebene, Universitäten, der NHS und selbst die Polizei fest entschlossen, alle zum Schweigen zu bringen, die es wagen könnten, die Trans-Taliban zu beleidigen«, schrieb die Kommentatorin Julie Bindel im Oktober 2018.[7]

Zwar ist die Vorstellung, eine zwielichtige Trans-Lobby oder »Taliban« habe die Polizei institutionell vereinnahmt, eine wahnhafte Verschwörungstheorie und passt zum Konzept einer moralischen Panik, doch es gibt durchaus berechtigte Kritik an einer Trans-Bewegung, die sich ideologisch und politisch zu sehr mit der Polizeiarbeit befasst. Um zu verstehen, warum die vollständige Trans-Befreiung und die institutionelle Macht der Polizei in einem unauflöslichen Widerspruch stehen, müssen wir uns ihren historischen Antagonismus in Erinnerung rufen. Fast alle historischen Aufzeichnungen über gendervariante Menschen, die dem sehr nahekommen, was wir heute als trans bezeichnen würden, sind Kriminalakten, die mit der Bestrafung sexueller Abweichung zu tun haben. Das ist kein Zufall.

Das moderne Polizeiwesen wurde im 19. Jahrhundert begründet, also zu der Zeit, in der sich auch unser heutiges Verständnis von Sexualität entwickelte. Wie die trans Autorin Juliet Jacques erklärt:

> Die rasante Industrialisierung in London ermöglichte so vielen Menschen wie noch nie zuvor, aus den Dörfern in die Anonymität der Hauptstadt zu flüchten. Die Bevölkerung wuchs so schnell, dass das Gesetz nicht mithalten konnte, und bislang unterdrückte Verhaltensweisen blühten auf: Inmitten der Besorgnis über ansteigende Scheidungsraten, zunehmende Prostitution und Crossdressing, das weithin als sichtbare Seite der Sodomie galt, wurde 1829 die Metropolitan Police gegründet.[8]

Die neuen Maßnahmen, um das Verhalten der unbändigen Stadtbevölkerung einzudämmen, umfassten auch das Kontrollieren von Männlichkeit an sich und führten zu Verhaftungen von Männern in »femininer Kleidung«. Zwar gibt es auch Berichte über Frauen, die Männerkleidung trugen, doch das wurde laut Jacques für gewöhnlich als Täuschung abgetan, um Arbeit zu bekommen, die eigentlich Männern vorbehalten war, also als rein wirtschaftliche Entscheidung. Beim männlichen Transvestitismus hingegen wurde eine sexuell abweichende Motivation unterstellt. Ein berüchtigter Fall war 1870 die Verhaftung von Ernest »Stella« Boulton und Frederick »Fanny« Park. Sie traten als strahlendes Crossdressing-Duo auf britischen Bühnen auf und waren landesweite Berühmtheiten: Ihre Verhaftung vor dem Strand Theatre lockte Hunderte Schaulustige zum Amtsgericht in der Bow Street. Da Crossdressing an sich keine Straftat war, wurden die beiden stattdessen wegen des Verdachts auf homosexuelle Handlungen verhaftet. Durch eine übergriffige – und vermutlich schmerzhafte – polizeiliche Untersuchung sollte festgestellt werden, ob sie Analverkehr gehabt hatten. Das Ergebnis war nicht eindeutig, und die entsprechende Anklage wurde fallen gelassen. Letztlich konnten die beiden nur wegen »Verschwörung zur Anstiftung zu widernatürlicher Unzucht« vor Gericht gestellt werden. Die Verteidiger argumentierten erfolgreich, das Crossdressing und die weiblichen Rollen in der Öffentlichkeit seien lediglich eine Erweiterung ihrer Bühnenfiguren. Widerwillig stimmte der Richter zu und sprach sie frei: In der abschließenden Zusammenfassung beklagte er, dass es keine Gesetze gab, die Boultons und Parks geschlechtliche Abweichung kriminalisierten (er kritisierte jedoch die unberechtigte rektale Untersuchung, der sich die beiden unterziehen mussten).

Die grausame, übergriffige Behandlung, die Boulton und Park durch die Polizei ertragen mussten, ist ein schrecklicher Meilenstein in einer düsteren Geschichte, die sich auch durch das 20. Jahrhundert zieht. Selbst vermeintlich fortschrittliche Gesetze öffneten neuer Polizeischikane Tür und Tor. Die teilweise Entkriminalisierung männlicher Homosexualität in Privathaushalten im Jahr 1967 gilt fälschlicherweise als Beginn einer neuen Ära, doch in Wirklichkeit ging die Polizei nun umso vehementer gegen Personen vor, die verdächtigt wurden, homosexuelle Handlungen in der Öffentlichkeit vorzunehmen. Noch lange nach der Tortur von Boulton und Park erregte der Anschein, die für das eigene Geschlecht »falsche« Kleidung zu tragen, die unerwünschte Aufmerksamkeit der Polizei.

Inzwischen hat sich einiges gebessert. Seit etwa zwanzig Jahren nähern sich Polizei und Teile der Trans-Bewegung einander an. Angefangen hat das mit der veränderten Einstellung der Polizei gegenüber schwulen und lesbischen Menschen in den Neunzigern, nachdem Constable James Bradley 1990 die Gay Police Association (GPA) gegründet hatte. Dabei handelte es sich um ein Netzwerk schwuler und lesbischer Polizeikräfte, die versuchten, schrittweise die homofeindliche Stimmung in Teilen der Polizei zu ändern. Ein riesiger Meilenstein war die Erlaubnis, beim Christopher Street Day in London 2003 in Uniform mitzumarschieren. Mit zunehmender politischer Organisierung der trans Communitys in Großbritannien wurden nach und nach immer mehr schwule und lesbische Organisationen zu »LGBT« – so auch die GPA. 2013 wurde sie aufgelöst und zwei Jahre später durch das National LGBT Police Network ersetzt (außer in Schottland, wo die GPA weiterhin besteht). In Deutschland setzt sich beispielsweise VelsPol, das Mitarbeiter:innennetzwerk für LGBTIQ* von Polizei, Justiz und Zoll, für mehr Sensibilisierung von Polizei und Justiz gegenüber trans- und homofeindlicher Hasskriminalität ein. Die Londoner Metropolitan Police gab 2018 bekannt, dass sie vierzehn Polizist:innen beschäftigt, die trans sind.

Auf den ersten Blick sieht es so aus, als befänden wir uns auf dem direkten Weg der Besserung und zunehmenden Akzeptanz von trans Menschen durch die Polizei und umgekehrt. Doch es gibt berechtigte Gründe zur Skepsis. Zunächst wäre da die Frage der Wirksamkeit: Ist die Polizei tatsächlich die richtige Instanz, um eine weniger transfeindliche Gesellschaft zu schaffen? Bei der Hasskriminalität gegen trans

Menschen ist die Dunkelziffer nach wie vor hoch: 95 Prozent der trans Personen in Deutschland wenden sich nicht an die Polizei,[9] entweder weil sie das Gefühl haben, es nicht zu können, oder weil es sich nicht lohnt. Bezeichnenderweise steigt zwar sehr wohl die Anzahl der polizeilich gemeldeten Hassverbrechen gegen trans Menschen, allerdings nicht die Anzahl der Fälle, die aufgeklärt werden und zu einer Anklage führen: Die meisten Fälle von Hasskriminalität werden ungelöst geschlossen. Noch beunruhigender ist es, dass in Großbritannien die meisten transfeindlichen Hassverbrechen von jungen Menschen begangen werden. Die von BBC beantragte Akteneinsicht ergab, dass 2014 bis 2017 in Fällen von Anti-Trans-Hasskriminalität die meisten Verdächtigen junge Menschen waren, viele davon im Teenageralter oder sogar noch jünger.[10] Laut Zahlen für dieselben Jahre waren siebzig Kinder unter dreizehn, einige davon jünger als sieben, wegen homo- oder transfeindlicher Hasskriminalität bei der Polizei gemeldet worden. Da stellt sich berechtigterweise die Frage, ob der derzeitige Ansatz zum Umgang mit Hasskriminalität der richtige ist. Die Bekämpfung von Gewalt, insbesondere der, die von jungen Menschen ausgeht, durch die Polizei, ebenfalls eine Quelle der Gewalt, ist nicht unproblematisch. Bei der Bekämpfung von transfeindlichem Hass unter Jugendlichen und jungen Erwachsenen auf die Arbeit der Polizei zu vertrauen, statt die Ursache zu ergründen, fällt unter das, was einige radikale Aktivist:innen als »Gefängnislogik« bezeichnen: eine Bestrafungsmentalität, die mehr darauf bedacht ist, Gewalt schärfer zu bestrafen, anstatt an einer weniger gewalttätigen Gesellschaft zu arbeiten. Die Entwicklung einer Kultur zu verhindern, in der Hass auf trans Menschen als normal gilt, verringert mit wesentlich höherer Wahrscheinlichkeit Leid als der erfolglose Einsatz der Polizei und Gesetze gegen Hasskriminalität.

Der zweite Grund zur Sorge ist das staatliche Gewaltmonopol, das von der Polizei verkörpert wird, einer Institution, die trans Personen bis vor Kurzem im Allgemeinen feindselig gegenüberstand. Relikte dieser Feindlichkeit sind noch heute zu spüren. Im Juni 2017 erhielt eine trans Frau in Bristol eine beträchtliche Entschädigungssumme von der Avon and Somerset Police. Sie gab an, Beamte hätten sie gezwungen, sich vollständig zu entkleiden, und ihre Bitte abgewiesen, dass dabei nur Beamtinnen anwesend seien. »Plötzlich haben sie mich wieder gepackt und zu Boden gezerrt. Auf dem Boden haben mir dann Polizisten die Kleider ausgezogen«[11], erzählte sie der LGBTIQ*-Zeitung *Gay Star News*. Sie war verhaftet worden, als sie versucht hatte, sich im Krankenhaus zu erhängen, nachdem sie nicht auf der psychiatrischen Station aufgenommen worden war. Die Polizei warf ihr Sachbeschädigung vor, nahm sie in äußerst verletzlichem Zustand in Gewahrsam, dann griffen die Beamten sie an. Sie zogen ihr gewaltsam BH und Hose aus und sprühten ihr Pfefferspray in die Augen. Berichten zufolge fragten die Beamten die Frau auch, ob sie »heute Herr oder Frau« sei, und bezeichneten sie wiederholt als »er«, obwohl in ihren Ausweispapieren ganz klar das weibliche Geschlecht eingetragen war. Videoaufnahmen bestätigten die Schilderungen der Frau, und die Polizei gestand schließlich den Angriff und die Diskriminierung. Wegen Vorfällen wie diesem sind viele trans Personen extrem misstrauisch, wenn sich die Polizei als Verbündeter und Freund der trans Community positionieren will.

Beim Christopher Street Day in Glasgow im Sommer 2017 vertraten einige trans Demonstrierende die Ansicht, die Polizei solle bei der Parade nicht als Verbündeter bejubelt werden. Als Gegenprotest versuchte eine kleine Gruppe junger trans Personen, den offiziellen Pride-Marsch zum Stillstand zu bringen, indem sie sich in den Weg legten. *Gay Star News* berichtete:

> Einige trugen Schilder mit Anti-Polizei-Botschaften. Sie protestierten dagegen, dass schottische Polizeikräfte direkt hinter einer schottischen Band an der Spitze der Parade marschierten. Die Parole: »No pride in the police« (zu Deutsch: »Kein Stolz auf die Polizei«).[12]

Die Polizei versuchte, die Gruppe gewaltsam zu entfernen: Die Protestierenden wurden mit dem Gesicht nach unten zu Boden gedrückt und ihnen wurden Handschellen angelegt. Mehrere wurden verhaftet, doch schließlich ohne Anklage freigelassen. Der Einsatz übermäßiger Gewalt gegen friedliche Demonstrierende beim Christopher Street Day, der ursprünglich ein queerer Protest gegen repressive Polizeimaßnahmen war, bestätigte wohl die Bedenken einiger radikalen und linken Gruppen, welchen Preis trans Communitys dafür zahlen, dass sie der Polizei eine derart zentrale Rolle in ihrer Politik einräumen. Der Christopher Street Day in Glasgow hat gezeigt, dass Schutz und Loyalität vonseiten der Polizei immer an eine zufriedenstellende Zusammenarbeit mit dem Staat gekoppelt ist – jeglicher Widerspruch kann nach wie vor mit Gewalt geahndet werden. Solche Zwischenfälle erinnern daran, dass die im 21. Jahrhundert neu entstandene Beziehung zwischen Polizei und trans Menschen letztlich auf Bittgesuchen und nicht auf Solidarität beruht.

Die Vorstellung, der britische Staat und die Polizei würden dazu beitragen, Freiheit für alle trans Menschen zu sichern, setzt zudem *Weiß*sein und Kompliz:innenschaft mit der *weißen* Vorherrschaft voraus. Die britische Polizei ist strukturell rassistisch und feindselig gegenüber Communitys of Color, darunter auch trans People of Color. Schwarze Menschen werden in England und Wales vierzigmal so oft von der Polizei angehalten und durchsucht wie *Weiße*;[13] People of Color sterben mit doppelt so hoher Wahrscheinlichkeit in Polizeigewahrsam. Trans Menschen of Color befinden sich also an der Schnittstelle zwischen der seit jeher vorhandenen Feindseligkeit der Polizei gegenüber trans Personen und der anhaltenden Polizeibrutalität gegenüber Communitys of Color.

Sowohl in den USA als auch in Großbritannien spielten Schwarze trans Menschen eine wesentliche Rolle bei der Organisation der Black-Lives-Matter-Bewegung, leisteten Widerstand und demonstrierten gegen Polizeigewalt. In jüngerer Zeit haben sich Schwarze trans Aktivist:innen in linken Bewegungen dafür eingesetzt, dass der Polizei die finanziellen Mittel entzogen werden und dass auf ein Staatsgefüge ohne Polizei hingearbeitet wird. Die Ermordung von George Floyd, einem Schwarzen cis Mann, durch die Polizei in den USA am 25. Mai 2020 löste weltweit erneut eine Welle von Black-Lives-Matter-Demonstrationen aus. Schwarze trans Aktivist:innen versuchten daraufhin, auch auf den Mord an Tony McDade, einem Schwarzen trans Mann, durch die Polizei in den USA zwei Tage später aufmerksam zu machen. »Niemand schützt uns, unser Leben ist permanent in Gefahr – Schwarz und trans zu sein heißt, dass dein Leben am seidenen Faden hängt und zu wissen, dass der Faden jeden Moment reißen kann«, schrieb trans Black-Lives-Matter-Organisator:in Melz Owusu nach dem Mord an McDade.[14] Selbst wenn Schwarze trans Menschen von Aggressor:innen ermordet werden, die nicht der Polizei angehören, verhält sich die Polizei respektlos und misgendert sie in ihren Berichten und bei den Ermittlungen. *Weiße* trans Menschen können keine Befreiung für sich einfordern, die eine anhaltende Polizeigewalt gegen BIPoC hinnimmt.

In der britischen Trans-Bewegung und ihrer allzu vertraulichen Beziehung zum Staat und zur Polizei wird von einem *weißen* Standard ausgegangen. Daher können *weiße* trans Menschen leicht über Probleme hinwegsehen, die mit *race* zusammenhängen. Eines der schwerwiegendsten dieser Probleme, das nicht auf den ersten Blick offensichtlich scheint, ist die psychische Gesundheit. Erschreckenderweise steht der Einsatz von Polizeigewalt in einem von vier Fällen mit einer psychischen Erkrankung der betroffenen Person im Zusammenhang. Außerdem werden in unserer Gesellschaft, wie bereits festgestellt, sowohl trans Menschen als auch People of Color unzureichend versorgt und sind überproportional häufig von akuten psychischen Krisen betroffen. Nehmen wir beide Faktoren zusammen, dann ist es verständlich, dass dort, wo eine *weiße* trans Person der Polizei gegenüber vielleicht Bedenken hegt, eine trans Person of Color hingegen tiefes Misstrauen, ja sogar Angst empfinden kann. 1984 sprach der Schriftsteller James Baldwin über die unterschiedlichen

Erwartungen *weißer* und Schwarzer homosexueller Menschen in einer rassistischen Gesellschaft. Seine Worte lassen sich ebenso gut auf trans Personen übertragen:

> Ein Schwarzer homosexueller Mensch, der für die Gesellschaft sexuell ein Rätsel darstellt, wird bereits lange bevor die Frage der Sexualität überhaupt aufkommt, bedroht und stigmatisiert, weil er oder sie Schwarz ist. Die Frage der Sexualität stellt sich erst nach der Frage der Hautfarbe; sie ist einfach ein weiterer Aspekt der Gefahr, in der alle Schwarzen Menschen leben. Ich glaube, *weiße* homosexuelle Menschen fühlen sich betrogen, weil sie in eine Gesellschaft hineingeboren wurden, in der sie eigentlich sicher sein sollten. Ihre abweichende Sexualität bringt sie unerwartet in Gefahr […] Ich habe schon immer den Eindruck, dass es da ein gewisses Element der Verblüffung und Klage gibt.[15]

Baldwins Argumentation bezieht sich zwar nicht speziell darauf, aber Polizeibrutalität ist sicher eine von vielen Arten, wie Schwarze Menschen und People of Color auf eine Weise von Rassismus »bedroht und stigmatisiert« werden, wie es *weiße* Menschen, einschließlich *weißer* trans Personen, für gewöhnlich nicht werden. Allein aufgrund dieser Tatsache ist für linke Aktivist:innen in der queeren und Trans-Bewegung, die Antirassismus als wesentlichen Bestandteil ihrer Politik betrachten, jede Form von Partner:innenschaft mit der Polizei unvertretbar. Allerdings sehen manche trans Aktivist:innen in einer eher wohlwollenden Kommunikation zwischen trans Communitys und der Polizei eine praktische Notwendigkeit. Ich verstehe zwar durchaus, dass aus pragmatischen Gründen und Mangel an Alternativen die Zusammenarbeit mit der Polizei sinnvoll sein kann, aber etwas ganz anderes ist es, wenn Polizeileute in Uniform beim Christopher Street Day mitmarschieren, LGBT-Diversity-Preise gewinnen oder allein schon dafür gelobt werden, dass sie gegenüber den »richtigen« trans Personen etwas weniger repressiv vorgehen. Auch wenn sich der Kontakt zwischen einzelnen trans Personen und einzelnen Polizeikräften in Communitys vor Ort im Alltag durch eine stärkere Sensibilisierung der Polizei für Trans-Themen teilweise verbessern lässt, schließen sich Trans-Befreiung und die Institution der Polizei gegenseitig aus. Denn Letztere ist nach wie vor der verlängerte Arm einer Strafjustizmaschinerie, die vielen trans Personen weder jetzt noch in Zukunft gerecht wird.

Nirgends wird das deutlicher als im Gefängnissystem. Trans Personen sind wesentlich häufiger Opfer von Verbrechen, insbesondere Gewaltverbrechen, als dass sie Täter:innen sind. Diese Tatsache steht in direktem Widerspruch zu der in den Medien typischen Darstellung der trans Bevölkerung, vor allem trans Frauen, als besonders abartig und gefährlich. Trans Frauen sind es nur allzu sehr gewohnt, als Angreiferinnen, Stalkerinnen oder Perverse abgestempelt zu werden. Seit dem Goldenen Zeitalter des Films ist der crossdressende Psychokiller ein wiederkehrendes Motiv in Hollywood-Thrillern. Mit der Handlung von Alfred Hitchcocks Film *Psycho* aus dem Jahr 1960 dürften die meisten vertraut sein: Der gender-troubled Muttermörder Norman Bates lagert die verwesende Leiche seiner Mutter in einem Obstkeller und nimmt ihre Identität als zweite Persönlichkeit an. Als Crossdresser stellt Norman jungen, unschuldigen Frauen nach und tötet sie. Drei Jahrzehnte später gewann *Das Schweigen der Lämmer* alle wichtigen Oscars. Der Film ist auch weiterhin regelmäßig auf Listen der einflussreichsten Filme aller Zeiten vertreten und handelt von einem Serienmörder, der sich (fälschlicherweise, wie uns gesagt wird) als transsexuelle Frau ausgibt, Frauen entführt und ihnen die Haut abzieht, um sich ein Kleid daraus zu nähen. Nicht gerade subtil – aber der Film ist einflussreich, wie die Kritiker:innen schreiben. Der labile transsexuelle oder transvestitische Killer taucht auch in anderen beliebten Horrorklassikern auf, in der Reihe *Texas Chainsaw Massacre* zum Beispiel oder in dem Film *Dressed to Kill* aus dem Jahr 1980. Auch wenn diese Filme das Publikum vielleicht nicht ausdrücklich dazu aufrufen, trans Personen im echten Leben als Mörder:innen zu sehen, haben sie sehr wohl gewisse Klischees etabliert, die trans Personen – insbesondere trans Frauen (oder alle, die in Frauenkleidung als männlich wahrgenommen werden) – mit Angriffen, Stalking, sexuellem Fetischismus, gewalttätiger Frauenfeindlichkeit und Besessenheit in Verbindung bringen.

Das hört nicht bei Horrorfilmen auf. Im Februar 2017 titelte die *Sun*, die meistverkaufte Zeitung in Großbritannien: »Der ›neue Name‹ des Soham-Killers«. Die Überschrift bezog sich auf den berüchtigten Mörder Ian Huntley, der 2002 in der Stadt Soham in Cambridgeshire die beiden zehnjährigen Mädchen Jessica Chapman und Holly Wells entführt und getötet hatte – eine Nachricht, die das Land schockierte. Fünfzehn Jahre später berichtete die *Sun*, Huntley kaufe im geschlossenen Männervollzug Frankland Make-up und verwende einen Frauennamen. Die Geschichte stammte aus einem anderen Klatschblatt, dem *Daily Star*. Innerhalb kürzester Zeit griffen weitere britische Zeitungen die Geschichte auf und schmückten die Einzelheiten aus. Angeblich trug Huntley gern eine blonde Perücke, wollte »Nicola« genannt werden (so hieß die Mutter eines der Opfer) und verlangte von den Vollzugsbeamt:innen, das neue Geschlecht zu respektieren. Natürlich erhitzten sich die Gemüter über den unterschwelligen Zusammenhang zwischen trans Menschen und Kindesmord. In einer Kolumne von Hadley Freeman käute selbst Großbritanniens liberale großformatige Zeitung *Guardian* die Geschichte über Huntleys vorgeblichen Wunsch, das Geschlecht zu ändern, wieder und titelte: »Identität ist das große Thema unserer Zeit: Also warum können wir nicht ehrlicher über trans Frauen sprechen?«

Aber die komplette Geschichte war frei erfunden. Auf Huntleys Wunsch hin veröffentlichte der *Daily Star* zwei Jahre später schließlich eine knappe Richtigstellung, in der es hieß, dass Huntley »keine Perücke besitzt, nie darum gebeten hat, mit einem anderen Namen als seinem eigenen angesprochen zu werden, und dass er nie den Plan hatte, seine Geschlechtsidentität zu ändern«.

Davon unbeirrt veröffentlichte die *Sun* im April 2020 wieder eine Schlagzeile: »Gefängniswärterinnen von Insassen vergewaltigt, die sich als trans identifizieren, behauptet Ex-Tory-Minister Rory Stewart.« In dem Artikel wurde eine Unwahrheit wiederholt, die der Londoner Bürgermeisterkandidat und ehemalige Gefängnisminister Rory Stewart in einem Interview mit dem Magazin *GQ* geäußert hatte. Trotz der alarmierenden Schlagzeile räumt die *Sun* nach acht Absätzen selbst ein: »Eine Pressevertretung der Strafvollzugsanstalt sagte dazu: ›Wir haben keinerlei Aufzeichnungen über einen Vorfall dieser Art. Im Umgang mit trans Gefangenen gelten strenge Sicherheitsmaßnahmen zum Schutz unseres Personals und der anderen Inhaftierten.‹«[16] 2017 wurde eine Website namens Trans Crime UK online gestellt – die Headline: »Verzeichnis von Verbrechen, die von transgender Personen in Großbritannien begangen wurden«. Dort werden sämtliche Verurteilungen von trans Personen seit 2014 gesammelt. Mithilfe der Website sollte ein Zusammenhang zwischen trans Personen und Gewaltkriminalität aufgezeigt werden, um die Regierung unter Druck zu setzen, die Reformen des Gender Recognition Acts zu verwerfen. Diese Website ist im Juni 2022 immer noch online.

Natürlich begehen einige trans Menschen Straftaten, wie Menschen aus jeder anderen Gesellschaftsgruppe auch. Der Begriff »Straftat« ist ein weit gefasstes Konzept des Staats für Verstöße gegen das Gesetz. Was als kriminell gilt, hat manchmal nichts mit einem moralischen Urteil oder dem entstandenen Schaden zu tun, auch wenn wir dazu angehalten werden, das als ein und dasselbe zu betrachten. Es gibt zahllose historische Beispiele für ungerechte Gesetze, die Schaden anrichteten und deren Übertretung ethisch vertretbar war. Gewisse Straftaten, beispielsweise solche, die im Zusammenhang mit Drogen, Sexarbeit oder Armut (wie Ladendiebstahl) stehen, kommen bei marginalisierten Gruppen, einschließlich trans Personen, manchmal häufiger vor. Das bedeutet jedoch nicht, dass Minderheitengruppen eine Tendenz zu Kriminalität in sich tragen, die eine körperliche, emotionale oder sexuelle Bedrohung für die allgemeine Bevölkerung darstellt.

Als Teil einer häufig marginalisierten Gruppe können trans Menschen also unverhältnismäßig oft mit dem Strafrechtssystem in Berührung kommen, sowohl wegen Straftaten, die sich aus ihrer Marginalisierung ergeben, als auch gelegentlich wegen Straftaten, die eine Gefahr für andere darstellen oder einer anderen Person Schaden zufügen. Wenn sie ins Gefängnissystem gelangen, erfahren trans Menschen einige der schlimmsten Behandlungen mit teils verheerenden Folgen.

Wenn von Inhaftierten die Rede ist, wird oft verallgemeinert, ohne auf das Ausmaß der Gewalt oder die Schwere der Straftat, für die die Person inhaftiert wurde, einzugehen. Zum Zeitpunkt der Veröffentlichung dieses Buchs zählte das Justizministerium 163 trans Gefangene in England und Wales bei insgesamt 82 634 Inhaftierten (also 0,2 Prozent). Die tatsächliche Zahl ist wahrscheinlich höher, zum einen, weil Gefangene mit geändertem Geschlechtseintrag und angepasster Geburtsurkunde nicht mitgerechnet werden, und zum anderen, weil die Zahl davon abhängt, ob sich die Gefangenen bei der Gefängnisverwaltung als trans geoutet haben, was generell eher Personen mit längeren Haftstrafen tun. Selbst mit Spielraum gerechnet ist die Zahl der inhaftierten trans Personen verschwindend gering – die Medienberichterstattung spiegelt das allerdings nicht wider.

Berichte über inhaftierte trans Menschen konzentrieren sich in der Regel auf das Thema, wo im Gefängnissystem inhaftierte trans Frauen untergebracht sind. Im Mittelpunkt steht die Annahme, dass cis Menschen sich mit trans Frauen im Allgemeinen und vor allem mit der Vorstellung unwohl fühlen, dass trans und cis Frauen sich Räume teilen. Seit der Einführung vor zwei Jahrhunderten wurden im modernen Gefängnissystem in den meisten Ländern Gefangene strikt nach dem Geschlecht getrennt in Einrichtungen für Männer oder Frauen untergebracht, normalerweise den äußeren Genitalien entsprechend. Diese Teilung wurde in Großbritannien erstmals nach der Verabschiedung des Equality Acts 2010 angepasst. Den neuen Richtlinien aus dem Jahr 2011 zufolge sollte ein trans Mann in einer Einrichtung für Männer untergebracht werden, wenn er vor der Inhaftierung die Geburtsurkunde und den Geschlechtseintrag amtlich geändert hatte.

(Dazu musste er das im Gender Recognition Act 2004 beschriebene Verfahren durchlaufen, um ein Gender Recognition Certificate zu erhalten.) Das galt auch für eine trans Frau, die ihr Geschlecht rechtlich hat anerkennen lassen, es sei denn, ihre Unterbringung in einer Einrichtung für Frauen würde ein Sicherheitsrisiko für andere weibliche Inhaftierte darstellen. Die Kriterien waren immer noch recht eng gefasst – die meisten trans Personen erhalten kein Gender Recognition Certificate –, dennoch wurde erkannt, dass trans Personen ein binäres Gefängnissystem kompliziert machen. Als einziges deutsches Bundesland hat Berlin eine Gesetzgebung, wonach vom Geschlechtertrennungsgrundsatz abgewichen werden kann.

2016 wurde die Regelung weiter aufgeweicht, zum Teil aufgrund der im Fokus der Öffentlichkeit stehenden Inhaftierung von Tara Hudson. Die junge trans Frau war im Jahr zuvor sechs Wochen in einer Haftanstalt gewesen, nachdem sie gestanden hatte, einem Barmann einen Kopfstoß versetzt zu haben. Hudson nahm zwar seit ihrer Jugend Hormone ein, besaß aber kein Gender Recognition Certificate. Ihr Aussehen – das ihr bei der Öffentlichkeit sicherlich Sympathiepunkte einbrachte – war auf Fotos auf klassische Art feminin. Hudson war zunächst sieben Tage lang im Männervollzug HMP Bristol inhaftiert, wurde dann aber in den Frauenvollzug Eastwood Park verlegt, da das Justizministerium durch eine von Hudsons Familie initiierte Kampagne und einer von 150 000 Menschen unterschriebenen Online-Petition unter Druck gesetzt worden war. Später erzählte Hudson, sie sei während des kurzen Aufenthalts im Männervollzug sexuell genötigt worden und habe die Atmosphäre in der Haft als einschüchternd, feindselig, erniedrigend und demütigend empfunden. Auch die Suizide der beiden in Männervollzugsanstalten inhaftierten trans Frauen Joanne Latham und Vikki Thompson innerhalb weniger Wochen Ende 2015 haben zu einem gesellschaftlichen Umdenken geführt. Als Trans-Themen Mitte der 2010er-Jahre mehr in den Medienfokus rückten, entwickelte sich parallel auch außerhalb von Großbritannien eine größere Anteilnahme an der Misere von trans

Inhaftierten. In einem der Fälle ging es um die berühmteste trans Gefangene der Welt, die US-amerikanische Whistleblowerin Chelsea Manning, die in einem Männervollzug in Einzelhaft inhaftiert war und der mehrfach die nötigen Mittel verweigert wurden, um ihre äußere Transition zu beginnen. Dieses Verhalten galt weithin als Folter. Im Diskurs tat sich allmählich etwas.

In England und Wales hatten trans Gefangene ohne geänderten Geschlechtseintrag ab 2016 das Recht, einen Antrag bei einem Local Transgender Case Board zu stellen: Dort prüften Beamt:innen die individuellen Umstände und entschieden, ob einem Antrag auf Verlegung stattgegeben werden konnte. Die Entscheidung stützte sich auf Kriterien wie dem Grad der körperlichen Transition, den Jahren, die die Person in ihrem Geschlecht gelebt hatte, und die begangenen Straftaten. Allerdings berücksichtigte die Richtlinie nur trans Männer und Frauen. Nicht-binäre Menschen wurden weiterhin dem bei der Geburt zugewiesenen Geschlecht entsprechend untergebracht. Bei Erscheinen dieses Buchs ist kein einziger Fall belegt, in dem ein trans Mann von dieser Möglichkeit Gebrauch gemacht hat, um in eine Männerhaftanstalt verlegt zu werden, während die Mehrheit der erfassten trans Frauen (119 von 130) im Männervollzug untergebracht ist. In England sind gerade einmal elf trans Frauen ohne rechtliche Änderung des Geschlechtseintrags im Frauenvollzug inhaftiert, in Schottland sind es sieben. An dieser Stelle muss noch einmal betont werden, dass diese Anzahl verschwindend gering ist, verglichen mit der Menge der medialen Berichterstattung über dieses Thema.

Ein weit verbreiteter Mythos ist, dass alle inhaftierten trans Frauen im Frauenvollzug untergebracht oder dorthin verlegt werden wollen. Auf viele trifft das nicht zu. In Großbritannien gibt es viel weniger Haftanstalten für Frauen als für Männer (in Wales gibt es überhaupt keine). Eine Verlegung würde also unter Umständen eine größere Entfernung zur Familie und zur Community draußen bedeuten. Daher ziehen manche trans Frauen ein ihnen vertrautes Männergefängnis, in dem sie seit vielen Jahren untergebracht sind, einem unbekannten

Frauengefängnis vor; einige haben in der Haftanstalt für Männer ein unterstützendes Netzwerk und Freundschaften. Manchmal geht es auch um sexuelle Beziehungen: »Was will ich denn in einem Frauengefängnis?«, sagte trans Frau Sarah Jane Baker in einem Interview mit *Dazed* im November 2019. »Ich stehe auf Männer! Dann könnte ich ja nie vögeln!«[17]

Die Wahl für oder gegen eine Verlegung ist oft die Entscheidung für das kleinere Übel: Trans Inhaftierte leiden sehr, egal in welchem Gefängnis sie sind. Im gleichen Interview erzählte Baker, die trans Gefangene mit der längsten Haftstrafe in der Geschichte Großbritanniens, von jahrelangen täglichen Misshandlungen durch andere Insassen. Auf die Frage nach ihrem Tiefpunkt im Männervollzug antwortete sie: »In der Gefängnisdusche von fünf Leuten vergewaltigt zu werden.«[18] Im Mai 2020 berichtete BBC, dass im Vorjahr elf trans Frauen in Männerhaftanstalten sexuell genötigt worden waren. Bei sexuellen Übergriffen in Justizvollzugsanstalten sind trans Frauen nicht nur viel, viel häufiger die Opfer, als dass sie die Täterinnen sind, sondern sie werden auch häufiger sexuell genötigt als cis männliche und cis weibliche Inhaftierte.[19]

Weder der Männer- noch der Frauenvollzug bietet eine vernünftige Obhut für trans Frauen. Ein Problem ist der ungeeignete Einsatz von Trakten für schutzbedürftige Gefangene: Wegen der von anderen Inhaftierten ausgehenden Gefahr werden trans Personen zum eigenen Schutz getrennt untergebracht, wodurch sie noch stärker isoliert werden. In einem Bericht aus dem Jahr 2017 über die sozialen und gesundheitlichen Bedürfnisse von trans Personen im Strafvollzug erklärten mehrere in Gefängnissen tätige Gesundheitsfachkräfte, dass die Unterbringung in solchen Trakten trans Personen gefährde. Eine der Fachkräfte sagte dazu: »Das System bestraft Menschen, indem es sie zum Beispiel getrennt unterbringt, weil es ihren Bedürfnissen nicht gerecht werden kann.«[20] 2020 stellte die britische Aufsichtsbehörde für den Strafvollzug Independent Monitoring Board (IMB) fest, dass eine geringe Anzahl inhaftierter trans Frauen, von denen eine erhöhte

Gefahr ausging, vor ihrer Verlegung über sechs Wochen lang getrennt untergebracht war – eine unmenschliche Behandlung, so IMB.[21]

Journalist:innen, die sich nicht mit dem Gefängnissystem auskennen, schlagen als »Lösung« für das Problem der mangelnden Sicherheit von trans Frauen im Männervollzug oft getrennte »Trans-Trakte« vor, in denen trans Inhaftierte gemeinsam untergebracht werden können. Tatsächlich wurde bereits ein entsprechender Versuch unternommen. Der erste Trans-Trakt wurde 2019 in dem Frauenvollzug HMP Downview in Surrey eingerichtet. Dort wurden in einem Hochsicherheitstrakt drei trans Frauen untergebracht, von denen Einschätzungen zufolge ein erhöhtes Risiko für körperliche und sexuelle Übergriffe auf andere Gefangene ausging. Innerhalb eines Jahres befand das IMB, dass der Trans-Trakt überstürzt eingerichtet worden war und den Insassinnen keine angemessenen Aktivitäten (wie Sport oder Zugang zu einer Bücherei) bot. Eine Gefangene in dem Trakt hatte sich innerhalb von drei Monaten fünfunddreißig Mal selbst verletzt. Die Realität sieht so aus: Wenn trans Gefangene, die ein hohes Risiko für andere Inhaftierte darstellen, innerhalb des Gefängnissystems nicht adäquat untergebracht werden können, wird ihnen durch die Isolation noch mehr geschadet und sie werden entmenschlicht, anstatt dass ihre Menschenrechte respektiert werden.

In der Vergangenheit wurden die Herausforderungen von trans und gender-nonconforming Gefangenen von der Mainstream-LGBTIQ*-Bewegung als unangenehmes Thema abgetan und bei politischen Kampagnen nicht berücksichtigt. Das reicht bis zu den Anfängen der modernen LGBTIQ*-Bewegung zurück. Sylvia Rivera wies, wie bereits erwähnt, 1973 auf einer der ersten Gay-Pride-Veranstaltungen die Menge zurecht, weil sie inhaftierte trans Personen im Stich ließ. Der langjährige Widerwille, sich einfühlsam mit den tatsächlichen Bedingungen auseinanderzusetzen, unter denen trans Gefangene leben, hält in Großbritannien bis heute an. Manchmal steckt mehr dahinter als die Frage, was aus bürgerlicher Sicht als respektabel gilt: Der Grund für das Unbehagen können Einzelfälle sein, in denen tatsächlich Gewalt von trans Personen ausging, insbesondere sexualisierte Gewalt, was transfeindliche Stereotype verstärkt. Die seltenen Fälle, in denen Sexualstraftäter:innen trans sind, werden instrumentalisiert, um Kampagnen für Rechte von in Freiheit lebenden trans Personen zum Scheitern zu bringen. Ein Paradebeispiel ist die Reform der rechtlichen Anerkennung des Geschlechts: Dass trans Gefangene durch die einfache Änderung ihres Geschlechtseintrags »Zugang« zu cis Frauen erhalten könnten, war ein Hauptargument dafür, die Reform komplett zu verwerfen. 2018 wurden in England und Wales etwa sechzig inhaftierte Sexualstraftäter:innen als trans geführt. Wie viel Relevanz dieser kleinen Gruppe im Diskurs beigemessen wird, ist frustrierend für die 200 000 bis 500 000 trans Menschen in Großbritannien, die befürchten müssen, mit dieser Gruppe in Verbindung gebracht zu werden, dadurch in Verruf zu geraten und schließlich Bürgerrechte verwehrt zu bekommen.

Das kann ich nachvollziehen. 2018 wurde eine trans Gefangene namens Karen White verurteilt, weil sie zwei Insassinnen sexuell genötigt hatte, während sie wegen anderer Straftaten im HMP New Hall, einem Frauengefängnis in Wakefield, in Untersuchungshaft war. White hatte, als sie noch als Mann gelebt hatte, zwei andere Frauen vergewaltigt. Zudem hatte sie gestanden, sich sexuell zu Kindern hingezogen zu fühlen. Bei der Urteilsverkündung sagte Richter Christopher Batty: »Sie sind eine Sexualstraftäterin und hochgradig manipulativ, und meiner Ansicht nach sind Sie gefährlich. Sie stellen eine ernsthafte Bedrohung für Kinder, Frauen und für die Allgemeinheit dar.« Dass eine sadistische und manipulative Sexualstraftäterin wie White trotz der bekannten Vorgeschichte die Möglichkeit hatte, ungehindert Inhaftierte zu nötigen, stellt ein schweres Versagen der Behörden dar, in deren Verantwortung der Schutz ihrer Opfer lag.

Als Whites Schuldspruch bekannt wurde, rief mich eine Journalistin an und bat mich um einen Kommentar für ihre Geschichte über White bei einer britischen Zeitung. Der Grund für ihre Anfrage war, dass ich trans bin – nicht mehr und nicht weniger. Ich war wütend.

In der Bitte um einen Kommentar zu einem Fall, über den ich zu dem Zeitpunkt wenig wusste, nur weil White und ich beide trans sind, schwang Folgendes mit: Durch meinen Einsatz für ein weniger pathologisierendes Verfahren zur Anerkennung des Geschlechts würde ich persönlich eine brutale Serienvergewaltigerin in ihren Taten unterstützen. Ich weiß noch, dass ich zu der Reporterin sagte: »Unfassbar, dass Sie glauben, von mir ein Zitat zu bekommen. Würden Sie auch ältere *weiße* Männer, die in den Medien arbeiten, anrufen und um eine Stellungnahme zu Jimmy Savile bitten?«

Instinktiv reagieren einige trans Personen auf Menschen wie Karen White, indem sie zwischen »echten« trans Personen und Straftäter:innen unterscheiden, die sich als trans ausgeben, um Zugang zu ihren Opfern zu erhalten. Ich kann die Versuchung nachvollziehen, sich von Letzteren zu distanzieren, wenn es um Gesetze und Rechte geht – aber gleichzeitig halte ich diese Auffassung im Großen und Ganzen nicht für vertretbar. Die Behauptung, jede fragwürdige oder gewalttätige Person, die sagt, trans zu sein, sei nicht »wirklich« trans, ist inkonsequent und riskant. So wird Intoleranten gezeigt, wie leicht es ist, trans Personen erfolgreich zu unterdrücken: Du musst ihnen nur vorwerfen, Sexualstraftäter:innen oder gewalttätige Schlägertypen zu sein, um ihnen ihre Identität abzusprechen.

Allgemein gesprochen sind Menschenrechte unveräußerlich. Jeder Mensch hat das Recht auf Selbstbestimmung des eigenen Geschlechts und auf einen angemessenen Geschlechtsausdruck. Angemessener Ausdruck bedeutet nicht, schutzbedürftige Menschen mit aktenkundigen Vergewaltiger:innen einzusperren – und die Behauptung, dass es das tut, ist ein Trick von reaktionären Menschen. Aber es kann sehr wohl heißen, dass einer Person ganz unabhängig von einer begangenen Straftat eine medizinische Transition und die Änderung des Geschlechtseintrags gestattet wird und dass die Behörden die von der Person selbst gewählten Pronomen verwenden. Natürlich ist das ein emotionales Thema. Wenn eine Person, die sexualisierte Gewalt gegen Frauen oder Kinder verübt hat und von ihren Opfern als Mann wahrgenommen wurde, später eine Transition durchläuft, werden sehr viele Menschen nicht akzeptieren wollen, dass diese Person eine Frau ist. Der Grund leuchtet ein. Nachvollziehbar ist auch, warum sich viele Vergewaltigungsopfer und Hinterbliebene von Mordopfern die Hinrichtung der:des Täter:in wünschen – und die Intensität und Aufrichtigkeit solcher Gefühle würden viele von uns auch nicht verurteilen. Dennoch sehen wir als Gesellschaft ein, dass es keine Todesstrafe geben sollte, weil sie die Menschenwürde verletzen würde. Genauso wenig ist eine Gesellschaft akzeptabel, in der der Grundsatz, die Selbstbestimmung von trans Personen zu respektieren, das eigene Geschlecht sozial, rechtlich und medizinisch zu bestimmen, nur als Gegenleistung für gutes Verhalten gilt. Eine einfache Lösung gibt es nicht.

Im Fall von Karen White hat das Local Transgender Case Board (also die Gefängnisbehörde) versäumt, die eigenen Richtlinien ordnungsgemäß umzusetzen: Angesichts des bekannten Musters von Whites Straftaten hätte verhindert werden müssen, dass sie zwei schutzbedürftige Gefangene nötigen kann. Dementsprechend sollte die Schwere von Whites Gewalt ihren Mitgefangenen gegenüber nicht losgelöst von der schwerwiegenden, endemischen sexualisierten und körperlichen Gewalt betrachtet werden, die durch die Existenz des Gefängnissystems herangezüchtet und genährt wird. Angesichts der Tatsache, dass trans Menschen viel häufiger Opfer von Gewalt als selbst Täter:innen sind, haben trans Gefangene und schutzbedürftige cis Gefangene wesentlich mehr gemeinsam, als die Medien uns glauben machen wollen. Um alle Inhaftierten besser zu schützen und Leid zu verringern, müssen wir uns von dem Narrativ lösen, Transfeindlichkeit sei ein Fehler im System, den es zu beheben gilt, und allmählich begreifen, dass das System an sich kaputt ist. Ich glaube, der Versuch, das gegenwärtige Gefängnissystem für trans Menschen anzupassen, während das System ansonsten intakt bleibt, ist eine Vernachlässigung unserer moralischen Verantwortung. Trans Aktivist:innen und ihre Verbündeten sollten mutiger sein und explizit eine Anti-Gefängnis-Politik verfolgen.

Gefängnisse funktionieren nicht. Obwohl die Gefangenenziffer in Großbritannien in den letzten dreißig Jahren um 69 Prozent gestiegen ist, womit wir die höchste Inhaftierungsrate in Westeuropa haben, ist die Gewaltkriminalität nicht entsprechend zurückgegangen. Die Mordrate ist so hoch wie seit zehn Jahren nicht mehr. Noch nie wurden so viele Sechzehn- bis Vierundzwanzigjährige getötet. Eine von fünf britischen Frauen, die sechzehn Jahre oder älter sind, erfährt sexualisierte Gewalt, und bei Vergewaltigungen ist die Verurteilungsquote nach wie vor erschreckend niedrig. Zudem scheitern Gefängnisse an der Resozialisierung von Straftäter:innen. Fast die Hälfte der Erwachsenen (48 Prozent) wird innerhalb eines Jahres nach der Entlassung erneut verurteilt, bei Haftstrafen unter zwölf Monaten liegt die Rate sogar bei 64 Prozent. Strafrechtliche Sanktionen, die keine Freiheitsstrafen sind, schneiden im Hinblick auf die Rückfallquote besser ab. Außerdem haben die meisten Gefangenen in Großbritannien – 69 Prozent – keine Gewaltdelikte begangen, und von den inhaftierten Frauen sind 82 Prozent keine Gewaltstraftäterinnen.

Gefängnisse übernehmen die Funktion einer Eindämmungsmaßnahme gegen die sich verschärfende Krise um die psychische Gesundheit: Laut eigenen Angaben waren 26 Prozent der Frauen und 16 Prozent der Männer im Jahr vor ihrer Inhaftierung wegen einer psychischen Erkrankung in Behandlung gewesen. 25 Prozent der Frauen und 15 Prozent der Männer im Gefängnis berichteten von Symptomen, die auf eine Psychose hindeuten (in der allgemeinen Bevölkerung liegt diese Rate bei etwa 4 Prozent).[22] Wie bei Polizeikontrollen zeigt sich auch in Haftanstalten institutioneller und struktureller Rassismus: Über ein Viertel der Inhaftierten gehört einer ethnischen Minderheit an, und in Untersuchungen wurde ein klarer Zusammenhang zwischen ethnischer Zugehörigkeit und der Wahrscheinlichkeit, eine Haftstrafe zu erhalten, festgestellt. Vor dem britischen Strafgerichtshof wird Schwarzen Menschen 53 Prozent und asiatischen Menschen 55 Prozent wahrscheinlicher eine Haftstrafe wegen eines Verbrechens verhängt als *weißen* Menschen.[23]

Es muss betont werden, dass viele Risikofaktoren, denen trans Gefangene ausgesetzt sind, Teil eines düsteren Gesamtbilds sind, das alle Inhaftierten betrifft. Die Zahl der Suizide und Selbstverletzungen in Haft hat in den letzten zehn Jahren ein Rekordniveau erreicht. Wie niemals zuvor hat die Coronapandemie das enorme Risiko aufgezeigt, das die derzeitige Inhaftierungsrate in Großbritannien für die Gefangenen und die öffentliche Gesundheit darstellt, und sie hat auch dazu geführt, dass Gefangene monatelang erbarmungslos in ihre Zellen gesperrt wurden, um die Ausbreitung des Virus einzudämmen. Wenn transfeindliche Stimmen in den Medien und der Politik trans Insassinnen im Frauenvollzug als besonderes Risiko für ihre Mitgefangenen darstellen, blenden sie aus, dass sexualisierte Gewalt in Gefängnissen allgemein weit verbreitet ist. Sexuelle Nötigung von Gefangenen kommt häufig vor: Viele Fälle von Vergewaltigungen in Haftanstalten werden nicht gemeldet, doch selbst die erfassten sexuellen Übergriffe haben sich seit 2012 vervierfacht. Dazu gehört auch sexueller Missbrauch von Gefangenen durch das Personal: Zwischen 2013 und 2018 wurden in England und Wales insgesamt vierundsechzig Wärter:innen wegen unangemessener Beziehungen zu Gefangenen disziplinarisch belangt.[24] Im Dezember 2018 wurde Iain Cocks, ein Beamter im HMP New Hall, zweier Amtsvergehen wegen missbräuchlichen einvernehmlichen Beziehungen zu einer Gefangenen und eines Falls von sexuellem Missbrauch einer weiteren Gefangenen schuldig gesprochen. Das geschah in derselben Frauenhaftanstalt, in der Karen White ein Jahr zuvor Insassinnen sexuell genötigt hatte; sie wurde einige Monate vor Cocks verurteilt. Während der Karen-White-Fall als Aufhänger für unzählige Medienkommentare genutzt wurde, die den Ausschluss von »Männern« (trans Frauen) aus dem Frauenvollzug forderten, und für Kampagnen gegen das Gesetz zur Anerkennung des Geschlechts, ist auffällig, dass der Fall Cocks nicht die gleichen feministischen Argumente gegen männliche Wärter im Frauenvollzug nach sich zog.

Unerwähnt bleibt bei dieser Argumentation auch oft das große Ausmaß sexualisierter Gewalt gegen Männer im Gefängnis. Viele männliche Gefangene sind von sexualisierter Gewalt betroffen, insbesondere aber schwule und bisexuelle Männer (beziehungsweise Männer, die als solche wahrgenommen werden). Die Vergewaltigung von Männern im Gefängnis wird in unserer Kultur normalisiert, akzeptiert und ist sogar ein Anlass für Witze. Gewalt ist im Gefängnis häufig eine Strafe für »schwache« oder gescheiterte Männlichkeit, was bedeutet, dass Männergefängnisse häufig eine Kultur der Hypermaskulinität fördern und damit die schädlichen Auswirkungen von Geschlechterrollen auf Männer ebenso wie auf Frauen und nicht-binäre Menschen verstärken. Wer sich für die Sicherheit schutzbedürftiger cis Frauen in Haftanstalten einsetzt, hat damit absolut recht. Aber wenn der einzige Lösungsvorschlag ein binäres Gefängnissystem ist, das nach den Genitalien unterscheidet, dann wird das eigentliche Problem der Gewalt nicht gelöst.

Gefängnisse sind Fabriken, in denen menschliches Elend produziert wird, die Gewalt und Entmenschlichung verstärken und an beinahe allen positiven Aufgaben scheitern, die sie über die Bestrafung hinaus angeblich erfüllen sollen, wie etwa Abschreckung und Resozialisierung. Die Grausamkeit, die sie erzeugen, dient auch dem Profit: Vierzehn Justizvollzugsanstalten in Großbritannien, in denen insgesamt ein Fünftel aller Inhaftierten untergebracht ist, befinden sich im Besitz und unter der Leitung privater Unternehmen. Selbst staatliche Strafanstalten sind in Großbritannien eine riesige Einnahmequelle für die Privatwirtschaft. Für Dienstleistungen wie Instandhaltung und Reinigung, für Lebensmittel und sonstige Güter sowie für zusätzliche Leistungen wie den Gefangenentransport zwischen Gerichten und Haftanstalten erhalten Unternehmen Verträge über mehrere Millionen Pfund. Auch die Arbeitskraft von Gefangenen wird von Privatunternehmen ausgebeutet. Inhaftierte haben kein Recht, sich gewerkschaftlich zu organisieren, und erhalten keinen Mindestlohn. Die Gesetze zur Sicherheit und zum Gesundheitsschutz bei der Arbeit gelten für sie nicht. Wer sich weigert zu arbeiten, dem können »Privilegien«, wie Besuche oder Zeit außerhalb der Zelle, entzogen werden. Im Geschäftsjahr 2017/2018 arbeiteten 10 200 Gefangene staatlicher Strafanstalten für externe Unternehmen und weitere 2100 Inhaftierte arbeiteten in privatisierten Gefängnissen – insgesamt 17 Millionen Stunden pro Jahr.[25] Für Strafgefangene beträgt der normale Lohn für eine fünftägige Arbeitswoche gerade einmal 6 Pfund.

Mit der Inhaftierung von Menschen lässt sich eine Menge Geld verdienen. Darum haben konservative Regierungen ein großes politisches Interesse, weiter auszubauen, was Hochschuldozentin und Aktivistin Angela Davis als »gefängnisindustriellen Komplex« bezeichnet: das schändliche Bündnis zwischen Regierung, Wirtschaft und Medien, das ein System der Kontrolle, Haft und Strafgefangenenschaft weiter fördert, tiefere Wunden in der Gesellschaft wie Armut oder psychische Erkrankungen missachtet und verdeckt – und Kapital erwirtschaftet. 2016 kündigte die konservative Regierung von David Cameron Pläne für eines der seit Generationen größten Gefängnisbauprogramme an: Demnach sollten sechs neue »Mega-Gefängnisse« und fünf neue sogenannte *community prisons* für Frauen errichtet werden. Angeblich sollten damit mehr Kapazitäten geschaffen und die Überbelegung verringert werden. Allerdings hat bislang so gut wie jeder Ausbau von Gefängnissen zu einer höheren Gefangenenziffer geführt. Kein Wunder, dass die beliebteste Lösung für das »Problem« von trans Inhaftierten der Bau spezieller Trans-Gefängnisse ist. Das weltweit erste Trans-Gefängnis nahm 2010 in Italien seinen Betrieb auf. Im ehemaligen Frauenvollzug in Pozzale bei Florenz sind mehr als dreißig trans Inhaftierte eingesperrt, die meisten davon wegen Drogendelikten und Prostitution. 2018 wurde im Rahmen der Überprüfung des Gender Recognition Acts durch die schottische Regierung ein Konsultationsdokument veröffentlicht, laut dem die schottische Regierung den Bau einer neuen Haftanstalt für nicht-binäre trans Menschen in Erwägung ziehe. Die Funktionsweise des gefängnisindustriellen Komplexes liegt auf der Hand: Je mehr Käfige gebaut werden, umso mehr Menschen werden gefunden, die darin eingesperrt werden können. Die logische

Schlussfolgerung wäre demnach, dass die Normalisierung des »Trans-Gefängnisses« auch zu mehr Inhaftierungen von trans Personen führen würde.

Aus diesem Grund hängen die endgültige Emanzipation und das Wohlergehen aller trans Menschen, einschließlich der am meisten schutzbedürftigen, von unserem Streben nach einer Welt ganz ohne Haftanstalten ab. In Großbritannien spielt die Abschaffung von Gefängnissen keine nennenswerte Rolle im öffentlichen Diskurs, denn trotz aller gegenteiliger Argumente herrscht die Überzeugung, dass wir sie weiterhin brauchen. Allerdings galt, wie Angela Davis argumentiert, einst sowohl die Abschaffung der Sklaverei als auch die der Todesstrafe als ähnlich abwegig.

Was würde Gefängnisse ersetzen? Das Gefängnis ist ein stumpfes Werkzeug, mit dem versucht wird, eine Reihe von Gewalthierarchien und sozialen Missständen zu kontrollieren. Alternativen müssen sich mit der Komplexität befassen, die dem Strafvollzug fehlt. In Davis' Worten:

> Statt zu versuchen, nur eine einzige Alternative zum bestehenden System der Einsperrung zu entwickeln, könnten wir ein ganzes Bündel von Alternativen ins Auge fassen, deren Durchsetzung die radikale Veränderung vieler Aspekte unserer Gesellschaft erfordern wird. Alternative Vorschläge, die sich nicht mit Rassismus, männlicher Vorherrschaft, Homophobie, Klassenvorurteilen und anderen Herrschaftsstrukturen auseinandersetzen wollen, werden letzten Endes nicht zur Entkerkerung [das System der Inhaftierung von Menschen beenden] führen und das Ziel der Abschaffung der Gefängnisse nicht voranbringen können.[26]

Auf diese Abschaffung hinzuarbeiten bedeutet, schrittweise eine Gesellschaft aufzubauen, in der Strafanstalten nicht mehr notwendig sind. Diese Vorstellung hat nichts mit der verzerrten Darstellung von Gefängnisabolitionismus zu tun, laut der wir einfach alle Strafgefangenen sofort ohne Alternative freilassen wollen. Ein Konzept zur Abschaffung von Gefängnissen wird in *Instead of Prisons: A Handbook for Abolitionists* vorgestellt, einem Werk von Fay Honey Knopp aus dem Jahr 1976, das schon viele radikale Bewegungen inspiriert hat.[27] Darin werden fünf grundlegende Stadien vorgeschlagen, die unsere Gesellschaft durchlaufen könnte, um Gefängnissen Aufgaben und Macht zu entziehen: fünf Stadien, die, wie ich finde, Feminist:innen, Menschenrechtsorganisationen und alle LGBTIQ*-Aktivist:innen sinnvoll in ihre Forderungen einbeziehen könnten und die ich an dieser Stelle im Rahmen meiner Argumentation aufgreife.

Erstens: ein Moratorium für den Bau neuer Gefängnisse, die finanziellen Mittel für das Gefängnissystem streichen und es verkleinern, statt auszubauen. Trans und LGBTIQ*-Aktivist:innen sowie feministische Verbände und Menschenrechtsorganisationen würden sich ausdrücklich gegen *jedes* neue Gefängnis aussprechen und Lobbyarbeit gegen sämtliche Richtlinien speziell für den Umgang mit trans Gefangenen betreiben, mit denen die Eröffnung neuer Gefängnisse, Trakte oder Flügel gerechtfertigt werden soll. Dazu würde auch gehören, Freiheitsstrafen und anderen strafrechtlichen Sanktionen eine weniger wichtige Rolle bei der Bekämpfung von transfeindlichem Hass und Gewalt beizumessen.

Zweitens: Entkerkerung, also die Freilassung von Gefangenen, die keine Gefahr für andere darstellen. Kurzzeitig diskutiert wurde das während des ersten Lockdowns in der Coronapandemie. Als klar wurde, dass sich das Coronavirus in überfüllten Haftanstalten leicht ausbreiten konnte, wurde als Lösung für das Gesundheitsrisiko vorgeschlagen, alle nicht gewalttätigen Gefangenen mit sofortiger Wirkung freizulassen (wobei die meisten Ansätze vorsahen, dass die Freilassungen nach der Pandemie rückgängig gemacht werden sollten). Ganz unabhängig von der Pandemie spricht die bloße Anzahl von Inhaftierten, die nicht wegen Gewalttaten im Gefängnis sind und keine Gefahr für andere darstellen – insbesondere Frauen und Kinder/Jugendliche –, sowie die Anzahl der wegen Drogendelikten Inhaftierten, dafür, dass umfangreiche Entlassungen möglich und notwendig sind.

Drittens: Entkriminalisierung von Verhaltensweisen, die die Gefangenenziffer ansteigen lassen (einschließlich die der trans Inhaftierten). Dazu gehört, unverhältnismäßige Strafen für Drogendelikte abzuschaffen sowie die Entkriminalisierung von Drogenkonsum, Sexarbeit und Armutsdelikten (sprich Sozialbetrug).

Viertens: Freiheitsbeschränkung Einzelner (so kurz wie möglich mit den humansten und am wenigsten restriktiven Maßnahmen). Das gilt für den winzigen Anteil Straffälliger, deren Taten wirklich eine Gefahr für andere darstellen, das heißt für die gewalttätigen, sadistischen Wiederholungs- und Sexualstraftäter:innen, die zur Rechtfertigung des gesamten Strafvollzugssystems herangezogen werden. Dieser Ansatz berücksichtigt, dass Gewalt und Gefahr ein Produkt unserer Gesellschaft sind und nicht einzelner zu Ungeheuerlichem fähiger Menschen und dass es nach wie vor ein kolossales Versagen darstellt, Gewalt mit Gewalt und Wegsperren begegnen zu müssen.

Fünftens: Ausbau einer fürsorglichen Gemeinschaft, in der bevorzugt Hilfsangebote statt Strafmaßnahmen eingesetzt werden. Unter den aktuellen politischen Bedingungen wird das der schwierigste Schritt, weil wir durch unsere Sozialisation Bestrafung und Vergeltung für wirksam und nützlich halten. Im Fall von trans Gefangenen könnte zu diesen gesellschaftlichen Maßnahmen gehören, Kinder über verschiedene Geschlechter aufzuklären und Verantwortliche für transfeindliches Mobbing zur Rechenschaft zu ziehen, angemessene Unterkünfte für wohnungslose Jugendliche bereitzustellen, ein anständiges Sozialsystem, Drogen- und Alkoholpräventionsprogramme sowie psychologische Beratungsstellen aufzubauen und neben rechtlicher Gleichstellung auch die angemessene Finanzierung von Frühinterventions- und Krisendiensten als notwendige »LGBT-Rechte« zu betrachten.

Für die vollständige Befreiung schutzbedürftiger und marginalisierter Bevölkerungsgruppen, zu denen trans Menschen ebenso gehören wie People of Color und Menschen mit psychischen Erkrankungen (und viele fallen in alle drei Kategorien), ist der derzeitige

Diskurs abzulehnen, der eine auf Bestrafung fokussierte Gesellschaft als normal und unveränderlich akzeptiert. Angesichts der aktuellen Stimmungslage scheint das ein hochgestecktes Ziel, das in absehbarer Zukunft kaum zu erreichen sein wird. Doch solche großformatigen, transformativen Visionen – so utopisch sie auch erscheinen mögen – können und werden konkrete aktivistische Maßnahmen prägen, die die Solidarität mit den Menschen im Gefängnis stärken. Auf Graswurzelebene prägt diese Haltung die Arbeit einiger Kollektive und Gruppen in Großbritannien: Mit dem Ziel, eine stärkere Verbindung zwischen LGBTIQ*-Communitys auf beiden Seiten der Gefängnismauern aufzubauen, organisiert das Projekt Bent Bars Brieffreundschaften zu queeren Gefangenen. Da Inhaftierte in der Regel marginalisiert werden, auch von trans und feministischen Bewegungen, müssen wir dringend neue Möglichkeiten finden, um sie in unsere Bewegungen einzubinden und ihren Stimmen Gehör zu verschaffen.

Klar ist, dass wir eine Gesellschaft hinter uns lassen müssen, in der Freiheitsentzug als Mittel der Wahl für Straftaten gilt. Die erschreckende Wahrheit sieht jedoch so aus, dass in Großbritannien auch regelmäßig Menschen eingesperrt werden, die nach dem Gesetz keinerlei Straftat begangen haben. Der Unterschied besteht darin, dass es sich bei den Eingesperrten um Migrant:innen handelt und wir den Käfig nicht als Gefängnis, sondern als »Abschiebehaftanstalt« bezeichnen. Darunter sind auch trans Migrant:innen, die vor Verfolgung in ihren Heimatländern geflohen sind und in Großbritannien Asyl suchen, nur um dann vom britischen Staat entsetzlich behandelt zu werden. 2015 (dem Jahr, aus dem die aktuellsten Zahlen vorliegen) waren laut einer Antwort des Innenministeriums auf eine Anfrage zur Akteneinsichtnahme fünf Insass:innen in Abschiebehaft, die laut Innenministerium trans waren. In den drei Jahren zuvor waren einundzwanzig als trans gemeldete Menschen in Abschiebehaftanstalten untergebracht. Da das Innenministerium eine recht eng gefasste Definition von trans zugrunde legt, die sich vermutlich auf trans Männer und trans Frauen konzentriert, die eine Form von medizinischer Transition durchlaufen haben, ist die tatsächliche Anzahl sehr wahrscheinlich höher.

An einem strahlenden Julimorgen treffe ich mich mit Dr. S. Chelvan, einem international renommierten Anwalt und Rechtsexperten für Flüchtlings- und Menschenrechtsklagen, die mit sexueller oder geschlechtlicher Identität und deren Ausdruck in Verbindung stehen. In seiner Londoner Kanzlei erzählt mir Chelvan, dass es in Großbritannien jedes Jahr höchstens zwanzig Asylverfahren für trans Menschen gibt. Er erklärt, die drakonische und kaltherzige Herangehensweise Großbritanniens habe zwischen 2004 und 2010 unter den New-Labour-Regierungen von Tony Blair und Gordon Brown ihren Tiefpunkt erreicht. In jener Zeit galten Personen, die in Großbritannien aufgrund ihrer sexuellen Orientierung oder Geschlechtsidentität Asyl beantragten, nicht als schutzbedürftig, wenn es »vertretbar« sei, von ihnen zu erwarten, sich nach der Rückkehr in ihr Herkunftsland »diskret« zu verhalten. Die Erwartung der britischen Regierung, die Antragstellenden könnten einfach sämtliche Aspekte ihrer queeren Identität verheimlichen und so der Verfolgung entgehen, nur damit Großbritannien keine queeren Asylbewerber:innen aufnehmen muss, war eine Farce. Glücklicherweise wurde dieser Ansatz 2010 vor dem Supreme Court für null und nichtig erklärt. Seither gab es erfolgreiche Berufungen gegen Entscheidungen des Innenministeriums, trans Asylbewerber:innen abzuschieben. In einem Fall aus dem Jahr 2016 erhielt eine in Großbritannien lebende dreiunddreißigjährige trans Frau aus Singapur ein Bleiberecht, da zwei Asylrichter:innen festgestellt hatten, dass ihr in ihrem Heimatland Verfolgung drohen würde, weil sie den verpflichtenden achtjährigen Wehrdienst als Mann nach singapurischem Recht nicht ableisten könne.

Das Rechtssystem konnte zwar einigen trans Personen Asyl gewähren, doch LGBTIQ*-Asylbewerber:innen stießen in den 2010er-Jahren nach wie vor weitgehend auf Skepsis. Verschärft wurde diese Haltung durch das Prinzip der »feindseligen Umgebung« (»hostile environment policy«) der aufeinanderfolgenden konservativen Regierungen, die eine zuwanderungsfeindliche Grundstimmung schürten. Bis zur erfolgreichen Anfechtung 2015 wurden viele Menschen, die in Großbritannien ankamen, um Asyl zu suchen, umgehend inhaftiert und in Hochsicherheitsauffanglagern eingesperrt, während ihre Anträge im Schnellverfahren, dem sogenannten »Detained Fast Track« beziehungsweise »DFT«, bearbeitet wurden. LGBTIQ*-Personen wurden häufig im Rahmen des DFT inhaftiert. Das Verfahren beschleunigte zwar die Bearbeitung von Anträgen, aber die Entscheidung fiel nur selten zugunsten der Antragstellenden aus: Das Innenministerium lehnte unglaubliche 99 Prozent der Anträge ab.

Mit einer der größten Gesamtkapazitäten in Europa – insgesamt neun Abschiebehaftanstalten, in denen Menschen gegen ihren Willen festgehalten werden – hält Großbritannien mehr Migrant:innen und Asylbewerber:innen gefangen als die meisten anderen Länder. Außerdem ist es das einzige europäische Land, in dem Asylbewerber:innen auf unbestimmte Zeit festgehalten werden können. Einer 2016 von Stonewall und der UK Lesbian and Gay Immigration Group (UKLGIG) veröffentlichten Studie zufolge sind trans Asylbewerber:innen in der Haft besonders von Gewalt bedroht. Oft sind sie bereits durch schlechte Behandlungen in den Ländern, aus denen sie geflohen sind, traumatisiert, und sie werden häufig in Haftanstalten festgehalten, die nicht ihrer Geschlechtsidentität entsprechen und in denen das Gesundheitspersonal nicht für die Bedürfnisse von trans Personen qualifiziert und ausgestattet ist. Das führt dazu, dass viele Inhaftierte ihre Medikamente abrupt absetzen müssen, was wiederum körperliche und psychische Probleme verursacht. Wie ein:e trans Asylbewerber:in aus Indien dem Forschungsteam berichtete, wurde die Person von den Angestellten missverstanden und fürchtete sich um die eigene Sicherheit. Ein Problem seien die Gemeinschaftsduschen gewesen. »Natürlich kann ich nicht einfach duschen gehen, wenn Leute dabei zusehen. Wenn mich andere sehen, würde ich große Probleme kriegen. Ich konnte die Dusche nicht benutzen. Fünfzehn Tage lang konnte ich nicht duschen. Das war wirklich schlimm.«[28] In einigen Fällen wurden die Hormone von Asylbewerber:innen konfisziert, und das Personal verhielt sich diskriminierend, zum Beispiel, indem die Gefangenen absichtlich misgendert wurden.

Wie bei Haftanstalten im Allgemeinen ist das Muster der Gewalt gegenüber trans Asylbewerber:innen in der Haft Teil eines größeren Problems, von dem auch homosexuelle Menschen und heterosexuelle cis Frauen betroffen sind. Die Abschiebehaftanstalt Yarl's Wood, in der hauptsächlich erwachsene Frauen untergebracht sind, hat breite Kritik aus dem politischen und medialen Establishment auf sich gezogen (das normalerweise nicht für seine radikale Anti-Gefängnis-Politik bekannt ist). Die Einrichtung hatte wiederholt mit Skandalen zu kämpfen, angefangen bei Personal, das die Inhaftierten während eines Brands eingesperrt hatte, über mehrere Vorwürfe des sexuellen Missbrauchs bis hin zu Inhaftierten, die im Protest gegen ihre Behandlung in den Hungerstreik traten. 2018 erklärte die damalige Schatten-Innenministerin Diane Abbott, im Falle eines Wahlsiegs werde die Labour-Regierung Yarl's Wood schließen.

Der Umgang mit trans Asylbewerber:innen und Gefangenen in Großbritannien stellt eine komplexe und bedrückende Herausforderung dar. Der gemeinsame Ruf nach der Abschaffung von Gefängnissen und der sofortigen Schließung aller Abschiebehaftanstalten ist eine Möglichkeit, wie sich trans Aktivist:innen, cis Feminist:innen und LGBTIQ*-Organisationen zusammenschließen können, um die staatlichen Unterdrückungsmechanismen anzuprangern, die sich gegen einige der am stärksten schutzbedürftigen Mitglieder unserer Communitys richten – sowohl hier als auch weltweit. In den letzten Jahren durften Unternehmen wie die Fluggesellschaft British Airways, die die Regierung mit Transportflügen bei der Abschiebung von LGBTIQ*-Asylbewerber:innen unterstützt, LGBTIQ*-Veranstaltungen wie den Christopher Street Day in Brighton sponsern: Diese Normalisierung des Systems der Inhaftierung und Abschiebung im öffentlichen Raum ist ausnahmslos abzulehnen. Von denen, die an der staatlichen Unterdrückung beteiligt sind, muss noch wesentlich mehr verlangt werden. Großbritannien sollte ein Land sein, dessen Grenzen für alle offen sind, die vor Verfolgung fliehen. Es sollte ein Land sein, in dem trans Menschen nicht brutalem Missbrauch des Polizei- und Gefängnissystems und somit Gewalt durch den britischen Staat ausgesetzt sind. Trans Communitys und unsere Verbündeten hier und überall sollten für diejenigen von uns kämpfen, die mit staatlicher Gewalt und struktureller Transfeindlichkeit in all ihren Facetten konfrontiert sind.

6 NAHE VERWANDTSCHAFT: DAS T IN LGBT

Der Christopher Street Day in London 2018 fand an einem schwülen Samstag im Juli statt. Unbeirrt von der Hitzewelle versammelte sich eine riesige Menschenmenge in den Straßen der Hauptstadt, um sich die bunt geschmückte Parade der Wagen anzusehen. Sadiq Khan, der erste muslimische Bürgermeister Londons, führte sie an – ein schillerndes Beispiel für Londons unbeschwerten Umgang mit Diversität und Multikulturalismus, und nicht zuletzt auch für die unangenehme Unbeschwertheit, mit der sich die Mainstream-LGBTIQ*-Bewegung von Unternehmen sponsern lässt. Die Logos auf den Wagen reichten von Banken mit fragwürdiger Geschäftsethik über Waffenhersteller, die homofeindliche Regimes beliefern, bis hin zu Fluggesellschaften, die LGBTIQ*-Asylbewerber:innen in Staaten deportiert haben, die sie tot sehen wollen.

Als sich die Parade in Bewegung setzte, schlängelte sich eine Gruppe von etwa zehn Frauen mühelos an den Ordner:innen vorbei und schloss sich der Spitze der Demo an. Sie trugen ein großes gelbes Banner mit dem Schriftzug »Trans Activism Erases Lesbians«, und einige schwenkten kleinere Transparente mit Sprüchen wie »Get the L Out« oder verteilten Flyer mit der Behauptung, lesbische Frauen würden im Namen der »Transgender-Ideologie« gezwungen werden, mit Männern zu schlafen. Eine der Frauen sagte einer Reporterin von *Pink News*: »L und GBT sollen getrennte Wege gehen: Ein Mann kann nicht lesbisch sein, jemand mit einem Penis kann nicht lesbisch sein.«[1] Als Pride-Ordner:innen versuchten, die Frauen zum Weitergehen zu bewegen, legten sie sich auf die Straße und hinderten die

Demo am Weiterziehen. Da sich die Situation nicht lösen ließ, gaben die Ordner:innen schließlich auf und gestatteten den Frauen, an der Spitze zu marschieren, damit die Parade weitergehen konnte.

Dass die größte Pride-Parade in Europa von Gegendemonstrantinnen angeführt wurde, die offen Aussagen machten wie: »Männer behaupten, trans und lesbisch zu sein, und zwingen lesbische Frauen, Sex mit ihnen zu haben«[2], erschütterte trans Communitys in Großbritannien und in der ganzen Welt. Abgesehen von der Verwunderung darüber, wie eine riesige, von Unternehmen gesponserte und polizeilich begleitete Pride-Demo so einfach gestört werden konnte, schockierte die meisten, dass es sich bei den Gegendemonstrantinnen um lesbische Frauen handelte – also um Menschen, von denen eigentlich angenommen werden könnte, sie stünden auf der Seite der Demonstrierenden. Aber der Grund für ihren Gegenprotest war klar: Sie waren überzeugt, dass trans Frauen ein existenzielles Risiko für lesbische Frauen darstellen.

In der sechsundvierzigjährigen Geschichte von Pride-Paraden in Großbritannien gab es durchaus zahlreiche Gegenproteste – in der Regel organisiert von religiösen Konservativen oder Faschist:innen –, aber noch nie von Menschen, die selbst unter den Sammelbegriff LGBTIQ* fallen. Bei diesem Fest der Vielfalt ist offenbar etwas ganz grundsätzlich schiefgelaufen. Später gaben die Veranstalter:innen des Londoner Christopher Street Days eine Erklärung ab, entschuldigten sich, den Gegendemonstrantinnen die Führung des Marsches überlassen zu haben – was bei trans Personen und ihren Verbündeten viel Leid verursacht hatte –, und machten die Hitze dafür verantwortlich, dass sie nichts unternommen hatten.

Nach dem Protest griff die rechte Presse mit dem für sie typischen Eifer die Ansicht auf, es gebe eine Spaltung zwischen verschiedenen Fraktionen des LGBTIQ*-Bündnisses bezüglich der Trans-Politik – und sogar bezüglich der Legitimität, dass trans Personen Teil dieser Bewegung sind. Am 4. Oktober desselben Jahres veröffentlichte die *Times* einen Brief, in dem die Organisation Stonewall für ihre kompromisslose Pro-Haltung zu Trans-Rechten kritisiert wurde. Der Brief wurde von Jonny Best, einem schwulen Mann, initiiert und von siebzehn Personen unterzeichnet, darunter auch die Sängerin Alison Moyet. Die meisten Unterzeichnenden identifizierten sich als lesbisch, schwul oder bisexuell. Zwei bezeichneten sich selbst als »Mann-zu-Frau«-Transsexuelle, die ebenfalls der Meinung waren, der integrative Ansatz von Stonewall sei falsch. Im Begleitartikel mit der Überschrift »Stonewall ›unterstützt Transgender-Tyrannen‹« berichtete die *Times*-Autorin Lucy Bannerman, dass »führende Mitglieder der Lesben-, Schwulen-, Transsexuellen- und Intersexuellen-Community eine Petition gestartet haben, in der die Organisation aufgefordert wird, ihre Transgender-Politik zu überdenken. In der Petition ist vermerkt, sie seien es leid, dass die Organisation sich weigert, andere Standpunkte anzuerkennen.« Eigentlich war der Brief nur von einer sehr kleinen Anzahl von Menschen unterzeichnet worden, aber die Veröffentlichung durch die *Times* verstärkte den – nicht ganz unbegründeten – Eindruck, dass Trans-Rechte für einige Personen in der LGBTIQ*-Community ein polarisierendes Thema sind.

Dieses Mediennarrativ befeuerte eine Spannung, die schon seit Langem bestand: nicht nur bezüglich der konkreten Beziehung zwischen trans Menschen und LGB-Menschen, sondern auch bezüglich der Vorteile des klassischen Akronyms »LGBT« (das ich in diesem Kapitel anstelle des umfassenderen, aber weniger etablierten Begriffs »LGBTIQ*« verwenden werde). Viele heterosexuelle und cis Menschen können nicht ganz nachvollziehen, warum lesbische, schwule, bisexuelle und trans Personen alle unter dem Sammelbegriff »LGBT« zusammengefasst werden. Selbst für einige, die unter diesen Begriff fallen, ist das manchmal verwirrend. »Es ist schon so eine Art unheilige Allianz«, beschreibt die lesbische Feministin Julie Bindel die Situation: »Wir wurden zusammen in einen Raum gesteckt und aufgefordert, schön brav miteinander zu spielen.«[3]

Der trans Autorin Juliet Jacques zufolge reichen diese Unterschiede bis in die 1970er-Jahre zurück: In ihrer Erörterung der damaligen »Spaltung« zwischen Schwulenorganisationen und Transsexuellen- und Transvestitenkollektiven argumentiert Jacques, dass »die gemeinsame Basis wegbröckelte«[4], als der Unterschied zwischen Geschlechtsidentität und sexueller Orientierung klarer wurde. Sie ist auch der Meinung, dass »es bereits einen gewissen Zwiespalt gab, da jede Seite befürchtete, mit der anderen Seite in Verbindung gebracht zu werden, könnte es ihnen erschweren, ihre Ziele in der konservativen Gesellschaft durchzusetzen, vor allem angesichts ihrer komplexen Beziehung in der Vergangenheit«.[5] Zu dem gegenseitigen Unbehagen äußerte sich 2015 die trans Autorin Paris Lees, als bekannt wurde, dass Stonewall sich nun auch für Trans-Themen einsetzen würde. »Voreingenommenheit gibt es auf beiden Seiten«, so Lees. »Es gibt trans Menschen, die sagen: ›Ich bin doch nicht homosexuell, ich habe ein medizinisches Problem‹, und schwule Menschen, die sich über ›Crossdresser und Perverse‹ auslassen.«[6] Wenn das Verhältnis zwischen trans Menschen und ihren cis LGB-Geschwistern so schwierig sein kann, warum werden sie dann alle in einer Gruppe zusammengefasst? Und wenn ihre Erfahrungen oft sehr unterschiedlich sind, welche politischen Vorteile bieten dann Solidarität und eine gemeinsame Bewegung?

Ein entscheidender Grund, warum sich LGBT-Menschen gemeinsam politisch organisieren, ist, dass wir uns zwar als unterschiedliche Gruppen verstehen, aber der Rest der Gesellschaft das oft nicht tut. Oder wie eine trans Person auf den Punkt gebracht hat: Wir werden alle von denselben Leuten verprügelt.[7] Die gemeinsame Unterdrückung von gestern bis heute fördert die Solidarität zwischen lesbischen, schwulen, bisexuellen und trans Personen – sie macht sie geradezu notwendig. In einer Zeit des wachsenden Rechtspopulismus sowohl in den USA als auch in Großbritannien, gepaart mit einem alarmierenden Anstieg des sichtbaren Faschismus auf der Straße, ist es notwendiger denn je, die vier verschiedenen Buchstaben (und queere, asexuelle, inter* und andere Kollektive) zu vereinen. Dass wir uns gegenseitig bekriegen, liegt im Interesse derer, die uns alle hassen. Es ist kein Zufall, dass die Murdoch-Medien und die US-amerikanische Christliche Rechte mit großer Freude LGB-Menschen unterstützen, die gegen die Trans-Befreiung sind.

Es mag paradox erscheinen, dass in der heutigen Zeit die Bürgerrechte von LGBT-Personen anscheinend besonders gefährdet sind – einer Zeit, in der Boris Johnson, der schwule Männer mal als »tank-topped bum boys« (zu Deutsch: »Stricher mit Tanktop«) bezeichnet hat und die Ehe für alle mit »Tierschändung« gleichsetzte, Premierminister werden kann –, und gleichzeitig noch nie so viele LGBT-Personen in den Medien vertreten waren wie jetzt und auch noch nie so viele Unternehmen uns nur allzu gern unterstützen wollen. Das machen diese Firmen nicht aus reiner Herzensgüte. Ihnen ist bewusst, dass die Regenbogenflagge bei Menschen gut ankommt, denen soziale Gerechtigkeit wichtig ist. Firmen können so tun, als seien sie Teil einer Bewegung mit emanzipatorischen, gegenkulturellen Wurzeln, sie können diese Bewegung zu Marketingzwecken als »richtungsweisend« verpacken und sie so aller politischen Aspekte berauben, die den kapitalistischen Status quo bedrohen – nur um sie dann wieder an diejenigen zu verkaufen, die sich das leisten können. Die Vorstellung, dass Prestigekonsum ein Weg zu sexueller und geschlechtlicher Freiheit ist, hat die Muskeln der LGBT-Bewegung verkümmern lassen. In einem gottlosen Zeitalter finden sich neue Wege, dem Volk Opium zu geben.

Sowohl die Spaltung als auch das Konsumdenken zielen darauf ab, dass die individuelle Identität über die Gemeinsamkeit gestellt wird. Sicherlich ist das Bewusstsein einer eigenen Identität für das psychische Wohlbefinden wichtig – aber als politisches Ziel führt das zu Solipsismus und zur Entfremdung von anderen. Aus dieser Perspektive wird Identität als eine Reihe von unveränderlichen und begrenzten Kategorien verstanden, für die bestimmte Kriterien erfüllt werden müssen, um dazuzugehören. Allerdings muss die politische Rechtfertigung für das LGBT-Bündnis woanders ansetzen: an der sich überschneidenden und bisweilen verwobenen Geschichte, die alle vier

Buchstaben gemeinsam haben. Manchmal geben homosexuelle und trans Menschen nicht gern zu, wie eng wir miteinander verbunden waren und immer noch sind – auch wenn wir versuchen, den Rest der Gesellschaft über unsere Unterschiede aufzuklären. Eins ist sicher: Die Begriffe, an die wir uns klammern, als wären sie eindeutige und konsequente Definitionen unserer Identität, sind noch sehr neu. Und die Sprache rund um Geschlecht und Sexualität entwickelt sich rasant weiter. In diesem Buch habe ich immer wieder betont, dass Vorsicht geboten ist, wenn wir Menschen aus der Vergangenheit als »trans« bezeichnen – wie Kaiser:in Elagabal in Rom oder die transvestitischen Prostituierten in den *molly houses* im 17. Jahrhundert in London. Wie wir bereits gesehen haben, liegt das daran, dass der Begriff »trans« (ursprünglich »Transsexuelle« und »Transvestiten«) als Ausdruck der Geschlechtervielfalt erst im 20. Jahrhundert als Reaktion auf das frühere Konzept der sexuellen Inversion entstanden ist. Das gilt auch für homosexuelle und bisexuelle Identitäten, die als Kategorien, um eine *Person* aus der Zeit vor dem späten 19. Jahrhundert zu beschreiben, nicht sehr sinnvoll sind; vorher wurden Variationen in der menschlichen Sexualität eher als abweichende oder unnatürliche *Handlungen* betrachtet. Die Sexualwissenschaft kategorisierte abweichendes Verhalten ohne die strikte Unterscheidung zwischen Geschlechtsidentität und sexueller Orientierung, die für die moderne LGBT-Politik so zentral ist. Die Tatsache, dass die getrennten Identitätskategorien lesbisch, schwul, bi und trans relativ neu sind, macht es uns eigentlich unmöglich, historische Persönlichkeiten eindeutig in diese Schubladen einzuordnen.

Dennoch haben LGBT-Menschen manchmal den Drang, Personen aus der Vergangenheit mit unserer heutigen Sprache zu erfassen und das Leben historischer Persönlichkeiten mit heutigen konzeptuellen Werkzeugen zu skizzieren. So wird beispielsweise Anne Lister, eine Landbesitzerin aus Halifax in Yorkshire, die im späten achtzehnten und frühen 19. Jahrhundert lebte, häufig als lesbisch bezeichnet, manchmal sogar als »die erste moderne Lesbe«. Listers Geschichte wurde durch ihre lebendigen Tagebücher überliefert, die Einzelheiten über ihre sexuellen Affären mit Frauen enthalten, die sie in verschlüsselter Sprache aufgezeichnet hatte. Dass Lister leidenschaftlich und ausschließlich Frauen begehrte, ist eindeutig: »Ich liebe und liebe nur das schöne Geschlecht, und werde von ihnen zurückgeliebt, meinem Herzen widerstrebt jede andere Liebe als die ihre«, schrieb sie in einem Tagebucheintrag.[8] Auch ihre Beziehung zu einer anderen wohlhabenden Frau namens Ann Walker, mit der sie 1834 die Eucharistie empfing (ein Akt, den beide als Eheschließung betrachteten), ist ein deutlicher Hinweis dafür, dass ihre Sexualität dem entspricht, was heute als lesbisch bezeichnet wird. Allerdings ist der Begriff im Englischen erst seit 1870, also dreißig Jahre nach Listers Tod, als Bezeichnung für »eine Frau, die sich sexuell zu anderen Frauen hingezogen fühlt« in Verwendung und erst seit Beginn des 20. Jahrhunderts allgemein gebräuchlich. Sollte Lister also als lesbisch bezeichnet werden, auch wenn sie den Begriff wohl weder benutzt noch gekannt hatte? Die York Civic Society war offenbar dagegen. Im Juli 2018 brachte die Society eine blaue Gedenktafel zu Ehren von Lister an der Holy Trinity Church in York an, wo Lister und Walker gemeinsam das Sakrament empfangen hatten. Auf der Tafel wurde Lister nicht als lesbisch bezeichnet. Vielmehr verwies die Tafel auf ihre »eheliche Bindung« an Walker und bezeichnete sie als »gender-nonconforming«, vielleicht da sie bei ihren Zeitgenoss:innen für ihr maskulines Auftreten bekannt war und die Spitznamen »Gentleman Jack« (so auch der Titel des BBC-Dramas über Listers Leben) und »Fred« trug. Dass die Society Lister nicht konkret als lesbisch bezeichnete, löste allerdings einen Aufschrei aus, und in einer Online-Petition wurden 2500 Unterschriften gesammelt. »Anne Lister war zweifellos ihr Leben lang gender-nonconforming. Aber sie war auch lesbisch«, hieß es in der Petition. »Lasst nicht zu, dass diese Ikone aus unserer Geschichte getilgt wird.« Die York Civic Society entschuldigte sich und versicherte, dass sie nicht die Absicht gehabt hatte, Angehörige der LGBT-Community zu verletzen. Im Januar 2019 wurde die Gedenktafel durch eine andere mit einer neuen Inschrift ersetzt, auf der Lister nun ausdrücklich als lesbisch bezeichnet wird.[9]

Bei dem erbitterten Streit um die Frage, wie eine tote viktorianische Frau denn nun genau zu bezeichnen sei, geht es mehr um heutige LGBT-Politik als um historische Korrektheit. Noch immer wird das Wort »Lesbe« als frauenfeindliche Beleidigung auf Schulhöfen, als höhnische Bemerkung von Betrunkenen vor Pubs oder online als Kategorie für Pornos zur Befriedigung heterosexueller Männer verwendet. Selbst innerhalb der LGBTIQ*-Community scheint die lesbische Kultur, vor allem im Vergleich zu der von schwulen Männern, häufig ignoriert und vernachlässigt zu werden. Auch von den plötzlichen Schließungen von immer mehr LGBT-Lokalen in britischen Großstädten ist die lesbische Szene oft am härtesten betroffen: In London, einer Stadt, in der fast neun Millionen Menschen leben, gibt es nur ein einziges lesbisches Lokal. Vor diesem Hintergrund ist es verständlich, dass die Inschrift der Lister-Gedenktafel zu einem Ausdruck der modernen Angst vor dem Verschwinden und der Auslöschung lesbischer Subkulturen in Großbritannien wurde. Wenn wir das Gefühl haben, unsere Kultur und Identität seien bedroht oder vergänglich, dann kann uns die Geschichte ein Anker sein und die Würdigung von Wegbereiter:innen uns Kraft verleihen – und dafür lohnt es sich, erbittert zu kämpfen.

Da Lister sich klar als Frau identifizierte und eindeutig Frauen begehrte, hat die anachronistische Bezeichnung »lesbisch« unterm Strich vielleicht doch etwas Gutes, weil sie heutigen lesbischen Frauen eine historische Ikone beschert. Doch ähnliche Versuche in anderen Fällen, historische Persönlichkeiten als trans Menschen anzuerkennen, waren heiß umstritten. Vergleichen wir den Fall von Anne Lister mit dem von Dr. James Barry, der 1789, nur zwei Jahre vor Lister, als Margaret Ann Bulkley in Cork in Irland zur Welt kam. Barry, der als Mädchen erzogen wurde, führte sein gesamtes Erwachsenenleben in der Öffentlichkeit und privat als Mann, wurde Militärchirurg und war bis zu seinem Tod 1865 in verschiedenen Gebieten des britischen

Empires tätig. Obwohl er verfügt hatte, dass »im Falle seines Todes strenge Vorsichtsmaßnahmen ergriffen werden sollten, um jegliche Untersuchung seines Leichnams zu unterbinden«[10], und obwohl auf der Sterbeurkunde zunächst das männliche Geschlecht eingetragen war, verriet eine der Frauen, die den Leichnam für die Beerdigung vorbereitet hatten, der Presse Barrys bei der Geburt zugewiesenes Geschlecht, nachdem sie erfolglos versucht hatte, von seinem Arzt Schweigegeld zu erpressen. Diese öffentliche Enthüllung schockierte alle, die Barry zu Lebzeiten gekannt hatten, einschließlich des militärischen und medizinischen Personals, das mit ihm zusammengearbeitet hatte. Während des Krimkriegs war er in einen Streit mit der berühmten Krankenschwester Florence Nightingale geraten und hatte sie öffentlich getadelt. Nach seinem Tod schrieb Nightingale über den Vorfall:

> »Er« verlangte von mir, mich inmitten einer ganzen Schar von Soldaten, Intendantur, Bediensteten, Marketender etc., etc. hinzustellen, die sich während meiner Rüge allesamt wie Gentlemen benahmen, wohingegen [er] sich wie ein Rohling aufführte … Als [er] tot war, wurde mir erzählt, [Barry] sei eine Frau … Ich würde [Barry] als das unbarmherzigste Geschöpf bezeichnen, dem ich je begegnet bin.[11]

Ungeachtet Barrys ausdrücklichem Wunsch, nach seinem Tod als Mann in Erinnerung zu bleiben, behaupteten sowohl wissenschaftliche als auch populärwissenschaftliche Historiker:innen häufig, er sei eine Frau gewesen, und nutzten für ihn weibliche Pronomen. Darauf reagierten trans Communitys, ähnlich wie lesbische Communitys auf die Lister-Gedenktafel, mit lautstarkem Protest. Zuletzt wurde der Streit im Februar 2019 befeuert, als die Schriftstellerin E. J. Levy einen historischen Roman über Barry verfasste, ihn öffentlich als »Heldin« bezeichnete und für ihn weibliche Pronomen verwendete. Levy verteidigte ihre Entscheidung, Barry als Frau darzustellen, auf Twitter:

»eins ist klar: Sie lehnte oberflächliche Geschlechterkategorien ab

[…]. Darauf zu beharren, Barry sei trans, verzerrt komplexe geschichtliche Zusammenhänge … Es gibt keine Beweise, dass Barry sich als trans identifizierte; sie kleidete sich wie [ein] Mann, um Soldat, Arzt sein zu können … Mein Roman setzt sich mit den sich wandelnden Lesarten ihres Körpers auseinander; das wurde berücksichtigt; ich verwende sie/ihr wie ihre Biograf:innen.«

Wie ich bereits in Kapitel 5 erwähnt habe, wird die Identität von historischen trans Männern, die einen beruflichen Aufstieg anstrebten, nicht selten auf die Identität von cis Frauen reduziert. Der trans Performance-Poet Jay Hulme bezeichnete Levys Standpunkt als »abscheulich«[12] und die Trans-Community-Historikerin Morgan Page twitterte:

»Dass eines der deutlichsten Beispiele eines historischen trans Manns misgendert wird, ist schmerzhaft – zum einen, weil das ein vorsätzlicher Versuch ist, uns aus unserer eigenen Geschichte zu tilgen, und zum anderen, weil er sich so sehr gewünscht hat, auch nach seinem Tod als Mann anerkannt zu werden.«[13]

Ähnlich wie die lesbischen Unterzeichnerinnen der Lister-Petition argumentierte Page, dass es nicht einfach um historische Korrektheit gehe, wenn Levy und andere für Barry weibliche Pronomen verwendeten und ihn fortwährend als Frau bezeichneten, sondern vielmehr um aktuelle Politik:

»Für die meisten trans Personen gibt es kaum etwas Schrecklicheres als die Vorstellung, nach dem Tod misgendert zu werden … dieses entsetzliche Schicksal hat schon viele von uns ereilt. Mitzubekommen, dass das früheren oder aktuellen Mitgliedern unserer Community widerfährt, kann traumatisch sein.«[14]

Der Biograf Jeremy Dronfield machte die Sache noch verworrener: »Wäre Margaret 1989 statt 1789 geboren worden und hätte sie die Freiheit gehabt, Chirurgin und Soldatin zu werden, hätte sie sich dann ausgesucht, ein Mann zu sein?«, überlegte er im *Guardian*. »Im Großen und Ganzen glaube ich das nicht, aber vielleicht hätte Margaret sich als nicht-binär identifiziert.«[15]

Dronfields Auffassung, eine nicht-binäre Identität sei ein Mittelding oder Kompromiss zwischen einer verkleideten Frau und einem trans Mann, ist sowohl unzutreffend als auch simplifizierend und führt, was unser mögliches Verständnis von LGBT-Geschichte betrifft, zu noch größerer Verwirrung. Zum Teil beruhten die Sorgen wegen der Inschrift »gender-nonconforming« auf Anne Listers ursprünglichen Gedenktafel tatsächlich auf der irrigen Annahme, sie würde als trans oder nicht-binär beansprucht und ihr Frausein relativiert oder aberkannt werden, nur weil sie auch unter typisch männlichen Spitznamen bekannt gewesen war und männliche Kleidung getragen hatte. Aus feministischer Sicht ist die Befürchtung verständlich, allen historischen Butch-Frauen oder gender-nonconforming Frauen könnte das Frausein rückwirkend abgesprochen werden, nur weil sie nicht typisch feminin waren – doch umgekehrt können auf gleiche Weise Menschen wie Barry, die tatsächlich als Mann lebten, unsichtbar gemacht werden. Dass die Kritik an der Lister-Tafel und die an dem Roman über James Barry so unterschiedlich aufgenommen wurde, zeigt, wie stark die Erinnerung an LGBT-Geschichte von Zufällen abhängt. Sie ist von den Ansichten und Zielen der Menschen bedingt, die sie erzählen, und davon, wer in dem Kontext, in dem sie erzählt wird, mehr Macht hat: Die Gedenktafel wurde geändert, der Roman nicht. Diese Entscheidungen prägen die Geschichten, die künftigen Generationen erzählt werden. Das Akronym »LGBT« trägt dem Umstand Rechnung, dass die jeweiligen Kategorien, für die diese Buchstaben stehen, noch sehr neu sind – nicht mehr als ein Jahrhundert alt – und dass sich das Leben vieler unserer Vorfahr:innen nicht fein säuberlich in eine der vier Schubladen stecken lässt.

Als trans Frau, die sich zu Männern hingezogen fühlt, nehmen Menschen oft von mir an oder sind sogar fest davon überzeugt, dass ich »eigentlich« ein extrem femininer schwuler Mann bin, der entweder verwirrt ist, sich etwas vormacht oder transitioniert hat, um sich mehr Männer zu »angeln«, als es mir mit männlichem Geschlechtsausdruck möglich wäre. Zu Schulzeiten beharrten meine Klassenkamerad:innen und Freund:innen darauf, dass ich ein femininer schwuler Junge sei, was schließlich dazu führte, dass ich mich als Teenager tatsächlich als schwul outete. Erst nach Jahren merkte ich, dass ich mich nicht wohl damit fühlte, als Mann zu leben, und dass mein Wunsch, weiblich zu sein, die zentrale Krise meines Lebens war und nicht meine Anziehung zu Männern. Für diesen Irrtum mache ich nicht meine Klassenkamerad:innen verantwortlich. Denn, wie bereits beschrieben, war die Verwechslung von homosexuellen und trans Identitäten während des gesamten 20. Jahrhunderts auch in der Medizin üblich. In den 1960er-Jahren beantragte der Ehemann des trans Models April Ashley die Annullierung ihrer Ehe mit der Begründung, seine Gattin sei rechtlich und medizinisch gesehen ein Mann. Der Psychiater John Randell bezeichnete Ashley in seinem medizinischen Gutachten vor Gericht als »homosexuellen transsexuellen Mann«, was nahelegte, dass eine trans Frau eher als Unterkategorie eines schwulen Mannes zu begreifen sei denn als Frau. Noch in den 1980er-Jahren vertrat der Sexualwissenschaftler Ray Blanchard die Ansicht, trans zu sein sei ein Ausdruck der sexuellen Orientierung. Wie Randell war er der Meinung, trans Frauen, die sich ausschließlich zu Männern hingezogen fühlten, seien feminine homosexuelle Personen, die es als leichter empfinden würden, ein Leben zu führen, in dem sie Frauen nachahmten. Passend dazu wurden mehrere meiner schwulen Freunde bei ihrem Coming-out von ihren Müttern unter Tränen gefragt, ob sie vorhatten, letztendlich eine Frau zu werden. Diese Annahme, alle schwulen Männer würden den Wunsch verspüren, eine Frau zu sein, ist der gleiche Irrtum, nur umgekehrt. Ihre Mütter haben nicht begriffen, dass sich sexuell zu Männern hingezogen zu fühlen nicht untrennbar damit verknüpft ist, eine Frau zu sein. In einer Gesellschaft, die dazu neigt, einfach allen LGBT-Menschen das Etikett »queer« zu verleihen, sieht auch unsere Unterdrückung größtenteils gleich aus.

Noch komplizierter wird die Sache dadurch, dass in den Anfängen der modernen LGBT-Bewegung das Wort »gay« für alle verwendet wurde – auch für trans Menschen. Als Geburtsstunde der modernen LGBT-Bewegung des 20. Jahrhunderts gelten gemeinhin die Unruhen im Stonewall Inn in New York City in den frühen Morgenstunden des 28. Juni 1969. Von dem Ereignis dürften selbst Menschen außerhalb der LGBT-Familie gehört haben. Nach ihm ist auch die gleichnamige Organisation in Großbritannien benannt. Das Stonewall Inn war eine von der Mafia kontrollierte Gay-Bar, und die Kundschaft bestand überwiegend aus schwulen Männern unterschiedlichster ethnischer Herkunft zwischen dem späten Jugendalter und Anfang dreißig. In geringerer Zahl gehörten zum Stammpublikum auch Butch-Lesben und Transvestit:innen (eine Gruppe, zu der schwule Männer in femininer Kleidung oder »queens« ebenso gehörten wie Transsexuelle, die sich einer Geschlechtsangleichung unterzogen hatten oder vorhatten, dies zu tun). Eine Razzia kurz nach ein Uhr nachts eskalierte, nachdem die Polizei mehrere Besucher:innen gestoßen und festgenommen hatte. Einigen Berichten zufolge zog eine Transvestitin einem Beamten ihre Tasche über den Kopf, nachdem sie von ihm gestoßen worden war. Laut anderen wurde beobachtet, wie sich eine Butch-Lesbe (manchmal ist konkret von der Schwarzen lesbischen Entertainerin Stormé DeLarverie die Rede) wehrte, nachdem sie von einem Beamten geschlagen worden war, weil sie sich über ihre zu engen Handschellen beschwert hatte.

Angesichts der verschiedenen Berichte über die chaotische, unübersichtliche Situation (in der die meisten Aufständischen wütend und angetrunken waren) dienen die Unruhen heute eher als Gründungsmythos oder mündliche Überlieferung. Die verschiedenen Zweige der LGBTIQ*-Community verfechten jeweils unterschiedliche Versionen und halten sich dabei oft nicht allzu genau an überprüfbare historische Quellen.[16] Wenn es um die Geschichte von Stonewall geht, so die trans Historikerin Susan Stryker, »gehen verschiedene Identitätsgruppen einander oft recht heftig an und fechten heutige Kämpfe aus, indem sie Behauptungen über damals aufstellen, die sich letzten Endes nicht objektiv belegen lassen«.[17] Dazu gehören Streitigkeiten über die Bedeutung und Identitäten bestimmter aktivistischer Anführer:innen, die an der aus den Unruhen hervorgegangenen Bewegung beteiligt waren. Manchmal werden zwei der führenden Persönlichkeiten der Stonewall-Geschichte, Sylvia Rivera und Marsha P. Johnson, als trans Frauen bezeichnet. Keine von beiden hat diese Bezeichnung je selbst verwendet. Sie waren gender-nonconforming und brachten eine weibliche Geschlechtsidentität zum Ausdruck (Rivera identifizierte sich später als »transgender«), aber beide bezeichneten sich eher als »queens« oder »transvestites«, als dass sie über sich selbst sagten, sie seien Frauen. Es gibt widersprüchliche Informationen dazu, ob Rivera zu Beginn der Unruhen überhaupt anwesend war.

Sowohl Rivera als auch Johnson (Johnson hatte bei dem Aufstand zweifellos eine Schlüsselrolle) bezeichneten sich selbst als »gay« (denn das taten, wie bereits erwähnt, damals alle) und sprachen in den Jahren nach den Unruhen von ihrem Befreiungskampf als »gay power«. Das bedeutet nicht, dass keine trans Frauen of Color (im modernen Sinne – also trans Menschen, die sich durchgängig als weiblich identifizieren) am Stonewall-Aufstand teilgenommen hätten: Eine Zeitgenossin von Johnson und Rivera, Miss Major Griffin-Gracy, war sehr wohl dabei. Die heute noch lebende Miss Major identifiziert sich als trans Frau. Die meisten ihrer Zeitgenoss:innen sind jedoch tot: Darüber zu spekulieren, ob diese Menschen, wären sie noch am Leben, trans Frauen, nicht-binäre Menschen, Dragqueens, gender-nonconforming oder schwule Männer wären, tut nichts zur Sache. Beim Stonewall-Aufstand und der dadurch ausgelösten weltweiten Gay-Pride- und Gay-Liberation-Bewegung begehrten lesbische, schwule, bisexuelle, trans und gender-nonconforming Menschen gegen die Kräfte staatlicher Unterdrückung und sozialer Stigmatisierung auf. Zu Beginn der modernen Bewegung standen LGBT-Menschen Seite an Seite. Solidarität hat sich als wirksamstes Mittel zur Durchsetzung der gemeinsamen Interessen bewährt.

Die US-amerikanische Stonewall-Geschichte ist in Großbritannien bekannter als die Anfänge der LGBTIQ*-Bewegung in unserem eigenen Land. Das erste Treffen der britischen Gay Liberation Front (GLF) fand am 13. Oktober 1970 im Keller der London School of Economics statt. Bob Mellors und Aubrey Walter, zwei der Gründungsmitglieder, hatten die Erfolge der Gay Liberation Front in den Vereinigten Staaten erlebt und wollten parallel dazu ebenfalls eine Bewegung schaffen, die auf revolutionärer Politik basierte.

Die GLF wollte nicht nur Gleichberechtigung und Reformen innerhalb der heteronormativen Gesellschaft erreichen, sondern die Gesellschaft an sich infrage stellen: die Kernfamilie, Geschlechterrollen und das Patriarchat. Es handelte sich um eine sozialistische Bewegung, die den Kapitalismus ablehnte.

Im Manifest der GLF von 1971 heißt es: »Wir zeigen euch, wie wir unsere berechtigte Wut nutzen können, um das gegenwärtige unterdrückerische System mit seiner morschen, einengenden Ideologie umzustürzen, und wie wir gemeinsam mit anderen unterdrückten Gruppen anfangen können, mithilfe unserer Vorschläge eine neue Ordnung und einen befreiten Lebensstil zu schaffen.« Berichte aus der Zeit bestätigen, dass von Anfang an trans Menschen an der GLF beteiligt waren – wenn auch nicht ganz ohne Verunsicherung, warum und inwiefern sie einbezogen werden sollten. Ein lesbisches GLF-Mitglied meinte dazu:

»Mit den Transsexuellen gab es zwei Probleme. Erstens war Transsexualität damals nicht besonders bekannt und viele Leute glaubten nicht daran. Sie dachten stattdessen, dass diese Menschen vielleicht schwule Männer seien, die aufgrund der Art, wie die heterosexuelle Gesellschaft sie betrachtete, nicht sonderlich gut angepasst waren.«[18]

Auch Stuart Feather, ebenfalls GLF-Mitglied, beschreibt die anfangs ablehnende Haltung gegenüber der Selbstwahrnehmung von trans Mitgliedern:

»Zuerst dachten wir, Transsexuelle seien Schwule mit einem starren heterosexuellen Schwarz-Weiß-Denken, die sich keine Alternative zum heterosexuellen Modell vorstellen konnten, bis eine Operation korrigiert hatte, wogegen sich der Verstand verschlossen hatte.«[19]

Erst als einige schwule und lesbische Mitglieder trans Personen kennenlernten, begriffen sie, dass diese Ansicht falsch war – nicht zuletzt, weil sich manche trans Frauen in der GLF nicht zu Männern, sondern zu Frauen hingezogen fühlten und sich selbst als lesbisch bezeichneten. Rachel Pollack, eine lesbische trans Frau, die mit Edith, einer cis Frau, verheiratet war, gründete 1971 innerhalb der britischen GLF die erste Organisation speziell für trans Menschen: die Transvestite, Transsexual and Drag Queen Group. Dort konnten sich GLF-Mitglieder, die dem Transgender-Spektrum angehörten, treffen und sich über ihre Situation und politischen Prioritäten austauschen. Schon bald veröffentlichten sie ein eigenes politisches Manifest, *Declare Your Sex*, in dem die Trans-Befreiung ganz klar als Teil der Gay Liberation definiert wurde:

> Innerhalb der Gay-Community herrscht viel Verwirrung angesichts der Unterscheidung zwischen »gay transvestites« und »straight transvestites«. Doch das ist eine künstliche Spaltung, die uns von denjenigen auferlegt worden ist, die uns isolieren und unsere Identität leugnen wollen. Eine transsexuelle oder transvestitische Person ist gay, weil sie oder er transsexuell oder transvestitisch ist. Manche von uns stehen auf Männer, manche von uns stehen auf Frauen. Manche von uns sind homosexuell, manche von uns sind heterosexuell, manche von uns sind lesbisch. Aber wir alle sind transsexuell oder transvestitisch, und genau diese Identitäten müssen anerkannt und bestärkt werden. Gay zu sein bedeutet, die Regeln deines offiziellen Geschlechts zu brechen, die Richtlinien zu überschreiten, die von der Familie, der Schulen und der Kirche festgelegt wurden. Manche von uns überschreiten sie, indem sie mit der falschen Person schlafen. Manche von uns kleiden sich auf die falsche Weise. Manche von uns tun beides. Wir alle sind gay.[20]

Aus heutiger Sicht klingt das sonderbar. »Trans«, so heißt es, beziehe sich ausschließlich auf die Geschlechtsidentität und »gay« auf die Sexualität. Oder wie eine Redensart besagt: »Geschlechtsidentität ist, *als* *wer* man ins Bett geht, Sexualität ist, *mit wem* man ins Bett geht.« Die Formulierung im Manifest *Declare Your Sex* trifft jedoch einen wichtigen Punkt, der noch heute gilt: Die meisten trans Menschen bezeichnen auch ihre Sexualität als queer oder auf andere Weise als nicht heterosexuell. In einer 2015 durchgeführten Umfrage unter 27715 trans und nicht-binären Menschen stellte das American National Center for Transgender Equality fest, dass 21 Prozent ihre sexuelle Orientierung am ehesten mit dem Begriff queer beschreiben würden, 18 Prozent mit pansexuell, 16 Prozent mit schwul, lesbisch oder same-gender-loving*, 14 Prozent mit bisexuell und 10 Prozent mit asexuell.[21] Das bedeutet, dass die meisten trans Menschen nicht heterosexuell sind. Die größte Ungenauigkeit des Begriffs »LGBT« liegt wohl darin, dass er impliziert, trans Personen seien eine von LGB getrennte Kategorie, doch in Wirklichkeit gibt es starke Überschneidungen zwischen dem T und den anderen Buchstaben.

Viele trans Personen berichten, die Transition an sich verändere ihre sexuelle Orientierung beziehungsweise wie sie diese wahrnehmen und beschreiben. 2017 veröffentlichte *Vice* ein Feature mit dem Titel »Die trans Frauen, die nach Jahren als schwule Männer Lesben werden«, in dem es um trans Frauen ging, die, während sie als Männer lebten, ausschließlich mit Männern ausgingen, und nach der Transition ausschließlich mit Frauen. Während sie sich veränderten, änderte sich auch, zu welchem Geschlecht sie sich hingezogen fühlten, und sie lebten nicht mehr als homosexuelle Männer, sondern als homosexuelle Frauen. Im Gespräch mit *Vice* wies Dr. Walter Bockting, Professor für medizinische Psychologie an der Columbia University, darauf hin, dies könne damit zusammenhängen, dass sich durch den Wechsel der Geschlechterrolle auch die Wahrnehmung des

* Die Bezeichnung same-gender-loving (SGL, zu Deutsch: »das gleiche Geschlecht liebend«) wurde in den frühen 1990er-Jahren von dem Aktivisten Cleo Manago geprägt und wird vor allem von Schwarzen Menschen in den USA benutzt, auch in Abgrenzung zu den von *weißen* Menschen geprägten Begrifflichkeiten der LGBTIQ*-Community. (Anm. d. Übers.)

Geschlechts anderer Menschen verändert: »Sobald eine Person die vorherrschenden sozialen Normen in Bezug auf Geschlecht und Sexualität infrage stellt, fühlt sie sich freier, nach der Geschlechtsidentität auch die sexuelle Orientierung zu erkunden.«[22] Im selben Artikel bietet Alison, eine der befragten trans Frauen, eine Erklärung dafür, warum sie sich nun zu Frauen hingezogen fühlte: »Ich befand mich in einer anderen Geschlechtsposition«, sagte sie. Da sie sich nicht mehr als männlich identifizierte, konnte sie sich »romantisch oder sexuell zu Frauen hingezogen fühlen«, ohne ihre »Abscheu gegenüber männlicher Heterosexualität« überwinden oder sich als daran beteiligt betrachten zu müssen.[23] Mit anderen Worten: Alison ist der Ansicht, dass sie sich nur als Frau damit wohlfühlen konnte, Frauen zu begehren. Hätte sie vor der Transition Frauen begehrt, dann hätte sie sich zu sehr wie ein Mann gefühlt, und darunter hätte sie aufgrund ihrer Geschlechtsdysphorie sehr gelitten. Im 21. Jahrhundert hat sich die Erkenntnis durchgesetzt, dass die menschliche Sexualität wesentlich komplexer ist, als es die starren, unveränderlichen Kategorien heterosexuell, homosexuell oder bisexuell ausdrücken können; die Erfahrungen von trans Personen sind nur ein Teil dieser größeren sexuellen Vielfalt. Für nicht-binäre Personen, deren Geschlechtsidentitäten und -ausdrücke außerhalb der Kategorien Mann und Frau liegen können oder sich zwischen diesen beiden bewegen, sind die Kategorien der menschlichen Sexualität aus dem 19. Jahrhundert wenig sinnvoll, weshalb der Begriff »queer« immer beliebter wird.

Das größere Angebot an medizinischen und chirurgischen Möglichkeiten für trans Personen, die ihre primären und sekundären Geschlechtsmerkmale angleichen möchten, wirft auch schwierige Fragen bezüglich unseres Verständnisses der menschlichen Sexualität auf. Zu was genau fühlen wir uns hingezogen? Zu Genitalien? Einem Gesamteindruck von männlichen und weiblichen Attributen? Zu Brüsten? Zur Stimme? Zu Haaren? Oder zu verschiedenen Kombinationen davon? Instinktiv neigen viele Menschen zu der Annahme, sexuelle Orientierung sei die Anziehung zu bestimmten Genitalien – und für viele sind Genitalien, die dem entsprechen, was wir von Männern und Frauen erwarten, ein entscheidender Aspekt ihrer Anziehung zu anderen Menschen. Doch die höhere Anzahl von zum Beispiel trans Frauen mit feminisiertem Aussehen, Körper und Brüsten, die einen Penis haben, und von trans Männern mit Brusthaaren, Muskeln, tiefer Stimme, Bart und Vagina zeigt, dass ein und derselbe Körper eine Mischung von Geschlechtsmerkmalen und Attributen haben kann. In meinem persönlichen Bekanntenkreis kenne ich Männer, die sich laut eigenen Angaben ausschließlich zu Frauen hingezogen fühlen und auch mit Frauen mit Penis ausgehen; lesbische Frauen mit Vulva in Beziehungen mit Frauen mit Penis; schwule Männer in Beziehungen mit Männern mit Vulva und (natürlich) Frauen mit Penis in Beziehungen mit Männern mit Vulva. Demnach ist das Hinterfragen des binären Geschlechtermodells durch trans Personen ebenso körperlich und sexuell wie intellektuell oder politisch. In vielerlei Hinsicht wird durch trans Menschen das traditionelle Verständnis von sexueller Anziehung infrage gestellt.

Doch leider fühlen sich einige schwule und lesbische Menschen damit unwohl, dass grundsätzlich hinterfragt wird, wie wir unser Begehren begreifen und kategorisieren, als würden sie dadurch persönlich angegriffen oder aufgefordert werden, die eigene Sexualität zu überdenken. Das ist verständlich, da unsere Gesellschaft Heterosexualität bevorzugt und in der Regel versucht, diese Personen durch Scham oder Zwang von ihrem Begehren abzubringen. Dieses Unbehagen schlägt sich jedoch häufig in der Diskriminierung von trans Menschen in schwulen und lesbischen Räumen nieder. Im Oktober 2018 berichtete die britische LGBTIQ*-Presse von einem trans Mann, der aufgefordert worden war, Sailors Sauna, eine Schwulensauna in Limehouse in Ostlondon, zu verlassen, weil er keinen Penis hatte. Der bisexuelle trans Mann Jason Smith (Pseudonym) war sich Berichten zufolge unsicher gewesen, ob er diesen Cruising-Ort aufsuchen dürfe, und habe daher vorab auf der Website nach transspezifischen Richtlinien gesucht. Es gab keine. In Begleitung eines Freundes hatte er sich eine Stunde lang in der Sauna aufgehalten, bis er schließlich von einem Mitarbeiter aufgefordert wurde, die Sauna zu verlassen, da sich ein anderer Kunde beschwert habe, dass eine »Frau« in der Sauna sei. »Jemand vom Personal kam zu mir und forderte mich auf, die Sauna zu verlassen ... weil meine Anwesenheit wegen meiner Genitalien nicht gestattet sei«, teilte er später *Gay Star News* mit.[24] Als der Mitarbeiter Smith erklärte, es handele sich um eine Einrichtung für Männer, wies er (fälschlicherweise) darauf hin, dass die Vorschriften der örtlichen Behörde Smiths Anwesenheit verbieten würden. Daraufhin zeigte Smith seinen Pass mit männlichem Geschlechtseintrag. Der Mitarbeiter soll gesagt haben, wenn Smith »Titten und einen Schwanz« gehabt hätte, wäre alles okay gewesen – aber das war es nicht, weil er eine Vagina hatte. Der Saunamitarbeiter und der schwule cis Kunde, der sich über Jasons Anwesenheit beschwert hatte, trafen die Entscheidung, Jason allein anhand seiner Genitalien zu kategorisieren: Die anderen körperlichen Merkmale, das offizielle Ausweisdokument und vor allem die von ihm selbst erklärte Identität als bisexueller Mann wurden ignoriert. Dass sich der andere Kunde mit Jasons Anatomie unwohl fühlte, obwohl er keinerlei Interaktion mit ihm hatte, wurde als wichtiger erachtet, als Jasons Anwesenheit an einem Ort zu gestatten, der eigentlich dazu da war, einen queeren Raum für Sex ohne Gefahr durch homofeindliche Gewalt zu bieten. Selbstverständlich hatte jeder Mann in der Sauna das uneingeschränkte Recht, Sex mit einem trans Mann abzulehnen – aber zu verlangen, dass ein trans Mann allein aufgrund seines Körpers präventiv fortgeschickt wird, ist ein Beispiel dafür, wie sich offene Transfeindlichkeit, selbst innerhalb der LGBT-Community, manifestieren kann.

Wenn trans Inklusion in homosexuellen Räumen mitunter schon ein heikles Thema für queere Männer ist, dann hat der lesbische Anti-Trans-Protest auf dem Christopher Street Day 2018 in London verdeutlicht, wie brisant das Thema unter queeren und lesbischen Frauen sein kann. Einer der häufig angeführten Gründe für den Bruch zwischen einer Minderheit von lesbischen Frauen und trans Menschen hat jedoch nichts mit trans Frauen zu tun. Sondern er basiert auf der Annahme, dass Butch-Lesben, insbesondere junge Butch-Lesben, von »trans Aktivist:innen« rekrutiert werden würden, um trans Männer zu werden. Diese Sorge, die in einigen lesbischen Communitys seit den Achtzigern immer wieder auftaucht, wird als »butch flight« bezeichnet. Mit dieser dubiosen »Flucht« ist gemeint, dass Butch-Lesben aus dem Leben als Frau fliehen würden, um stattdessen ein privilegiertes Leben als heterosexueller Mann zu führen. Komplett aus der Luft gegriffen ist das nicht, denn einige trans Männer identifizieren sich tatsächlich zunächst als lesbisch, weil sie sich zu Frauen hingezogen fühlen (so wie ich mich früher als schwul identifiziert habe, weil ich Männer begehrt habe), und suchen Zuflucht in queeren Frauenräumen, bevor sie schließlich entscheiden, dass die Transition das Richtige für sie ist. Ein aktuelles Beispiel ist der Hollywood-Schauspieler Elliot Page, der sich zunächst als lesbisch geoutet hatte, bevor er letztendlich transitionierte. Da ich sowohl cis LGB- als auch trans Freund:innen habe, weiß ich, dass manche Familien ein homosexuelles Kind akzeptieren, nicht aber ein trans Kind: Die Änderung des Namens, der Pronomen und die körperliche Veränderung sind ihnen einfach zu viel. In solchen Fällen versuchen manche trans Männer und nicht-binäre Personen zunächst aus Furcht vor Ablehnung als Kompromiss eine weibliche Butch-Identität anzunehmen, bevor sie schließlich erkennen, dass sie nicht mit ihrer ungelösten Dysphorie leben können. Zwar mag es einzelne Frauen geben, die eine starke Unsicherheit in Bezug auf ihr Geschlecht empfinden und jahrelang nicht genau wissen, wo sie sich auf dem Geschlechterspektrum einordnen, aber es gibt keine glaubwürdigen Belege, dass eine signifikante Anzahl von Menschen, die sich ursprünglich als lesbisch identifiziert haben, bewusst ihre weibliche Identität aufgeben, um *en masse* zu transitionieren, geschweige denn, dass sie dazu gedrängt werden.

Eine zweite Erklärung, die als Grund für die Spaltung zwischen einigen lesbischen Frauen und trans Menschen angeführt wird, lautet, dass sich lesbische cis Frauen gezwungen oder genötigt fühlen könnten, trans Frauen als Sexualpartnerinnen zu akzeptieren. Ich habe keine Zweifel, dass sich viele lesbische cis Frauen nicht sexuell zu einer trans Frau hingezogen fühlen, insbesondere nicht zu einer trans Frau mit Penis, oder dass eine lesbische Frau Interesse an einer Frau zeigt, aber ihre Meinung ändert, wenn sie erfährt, dass diese Frau trans ist. Schließlich haben alle das Recht, sexuelle Grenzen zu setzen, egal aus welchem Grund, und sich persönlich nicht sexuell unter Druck setzen zu lassen. Doch wie bei dem trans Mann, der aus der Schwulensauna geworfen wurde, muss auch hier deutlich unterschieden werden zwischen der bloßen Anwesenheit von trans Frauen auf beispielsweise lesbischen Dating-Websites oder in Lesbenbars und der grundlegenden Unterstellung, sie seien gefährlich. Wie jede andere lesbische Frau auch haben lesbische trans Frauen das Recht, angemessen und einvernehmlich sexuelle und romantische Beziehungen zu suchen, ohne als übergriffige Männer dargestellt zu werden. Einige lesbische Frauen fühlen sich zu trans Frauen hingezogen und sind für eine Beziehung mit ihnen offen. Bei diesen Paaren besteht jedoch die Gefahr, dass ihnen ihre Sexualität innerhalb der Community und durch die Medien aberkannt wird. Diese Debatten setzen oft bei dem Recht von trans Frauen an, sich überhaupt als lesbisch bezeichnen zu dürfen. »[D]as Konzept ›Frau‹ zu ändern, um selbsterklärte trans Frauen einzuschließen, bedroht auch das sichere Verständnis des Konzepts ›lesbisch‹«, schrieb die Philosophin Kathleen Stock im Juni 2018 im *Economist* (einen Monat bevor mehrere lesbische Frauen, die offenbar derselben Meinung waren, den Christopher Street Day in London störten). »Als Lesben«, so Stock, »werden traditionell Frauen* verstanden, deren sexuelle Orientierung sich auf andere Frauen richtet.« Ich

* Stocks Definition von »Frau« beziehungsweise »weiblich« beruht auf der Überzeugung, einzig das biologische Geschlecht bei der Geburt bestimme, ob eine Person in jedem Fall »männlich« oder »weiblich« sein kann, und dass dies unveränderlich sei. Ich hingegen vertrete die Ansicht, dass eine trans Frau aufgrund ihrer sozialen, rechtlichen, politischen und manchmal medizinischen Angleichung oder Erfahrung als Frau ebenfalls als weiblich anzusehen ist.

würde jedoch der Aussage widersprechen, dass es seit Langem ein »sicheres« Verständnis des Begriffs »lesbisch« gibt.

Diskussionen über die Legitimität von lesbischen trans Frauen sind mindestens so alt wie ihre erste dokumentierte Beteiligung an lesbischen Organisationen und in lesbischen Subkulturen in den frühen Siebzigerjahren. 1971 wurde die trans Folksängerin Beth Elliott zur Vizepräsidentin des San Franciscoer Ortsverbands der US-amerikanischen Lesbenorganisation Daughters of Bilitis gewählt. Auch von der Orange County Dyke Patrol wurde sie bei der Gay Women's Conference in Los Angeles mit offenen Armen empfangen und war Mitglied des Organisationsteams für die West Coast Lesbian Conference 1973. Zu dieser Zeit wurde heftig über ihre Legitimität als lesbische Frau gestritten: Als Elliott auf besagter Konferenz auf der Bühne auftreten wollte, wurde sie von der lesbischen Separatistinnengruppe Gutter Dykes angefeindet, die im Publikum Flugblätter verteilte und Elliott als Mann bezeichnete, der auf einer lesbischen Veranstaltung nichts zu suchen habe. Die Separatistinnen stürmten Richtung Bühne, und Elliotts Auftritt wurde unterbrochen, damit alle auf der Konferenz darüber abstimmen konnten, ob sie weiterhin auftreten durfte oder nicht. Eine Stunde später waren die Stimmen der 1300 anwesenden Frauen ausgezählt: Eine Zweidrittelmehrheit hatte für Beth Elliott gestimmt. (Indem der Fokus auf die Geschichte der Ablehnung von trans Frauen in der lesbischen Szene gelegt wird, ist manchmal leicht zu übersehen, welche überwältigende Unterstützung lesbische trans Frauen seit Langem von anderen Frauen erhalten.)

Wie wir festgestellt haben, sind manche Menschen immer noch der Meinung, dass trans Frauen nicht lesbisch sein können. Doch die Beteiligung von lesbischen trans Frauen wie Rachel Pollack in den Anfängen der Gay Liberation in Großbritannien und das Statement im Manifest *Declare Your Sex*, dass trans Menschen mit jeder Sexualität Teil der Gay Liberation sein sollten, lassen erahnen, dass es keine einheitliche »Tradition« gibt, wer die Begriffe »schwul«, »lesbisch« oder gar »heterosexuell« verwenden darf. Das war schon immer umstritten. Bedenken und Debatten über die Beziehung von trans Personen zu schwulen, lesbischen und bisexuellen cis Menschen und über ihre Zugehörigkeit zu queeren Communitys gibt es schon genauso lang wie die LGBT-Bewegung.

Für die gegenwärtige LGBT-Politik ist der historische Kontext wichtig, vor allem wegen des weit verbreiteten feindseligen Medienklischees, trans Menschen würden eine Bedrohung für homosexuelle Menschen darstellen. Befeuert wird das in der Regel von heterosexuellen Kolumnist:innen, die für ein überwiegend heterosexuelles Publikum schreiben. Als sich Popsänger:in Sam Smith 2017 als nicht-binär outete und die Medien aufforderte, geschlechtsneutrale Pronomen zu nutzen, reagierte die *Times*-Kolumnistin (und heterosexuelle Frau) Janice Turner mit vernichtender Kritik und weigerte sich strikt, die Legitimität von Sam Smiths Geschlecht anzuerkennen – oder überhaupt die Existenz von nicht-binären trans Menschen. In einem Artikel mit dem Titel »Kult um Geschlechtsidentität schadet Kindern« bezeichnete sie Smith nicht als trans oder nicht-binäre Person, sondern als »schwulen Mann«, verwendete männliche Pronomen und schrieb: »Dass ich mich weigere, Sam Smith ›they‹ zu nennen, hat nichts mit Respektlosigkeit zu tun (ich misgendere trans Personen grundsätzlich nicht), sondern es liegt daran, dass das Konzept ›nicht-binär‹ sexistisch, homofeindlich und vor allem schädlich für die psychische Gesundheit beeinflussbarer junger Menschen ist.«[25] Es ist unerhört, dass Turner steif und fest behauptet, Smith, eine Person, die offen über die Auswirkungen von Homofeindlichkeit in der eigenen Kindheit gesprochen hat, sei die eigentliche homofeindliche Person. Noch ungeheuerlicher ist diese Unterstellung vor dem Hintergrund, dass Turner für eine Zeitung im Besitz von Rupert Murdoch schreibt, die vor dreißig Jahren mit der gleichen Rhetorik gegen homosexuelle Menschen vorging.

1991 veröffentlichte *The Times* eine Kolumne von Janet Daley über die Rechte von Homosexuellen mit dem Titel »Der traurige Schwindel der Gleichberechtigung von Homosexuellen«. Darin nutzte sie die gleiche Kult-Analogie, wie sie auch Turner 2019 wieder ausgegraben hat: »Inzwischen ist homosexuell zu sein so etwas wie eine extreme Form von Freimaurerei, zu der sich Rekruten öffentlich zu bekennen haben«, schwatzt Daley. »Die meisten Sechzehnjährigen sind gar nicht in der Lage, den Preis abzuschätzen, den [Homosexualität] in Form von Kinderlosigkeit, Instabilität und nun auch der tödlichen Gefahr durch Aids fordert.«[26] Damals unterstellten die Boulevardblätter homosexuellen Menschen noch direkter, junge Leute zu »rekrutieren«. Während des Wahlkampfs 1992 für die britischen Unterhauswahlen warnte die *Sun*, die ebenfalls Murdoch gehört, in einem Bericht vor den Gefahren durch eine Ausweitung der Rechte von schwulen und lesbischen Menschen, wie sie die Labour Party im Falle eines Wahlsiegs umsetzen wollte. Der Artikel handelte von der fünfzehnjährigen Schülerin »Niki«, die im Labour-regierten Haringey Council die Schule besuchte. Nikis Mutter dachte, so der Artikel, sie sei im Matheunterricht, doch in Wahrheit erhielt sie »von einer lesbischen Lehrerin eine Lektion in Lesbianismus«.[27]

Eine Gemeinsamkeit der homofeindlichen Berichterstattung der 1980er- und 1990er-Jahre und der transfeindlichen Schlagzeilen der letzten Jahre ist das typische Bild von gemeingefährlichen Erwachsenen, die junge Menschen rekrutieren. Denkwürdige Schlagzeilen sind »Kinder geopfert, um trans Lobby zu beschwichtigen« *(The Times)* und »In zehn Jahren werden wir uns fragen, wie wir es zulassen konnten, dass die trans Lobby die Kindheit stiehlt« *(Telegraph)*. Im Laufe meines Lebens ist es jedoch üblich geworden, dass (heterosexuelle) Kommentator:innen die Entwicklung der Rechte von homosexuellen Menschen in Großbritannien als evolutionären Prozess hin zu einem aufgeklärten Staat betrachten, wie in Kapitel 5 beschrieben. Für diese Sichtweise ist zum einen eine gute Portion liberaler Einsicht nötig und zum anderen eine kollektive – und bequeme – Ignoranz im Hinblick auf die damals weit verbreitete, bösartige Homofeindlichkeit. Außerdem liegt der Fokus für gewöhnlich auf den Kämpfen von homosexuellen Menschen für heteronormative Rechte, die relativ wenig mit

Sex zu tun hatten, wie zum Beispiel das Recht zu heiraten oder zum Militär zu gehen. Unberücksichtigt bleiben aber die Kämpfe für das Recht von Kindern und Jugendlichen auf angemessene Aufklärung über LGBT-Menschen und für das Recht auf gesetzliche Gleichberechtigung in Bezug auf das Schutzalter. Was diese beiden Kämpfe betrifft, wurde häufig eine »schwule Agenda« mit sexueller Abweichung in Verbindung gebracht. In einem erschreckenden Interview 1998 bei ITN News bezeichnete das konservative Mitglied des britischen Oberhauses Baroness Young die Gleichstellung beim Schutzalter als »Freibrief für Pädophile«; vier Jahre zuvor hatte der Tory-Abgeordnete Tony Marlow gesagt, schwule Aktivisten würden einfordern, »Analverkehr mit männlichen Jugendlichen zu legalisieren«, und dass er »kleine Jungs schützen« wolle.

Dieses homofeindliche Klischee, das sich als wirksamer Taschenspielertrick erwiesen hat, wurde in den letzten Jahren wieder aufgegriffen, um den Fortschritt von Trans-Rechten auszubremsen. Eine moralische Panik beruht auf einem inhärenten Paradox: dass die Rechte einer kleinen Minderheit der Bevölkerung, die nur über wenig institutionelle Macht verfügt, in Wirklichkeit eine Gefahr für die Mehrheit darstellen würden. Erreicht wird das, indem in der Bevölkerung eine Mischung aus moralischer Empörung und Angst vor Ansteckung geschürt wird: Im Moment sei die problematische Gruppe zwar noch klein, aber sie würde wachsen. Und zwar, indem sie verwirrte junge Menschen ermutigt, sich ihr anzuschließen. Im Zusammenhang mit sexuellen Minderheiten werden in diesem Rekrutierungsnarrativ mit Verführung und Missbrauch assoziierte Begriffe eingesetzt, wodurch die moralische Empörung, die die Gesellschaft gegenüber Pädophilie empfindet, auf eine unschuldige Gruppe gelenkt werden kann. Schändliche, aber höchst wirksame Propaganda.

Trotz der offensichtlichen Parallelen und Ähnlichkeiten zwischen den Kämpfen von trans Menschen und dem Kampf der allgemeinen queeren Bewegung um sexuelle Emanzipation, behaupten und bekräftigen politisch extrem Konservative, dass trans Menschen nicht nur grundlegend anders seien, sondern der LGB-Bewegung auch erheblich schaden würden. Das schließt sogar Politikschaffende ein, die Rechte von lesbischen, schwulen und bisexuellen Menschen normalerweise ablehnen. Im Oktober 2017 diskutierten Lobbygruppen in Washington DC bei einer Networking-Veranstaltung des ultrakonservativen Family Research Councils (der als Arm der Christlichen Rechten in den USA reflexartig LGBTIQ*-Rechte grundsätzlich ablehnt) offen über die Notwendigkeit, innerhalb der LGBT-Community Unfrieden zu stiften. »Trotz aller jüngsten Erfolge ist das LGBT-Bündnis durchaus zerbrechlich, und die trans Aktivisten brauchen die Unterstützung der Schwulenbewegung, um anerkannt zu werden«, sagte Meg Kilgannon, Mutter und Leiterin des Interessenverbands Concerned Parents and Educators of Fairfax County. »Trans- und Geschlechtsidentität sind eine harte Nuss, also konzentrieren Sie sich auf die Geschlechtsidentität, um die Gruppe zu spalten – ganz nach dem Motto: Teile und herrsche«, erklärte sie und fügte hinzu: »Wenn Sie das T aus der Buchstabensuppe heraussieben, haben wir mehr Erfolg.«[28] Der beruht zum Teil darauf, religiöse Argumente gegen »Transgenderismus« durch weltliche, scheinbar progressive Argumente zu ersetzen, die im Feminismus verwurzelt sind und LGB-Menschen vor der »Bedrohung« durch die »Trans-Ideologie« schützen sollen. Die Konferenz des Family Research Councils, auf dem Kilgannon sprach, war so einflussreich, dass dort im selben Jahr auch der damalige Präsident Donald Trump eine Rede hielt, um sich die Unterstützung seiner christlich-rechten Wählerbasis zu sichern. Kilgannons Äußerungen sollten als das betrachtet werden, was sie waren: Teil einer breit angelegten, gezielten, gut finanzierten Kampagne, um LGBTIQ*-Rechte abzuschaffen und eine sexuell konservative, antifeministische Agenda durchzusetzen – angefangen bei trans Menschen.

Nur allzu deutlich zeigt sich diese Strategie in der Gründung von US-amerikanischen Organisationen, die Anti-Trans-Feministinnen mit christlichen Konservativen zusammenbringen wollen, um gemeinsam Widerstand gegen die Trans-Befreiung zu leisten. Eine Mitgründerin von Hands Across the Aisle ist die langjährige lesbische Aktivistin Miriam Ben-Shalom, die nach einem berühmten Rechtsstreit 1987 als erste homosexuelle Soldatin wieder in den Militärdienst aufgenommen wurde, nachdem sie 1976 wegen Homosexualität aus der US-Armee entlassen worden war. 2015 wurde sie von der LGBT-Website *Equality Forum* zu einer von einunddreißig »Icons of the 2015 LGBT History Month« ernannt. Ihre Mitbegründerin Kaeley Triller Haver hingegen ist eine konservative Christin und Autorin von Meinungsartikeln mit Titeln wie »Frauen werden erst emanzipiert sein, wenn wir von Abtreibungen befreit sind«. Triller Haver hat zugegeben, dass sie Homosexualität für eine Sünde hält, auch wenn sie tunlichst vermeidet, das ihren neu gewonnenen Verbündeten auf die Nase zu binden. »Wenn eine homosexuelle Person, mit der ich befreundet bin, vor mir steht und rundheraus fragt: ›Kaeley, glaubst du, Homosexualität ist eine Sünde?‹, dann werde ich mit ihr über meine Ansicht sprechen, und ich muss ihr die Wahrheit sagen«, räumte sie 2018 in der *Christian Post* ein.

Dass sich sogar Menschen wie Ben-Shalom und Triller Haver politisch zusammentun, zeigt auf alarmierende und bizarre Weise, wie vehement und fanatisch ihr transfeindliches Engagement ist. Ein Jahr, nachdem sie als LGBT-Ikone gefeiert worden war, wurde Ben-Shalom als Schirmfrau der Milwaukee Pride Parade 2016 abgesetzt, nachdem sie eine transfeindliche Online-Petition unterzeichnet hatte. »Ich habe es satt zuzusehen, wie die sogenannte trans Community versucht, uns auszulöschen und abzuschaffen«, schrieb Ben-Shalom auf der Website Change.org als Begründung in das Feld »Darum unterschreiben Menschen«:

»Mich macht es wütend, dass jungen, starken Frauen, oft Butches genannt, gesagt wird, sie sollten ›transitionieren und Männer sein‹ anstatt starke, nicht geschlechtskonforme/stereotype Frauen. Ich habe die Nase voll von Männern im Kleid, die sagen, sie wären Frauen, aber auf männlichem Egotrip sind und mit Gewalt drohen, wenn Lesben nicht ›nach ihrer Pfeife tanzen‹. [...] Ich möchte nicht neben irgendeinem Schwengel duschen, der sagt, der Schwanz sei ein Frauenzauberstab[.]«[29]

Nachdem ihre regionale LGBT-Community sie wegen Intoleranz verstoßen hatte, fand Ben-Shalom eine neue Heimat in der Anti-Abtreibungs- und Anti-Homosexuellen-Lobby, die sie mit offenen Armen empfing. »Als Hands Across the Aisle Coalition haben wir uns verpflichtet, zusammenzuarbeiten, unsere Differenzen zu überwinden und unsere gemeinsamen Ressourcen einzusetzen, um uns der Gender-Ideologie zu widersetzen«[30], heißt es auf der Website der Organisation. Zu vergleichbaren Vereinen gehört auch die radikalfeministische Anti-Trans-Gruppe WoLF (Women's Liberation Front), die zusammen mit mehreren Anti-LGBTIQ*-Organisationen juristisch gegen Trans-Rechte in den USA vorgegangen ist. Im Geschäftsjahr 2017 – dem letzten Jahr, für das Finanzunterlagen des feministischen Vereins vorliegen – beantragte und akzeptierte WoLF Fördergelder in Höhe von 15 000 US-Dollar von der ultrakonservativen Organisation Alliance Defending Freedom.[31]

US-amerikanische Anti-Trans-Bündnisse mischen sich nur allzu gern in ausländische Politik ein. Vor dem irischen Referendum zur Abtreibung 2018 unterstützten christlich-konservative US-Organisationen Antiabtreibungskampagnen in Irland, indem sie Werbeflächen auf Social-Media-Plattformen wie Facebook aufkauften, weil sie Irland als Testgelände für künftige Pro-Life-Kampagnen in den USA nutzen wollten. Wahrscheinlich würden solche Organisationen auch gezielte Versuche unterstützen, eine Spaltung der britischen LGBT-Bewegung herbeizuführen – vor allem da die britische liberale Presse ohnehin die Ansicht fördert, dass Trans-Aktivismus homofeindlich sein könnte.

Dass eine Brutstätte für diese Botschaft vorhanden ist, zeigt sich im plötzlichen Auftauchen von Gruppen wie der LGB Alliance, die im Oktober 2019 in London gegründet wurde und sich für Homosexuelle ohne T einsetzt, und in der engagierten Kampagne gegen Stonewall, der größten und am besten finanzierten LGBT-Organisation in

Großbritannien, die in rechten Publikationen wie *The Times*, dem *Telegraph*, der *Daily Mail* und dem *Spectator* geführt wird.

Diese transatlantischen Beziehungen bestehen tatsächlich. 2019 unterstützte WoLF eine britische Anti-Trans-Gruppe, die Washington DC besuchte, und vermittelte Kontakte zu verschiedenen Gesetzgebenden und Amtspersonen. Darunter war auch Anna Long, die im Juli zuvor zusammen mit anderen lesbischen Frauen den Pride-Marsch in London gestoppt hatte. Auf Einladung von und gemeinsam mit WoLF tourte Long durch die USA und nahm an einer Podiumsveranstaltung gegen Pro-Trans-Gesetze teil, die von dem konservativen, homofeindlichen Thinktank Heritage Foundation organisiert wurde. Ich kann es nicht oft genug wiederholen: Das ist ein erstaunliches Beispiel für ein Bündnis zwischen leidenschaftlich homofeindlichen Menschen und transfeindlichen Aktivistinnen, die selbst lesbisch sind. Auch wenn nur ein winziger Teil der LGB-Community bereit ist, sich mit homofeindlichen Rechten zusammenzutun, reicht das schon, um gegen die Bürgerrechte von trans Menschen vorzugehen, denn es braucht nur eine Handvoll engagierter LGB-Personen, die diese negativen Narrative bewusst aufrechterhalten, damit sie salonfähig werden. Diese werden dann von politischen Konservativen und rechtsextremen Stimmen aufgegriffen, deren Ziel letztendlich die Abschaffung sämtlicher LGBTIQ*-Rechte ist, weil sie alle von uns zutiefst verabscheuen.

Eigentlich sollten allein schon moralische Argumente, sich gegen Transfeindlichkeit als eine Form der Grausamkeit einzusetzen, für jede Person, die schon mal auf ähnliche Weise von der Gesellschaft diskriminiert wurde (wie lesbische, schwule und bisexuelle cis Menschen alle auf die eine oder andere Art), Grund genug sein, um sich mit uns zu solidarisieren. Aber das sollte auch im eigenen Interesse geschehen. Eine Welt, in der die Rechte von trans Personen eingeschränkt werden, basiert auf entmenschlichenden Narrativen und Mythen von sexueller Übergriffigkeit. Die Einschränkung der Rechte von trans Personen beruht auf der Kontrolle des Geschlechtsausdrucks anderer Menschen, und zwar indem entschieden wird, wer männlich oder weiblich *genug* aussieht, um Toiletten oder Umkleideräume zu nutzen, und indem Abweichungen von starren Normen mit Einschüchterung und Gewalt bestraft werden. Dazu gehört auch, dass Kinder dem Beispiel der Erwachsenen folgen und auf dem Schulhof oder Spielplatz Gleichaltrige schikanieren, weil sie anders sind. Sie beruht darauf, dass Eltern den Willen ihres Kindes, das aus seiner Geschlechterrolle heraustritt, gewaltsam beugen oder es mit einer Konversionstherapie psychisch brechen. Diese traumatischen Erlebnisse betreffen alle queeren Menschen, egal ob trans oder cis. Wer diese Gewalt in irgendeiner Form für egal welchen der vier Buchstaben befürwortet, normalisiert damit unweigerlich ihren Einsatz gegen alle, die als queer gelten. Aus politischer Sicht ist das in einer Zeit, in der die rechtsextreme Stimmung in Europa und Nordamerika zunimmt, ein Geschenk für Faschist:innen.

Die Antwort auf diese hasserfüllten Herausforderungen muss – wie für die links eingestellten Menschen der Gay Liberation Front – die Solidarität zwischen allen unterdrückten Gruppen sein, einschließlich lesbischen, schwulen, bisexuellen und trans Personen und allen anderen queeren Menschen, wie denen mit pansexueller und asexueller Identität.

Im Sommer 2018, nach dem Christopher Street Day in London, liefen bei allen anderen großen Pride-Paraden in Großbritannien lesbische cis Frauen und trans Menschen in einer Bewegung namens »LwiththeT« gemeinsam an der Spitze. Das war eine wunderbare Solidaritätsbekundung und erinnerte an die Unterstützung, die trans Folksängerin Beth Elliott bei der Abstimmung auf der West Coast Lesbian Conference damals, vor so vielen Jahrzehnten, von den lesbischen Frauen erhalten hatte. Bald folgten die Slogans »GwiththeT« und »BwiththeT«. Diese Bewegungen müssen weiterwachsen, über Aktionen und Beteuerungen in den sozialen Medien hinaus. Gemeinsam muss ein LGBTIQ*-Bündnis, in dessen Zentrum Klassenbewusstsein und Antirassismus stehen, seine Radikalität zurückerlangen und erneut den Widerstand gegen Kapitalismus und das Patriarchat betonen. Interne Machtkämpfe und innere Spaltung liegen im Interesse der Rechten, von denen wir unterdrückt werden. Homosexuelle und trans Menschen mussten und müssen sich gegen ähnliche Vorwürfe, »unnatürlich zu sein«, wehren: Homofeindlichkeit beruht immer noch oft auf der Ansicht, dass die wertvollste Art der Sexualität die ist, die sich zur Fortpflanzung eignet. Auch Transfeindlichkeit basiert auf der Vorstellung, dass die angegebene Identität einer Person glaubwürdiger ist, wenn sie ihre »natürliche« Rolle bei der menschlichen Fortpflanzung widerspiegelt. Auf ähnliche Weise ist die reproduktive Entscheidungsfreiheit von cis Frauen das Erste, was von konservativen Regimes beschnitten wird. Im Kern haben Frauenfeindlichkeit, Homofeindlichkeit und Transfeindlichkeit viel gemeinsam. Aus Sicht des Patriarchats liegen wir bei der Gender-Performance alle falsch.

7 DIE HÄSSLICHE SCHWESTER: TRANS MENSCHEN IM FEMINISMUS

Im Mai 2018 moderierte ich das eintägige Festival *Women Making History*, das von der britischen Menschenrechtsorganisation Amnesty International organisiert wurde. Die Veranstaltung fand im Londoner Amnesty-Hauptsitz in Shoreditch statt und brachte Frauen aus der ganzen Welt zusammen, um ihren Einsatz für Menschenrechte zu feiern. Auf der Bühne standen fast nur Frauen (mit Ausnahme einer nicht-binären Person bei einer Podiumsdiskussion am Nachmittag). Das Spektrum der Referent:innen reichte von prominenten Persönlichkeiten wie der Schauspielerin Olivia Colman bis hin zu Graswurzelaktivist:innen wie Seyi Akiwowo, die jüngste Schwarze Frau, die in einen britischen Stadtbezirksrat gewählt wurde und Gründerin sowie Leiterin von Glitch ist, einer gemeinnützigen Organisation zur Beendigung von Gewalt im Internet. Der Anlass des Festivals war das hundertjährige Jubiläum des Wahlrechts für (zumindest manche) Frauen.

Zu diesem Zeitpunkt hatte ich bereits seit etwa einem Jahr ehrenamtlich für das Amnesty Collective gearbeitet, eine neue Gruppe junger Aktivist:innen, die ihre Reichweite in den sozialen Medien nutzen sollten, um die Kampagnen von Amnesty zu verbreiten. (Amnesty war durch meine Tätigkeit als trans Aktivistin und meine kreative Arbeit über politische Zusammenhänge zum Thema psychische Gesundheit, wie Artikel und YouTube-Videos, auf mich aufmerksam geworden.) Angefragt für die Moderation von *Women Making History* (also um alle Podiumsdiskussionen und Redner:innen anzusagen und im Grunde dafür zu sorgen, dass der Zeitplan eingehalten wird) wurde ich aufgrund meiner Erfahrung als Performerin in der Londoner queeren und Kabarettszene und als Moderatorin aktivistischer Veranstaltungen. Ich sollte mich, wie mir gesagt wurde, an ein paar Stichpunkten orientieren und ansonsten improvisieren. Weder nahm ich an einer Podiumsdiskussion teil, noch war ich Referentin. Dennoch stürzte allein meine Beteiligung als einzige trans Frau, die in der Ankündigung vorab genannt wurde, das Festival in eine Kontroverse.

Eine Woche vor dem Festival erschien auf Change.org eine »Petition für die Absetzung von Shon Faye als Moderation des Festivals *Women Making History* von Amnesty International UK«. Schon bald kursierte sie auf Twitter, Facebook und in den Feminismus-Threads des britischen Elternforums *Mumsnet*. Die meisten, die die Petition teilten, taten das mit der Begründung, ich sei ein »frauenfeindlicher Mann«, der sich einen Raum aneigne, der eigentlich einer »echten« Frau vorbehalten sein müsse – oder, schlimmer noch, ich sei zu sexuell »unangemessen«, um ein Vorbild für junge Frauen und Mädchen zu sein. Auf der Suche nach Beweisen, die in einer Verleumdungskampagne gegen mich genutzt werden konnten, hatte nämlich eine Person meine Tweets durchforstet und Sexwitze gefunden. Innerhalb weniger Tage wurde die Petition über 2000 Mal unterschrieben. Auch wenn viele sie wahrscheinlich mehrmals unterzeichnet hatten, um die Zahlen in die Höhe zu treiben, war die entstandene Dynamik schwer zu ignorieren. Später löschte Change.org die Petition dauerhaft aus dem Internet, nachdem eine interne Prüfung ergeben hatte, dass sie für Hetz- und Hassreden genutzt worden war – und schon auf den ersten Blick war klar, inwiefern. Fast alle Unterzeichnenden bezogen sich auf mich als »Mann« mit männlichen Pronomen. »Traurig, dass Amnesty einem perversen Dreckskerl Raum gibt«, hieß es in einem Kommentar. In einem anderen: »Shon Faye ist keine Frau, er ist ein Mann, der eine abscheuliche, pornografische und hypersexualisierte Karikatur von Frauen darstellt. Ihn in diese Veranstaltung einzubeziehen, ist Gaslighting von Frauen und Mädchen.« Auf Twitter teilte eine feministische Bloggerin ein Foto von mir, auf dem ich einen Latexrock trug – das Bild war zwei Jahre zuvor nach meinem Auftritt bei einem Kabarettabend aufgenommen worden.

»Hätte sich vor zwanzig oder auch nur vor zehn Jahren jemand vorstellen können, dass so etwas mal als Gipfel des Feminismus dargestellt werden würde? Eine biologisch männliche Person, die als aufblasbare Puppe auftritt, in Fetischklamotten zurückgelehnt, mit glasigen Augen, der Mund aufnahmebereit. Ist das die Befreiung der Frauen? Oder das Ende der Welt?«

Das Organisationsteam des Festivals wurde mit Anrufen und E-Mails bombardiert, in denen dieselbe Handvoll Menschen ankündigten, sie würden aufgrund meiner Teilnahme ihre langjährigen Spenden an die NGO einstellen, oder schlicht forderten, dass ich wieder ausgeladen wurde. Die Social-Media-Feeds von Amnesty wurden mit Tweets überschwemmt. Die Meinungen gingen auseinander: auf der einen Seite die, die über meine Beteiligung empört waren, und auf der anderen Seite – und in weitaus größerer Zahl, wie sich herausstellte – die, die meine Teilnahme lautstark unterstützten. Amnesty musste schließlich auf Presseanfragen der *Daily Mail* reagieren, die einen Kommentar zur Kontroverse wollte. Wir machten uns auf einen Hetzartikel gefasst, der mich dem Zorn der Öffentlichkeit aussetzen würde. Aber nach zwei schlaflosen Nächten war er noch nicht erschienen. Amnesty stand voll und ganz hinter mir und antwortete, sie seien stolz darauf, mit mir zusammenzuarbeiten. Nach einer Risikobewertung wurden strengere Sicherheitsvorkehrungen für die Veranstaltung getroffen, und die anderen Teilnehmer:innen, von berühmten Schauspielerinnen bis hin zu Instagram-Influencerinnen, wurden über den Vorfall informiert. Nachdem sie die Transfeindlichkeit gegen mich mitbekommen hatte, zog Charlie Craggs, eine andere trans Frau, die ursprünglich für eine Podiumsdiskussion gebucht war, ihre Zusage zurück. Ich hatte den Eindruck, als wäre um mich mehr Wirbel gemacht worden als um das Festival selbst. Was für eine Ironie, nachdem die selbst ernannten Feministinnen mir vorwarfen, ich würde einen Raum für Frauen »dominieren« und sollte deshalb ausgeladen werden.

Obwohl ich von der einwöchigen Hasskampagne, in der mir unterstellt wurde, ich würde Menschen missbrauchen, psychisch und emotional ausgelaugt war, wollte ich dennoch weitermachen wie geplant. Bei der Festivaleröffnung sprach ich das Thema kurz an und wies darauf hin, dass sich die abscheulichen Anfeindungen, denen ich ausgesetzt gewesen war, vorwiegend darauf konzentriert hatten, dass ich ein Schwindler sei und kein Recht hätte, an einem Festival teilzunehmen, das Frauen würdigt – einfach, weil ich trans bin. Ich machte auf Naomi Hersi aufmerksam, eine Schwarze trans Frau, die zwei Monate zuvor in einem Londoner Hotelzimmer von einem Intimpartner ermordet worden war. Mehrere Tage lang wurde nicht über ihren Tod berichtet. Als die britischen Medien endlich dazu kamen, den Mord zu erwähnen, verwendeten sie häufig den falschen Vornamen, misgenderten Naomi Hersi oder nahmen ihre weibliche Identität auf andere Weise nicht ernst. Solange trans Frauen in Großbritannien und überall auf der Welt Menschenrechtsverletzungen und männliche Gewalt als Frauen erleben, erklärte ich, sei es nur recht und billig, dass wir die Unterstützung und Solidarität von feministischen und Frauen-Communitys in Anspruch nehmen können.

Der Tag war ein Erfolg – ohne Zwischenfälle –, aber ich war von der ganzen Geschichte erschüttert. Trotz der Unterstützung von Frauen auf dem Festival, dem Organisationsteam und vielen Feminist:innen aus der ganzen Welt, die mir Nachrichten voller Zuspruch geschickt und versichert hatten, ich sei als feministische Stimme und Schwester willkommen, wurde mir zum ersten Mal derart deutlich vor Augen geführt, dass für einige cis Frauen (und Männer) Feminismus eine Rechtfertigung für Hetze, Beleidigungen und Grausamkeit ist, einfach nur, weil ich mit XY-Chromosomen geboren wurde.

Die Feindseligkeit gegenüber trans Frauen, die an feministischen Veranstaltungen teilnehmen, hat eine lange und düstere Geschichte, die fast fünfzig Jahre zurückreicht. Was mir widerfahren ist, erinnert an den Aufruhr um Beth Elliotts Auftritt auf der *West Coast Lesbian Conference* 1973. Aufgewühlt verließ Elliott die Veranstaltung vorzeitig. Die Keynote-Sprecherin des Festivals und Radikalfeministin Robin Morgan verurteilte sie in ihrer Abwesenheit und nannte sie »Opportunist, Eindringling und Zerstörer – mit der Mentalität eines Vergewaltigers«. Das war genau der Ton, den auch die Menschen anschlugen, die gegen mich hetzten.

»Auf keinen Fall nenne ich einen Mann ›sie‹«, hatte Morgan über Elliott gesagt: »… durch zweiunddreißig Jahre leiden – und überleben – in dieser androzentrischen Gesellschaft habe ich mir den Titel ›Frau‹ verdient; ein Transvestit geht einmal die Straße entlang, wird fünf Minuten belästigt (was er vielleicht sogar genießt), und dann wagt er es, er wagt es, anzunehmen, er würde unseren Schmerz verstehen? Nein, im Namen unserer Mütter und in unserem eigenen dürfen wir ihn nicht Schwester nennen. […] Wir wissen, was dahintersteckt, wenn Weiße Blackfacing betreiben; das Gleiche steckt dahinter, wenn Männer sich in Drag kleiden.«[1]

Dieser Hass zieht sich auch durch die britische Frauenbewegung. Die Radikalfeministin Trisha McCabe erinnert sich daran, dass eine Gruppe von Feministinnen 1978 auf der zehnten jährlichen *Women's Liberation Conference* in Birmingham ein Flugblatt drucken wollte, das eine trans Frau auf der Veranstaltung angriff:

»Zu diesem Zeitpunkt kümmerte ich mich um Kinder, die sich verlaufen hatten, nachdem ich die ganze Zeit endlose Papierstapel vervielfältigt hatte. Das einzige Flugblatt, das ich nicht drucken wollte, war eines von den Revolutionary Feminists, in dem über eine Transsexuelle, die an der Konferenz teilnahm, hergezogen wurde. Sollen die das doch selbst drucken.«[2]

In britischen radikalfeministischen Kreisen der 1970er-Jahre, so erinnert sich McCabe, waren Bedenken hinsichtlich der Zugehörigkeit von trans Frauen weit verbreitet: »Es gab immer wieder Zwischenfälle, zum Beispiel, dass eine Person glaubte, eine Transsexuelle auf der Toilette gesehen zu haben.«[3]

Doch fast immer waren und sind Feministinnen, die trans Frauen ausschließen möchten, in der Unterzahl: Die Mehrheit von cis Feministinnen hat entweder kein Problem damit, dass sich trans Frauen an der Bewegung beteiligen, oder setzt sich sogar aktiv dafür ein. Aber unabhängig vom Standpunkt lässt sich nicht leugnen, dass sich die Diskussion über trans Personen und Feminismus größtenteils um die Sprache der Inklusion (oder des Ausschließens) von trans Frauen in feministischen Kreisen, an Veranstaltungen, im Bewusstsein oder in Orga-Gruppen dreht. Die Debatte, ob Menschen wie Beth Elliott oder mir bei bestimmten Veranstaltungen eine Plattform geboten werden sollte, kann durchaus an tief sitzende feministische Sorgen rühren: »Was ist eine Frau?«, »Wie und warum werden Frauen unterdrückt?«, »Was ist das Ziel von Feminismus?«. Doch während diese weitreichenden Fragen unter der Oberfläche brodeln, ist der Kern des Problems am Ende immer der gleiche: »Lassen wir die trans Frauen rein?« In den ersten beiden Jahrzehnten des 21. Jahrhunderts verlagerten sich die Sorgen, für wen Frauenräume gedacht sind und wohin die Energie von Feministinnen gerichtet werden sollte, ins Internet, wo in feministischen Blogs, Foren und sozialen Netzwerken theoretische Grundsatzdiskussionen über die Frage geführt werden, wer in die feministische Bewegung gehört.

Im Internet wurde die Debatte über die Einbeziehung von trans Frauen immer polarisierter und identitätspolitischer. Der Begriff Trans-Exclusionary Radical Feminist (zu Deutsch: »trans-ausschließende Radikalfeministin«) war einst eine Bezeichnung für bestimmte lesbische Separatistinnen und revolutionäre Feministinnen der 1970er-Jahre, die die Forderung von trans Frauen, als Frauen wahrgenommen zu werden, ablehnten. Online wurden diese Radikalfeministinnen mit dem Akronym »TERF«* benannt. Sie empfanden den Begriff, der von

* Gemäß Mine Winzel ist in linken Kreisen in Deutschland die Bezeichnung TERF zum Teil dem Begriff FART gewichen: Feminismus aneignende regressive Trans*hater. (Anm. der Übers.)

trans-einschließenden Feminist:innen so gut wie immer abwertend verwendet wird, als frauenfeindliche Beleidigung und lehnten ihn entschieden ab. Eins ist allerdings sicher: Der Begriff »TERF«, der früher bestimmte Radikalfeministinnen bezeichnete, geht heute weit über seine ursprüngliche Bedeutung hinaus. »TERF« meint nicht mehr nur Frauen mit linker, radikalfeministischer Politik (einschließlich der revolutionären politischen Lesben, die ihre Söhne zurückließen, um in rein weiblichen Separatistinnenkommunen zu leben). Inzwischen wird er für sämtliche transfeindliche Trolle und intolerante Menschen mit fast jeder politischen Überzeugung verwendet, die ihre Bedenken gegen die Anerkennung von trans Frauen als Frauen mit dem »Schutz von [echten] Frauen« rechtfertigen. Den Begriff TERF unreflektiert zu verwenden, ist meiner Ansicht nach nicht besonders hilfreich. Der Gebrauch – oder Proteste gegen den Gebrauch – markiert oft eine Identitätspolitik, bei der es eher darum geht, zu zeigen, auf welcher »Seite« eine Person in einem Twitter-Krieg steht, als um nachvollziehbare feministische Politik.

Heutzutage ist die hitzige Debatte, ob trans Personen in feministische Diskurse einbezogen werden sollten, ein weit verbreitetes Phänomen. Moderne feministische Strömungen in anderen Ländern – darunter die Vereinigten Staaten, wo der transfeindliche Feminismus seinen Ursprung hat – sind sich im Allgemeinen einig, dass trans Personen einbezogen werden, und distanzieren sich von trans-ausschließenden Haltungen. Für Großbritannien gilt das nicht. Das Misstrauen gegenüber trans Personen (insbesondere trans Frauen) hält sich hier hartnäckig, und wenn es um die Rechte von trans Personen und deren Schutz geht, entfaltet die Feindseligkeit in den Medien und im Internet eine wesentlich größere Dynamik und Wirkung. Hätte das Amnesty-Festival *Women Making History* in New York, Dublin oder Toronto stattgefunden, hätte die Anwesenheit einer trans Frau als Moderatorin wohl kaum Wellen geschlagen. Die Beschimpfungen, denen ich ausgesetzt war, hatten genauso viel damit zu tun, dass ich eine Frau bin, die in der britischen Öffentlichkeit steht, wie damit, dass ich trans bin.

Die starke Diskrepanz zwischen dem britischen Feminismus, wo Transfeindlichkeit als konventionelle feministische Position gilt, und dem Feminismus in Nordamerika, wo unverhohlene Transfeindlichkeit inzwischen nicht mehr salonfähig ist, stößt bei internationalen Feminist:innen auf Verwunderung. Wie die kanadische feministische Autorin Nicole Cliffe 2017 auf Twitter scherzte:

NORMAL WIRKENDE BRITISCHE FEMINISTIN: Gender-Pay-Gap!
ICH: Genau!
NORMAL WIRKENDE BRITISCHE FEMINISTIN: Umherziehende Banden von trans Personen zwingen lesbische Kinder dazu, Männer zu daten!
ICH: Wie bitte?!

Diese transatlantische Diskrepanz führte 2018 zu einer öffentlichen Auseinandersetzung zwischen dem britischen und dem US-amerikanischen Büro des *Guardian*. Im Herbst 2018 veröffentlichte die Zeitung einen Leitartikel, in dem ein Kompromiss gefunden werden sollte zwischen den Befürworter:innen einer Reform des Gender Recognition Acts und denjenigen, die behaupteten, das Gesetz bedrohe die Rechte von cis Frauen. Der Artikel stützte sich auf Argumente von Organisationen, die Trans-Rechte ablehnen. »Die Bedenken von Frauen, Schlafsäle oder Umkleideräume mit Personen ›mit männlichem Körper‹ zu teilen, müssen ernst genommen werden«, hieß es.[4] Während diese Formulierung in London offenbar als salonfähig durchging, waren die US-amerikanischen Mitarbeiter:innen der Zeitung schockiert über die beiläufige Panikmache. In den Ohren vieler US-amerikanischer Feminist:innen klang das wie die Rhetorik, die ultrakonservative Republikaner:innen verwenden, wenn sie trans Menschen kriminalisieren, die öffentliche Toiletten benutzen möchten, die ihrer Geschlechtsidentität entsprechen. US-Mitarbeiter:innen des *Guardian* waren so entsetzt über den transfeindlichen Leitartikel, dass sie einen öffentlichen Gegenangriff auf die offizielle Haltung ihrer Zeitung starteten, und zwar im *Guardian* selbst:

»[D]er *Guardian* veröffentlichte einen Leitartikel, der unserer Meinung nach transfeindliche Positionen vertritt, darunter auch Behauptungen über Geschlecht, die US-Politiker:innen anführen, wenn sie versuchen, trans Rechte zu beschneiden.« Weiter heißt es: »[F]ast alle Journalist:innen und Redakteur:innen aus unseren Büros in New York, Washington DC und Kalifornien haben den britischen Redakteur:innen unsere Bedenken mitgeteilt.« Abschließend stellt der Artikel fest: Es bestehen »grundlegende Unterschiede zwischen dem US-amerikanischen und dem britischen Feminismus und progressiver Politik – und [das] hat uns die erschreckende Intoleranz gegenüber trans Perspektiven im britischen Mainstream-Diskurs vor Augen geführt«.[5]

Warum sind in Großbritannien einige aktuelle feministische Strömungen so eindeutig transfeindlich? Die Antwort liegt zum Teil in den gemeinsamen Bemühungen während der letzten zehn Jahre, transfeindlichen Feminismus in der linksgerichteten und liberalen britischen Presse zu normalisieren und zu einem reizvollen, salonfähigen Gesprächsthema zu machen. Laut Juliet Jacques ist das zurückzuführen auf »die Langlebigkeit einer Generation von Journalist:innen, die sich etablierten, als solche Diskurse noch üblich waren. Viele von ihnen haben immer noch einflussreiche Stellen als Kolumnist:innen oder Ressortleiter:innen und nutzen ihre Position, um diese Diskurse im Mainstream zu halten[. G]leichzeitig fördern Sie eine jüngere Generation von Autor:innen, die ihre Abneigung gegenüber trans Menschen teilen.«[6]

Es stimmt jedenfalls, dass sich als Reaktion auf die neue Welle von Trans-Sichtbarkeit Mitte der 2010er-Jahre ein Geschäft rund um feministische Autorinnen bildete, die sich beruflich auf kritische Kommentare über die sogenannte »Trans-Ideologie« spezialisierten. »[W]enn Laverne Cox auf dem *Time*-Cover die Transgender-Wende darstellt, dann ist es an der Zeit zu akzeptieren, dass Trans-Politik und Feminismus nie das gleiche Ziel hatten«, schrieb die *New-Statesman-*

Kolumnistin Sarah Ditum in ihrem persönlichen Blog als Reaktion auf die Veröffentlichung von Cox' gefeierter Titelseite im Jahr 2014.[7] Die grundsätzliche Unvereinbarkeit von Trans-Rechten und Feminismus, schrieb Ditum, sei an Cox' Aussehen klar ersichtlich: »ein hautenges Kleid, die Brüste vorgestreckt, die Schultern zurückgezogen, mit selbstbewusstem Blick in die Kamera, aber verführerischem Schmollmund.« Das Problem war anscheinend Cox' feminines Auftreten, das Ditum offensichtlich als regressiv und per se antifeministisch empfand. Doch Ditums Bereitschaft, den Körper, die Haltung, das Outfit und die Frisur einer TV-Schauspielerin direkt zu kritisieren und daraus Schlussfolgerungen für die Trans-Politik als Ganzes abzuleiten, würde eindeutig als frauenfeindlich gelten, wäre sie gegen eine cis Frau gerichtet. Obwohl der Essay angeblich eine feministische Analyse war, ignorierte Ditum, oder war sich vielleicht nicht bewusst, dass Cox persönlichem, politischem und beruflichem Druck ausgesetzt sein könnte, ausreichend weiblich zu wirken: eine Frau, die sowohl trans als auch Schwarz ist, in einer Medienlandschaft, in der die Maßstäbe von Menschen gesetzt werden, die *weiß*, cis und männlich sind.

Analysen dieser Art sind auch in britischen Medien keine Seltenheit. 2014 stellte die *New-Statesman*-Kolumnistin Victoria Smith die Gültigkeit des Begriffs »cis« infrage: »Die Befreiung aus dem Würgegriff, mit dem Geschlechterstereotype die menschliche Erfahrung umklammern – indem sie unsere Selbstwahrnehmung verzerren und einschränken –, darf nicht bedeuten, dass großen Teilen der Menschheit gesagt wird, sie ›entsprächen‹ ihrem Geschlecht.«[8] Im darauffolgenden Jahr schrieb die stellvertretende Chefredakteurin desselben Magazins über eine gescheiterte Kampagne, die gefeierte Feministin Germaine Greer von der Universität Cardiff auszuladen. Greer hätte dort einen Vortrag halten sollen, und die Kampagne gegen sie sei laut der stellvertretenden Chefredakteurin des *New Statesman* »zumindest teilweise von Sexismus« motiviert gewesen.[9] Der eigentliche Grund für die Kampagne war Greers lange Geschichte von Transfeindlichkeit in ihren Kolumnen und Artikeln in der britischen Presse, einschließlich eines grotesken Berichts aus dem Jahr 1989 über die Begegnung mit einer trans Frau:

> An dem Tag, an dem in den USA *Der weibliche Eunuch* erschien, eilte eine Person in flatternden Tüchern auf mich zu und packte mich an der Hand. ›Vielen Dank für alles, was Sie für uns Frauen getan haben!‹ Ich grinste und nickte, trat einen Schritt zurück und versuchte, meine Hand aus der riesigen knotigen, haarigen, beringten Pranke zu befreien. [...] Auf den knochigen Rippen, die man durch das dünne Tuchkleid hindurch zählen konnte, baumelte ein Anhänger aus poliertem Stahl mit dem Symbol der Frauenbefreiung. Ich hätte sagen sollen: ›Du bist ein Mann. Für dich hat *Der weibliche Eunuch* überhaupt nichts getan. Verpiss dich.‹ Der Transvestit hielt mich umklammert wie ein Vergewaltiger.[10]

In den Medien stellten sich cis Feministinnen eifrig hinter intolerante Personen wie Greer, als wären sie eine heilige Kuh und sollten für ihre jahrelangen ungefilterten Hassreden nicht im Geringsten zur Rechenschaft gezogen werden. Dass trans Personen das Vermächtnis berühmter Feministinnen infrage stellen, die sie beleidigten, fiel in den britischen liberalen Medien unter den Lieblingsbegriff »Debatte«. Im Sinne der »Ausgewogenheit« wurden zwar häufig auch ein oder zwei trans Autor:innen beauftragt, sich mit einem Artikel zu äußern, aber letztendlich waren die meisten es leid, sich ständig gegen skeptische Artikel über Trans-Rechte wehren zu müssen. Sobald trans Kommentator:innen den Sinn dieser künstlichen Debatte infrage stellten und sie als das bezeichneten, was sie war – ein Mittel, um die zunehmende Feindseligkeit und die Missvertändnisse bezüglich trans Personen anzuheizen –, wurde ihnen vorgeworfen, sie würden versuchen, in einer legitimen feministischen Diskussion Frauen zum Schweigen zu bringen. Besonders stark richtete sich dieser Vorwurf gegen trans Frauen, da »Frauen zum Schweigen bringen« schon immer ein typisches Verhalten sexistischer Männer war: Unterstellt wurde, dass trans Frauen nichts als sexistische Männer seien, die sich als Frauen ausgeben. Wiederholt zu behaupten, ihnen würde der Mund verboten, war für transfeindliche Feministinnen tatsächlich eine sehr effektive Methode, ihre Standpunkte im Fernsehen, Radio und in der Presse zu verbreiten. Wie die (cis) Feministin Sara Ahmed schreibt:

> Wenn Menschen immer wieder eine Plattform gegeben wird, damit sie sagen können, sie hätten keine Plattform, oder wenn Menschen endlos darüber sprechen, dass sie zum Schweigen gebracht werden, dann sehen Sie nicht nur einen performativen Widerspruch, sondern Sie sind Zeug:innen eines Machtmechanismus.[11]

Nicht nur trans Frauen wurde vorgeworfen, sich ablehnend zu verhalten und anderen die freie Meinungsäußerung zu verbieten. Viele der oben zitierten Beispiele stammen aus dem *New Statesman*, der wichtigsten liberalen Zeitschrift der linken Mitte in Großbritannien. Darin spiegelt sich etwas wider, das die Feministin Reni Eddo-Lodge in ihrer Analyse der Feindseligkeit *weißer* Feministinnen gegenüber Frauen of Color in ihrem bahnbrechenden Buch *Warum ich nicht länger mit Weißen über Hautfarbe spreche* aus dem Jahr 2017 feststellte: »[D]ie geistreichsten Angriffe auf [S]chwarze Frauen, die über Hautfarbe, Rassismus und Intersektionalität diskutierten, [wurden] immer im *New Statesman* publiziert [...]. Angesichts der Häufigkeit der Angriffe begann ich mich zu fragen, ob es eine Redaktionsrichtlinie dafür gab.«[12]

Es ist kein Zufall, dass Eddo-Lodge und ich beide auf ähnliche Quellen in den britischen feministischen Medien verweisen, wenn es um die Normalisierung der Feindseligkeit *weißer* Feministinnen gegenüber Schwarzen Frauen und trans Frauen geht. Wie die transinklusive britische Feministin Sophie Lewis in einem Opposite-Editorial in der *New York Times* mit dem Titel »Wie der britische Feminismus transfeindlich wurde« schrieb, entsteht der Nährboden für die Transfeindlichkeit des britischen Feminismus aus der uniformen Zusammensetzung und Einstellung der britischen akademischen Welt und Presse, die überwiegend aus der Mittelschicht und der *weißen*

Bevölkerung besteht: »*Weiße* Feministinnen aus der Mittel- und Oberschicht haben von Schwarzen und indigenen Feminist:innen nicht so viel Gegenfeuer bekommen wie ihre US-amerikanischen Kolleginnen, und so behalten ihre Ansichten in Großbritannien Glaubwürdigkeit und einen gewissen Einfluss.«[13]

Lewis argumentiert, Feminismus in Großbritannien sei so eigen, weil er durchdrungen sei von einer großen Ignoranz gegenüber der britischen Kolonialgeschichte und des Empires sowie deren Auswirkung auf die Frauen in den kolonisierten Ländern. Diese Beobachtung stand 2018 im Mittelpunkt eines von Tausenden irischen Feminist:innen unterzeichneten offenen Briefs, in dem sie eine Delegation britischer transfeindlicher Feministinnen zurechtwiesen, die eine Debatte über Trans-Rechte in Dublin veranstalten wollten:

> Wir, die wir diesen Brief unterzeichnen, organisieren uns Hand in Hand mit unseren trans Schwestern. Gemeinsam, cis und trans, sind wir der irische Feminismus. Trans Frauen sind unsere Schwestern; ihre Kämpfe sind unsere, unsere Kämpfe sind ihre. Sie waren schon unsere Schwestern, bevor irgendeine staatliche Bescheinigung das gesagt hat, und sie werden es immer sein, egal was die Gesetze jetzt oder in Zukunft besagen.[14]

Besonders angeprangert wurden einerseits der feindselige Fokus des britischen Feminismus auf die vermeintliche Bedrohung durch trans Frauen und andererseits dessen Desinteresse am Kampf für Abtreibungsrechte in Nordirland. Die Verfasser:innen des offenen Briefs machten deutlich, dass der Versuch der britischen Feministinnen, ihre Transfeindlichkeit auf die irischen Nachbar:innen zu übertragen, nichts anderes als Chauvinismus sei:

> Habt Ihr überhaupt eine Vorstellung davon, wie der Feminismus in einem vom Kampf gegen das Empire geprägten Land aussieht? Habt Ihr auch nur eine Sekunde darüber nachgedacht, dass Ihr Euch mit der Anmaßung, Ihr hättet das Recht, hierherzukommen

> und irgendeine Art von feministischer Autorität auszuüben, mit der Arroganz ebendieses Imperialismus verhaltet? In Irland sind wir den Kolonialismus leid und brauchen von Euch gewiss nicht mehr davon [...] Ihr seid hier nicht willkommen.

Das *Weiß*sein und der nicht aufgearbeitete Kolonialismus des britischen Mainstream-Feminismus stehen in direktem Bezug zu seiner transfeindlichen Tendenz. Erstens verstärken sie die zentrale Überzeugung des transfeindlichen Feminismus: Frauen seien eine umfassende »Geschlechtsklasse«, die aus allen Menschen mit weiblicher Biologie bestehe (einschließlich trans Männern und nicht-binären Personen, die mit Vulva und Uterus geboren wurden), die alle auf ähnliche Weise als Mädchen erzogen würden (üblicherweise als »weibliche Sozialisation« bezeichnet) und daher eine besondere Erfahrung gemeinsam hätten, zu der kein cis Mann und keine trans Frau jemals Zugang haben könnten, da sie in die andere, dominante »Geschlechtsklasse« hineingeboren worden seien. Das Konzept von Frauen als undifferenzierte umfassende weibliche Geschlechtsklasse, die mehr oder weniger auf dieselbe Weise und aus denselben Gründen ausgebeutet wird, kann nur funktionieren, indem jegliche Unterschiede, Hierarchien oder Ausbeutung *innerhalb* dieser Klasse heruntergespielt oder ignoriert werden. Doch angesichts Schwarzer und indigener (oder anderweitig antikolonialer) Feminismen ist solch eine trügerische Einigkeit über universelle »weibliche Erfahrungen« weitgehend unvertretbar.

Es scheint absurd, dass *weiße* Frauen nach Jahrhunderten der Entmenschlichung Schwarzer Frauen durch Versklavung und der Einstufung aller nicht-*weißer* Menschen als »anders« behaupten, sie teilten eine universelle weibliche Erfahrung mit Frauen of Color. Weibliche Sozialisation kann durchaus eine Reihe von Erfahrungen bezeichnen, die verschiedene Frauen gemeinsam haben – aber auf globaler Ebene sind die gesellschaftlichen Erwartungen an das Frausein und die Art und Weise, wie diese Erwartungen durchgesetzt werden, sehr unterschiedlich. Im Rahmen eines kapitalistischen Klassensystems, in dem einige Frauen als minderwertig rassifiziert und für ihre Arbeitskraft leichter ausgebeutet werden, wirken sich die gleichen Erwartungen auf verschiedene Frauen unterschiedlich aus. In Wirklichkeit bedeutet die anhaltende Vorherrschaft *weißer* cis Frauen aus der Mittelschicht im Feminismus, dass jede globale Definition von Frausein eine Fortschreibung der besonderen Erfahrungen dieser Frauen ist, als wären sie universell – dabei ist diese Definition stark durch *race* und soziale Herkunft geprägt.

Zweitens ignorieren britische (oder andere westliche) Feministinnen zusammen mit dem Kolonialismus auch, dass die Auferlegung der strikten Geschlechterbinarität von Mann und Frau und die damit einhergehende Hierarchie von männlich über weiblich selbst ein Mechanismus des Kolonialismus war. Viele vorkoloniale Gesellschaften und indigene Bevölkerungsgruppen betrachteten Geschlecht nicht als binär. In einigen gab es mehr als zwei Geschlechter, und die sozialen Rollen in Bezug auf Familie und Kindererziehung waren sehr unterschiedlich. Um nur ein Beispiel aus vielen zu nennen: Im 17. Jahrhundert beschrieb Paul Le Jeune, ein Jesuitenmissionar bei den Montagnais (Innu) in Nitassinan (Ost-Québec und Labrador in Kanada), dass die Frauen »große Macht« hatten und »in fast allen Fällen [...] die Entscheidung über Pläne, Unternehmungen, Reisen und Überwinterung« trafen.[15] Häufig gingen die Montagnais-Frauen auf die Jagd, während die Männer auf die Kinder aufpassten. Die Bekehrung zum Christentum, die von Männern wie Le Jeune gefördert wurde, erforderte die Einführung einer neuen Hierarchie und strengerer Geschlechterrollen. Innerhalb von zehn Jahren nach Beginn der kolonialen Missionierung und der Handelsbeziehungen hatten die Montagnais angefangen, auf männlicher Autorität zu bestehen und Frauen und Kindern gegenüber Gewalt auszuüben.[16] Solche Berichte über koloniale Herrschaft zeigen, wie schnell sich das gesellschaftliche Verständnis von Geschlecht ändern kann, wenn sich die Gesellschaft selbst verändert. Sie veranschaulichen, dass die Bedeutung des Frau-

oder Mannseins (oder nichts von beidem zu sein) keine feste, stabile Größe ist, sondern ein komplexes Geflecht vieler biologischer, politischer, wirtschaftlicher und kultureller Faktoren, die sich im Laufe der Zeit verändern können.

Im Widerspruch zu dieser Komplexität tendiert der britische transfeindliche Feminismus – der von seinen Anhängerinnen nun, ungewollt ironisch, als »genderkritischer« Feminismus bezeichnet wird (trotz des mangelnden kritischen Interesses an der Frage, wie Geschlecht entsteht und je nach Zeit und Ort variiert) – eher dazu, sich als vernünftigen Ansatz zu vermarkten, der großzügig über Eigenheiten hinwegsieht. Als Teil einer Kampagne zeigte eine britische transfeindliche Bloggerin 2018 die Google-Wörterbuch-Definition des Wortes »Frau« auf Plakatwänden in hiesigen Städten:

FRAU
SUBSTANTIV
ERWACHSENE PERSON WEIBLICHEN GESCHLECHTS

Später wurde die Definition auf Merchandising-Artikel wie T-Shirts und Stofftaschen gedruckt. Die Trägerinnen signalisierten damit, dass trans Frauen für sie nicht »weiblich« waren. Abgesehen davon, dass Wörterbücher nur Produkte einer Kultur sind und nicht deren Richter, konzentriert sich diese Definition von »Frau« ausschließlich auf das Biologische und lässt einen Punkt völlig außer Acht, über den sich Feminist:innen weitgehend einig sind: die Auffassung, dass Frausein durch die *politische* Erfahrung definiert wird, also wie eine Person von anderen behandelt wird, insbesondere von denen, die Macht über sie haben.

Das Ausmaß, in dem soziopolitische Erlebnisse die Bedeutung von Frausein definieren, war in der feministischen Debatte schon immer umstritten. Die heterosexuelle Feministin Betty Friedan bezeichnete Lesben innerhalb der Bewegung notorisch als »Lila Bedrohung«, deren »männliche« Eigenschaften – die sie zu Nicht-ganz-Frauen machten – den Erfolg des Feminismus gefährdeten. Während das offensichtlich homofeindlich war, argumentierte 1978 sogar die radikale Lesbe Monique Wittig, dass das gesellschaftlich konstruierte Verständnis von »Frau« so eng mit Zwangsheterosexualität verbunden sei, dass es Lesben unumgänglich ausschließen würde:

> Es wäre falsch zu sagen, dass Lesben mit Frauen verkehren, sie lieben und mit ihnen leben, denn »Frau« hat nur eine Bedeutung in einer heterosexuellen Gedankenwelt und heterosexuellen ökonomischen Systemen. Lesben sind keine Frauen.[17]

Später argumentierte die Schwarze Feministin bell hooks, eine bestimmte Kombination aus Rassismus und Sexismus, die sich gegen Schwarze Frauen richte, habe sie von der sozialen Identität des Frauseins entfremdet:

> Zeitgenössische Schwarze Frauen konnten sich nicht zusammentun, um für Frauenrechte zu kämpfen, weil wir »Frausein« nicht als einen wichtigen Aspekt unserer Identität ansahen.[18]

Dass genderkritische Feministinnen auf einer rein biologischen Definition von Frauen und Männern beharren, beruht also darauf, dass cis Frauen ihre eigene feministische Geistesgeschichte nicht kennen. Die Ansicht, eine Frau sei schlicht ein erwachsener weiblicher Mensch, lässt außer Acht, dass sich der Begriff »weiblich« vor allem auf das biologische Geschlecht bezieht, das wiederum eine Reihe von Merkmalen (Genitalien, Keimdrüsen, Hormone, sekundäre Geschlechtsmerkmale und Chromosomen) bezeichnen kann, von denen einige veränderbar sind. Unberücksichtigt bleibt auch, dass der Begriff »weiblich« für Menschen eine wichtige soziale Bedeutung haben kann, die über unsere Fortpflanzungsrolle als Säugetier hinausgeht. Er kann sich zum Beispiel auf das rechtliche Geschlecht beziehen (das in vielen Ländern geändert werden kann), und im alltäglichen Sprachgebrauch bezeichnet das Adjektiv »weiblich« »Frauen« oder »Dinge, die für Frauen charakteristisch sind«. Wenn bei einer Vorführung oder einem Konzert von einer »rein weiblichen Besetzung« die Rede ist, stellen sich die meisten von uns eine Gruppe von Frauen vor, ohne sofort bewusst daran zu denken, dass alle von ihnen Eizellen zur Fortpflanzung produzieren (schließlich gibt es auch cis Frauen, die keine Eizellen produzieren und keine Kinder gebären können). Das Wort »feminin« kommt vom lateinischen »femina«, was »Frau« bedeutet, oder »weiblich«, nicht »Eizellen produzierend« oder »XX-Chromosomen besitzend«: Solche Definitionen kamen später hinzu. Die auf den »erwachsene Person weiblichen Geschlechts«-Plakaten verbreitete Ansicht, das sei »gesunder Menschenverstand«, ist trügerisch. Die knappe Wörterbuchdefinition lässt sich auf viele Arten logisch so interpretieren, dass »erwachsene Person weiblichen Geschlechts« auch trans Frauen einschließt.

Wie auch immer wir es betrachten: Die Debatte unter cis Feministinnen, ob die Definition von Frau und die feministische Bewegung trans Frauen einbeziehen sollten oder nicht, sieht den Feminismus in erster Linie immer noch als Projekt, das cis Frauen gehört. Nach dieser Vorstellung werden trans Menschen entweder negativ – als Schwindler:innen – oder positiv – als gern gesehene Gäst:innen – situiert. Das Plädieren für einen transinklusiven Feminismus beruht oft auf der Frage, ob es »nett«, »gut« oder »richtig« sei, trans Frauen als Schwestern willkommen zu heißen, anstatt ernsthaft zu überlegen, warum es für die Emanzipation vom Patriarchat politisch *notwendig* sein könnte, trans Frauen einzubeziehen. Selten wird in den Mainstream-Debatten über trans Menschen und Feminismus bedacht, welch fataler Fehler es ist vorzugeben, das Patriarchat abbauen zu wollen, aber gleichzeitig die Implikationen der Existenz von trans Menschen außer Acht zu lassen. Ihr Dasein verkompliziert den Cis-Feminismus, und diese Komplexität kann nur ausgeblendet werden, indem Feminismus in erster Linie als Kampf von cis Frauen gegen die Unterdrückung durch cis Männer betrachtet wird. Die Realität sieht meines Erachtens so aus: Nicht nur trans Menschen brauchen den Feminismus, sondern der Feminismus braucht auch trans Menschen.

Der Begriff Transfeminismus bezeichnet verschiedene Ansätze zum Feminismus, in deren Mittelpunkt die Erfahrungen von trans Menschen stehen. Er erkennt trans Menschen als Gruppe an, die wie cis Frauen stark unter dem Patriarchat leidet, das uns dafür bestraft, dass wir aus unserer von Geburt an zugeschriebenen Geschlechterrolle heraustreten. Transfeminismus ist weder eine Konkurrenzbewegung zu anderen Formen des Feminismus noch eine Unterkategorie. Er ist ein spezifischer *Ansatz* feministischen Denkens und Organisierens, der von der trans Erfahrung ausgeht, anstatt trans Personen in eine cis-feministische Theorie zu drücken, in der wir meist nicht mitgedacht werden. Naturgemäß geht der Cis-Feminismus von dem allgemeinen Grundsatz aus, dass das Patriarchat ein System ist, das Männer zulasten von Frauen begünstigt und Männer speziell durch die Entmachtung von Frauen ermächtigt. In der einen oder anderen Form plädieren die meisten cis-feministischen Theorien für eine strenge Unterscheidung zwischen *sex* – dem anatomischen Geschlecht – und *gender* – einer sozialen Konstruktion, die angemessenes männliches und weibliches Verhalten diktiert.

Transfeminist:innen glauben zwar auch, dass es einen Unterschied zwischen Körpern und den gesellschaftlichen Narrativen gibt, anhand deren wir diese Körper interpretieren, aber dass dieser Unterschied nicht immer leicht zu erkennen oder zuzuordnen ist. Unser vergeschlechtlichter Körper existiert nie außerhalb sozialer Bedeutungen. Also prägt die Art, wie wir *gender* verstehen, auch die Art, wie wir *sex* verstehen.[19] Die genderkritische feministische Vorstellung, es gebe auf der einen Seite eine objektive biologische Realität, die für alle Menschen in gleicher Weise real und wahrnehmbar ist, und auf der anderen Seite eine Reihe von konstruierten, subjektiven Geschlechterstereotypen, die leicht abgeschafft werden können, ist eine grobe Vereinfachung. Die Art und Weise, wie wir sexuelle Differenz wahrnehmen und verstehen und deren Gewicht betonen, ist so stark gegendert, dass es wohl unmöglich sein dürfte, diese beiden Aspekte vollständig voneinander zu trennen.

Falls das zu schwere Kost sein sollte, gebe ich gern ein Beispiel aus dem Alltag. Ich glaube, die meisten Menschen, auch Feminist:innen, würden im Notfall intuitiv ein Kind lieber kurz einer fremden Person anvertrauen, die sie als Frau wahrnehmen, als einer fremden Person, die sie als Mann lesen. Ich würde behaupten, dieses Bauchgefühl – »mit der Frau bin ich auf der sicheren Seite« – entspringt der tief verwurzelten kulturellen Vorstellung, Frauen seien mit größerer Wahrscheinlichkeit freundlich, fürsorglich und geschickt im Umgang mit Kindern und mit geringerer Wahrscheinlichkeit als Männer gefährlich, rücksichtslos oder gewaltbereit. Doch dieses spontane Urteil würde ausschließlich auf der Grundlage sichtbarer körperlicher Merkmale gefällt werden und auf einigen recht rückschrittlichen Geschlechterstereotypen basieren, denen zufolge Frauen allein aufgrund ihres Aussehens die »natürlichen« Kinderbetreuerinnen sind. Dass uns von klein auf beigebracht wird, eine Verknüpfung zwischen sichtbaren biologischen Geschlechtsmerkmalen und Verhaltensweisen herzustellen, kann unsere Intuitionen über andere Menschen sehr stark prägen. Dieser Interpretationsprozess und die Art und Weise, wie er unsere Beziehungen zu anderen Menschen und unseren Umgang mit ihnen beeinflusst, ist Teil des Systems, das wir Gender nennen.

Feminismus sollte jedoch den Essenzialismus immer hinterfragen (die Vorstellung, das Wesen oder die Persönlichkeit eines Menschen sei angeboren und entspringe seinen biologischen Merkmalen oder sei mit ihnen verknüpft). Die Annahme, jede mit einem Penis geborene Person sei von Natur aus deswegen aggressiver oder gewalttätiger, ist antifeministisch: Im Grunde wird suggeriert, männliche Gewalt hinge mit einer biologischen »Essenz« zusammen und sei daher unvermeidlich, unveränderlich und vielleicht nicht einmal wirklich die Schuld von Männern. Der transfeindliche Feminismus muss sich jedoch zwangsläufig auf diesen Essenzialismus stützen, wenn er darauf beharren will, dass es eine zu große Ähnlichkeit zwischen trans Frauen und cis Männern gibt, als dass trans Frauen rechtlich und politisch als Frauen betrachtet werden könnten. Als mächtiges rhetorisches Mittel wird im transfeindlichen Feminismus häufig Bildersprache mit (imaginären oder realen) Penissen von trans Frauen eingesetzt, was suggerieren soll, trans Frauen seien aggressiv, arrogant oder stellten eine Bedrohung dar. Allzu deutlich wurde das in der Live-Debatte *Genderquake* zwischen trans Personen und genderkritischen Feministinnen, die Channel 4 im Mai 2018 ausstrahlte: Die trans Frauen zu Gast im Studio, Caitlyn Jenner und das Model Munroe Bergdorf, wurden wiederholt durch Zwischenrufe von transfeindlichen Feministinnen gestört, die das Wort »Penis« schrien (woraufhin zweihundert Beschwerden von Zuschauer:innen bei der Medienaufsichtsbehörde Ofcom eingingen).

Eine der jüngsten Graswurzel-Aktionen britischer transfeindlicher feministischer Gruppierungen bestand darin, anti-trans Aufkleber auf öffentlichen Toiletten in Großbritannien anzubringen. Eine der häufigsten Botschaften auf diesen Stickern war »Geschlechtsspezifische Rechte von Frauen sind nicht für Penisse« (nicht gerade die knackigste Formulierung). Darin steckte die (falsche) Behauptung, trans Frauen hätten kein gesetzliches Recht, Frauentoiletten zu benutzen. Trans Frauen wurden auf den Stickern gar nicht erwähnt. Stattdessen wurde »Penisse« als abwertende Metonymie für trans Frauen verwendet, so wie »Schlipsträger« ein abwertender Begriff für Männer im Anzug bzw. eiskalte Geschäftsleute sein kann. Der Penis, so implizierte der Aufkleber, sage bereits alles über den Menschen aus. Gespräche über das biologische Geschlecht oder die Anatomie werden also zwangsläufig fast immer auch zu Gesprächen über Gender und Verhalten, selbst in der feministischen Strömung, die sich als »genderkritisch« bezeichnet.

Transfeminist:innen versuchen, die in der Gesellschaft tief verwurzelten Annahmen über die sozialen und kulturellen Bedeutungen, die wir der Biologie zuschreiben, zu hinterfragen. In der Regel beziehen sie auch intergeschlechtliche Menschen ein, die nicht in dieses enge Konzept passen und die in der Vergangenheit und auch heute noch unter der Misshandlung im Gesundheitssystem leiden, das darauf versessen ist, »unangepassten« Körpern ein binäres biologisches Geschlecht aufzuzwingen. Die Erfahrungen von trans und inter* Personen zeigen uns, dass nicht alle Menschen genau in eine von zwei klar abgegrenzten Kategorien von biologischem Geschlecht passen. Die Vorstellung, es gebe zwei getrennte Geschlechtskategorien, blendet in der Tat Geschlechtsvariationen aus, die durch medizinische Eingriffe oder natürlich auftreten.

Die weltweite Vorherrschaft von Männern über Frauen kann nicht niedergerissen werden, solange das binäre Modell von *sex* und *gender* aufrechterhalten, bewahrt und verstärkt wird. Wie die:r Philosoph:in Robin Dembroff treffend erklärt, basiert das Patriarchat auf drei Grundideen: dass »männlich« und »weiblich« eine naturgegebene, unveränderliche und abschließende Binarität sind; dass alle Männer männlich und alle Frauen weiblich sein sollten; und dass Männlichkeit mit Weiblichkeit unvereinbar und ihr überlegen ist. Die erste Überzeugung besagt, so Dembroff, dass »jeder Mensch aufgrund seiner Fortpflanzungsorgane (in der Regel Genitalien) eindeutig männlich oder weiblich ist, und das niemals geändert werden kann«; die zweite, »dass Männer und Frauen sich an allgegenwärtige, strikte Regeln bezüglich der von ihnen erwarteten sexuellen Anziehung, Kleidung, Gefühle, Arbeit, Familienrollen und Verhaltensweisen halten sollten«; und die dritte, »dass alles Weibliche dem Männlichen konträr ist, und dass männliche Eigenschaften wertvoller sind als weibliche«.[20]

Misogynie tritt nicht nur dann auf, wenn Menschen, denen bei der Geburt das weibliche Geschlecht zugewiesen wurde, die Grenzen der Weiblichkeit oder sexistische männliche Überlegenheit herausfordern. Das mag zwar am häufigsten vorkommen, da cis Frauen die größte von Misogynie betroffene Gruppe sind, aber es ist nicht die einzige Form. Vielmehr besteht Misogynie darin, die drei von Dembroff genannten Überzeugungen *allen*, die sie hinterfragen, aufzuzwingen, notfalls mit Gewalt. Trans Frauen und andere transweibliche Menschen, denen bei der Geburt das männliche Geschlecht zugewiesen wurde, fordern alle drei Überzeugungen heraus. Indem wir gesellschaftlich transitionieren und einige von uns ihre Geschlechtsmerkmale medizinisch angleichen lassen, fordern wir die einengende, unveränderliche Geschlechterordnung heraus. Manchmal werden feminine trans Frauen als »feminine Männer« bestraft (wie ich damals in der Schule), und unsere Entscheidung, zumindest einige Aspekte von Männlichkeit aufzugeben, um sicherer und bequemer sich durch die Welt zu bewegen, stellt die Überlegenheit von Männlichkeit und Mannsein infrage. Viele patriarchalische Männer fürchten trans Frauen, weil sie sich vermeintlich »entschieden« haben, den höheren Status des Mannseins im Patriarchat für das Frausein aufzugeben. Das ist einer der Hauptgründe, warum trans Frauen weltweit brutalen Formen körperlicher und sexueller Gewalt ausgesetzt sind, wie ich bereits beschrieben habe.

In transfeindlichen feministischen Theorien wird das scheinbare Bestreben von trans Frauen, ihre Männlichkeit aufzugeben, um Frauen zu »werden«, in der Regel entweder pathologisch erklärt, und zwar damit, dass sie fehlangepasste schwule Männer seien, die Homofeindlichkeit verinnerlicht hätten und lieber hetero Frauen werden wollen, oder, was häufiger vorkommt, schlicht als »verstörender sexueller Fetisch« beschrieben. Sowohl sexistische Männer als auch transfeindliche Feministinnen halten den Wunsch, eine Frau zu sein, in gewisser Weise für pervers. Außerdem betrachten sie die Transition von Mann zu Frau an sich als eine Form der Unehrlichkeit und des Betrugs – was vielleicht ein Grund dafür ist, warum es mir im Umgang mit anonymen transfeindlichen Beschimpfungen im Internet oft schwerfällt, sexistische Männer und transfeindliche Feministinnen auseinanderzuhalten. Janice Raymond, die als Wegbereiterin des transfeindlichen Radikalfeminismus gilt, schrieb 1978 in ihrem Text *The Transsexual Empire: The Making of the She-Male*, dass alle trans Frauen mit ihrer Transition einen Akt der Vergewaltigung begehen würden: »Alle Transsexuellen vergewaltigen Frauenkörper, indem sie die reale weibliche Form auf ein Artefakt reduzieren und sich diesen Körper für sich selbst aneignen.«[21] Die Vorstellung, dass der transsexuelle Frauenkörper von Natur aus gewalttätig ist, hält sich auch in Germaine Greers Buch *Die ganze Frau* von 1999. In einem offen gesagt bizarren Kapitel über Transsexuelle behauptet Greer, alle trans Frauen würden Muttermord begehen: »Was auch immer eine neue Geschlechtszuweisung sonst sein mag, sie ist auf jeden Fall ein Exorzismus der Mutter. Wenn ein Mann sich entschließt, sein Leben lang seine Mutter zu personifizieren (wie Norman Bates in *Psycho*), ist es, als ermorde er sie [und] käme ungeschoren davon.«[22] Auch an anderen Stellen vergleicht Greer trans Frauen mit Vergewaltigern.

Dieses Bild der trans Frau als personifizierter Akt der Vergewaltigung ist ein mächtiges, hartnäckiges Narrativ in den transfeindlichen Diskursen sowohl rechter Männer als auch transfeindlicher Feministinnen: Notfalls können beide der jeweils anderen Gruppe Deckung geben, um es aufrechtzuerhalten. Wenn die Transition an sich eine Vergewaltigung ist, so das Argument, dann macht sich eine trans Frau bereits durch ihre bloße Existenz schuldig und muss damit rechnen, bestraft zu werden.

Diese Rhetorik soll natürlich die Öffentlichkeit von der Realität ablenken. In Wirklichkeit ist die Transition etwas, das die meisten trans Frauen und Mädchen als lebensrettend empfinden und wofür sie hart bestraft werden können: mit Gewalt, Ablehnung durch Umfeld und Familie, Armut, psychischen Erkrankungen, sexuellem Missbrauch, häuslicher Gewalt und ja, sogar mit Mord. Dass wir sowohl einem hohen Risiko ausgesetzt sind, von Männern vergewaltigt zu werden, als auch von Feministinnen der Vergewaltigung bezichtigt werden, ist möglich, weil die Medien trans Frauen gleichzeitig als perverse Männer und als gefährliche Frauen darstellen.

Die Transfeministin Julia Serano nennt das »Transmisogynie«: eine einzigartige, schwerwiegende Form der Misogynie, die sich speziell gegen trans Frauen richtet (und ich würde transweibliche nichtbinäre Menschen ergänzen). Während trans Frauen, trans Männer und nicht-binäre Menschen gleichermaßen von Transfeindlichkeit betroffen sind, trifft Transmisogynie ausschließlich Menschen, deren Geschlechtsidentität auf dem Geschlechterspektrum näher am Weiblichen liegt:

> Wenn eine trans Person nicht den Geschlechternormen entsprechen kann oder ihre Weiblichkeit zum Ausdruck bringt und dann dafür verspottet oder abgetan wird, wird sie Opfer einer besonderen Form der Diskriminierung: Transmisogynie. Wenn die meisten Witze, die auf Kosten von trans Personen gemacht werden, sich um »Männer, die Kleider tragen« oder »Männer, die sich ihren Penis abschneiden lassen wollen« drehen, ist das keine Transfeindlichkeit – das ist Transmisogynie.[23]

Meiner Erfahrung nach ist es durchaus möglich, dass eine Person weiß, dass eine Frau trans ist, sie partout nicht als echte Frau sehen will und sie dennoch frauenfeindlich behandelt. Das mag widersprüchlich erscheinen – aber laut Serano liegt das daran, dass unsere Gesellschaft und die Medien trans Frauen jahrzehntelang als extreme Verkörperung höchst frauenfeindlicher Narrative dargestellt haben.[24] Erstens werden wir als Vertreterinnen einer banalen, regressiven Weiblichkeit dargestellt – eitel, regelrecht von unserem Aussehen besessen, dumm, schwach, kindisch und mit Anspruchsdenken. Gleichzeitig werden wir hypersexualisiert: entweder als groteske sexuelle Abweichung, insbesondere wenn wir unkonventionell feminin (oder lesbisch) sind; oder als nachgiebig, sexuell passiv und trügerisch, wenn wir femininer aussehen und/oder Männer daten. Denken wir nur an Sarah Ditums abfällige Beschreibung von Laverne Cox' »verführerischem Schmollmund«, die »Brüste vorgestreckt«, auf dem Cover des *Time Magazine*. Oder daran, wie die Leute, die meinen Ausschluss vom Amnesty-Frauenfestival forderten, mich dargestellt hatten: als »pornografisch« und als »aufblasbare Puppe ... mit glasigen Augen ... Mund aufnahmebereit«. Diese hochgradig sexualisierten Beschreibungen von trans Frauen durch cis Menschen, einschließlich Feministinnen, soll unserer Arbeit und unserer Handlungsfähigkeit schaden. Diese Form von Misogynie erleben wir sogar durch Menschen, die uns partout nicht glauben wollen, dass wir Frauen sind. Das gilt insbesondere für trans BIPoC-Frauen, die mit den spezifischen sexualisierten Vorurteilen gegenüber beispielsweise Schwarzen Frauen oder ostasiatischen Frauen konfrontiert werden und gleichzeitig damit, wie trans Frauen in den Medien und in der Gesellschaft sexuell objektifiziert werden.

Seit dem biblischen Buch Genesis wird unsere Kultur von dem frauenfeindlichen Klischee beeinflusst, Frauen seien von Natur aus Verführerinnen oder Betrügerinnen. Im Hinblick auf trans Frauen passt das nur allzu gut zu der Vorstellung, der Körper von trans Menschen sei an sich ein Betrug. Das erste Mal, dass ich eine andere trans Frau in den britischen Medien gesehen habe, war als Teenager 2004, und zwar in einer Realityshow mit dem Titel *There's Something about Miriam*. Die Grundidee der Sendung war so simpel wie grausam: Sechs Männer konkurrierten um die Gunst des schönen einundzwanzigjährigen mexikanischen Models Miriam Rivera. Im Gegensatz zu den Männern verfügte das Publikum über eine entscheidende Information: Miriam war trans und hatte, wie wiederholt betont wurde, noch einen Penis. Während der gesamten Show versuchten die Kandidaten, Miriam zu umwerben. Es wurden mehrere Szenen gezeigt, in denen sie sie küssten und streichelten. Im entsetzlichen Finale entschied sich Miriam für einen Mann, der eine Luxusreise mit ihr und ein Preisgeld von 10 000 Pfund gewann, und verkündete ihm und seinen Mitbewerbern, dass sie trans ist. Später klagten die Kandidaten gegen die Produzent:innen. Die Vorwürfe: Verschwörung zu sexuellen Übergriffen, Verleumdung, Vertragsbruch und immaterieller Schaden in Form von psychischen und emotionalen Schäden.

Die Grundidee der Show war von vorne bis hinten geschmacklos und basierte darauf, alle auf dem Bildschirm Gezeigten auszunutzen. Am meisten Schuld gaben die Kritiker:innen allerdings Miriam. Die Medienkommentator:innen schienen damals bestenfalls verwirrt, ob Miriam bemitleidet oder beschimpft werden sollte. Noch mehr Verwirrung herrschte sowohl bei den Kritiker:innen als auch den Produzent:innen angesichts der Frage, ob Miriam korrekterweise als eine Art Frau oder als eine Art Mann betrachtet werden sollte. Über die Klage sagte ein Sprecher der Sendung: »Da Miriam transsexuell ist, würde ich sie niemals als männlich oder weiblich bezeichnen. Sie ist ein wunderschönes Geschöpf.«[25] Hier findet sprachlich *Othering* statt, indem Miriam vorwiegend als weiblich eingestuft wird, aber zugleich als eine Art drittes Geschlecht oder Hybridgestalt. Miriam wurde als übernatürliche, betrügerische Verführerin von Männern dargestellt – ein altes frauenfeindliches Narrativ, das ich noch nie in Bezug auf einen Mann gehört habe. Auch hier gilt: Selbst wenn trans Frauen nicht als authentisch weiblich angesehen werden, werden sie tendenziell auch nicht einfach als Männer begriffen, betrachtet oder diskutiert.

Natürlich ist ein feminines Erscheinungsbild oder feminines Styling nicht unbedingt mit Weiblichkeit gleichzusetzen. Viele Männer drücken gern ihre feminine Seite aus und fühlen sich ihr tief verbunden; viele Frauen lehnen traditionelle Feminität ab und manche bevorzugen einen maskulinen Stil. Dennoch wird Feminität immer noch weitgehend als Synonym von Weiblichkeit wahrgenommen und entsprechend verunglimpft. In einigen Fällen verkörpert eine trans Frau genügend körperliche Merkmale der kulturell und gesellschaftlich anerkannten Feminität, einschließlich weiblicher sekundärer Geschlechtsmerkmale, um für andere als cis Frau durchzugehen. Manche haben dieses sogenannte Passing nur in bestimmten Kontexten, andere werden ständig als cis Frau wahrgenommen. Viele trans Frauen versuchen »stealth«*, also unentdeckt und nicht offen trans zu leben und zu arbeiten (indem sie ihre Geschichte überhaupt niemandem erzählen). In diesen Fällen kann eine trans Frau natürlich

* Im Gegensatz zu den Begriffen »passen« und »Passing« wird das Konzept »stealth« in deutschsprachigen trans Communitys selten verwendet. (Anm. der Übers.)

dem gleichen Sexismus ausgesetzt sein wie die cis Frauen in ihrem Umfeld.

Nicht alle trans Frauen machen die gleichen Erfahrungen im Alltag und mit geschlechtspezifischen Vorurteilen und Gewalt. Ähnlich wie bei cis Frauen sind ihre Erfahrungen durch Klasse, Rassismus, Alter usw. geprägt. Dennoch lässt sich sicher sagen, dass trans Frauen als Gruppe in der einen oder anderen Form von Misogynie betroffen oder der ständigen Gefahr ausgesetzt sind, davon betroffen zu sein. Zu begreifen, dass das Patriarchat trans Frauen mit denselben Waffen angreift und bestraft, die es zur Bestrafung von Frauen im Allgemeinen geschmiedet hat, ist entscheidend, um zu verstehen, warum der Feminismus die Perspektive von trans Frauen braucht, um erfolgreich zu sein.

Die Abschaffung des Patriarchats erfordert eine umfassende Analyse all seiner Erscheinungsformen. Die Belange einer Frau oder einer von Misogynie betroffenen Person zu ignorieren, führt dazu, dass die feministische Bewegung, anstatt das Patriarchat abzuschaffen, lediglich eine Unterkategorie von Frauen entstehen lässt, gegen die geschlechtsbasierte Gewalt und Frauenfeindlichkeit weiterhin akzeptabel sind. Heutige feministische Diskurse, die sich nur auf das »Problem« der Anwesenheit einer trans Frau in Frauenräumen oder deren Nutzung von Frauenangeboten konzentrieren, und die wesentliche Frage, warum sie den Raum oder die Leistung überhaupt benötigt, ausblenden, leisten der systemischen Transmisogynie und damit dem Patriarchat selbst Vorschub. In meiner Erfahrung als Person, die schon verschiedene Geschlechtsausdrücke gehabt hat, sind die Typen von gewalttätigen Männern, die Frauen sexuell belästigen und herabwürdigen, in der Regel dieselben, die schwule und bi Menschen queerfeindlich behandeln und transfeindliche Gewalt ausüben. Daher ist es bedauerlich, dass einige Feministinnen sich, nur weil trans Frauen nicht ihrer persönlichen Definition von Frausein entsprechen, nur allzu gern mit konservativen Politiker:innen verbünden, die Sparpolitiken den Weg geebnet haben, die Frauen aus der Arbeiter:innenklasse und behinderte Frauen unverhältnismäßig stark benachteiligen. Es ist bedauerlich, dass das für sie eine überlebenswichtige Debatte zu sein scheint.

Im Januar 1972 schrieben die transsexuellen Frauen der britischen Gay Liberation Front im Newsletter *Lesbian Come Together*:

> Stellt euch vor, wie viel inspirierender und wundervoller die Frauenrevolution sein wird, wenn sie mit Freude alle Frauen einschließt. Stellt euch eine Holloway-Demo vor mit transvestitischen, transsexuellen und Drag-Queen-Frauen, schwulen Frauen und heterosexuellen Frauen, schwarzen, gelben [sic], braunen und weißen Frauen, Müttern, Töchtern, armen Frauen, reichen Frauen, arbeitenden Frauen, Hausfrauen und Karrierefrauen.[26]

Aus heutiger Sicht klingen einige Formulierungen befremdlich, aber die Kernaussage – dass die Solidarität zwischen allen Frauen den Feminismus stärkt – hat bis heute nicht an Aktualität verloren.

Die Kontroverse über das Verhältnis von trans Frauen zum Feminismus und ihren Zugang zu Frauenräumen, insbesondere in Großbritannien, ist so zentral für den transfeindlichen Diskurs im Allgemeinen, dass sie alle weiteren Diskussionen über trans Menschen und Feminismus verschlingt. Während trans Frauen angesichts der unaufhörlichen Kritik ständig gezwungen sind, ihre Legitimität als Frauen und ihre Unterdrückung durch das Patriarchat zu beweisen, werden trans Männer vom Cis-Feminismus oft völlig ignoriert und unsichtbar gemacht. Sogar unter trans Personen ist die Frage, inwieweit trans Männer Teil des Feminismus sein sollten, mitunter umstritten. Wenn aber der transfeindliche Feminismus darauf beharrt, dass »Frauen« eine reine Geschlechtsklasse mit allen Menschen bilden, die mit einer Vulva geboren wurden und einen weiblichen Geschlechtseintrag haben, heißt das, dass transfeindliche Feministinnen in der Regel behaupten, trans Männer in ihrer Bewegung willkommen zu heißen. Eine gängige Antwort auf den Vorwurf, der genderkritische

Feminismus sei »trans-ausschließend«, lautet: »Mein Feminismus schließt doch trans Menschen ein – und zwar trans Männer, weil sie weiblich sind!« Natürlich ist diese angebliche Inklusion nichts dergleichen, da sie einhergeht mit dem absichtlichen Misgendern und völligen Missachten der Erfahrungen von trans Männern mit dem eigenen Körper und der Gesellschaft. Um es mit dem Poeten Jay Hulme auszudrücken:

> Der Ansatz, den transfeindliche Menschen gegenüber trans Männern verfolgen, ist wesentlich heimtückischer [als Transmisogynie gegenüber trans Frauen] und viel schwieriger zu erklären und zu identifizieren. Da transfeindliche Personen trans Männer als Frauen betrachten und ein Großteil der Transfeindlichkeit sowohl auf politischer Ebene als auch online derzeit von Frauen unter dem Deckmantel des »Feminismus« ausgeübt wird, besteht der Eindruck, dass trans Männer fehlgeleitete Verbündete sind, dass wir uns täuschen und einfach wieder in die Herde und in das Frausein an sich aufgenommen werden müssen. Uns auf diese Art willkommen zu heißen, wirkt wie eine Gefälligkeit. Das ist es aber nicht, und es muss als das bezeichnet werden, was es ist – eine Form der Konversionstherapie. [...] Als trans Mann werde ich von transfeindlichen Personen herabgesetzt, respektlos und herablassend behandelt und bevormundet, und das wird auch immer so bleiben.[27]

Als ich mit dem achtzehnjährigen trans Mann Henry gesprochen habe, der im zweiten Kapitel dieses Buches vorkommt, wies er darauf hin, dass die Überzeugung, trans Jungen seien in Wirklichkeit »junge Mädchen«, zu einer größeren moralischen Panik bezüglich des Zugangs zu medizinischer Transition bei männlichen trans Personen führt, weil »Mädchen« als zarter und leichter beeinflussbar gelten und es daher eher nötig hätten, dass Erwachsene eingreifen und sie schützen. Jay Hulme stimmt dem zu: »[Transfeindliche Personen] sind regelrecht besessen von unseren Operationen, unserem Alter und Geschechtsausdruck. Die Vorstellung, dass ein trans Mann sein Recht auf körperliche Selbstbestimmung wahrnimmt, versetzt sie in Schrecken.« Wie Henry sagt auch Hulme, dass die Bevormundung von trans Männern und die Rhetorik von Body-Horror-Filmen typische Strategien des transfeindlichen feministischen Diskurses sind:

> Sie sprechen von trans Männern als »Mädchen«, selbst wenn wir schon weit in unseren Zwanzigern oder noch älter sind [...]. Sie sprechen von »Testosteronvergiftung« (wir haben übliche männliche Testosteronwerte und vielleicht einen Bart), von »Verstümmelung«, vom »Abhacken von gesundem Körpergewebe« – sie interessieren sich mehr für das sexistische Ideal der perfekten, unberührten weiblichen Form als für die Menschen, denen die Körper tatsächlich gehören.[28]

Der Widerspruch, dass sie von denselben Stimmen, die ihnen vorwerfen, einer Gehirnwäsche unterzogen worden und kaputt zu sein, im Feminismus willkommen geheißen werden, lässt einige trans Männer zögern, feministische Solidarität oder Unterstützung zu suchen. Für einen trans Mann muss es sehr schwer sein, öffentlich zu erklären, dass er immer noch geschlechtsbasierter Unterdrückung oder Sexismus ausgesetzt ist, weil andere ihn noch als Frau wahrnehmen – und das in einer Gesellschaft, die ihm so häufig zu verstehen geben will, dass er eigentlich kein Mann ist. Was trans Frauen betrifft, dreht sich die Diskussion über unser Verhältnis zum Feminismus in der Regel um die Frage, inwieweit wir als Frauen unterdrückt werden. Bei trans Männern ist das umgekehrt: Da ist die Frage, inwieweit sie von den Privilegien und Vorteilen profitieren, die Männern im Patriarchat gewährt werden.

Trans Männer, die mit Testosteron medizinisch transitionieren, bekommen Gesichtsbehaarung, einen Stimmbruch und werden sichtbar männlicher. Für einige bedeutet das zweifellos, dass sie in manchen oder allen Kontexten von der Gesellschaft einfach als männlich wahrgenommen werden. Für einen Artikel im *Time Magazine* interviewte

Charlotte Alter über zwanzig trans Männer zu den Themen Arbeit, Beziehungen und Familie. »Immer wieder erzählen Männer, die als Frauen aufgewachsen und sozialisiert worden sind, dass sie anders behandelt wurden, sobald die Welt sie als Männer wahrnahm.« Aus Alters Interviews ging hervor, dass viele trans Männer zum ersten Mal Sexismus am Arbeitsplatz bemerkten, dem sie vor ihrer Transition ausgesetzt gewesen waren. Als sie allmählich als Männer gelesen und ihnen männliche Privilegien zugestanden wurden, »stellten sie fest, dass ihre Fehler heruntergespielt und ihre Erfolge betont wurden. Oft, so sagen sie, hätten ihre Worte mehr Gewicht – als hätten sie über Nacht Autorität und beruflichen Respekt gewonnen.« Mit der besseren Behandlung, von der die trans Männer berichteten, ging aber auch ein größeres Bewusstsein für den Sexismus und die Misogynie anderer Männer einher: »Sie sahen die sexistischen Haltungen bestätigt, die sie schon lange vermutet hatten. Sie erinnerten sich daran, wie Kolleginnen von männlichen Chefs herabgesetzt und Bewerberinnen beleidigt worden waren.« Auch von weiteren Nachteilen berichteten die Männer. James Gardner, einer der befragten trans Männer, erzählte Alter: »Ich muss heute sehr darauf achten, Kinder nicht zu lange anzusehen [...]. Ich kann eine Mutter und ihr Baby anschauen, aber ich darf nicht zu lange hinsehen. Ich vermisse es, nicht als Bedrohung wahrgenommen zu werden.«[29] (Gardners Beobachtung entspricht dem, was ich über Fremde gesagt habe, denen ein Kind anvertraut wird: dass Menschen gegebenenfalls eine Gefahr intuitiv allein aufgrund von sichtbaren Geschlechtsunterschieden einschätzen.)

Die Tatsache, dass einige trans Männer männliche Privilegien bekommen und von Frauen als Bedrohung wahrgenommen werden, wird im transfeindlichen feministischen Diskurs in der Regel ignoriert. Das hat einen einfachen Grund. Wenn Feminismus – wie ihn die meisten genderkritischen Feministinnen vertreten – Geschlecht als unveränderlich begreift und trans Frauen drängt, Toiletten, Umkleideräume und Zufluchtsorte für Männer aufzusuchen, unabhängig davon, ob sie medizinisch transitioniert haben, dann muss im Umkehrschluss ein trans Mann gezwungen sein und ermutigt werden, Räume für Frauen zu nutzen. Die logische Schlussfolgerung dieser Ideologie ist, dass eine Person mit tiefer Stimme, Vollbart, Herrenbekleidung, typisch männlichem Vornamen und gegebenfalls einem Penis einen Raum für Frauen betreten darf, weil er ein trans Mann ist, oder, um genauer zu sein, weil er sagt, dass er ein trans Mann ist (schließlich ist auf einer öffentlichen Toilette kein Chromosomentest möglich). Die transfeindliche feministische Rhetorik zu Frauenräumen geht fälschlicherweise davon aus, dass eine trans Frau immer auf den ersten Blick zu erkennen ist und ihr der Zugang verwehrt werden kann. In vielen Fällen stimmt das einfach nicht und könnte leicht dazu führen, dass maskuline cis Frauen und inter* Frauen aufgrund ihres Aussehens als »männlich« wahrgenommen und ihr Zugang irrtümlicherweise infrage gestellt wird. Tatsächlich würden aber die meisten trans Männer in meinem Bekanntenkreis nicht wollen, dass sich cis oder trans Frauen in Schutzräumen unwohl fühlen, die für Menschen gedacht sind, die der Art von Misogynie ausgesetzt sind, wie sie Frauen erleben – selbst wenn diese trans Männer das früher selbst waren.

Angebliche Spannungen zwischen den Interessen von trans Männern und trans Frauen sind ein beliebtes Argument einiger cis Feministinnen, die der Ansicht sind, dass trans Frauen die gesamte trans Bewegung »dominieren« und die Interessen von trans Männern unsichtbar machen. Diese Ansicht liegt in der Regel daran, dass die Zahl der bekannten oder prominenten trans Frauen die der trans Männer bei Weitem übersteigt.

»In der LGBT-Bewegung sind [trans Frauen] nicht nur sichtbarer – trans Männer scheinen es nur in die Nachrichten zu schaffen, wenn sie ein Baby bekommen –, sondern werfen auch komplexere Fragen auf«[30], schrieb 2019 die Journalistin Helen Lewis (ebenfalls im *New Statesman*). Es stimmt, dass trans Männer in den »Mainstream-Medien« (den Medien, die von cis heterosexuellen Menschen geschaffen und kontrolliert werden) weniger sichtbar sind. Über trans Frauen wird viel mehr berichtet, sowohl Gutes als auch Schlechtes. Aber es wäre falsch, die Mainstream-Medien mit der LGBTIQ*-Bewegung oder, genauer gesagt, mit der trans Bewegung gleichzusetzen. Die Annahme, dass mehr Sichtbarkeit automatisch zu mehr politischer Macht führt, ist ein Irrtum, insbesondere wenn einige der in den Medien am meisten gefeierten trans Frauen Schauspielerinnen, Models und Autorinnen sind – Branchen, in denen Frauen grundsätzlich sexualisiert und obsessiv beobachtet werden. Die Tatsache zu nutzen, dass trans Frauen in den Medien kommerzialisiert und objektiviert werden (denn Feminität war schon immer leichter zu vermarkten als Maskulinität), um zu suggerieren, dass trans Frauen trans Männer übertönen, kontrollieren oder »dominieren«, ist Transmisogynie. Das heißt, es wird fälschlicherweise unterstellt, trans Frauen wären eigentlich immer noch Männer und würden von männlichen Privilegien profitieren, während unterschlagen wird, dass berühmte trans Frauen in den Medien, ebenso wie cis Frauen, immer noch ausgebeutet, sexualisiert und fetischisiert werden.

Viele der wichtigsten Trans-Organisationen weltweit werden von *weißen* trans Männern geleitet. Die Liste ist lang. Eine:r der führenden Rechtswissenschaftler:innen für Trans-Rechte in Großbritannien und Gründer der Interessenvertretung Press for Change ist der trans Mann Stephen Whittle. Auch Jay Stewart, der Geschäftsführer einer von trans Personen geführten Wohltätigkeitsorganisation, ist ein trans Mann. Der bis November 2020 amtierende Geschäftsführer der Scottish Trans Alliance, James Morton, ist ein trans Mann, ebenso wie Dr. Richard Curtis, der einzige offen trans lebende Arzt, der in einer Privatpraxis für trans Patient:innen tätig war. Das Gleiche gilt für Masen Davis, den amtierenden Geschäftsführer der paneuropäischen NGO Transgender Europe, und Broden Giambrone, den Leiter des International Trans Fund und ehemaligen Geschäftsführer der irischen Trans-Organisation TENI. In den USA und Kanada ist das nicht anders. In der Realität nehmen trans Männer auf allen Ebenen des gut finanzierten und personell gut ausgestatteten trans Aktivismus und der politischen Lobbyarbeit eine führende Rolle ein. Das ist auch gut so. Aber die Ansicht, dass alle trans Männer übertönt werden oder nicht zu Wort kommen, nur weil eine Handvoll für cis Menschen akzeptable feminine trans Frauen es aufs Cover von Hochglanzmagazinen schafft, ist nicht nur herablassend, sondern schlichtweg falsch – und das entwertet den Beitrag, den viele trans Männer zum Fortschritt der trans Emanzipationsbewegung leisten.

Dennoch stimmt es, dass trans Männer unter der Unsichtbarkeit in unserer Gesellschaft leiden. (Verschlimmert wird das, wie immer, durch Rassismus und Klassismus. Ebenso wie *weiße* cis Frauen ihr *Weiß*sein nutzen können und historisch genutzt haben, um Macht über cis Männer of Color zu haben, kann Ähnliches passieren, wenn es um trans Menschen geht.) Es hat bisher keine differenzierte Debatte darüber gegeben, was trans Männer vom Feminismus brauchen, sie wurden in dieser Hinsicht bisher im Stich gelassen. Helen Lewis hat recht mit dem, was sie über trans Männer und Schwangerschaften in den Schlagzeilen schreibt: Das Problem ist, dass in Großbritannien Schlagzeilen immer sensationsheischend, auf cis Menschen zugeschnitten und von diesen gemacht sind. In diesem Punkt hinkt Großbritannien mal wieder hinterher. Die fehlende Berücksichtigung von trans Männern und nicht-binären Menschen in der Art und Weise, wie sich die Gesellschaft um Schwangere oder Personen, die schwanger werden können, kümmert, steht in deutlichem Kontrast zu der Situation in Irland: In der erfolgreichen Kampagne zur Aufhebung des achten Zusatzartikels zur irischen Verfassung, der dem Fötus das gleiche Recht auf Leben wie der schwangeren Person zusicherte, wurden trans Menschen in erstaunlichem Maße berücksichtigt. Auch das Kollektiv Abortion Rights Campaign (ARC), die sich für eine kostenlose, sichere und legale Abtreibung in Irland einsetzt, schloss von Anfang an trans Menschen ein. Dass an ihren Veranstaltungen trans Redner:innen teilnahmen, spiegelte die Tatsache wider, inwiefern, auch wenn Abtreibung in erster Linie ein Frauenthema ist, dieser Punkt der irischen Verfassung auch trans Männer und nicht-binäre Menschen betrifft.

Nachdem der achte Verfassungszusatz im Mai 2018 durch ein Referendum aufgehoben wurde, setzte sich ARC weiterhin öffentlich für eine sinnvolle Gesetzgebung ein, die es endlich ermöglichen würde, dass die legale Abtreibung in Irland ausdrücklich auch für trans Männer und nicht-binäre Menschen gilt. Der britische Feminismus muss sich an diesem Ansatz orientieren und anerkennen, dass der Wunsch nach Selbstbestimmung über den eigenen Körper bezüglich einer Schwangerschaft und das Recht auf die gesetzliche Anerkennung der eigenen Geschlechtsidentität zwei Anliegen sind, die auch das Leben von trans Männern und nicht-binären Personen betreffen. Anzuerkennen, dass nicht nur cis Frauen aufgrund ihrer Fortpflanzungsfähigkeit politisch unterdrückt werden, macht cis Frauen nicht unsichtbar. Vielmehr wird damit die Lebensrealität von trans Männern anerkannt, die in einer Gesellschaft gefangen sind, in der sie unter Druck gesetzt werden, ihre Geschlechtsidentität als Mann zu verleugnen, wenn sie über ihre reproduktive Gesundheit sprechen wollen. Dies ist ein grausames Dilemma für Menschen, die aufgrund ihrer Genderidentität und ihres Geschlechts oft massiv diskriminiert werden – und daran sollte sich keine Feministin beteiligen.

Trans Männer sollten niemals gezwungen sein, ihre Erfahrungen mit Sexismus, Misogynie oder Transfeindlichkeit zu verleugnen, damit ihre Identität als Mann respektiert wird. Feministische Solidarität mit allen, die jemals wie ein Mädchen oder eine Frau behandelt wurden, unabhängig davon, was aktuell ihr Geschlechtsausdruck ist, sollte selbstverständlich sein. Auch wenn ein trans Mann in gewisser Hinsicht männliche Privilegien erlangen kann, wenn er auf eine bestimmte Art und Weise transitioniert, ist in einer transfeindlichen Gesellschaft dieses Privileg immer an die Bedingung geknüpft, als cis Mann angesehen zu werden und seine Lebensgeschichte zu verschweigen. Selbst wenn das der Fall ist, gibt es zahlreiche Belege dafür, dass trans Männer als Gruppe dennoch die Unterstützung und Fürsorge des

Feminismus brauchen. Während die überwiegende Mehrheit der ermordeten trans Personen weltweit trans Frauen sind, wird auch trans Männern grausame Gewalt angetan. In Südafrika, um nur ein Beispiel zu nennen, sind trans Männer – ebenso wie Butch-Lesben – sogenannten »korrigierenden« Vergewaltigungen ausgesetzt: Vergewaltigung als Strafe für geschlechtliche Abweichung, um die vergewaltigten Personen zu zwingen, »wieder« (heterosexuelle) Frauen zu werden. (Es sagt viel über die Situation aus, dass eine der berühmtesten medialen Darstellungen eines trans Mannes im Mainstream-Kino nach wie vor die Geschichte von Brandon Teena ist, der in *Boys Don't Cry* (1999) von Hilary Swank gespielt wird. Brandon Teena war ein trans Mann, der 1993 im Alter von einundzwanzig Jahren von mehreren Männern vergewaltigt und ermordet wurde.)

Untersuchungen zufolge sind trans Männer im heutigen Großbritannien in erheblichem Maße von körperlichem, sexuellem und emotionalem Missbrauch betroffen. Die in Kapitel 1 erwähnte National LGBT Survey 2018 ergab, dass trans Frauen zwar in höherem Maße bestimmte Formen von Missbrauch und Belästigung im öffentlichen Raum erlebten, trans Männer aber in den eigenen vier Wänden einem deutlich höheren Risiko ausgesetzt waren: 58 Prozent der trans Männer hatten zu Hause eine Form von Missbrauch erlebt, im Vergleich zu 40 Prozent der trans Frauen und 47 Prozent der nicht-binären Menschen. Mehr trans Männer als trans Frauen oder nicht-binäre Personen berichteten von körperlicher oder sexueller Gewalt im eigenen Zuhause.[31] Die emotionale, sexuelle und häusliche Gewalt, der trans Männer ausgesetzt sind, bedarf weiterer Forschung und offener Diskussionen. Indessen sollten trans Frauen und cis Feministinnen nicht in die Falle tappen, die männliche Identität von trans Männern zu verleugnen oder gar zu denken, ihre männliche Identität würde sie automatisch vor Misogynie schützen.

Auffällig ist, dass Hilfsangebote für Betroffene von häuslicher und sexueller Gewalt (ironischerweise oft Hilfsangebote »für Frauen« genannt) trans Männern derzeit nicht die benötigte Unterstützung bieten können. Zwar gibt es Krisendienste für männliche Missbrauchsopfer, aber in der Regel sind deren Berater:innen und Sozialarbeiter:innen für den Umgang mit den Erfahrungen von cis Männern ausgebildet. Wenn trans Männer von Tätern missbraucht wurden, die sie als Frauen ansahen, benötigen sie die Unterstützung von sensibilisierten Fachkräften, die sich mit diesen Erfahrungen auskennen. Alle Feministinnen sollten den Kampf von trans Männern um den Zugang zu geeigneten Anlaufstellen anerkennen und dieses Anliegen in den Kampf gegen weitreichende Mittelkürzungen der konservativen Regierung für spezialisierte Hilfsangebote bei häuslicher Gewalt einbeziehen.

Klar ist: Trans Männer erleben immer noch geschlechtsbasierte Gewalt, die auf Misogynie beruht. Wenn wir den Test von Robin Dembroff anwenden: Sie hinterfragen die Geschlechterbinarität, sie können als »maskuline Frauen« bestraft werden, wenn sie in den Augen anderer nicht als Mann »passen«, und während trans Frauen als pervers angesehen werden, weil sie Männlichkeit und Maskulinität aufgeben, werden trans Männer als irregeführte oder verwirrte Frauen betrachtet, die dazu verleitet worden sind, Männer sein zu wollen. Für einige transfeindliche Feministinnen gelten sie sogar als »Verräterinnen«, die versuchen, sich männliche Privilegien anzueignen, anstatt dass sie als Feministinnen gegen die eigene Unterdrückung kämpfen. Wie wir gesehen haben, ist Misogynie vielschichtig und betrifft verschiedene Menschen und verschiedene Körper auf verschiedene Weise: Damit der Feminismus das Patriarchat wirklich ins Wanken bringen kann, muss gegen all diese Formen Widerstand geleistet werden.

Leser:innen, die mit feministischer Theorie vertraut sind, werden sich vielleicht wundern, warum ich bei dieser Untersuchung des Transfeminismus hauptsächlich Feministinnen der zweiten Welle zitiere (von denen einige heute in jüngeren feministischen Kreisen wegen ihres Fokus auf der Kriminalisierung von Pornografie und Sexarbeit umstritten sind) und nicht Judith Butler, Jack Halberstam und andere, deren spätere feministische und queer-theoretische Schriften als Ausgangspunkt zum Verteidigen der Existenz von trans Menschen wohl naheliegender wären. Ich glaube aber, es ist wichtig, mit dem Mythos aufzuräumen, dass der Transfeminismus eine neue Abkehr von der feministischen Theorie der Vergangenheit darstellt. Die Auseinandersetzungen mit den Kategorien Mann und Frau, die Infragestellung des Essenzialismus und das Eintreten für eine differenziertere Analyse, inwiefern Misogynie allen Menschen (auch Männern) schadet, waren schon immer von zentraler Bedeutung für feministisches Denken. Wie die Feministin der zweiten Welle Catherine MacKinnon schreibt:

> Ich dachte immer, mir ist es egal, wie eine Person zur Frau oder zum Mann wird; für mich spielt das keine Rolle. Es ist einfach ein Teil ihrer Besonderheit, ihrer Einzigartigkeit, wie bei jedem Menschen. Jede Person, die sich als Frau identifiziert, eine Frau sein will, als Frau durch die Welt geht, ist für mich eine Frau.[32]

Das ist besonders wichtig, wenn es um feministische Haltungen gegenüber nicht-binären trans Identitäten geht. Menschen, die sagen, dass sie etwas anderes sind als ein Mann oder eine Frau, oder beides, dazwischen oder darüber hinaus, sind der lebende Beweis für eine der zentralen Ideen des Feminismus: dass die Geschlechtsidentität eine Falle ist, die unsere Freiheit einschränkt und unsere Individualität hemmt und die Menschen zwingt, sich selbst und ihr Begehren im Dienste eines ausbeuterischen und gewalttätigen Systems zu verformen. In den Worten von Künstler:in Travis Alabanza:

> Wenn ich trans sage, dann meine ich auch Flucht. Ich meine Wahl. Ich meine Selbstbestimmung. Ich meine, Größeres zu wollen, als was ihr mir gesagt habt. Mehr Möglichkeiten zu wollen als die eine, die ihr mir aufgezwungen habt.[33]

Dass nicht-binäre Menschen sich entschlossen weigern, sich diesem Prozess komplett zu unterwerfen, sollte frischen Wind bringen, und der Feminismus sollte sich damit befassen, mit welchen Nachteilen diese Menschen konfrontiert sind. Ja, das sollte er, aber das tut er oft nicht. »Allzu häufig werden heutzutage bei Diskussionen über Geschlecht die Grenzen nicht erweitert, sondern nur enger gezogen«, schreibt die *Guardian*-Kolumnistin Hadley Freeman im Jahr 2017:

> Wenn Leute sagen, sie seien »nicht-binär«, klingt das für mich eher so, als hätten sie die Lüge mit den rosa und blauen Stramplern geschluckt. Denn der Punkt ist, dass eigentlich jede Person nicht-binär ist – kein Mensch ist ein komplett rosa Strampler mit Schmetterlingen oder ein komplett blauer mit Autos.[34]

Anscheinend akzeptiert Freeman, dass die Geschlechterbinarität eine Konstruktion ist, die uns alle einschränkt, und dass wir alle komplexer sind, was nicht-binäre trans Personen auch beweisen. Aber ihre simple Babykleidungsmetapher lässt außer Acht, wie allumfassend die Zweigeschlechtlichkeit Recht, Politik, Medizin, Kultur, Gewalt und Sexualität prägt – im Grunde das gesamte Spektrum der menschlichen Existenz. Es ist seltsam, dass Freemans feministische Analyse bei der Kleidung aufhört und die größeren Zusammenhänge ignoriert. Wenn nicht-binäre Menschen die rechtliche Anerkennung oder ein Überdenken der gegenderten Sprache fordern (zum Beispiel durch geschlechtsneutrale Pronomen oder neue Begriffe für neue Geschlechtsidentitäten), dann fordern sie mehr Freiheit für uns alle. In gewissem Sinne stimmt die Behauptung, dass jeder Mensch nicht-binär ist: Binarität ist ein wirkungsmächtiger und weit verbreiteter Mythos, und jeder Mensch befindet sich irgendwo auf dem Spektrum. Der Begriff »nicht-binär« ist nur insofern nützlich, als dass er solche Konzepte für die Politik, Familien, Schulen und die Gesellschaft lesbar machen kann. Der Begriff soll das Gespräch erleichtern – aber er ist nicht das Ende der Diskussion.

Die Existenz von trans Menschen sollte alle dazu veranlassen, die eigenen hochgehaltenen Vorstellungen über Geschlecht zu überdenken und sich zu fragen, ob diese Vorstellungen wirklich so stabil und gewiss sind wie gedacht. Das wäre begrüßenswert. Die Unterscheidung zwischen Männern und Frauen ist oft willkürlich. Ebenso willkürlich ist die Unterscheidung zwischen »binären« trans Männern und Frauen und nicht-binären trans Menschen. Und auch die genaue Unterscheidung zwischen Menschen, die wir cis, und Menschen, die wir trans nennen, ist in Wirklichkeit nicht konsequent. Dass Definitionen so flexibel sein können, beunruhigt offensichtlich viele – weshalb es einfacher ist, das binäre System nicht infrage zu stellen, als sich mit dessen Widersprüchen, Schwierigkeiten und Ausnahmen auseinanderzusetzen. »Wir sind alle nicht-binär« könnte ein radikaler neuer Ansatz zur Neugestaltung der Gesellschaft sein. Doch traditionell machen sich genderkritische Feministinnen mit diesem Ansatz über die Menschen lustig, die politische Forderungen stellen, um die Auswirkungen des Zweigeschlechtersystems auf unsere Gesellschaft abzubauen. Allerdings bieten diese Kritikerinnen keine Alternativen, wie wir die Gesellschaft von binären Geschlechterstereotypen und -rollen emanzipieren könnten. Einmal mehr bestärkt die feministische Feindseligkeit gegenüber nicht-binären Menschen die Vorstellung eines unausweichlichen biologischen Geschlechts, dem sozial und rechtlich mehr Glauben geschenkt werden sollte als einer nonkonformen Genderidentität – und im Grunde wird damit lediglich die Logik des Patriarchats reproduziert. Bereits 1974 schrieb die radikale Feministin Andrea Dworkin über das wachsende Bewusstsein der Menschen für die Willkürlichkeit der Kategorien *sex* und *gender*:

> Die Hormon- und Chromosomenforschung, die Versuche, neue Formen der menschlichen Fortpflanzung zu entwickeln (Leben, das im wissenschaftlichen Labor entsteht oder dort maßgeblich ermöglicht wird), die Arbeit mit Transsexuellen und Studien zur Entwicklung der Geschlechtsidentität bei Kindern liefern grundlegende Informationen, die die Vorstellung von zwei getrennten biologischen Geschlechtern infrage stellen. Diese Informationen drohen die traditionelle Biologie der Geschlechterdifferenz in eine

radikale Biologie der Geschlechterähnlichkeit umzuwandeln. Das bedeutet nicht, dass es nur ein Geschlecht gibt, sondern dass es viele gibt. Der hier relevante Beweis ist einfach. Die Worte »männlich« und »weiblich«, »Mann« und »Frau«, werden nur deshalb verwendet, weil es bislang keine anderen gibt.[35]

Vor vierzig Jahren wusste Dworkin schon, was viele nicht-binäre trans Personen und progressive cis Feministinnen noch heute in feministischen Kreisen verteidigen müssen. Vor Kurzem beschrieb die britische Feministin Lola Olufemi das Konzept der »Frau« wie folgt:

> [Ein] strategisches Bündnis, ein Sammelbegriff, unter dem wir uns zusammenfinden, um politische Forderungen zu stellen. Er kann im Dienste derjenigen mobilisiert werden, die sich anders identifizieren würden, wenn sie eine andere Wahl hätten. In einer befreiten Zukunft existiert er womöglich gar nicht mehr.[36]

Dasselbe gilt natürlich auch für den Begriff »Mann«. Der Feminismus muss sich mit radikalen Möglichkeiten für unsere Zukunft befassen – eine Zukunft, in der geschlechtsbasierte Gewalt und Benachteiligungen abgeschafft werden und wir alle ein glücklicheres Leben führen können. Das geht aber nicht, solange uns die Freiheit verwehrt wird, andere Wege zu finden, Geschlecht zu betrachten, zu verstehen oder – im Sinne von *doing gender* – zu *tun*.

Nicht alle trans Personen haben ein radikales Verständnis von Geschlecht. Die meisten haben wahrscheinlich Vorstellungen, die nicht mehr und nicht weniger binär, reduzierend, stereotyp und antifeministisch sind wie die der cis Personen um sie herum. Zu verlangen, dass alle trans Personen radikale Ansichten über Geschlecht haben, kann selbst eine Form von Transfeindlichkeit sein, denn von cis Personen erwarten wir das nicht. Außerdem werden dadurch cis Meinungen über Geschlecht als natürlich und als Standard dargestellt und trans Personen als Verfechter:innen einer neuen Ideologie, die es zu prüfen und zu untersuchen gilt. Trans Menschen verdienen soziale Würde und persönlichen Respekt, unabhängig davon, ob sie sich für feministische Politik engagieren wollen oder nicht. Während populistische autoritäre Einstellungen zunehmen und damit offenbar die Entschlossenheit, auf der ganzen Welt Sexismus, Misogynie und Transfeindlichkeit zu festigen, mag die Frage aufkommen, warum ein theoretischer Rahmen für das Verständnis von trans Personen das Hauptanliegen von Feminist:innen sein sollte. Die Theorie ist wichtig: Sie prägt unsere Gesellschaft, ob wir uns nun intellektuell mit ihr auseinandersetzen oder nicht – und deshalb habe ich sie hier ausführlich erörtert. Aber die Theorie sollte immer nur die zweite Geige spielen – an erster Stelle steht die praktische Arbeit: Aufbau der Bewegung, Verteilung von Ressourcen, Fürsorge und Solidarität. Selten verstehen die Partner:innen in einem politischen Bündnis sämtliche Facetten der gegenseitigen Lebensrealität. Vielmehr geht es um die praktische Zusammenarbeit auf der Grundlage gemeinsamer Ziele: Allein die enorme Mobilisierung in Irland, um den Erfolg der Repeal-Kampagne zu sichern, zeigt uns, was durch gemeinsame Arbeit erreicht werden kann. Die Dringlichkeit der Situation, mit der cis Frauen und trans Menschen in den 2020er-Jahren konfrontiert sind, sollte cis Feministinnen, die sich immer noch davor scheuen, trans Menschen zu berücksichtigen, die Augen öffnen. Wie Schriftsteller:in Jo Livingstone schreibt:

> Die Agenden müssen nicht ineinander aufgehen, ihre Unterschiede aufgeben oder ihre Wirksamkeit einbüßen, wenn sie »zueinander passen oder miteinander auskommen«. Sie müssen nicht einmal übereinstimmen. [...] Warum sich den Mund fusselig reden und dabei Menschen verletzen? Wir haben keine Zeit, und es gibt so viel zu tun.[37]

FAZIT
ZUKUNFT IM WANDEL

Im Kapitalismus kann es keine Trans-Befreiung und keine Trans-Emanzipation geben. So viel steht fest. Auch wenn diese Ansicht bei LGBTIQ*-Interessengruppen mit liberaler Haltung und aus der politischen Mitte nicht besonders beliebt ist. Stattdessen betrachten sie, wie wir im Laufe dieses Buchs gesehen haben, »Trans-Rechte« isoliert als eine Reihe persönlicher Freiheiten und Fragen der individuellen Sicherheit und klammern sich im Kampf um gesellschaftliche Akzeptanz an Firmen und Marken als potenzielle »Verbündete«. Wie also kann wahre Gerechtigkeit erreicht werden?

In liberalen Kreisen, die sich als transinklusiv verstehen, wird gern gesagt, Menschen, die sich transfeindlich verhalten, stünden »auf der falschen Seite der Geschichte«. Die Vorstellung, es gebe richtige und falsche Seiten der Geschichte, ist natürlich Unsinn. Der Mythos, mit der Zeit offenbare sich die moralische Wahrheit und die Geschichte bewege sich stets Richtung Fortschritt, ist uralt, verlockend – und hält sich erstaunlich hartnäckig. Doch das funktioniert nur, solange wir die Geschichten, an die wir uns erinnern möchten, sorgfältig überarbeiten und transformative soziale Revolutionen im Nachhinein bejubeln – Jubel, mit dem problematische Aspekte, wie der Einsatz von Zwang und Gewalt, oft heruntergespielt werden. Die im heutigen Großbritannien etablierte Ansicht, dass Menschen, die sich für die Gleichstellung von trans Personen einsetzen, auf der »richtigen« Seite der Geschichte stehen, basiert meist auf einem Vergleich mit den sozialen und rechtlichen Errungenschaften von homosexuellen Menschen zu Beginn des neuen Jahrtausends und auf der Auffassung, sich offen homofeindlich zu verhalten, sei in vielen liberalen Kontexten inzwischen *verboten*. Trans Menschen, so die Hoffnung, befinden sich auf demselben Weg, nur mit zwanzig Jahren Verzögerung. Wer sich jetzt noch in der Presse oder Politik feindselig gegenüber trans Personen äußert, wird sich in ein paar Jahren dafür schämen, so heißt es.

Vielleicht ist für einige Liberale die unterschwellige Angst, womöglich auf der falschen Seite des moralischen Fortschritts zu stehen – anders ausgedrückt: der Gruppenzwang –, groß genug, um sich von Transfeindlichkeit zu distanzieren. Ich halte es jedoch für naiv, unsere gesamte Hoffnung für das Wohlergehen, die Sicherheit, Würde und Emanzipation von trans Menschen auf die Gewissensbisse von Liberalen zu setzen. Die Realität sieht so aus, dass viele, die vor zwanzig Jahren homofeindlich waren, das auch heute noch sind, und dass ein Mensch auch trotz deutlich homofeindlicher Vorgeschichte zu Macht oder Beliebtheit gelangen kann. Der aktuelle britische Premierminister Boris Johnson kämpft schon seit Langem gegen die Rechte von queeren Menschen, unter anderem den Einsatz von schwulen Männern im Militärdienst, LGBTIQ*-inklusive Bildung in Schulen und die Ehe für alle. Den homofeindlichen Kommentar über »tank-topped bum boys« (zu Deutsch: »Stricher mit Tanktop«) hat er nie zurückgenommen, aber das hatte er auch nicht nötig. Wenn sogar der britische Premierminister mit so etwas durchkommt, ist es kaum verwunderlich, dass offene Homofeindlichkeit, die in liberalen Kreisen nach wie vor verpönt ist, in rechtsextremen Gruppierungen in ganz Europa eine Renaissance erlebt, von der Goldenen Morgenröte in Griechenland bis zur französischen neofaschistischen Gruppierung Génération Identitaire. Selbst Umfragen unter Lehrkräften in britischen Schulen legen nahe, dass offene Homofeindlichkeit immer noch weiter verbreitet ist, als sich viele heterosexuelle Liberale vorstellen mögen.

Die Conservative Party versuchte sich in den 2010er-Jahren unter David Cameron und Theresa May ein neues Image als sozialliberal aufzubauen, obwohl sie schonungslos Gelder für Wohnraum, Sozialhilfe und das Bildungswesen kürzte und die schleichende Privatisierung des Gesundheitswesens ermöglichte. In den 2020er-Jahren hingegen sieht die politische Landschaft ganz anders aus. Britische trans Menschen geben sich nicht mehr mit ein paar hingeworfenen Brotkrumen zufrieden, wie mit der Ankündigung der May-Regierung, den Gender Recognition Act zu reformieren, parallel zu der GRA-Reform, die derzeit in Schottland geprüft wird. In Wahrheit war die Tory Party schon immer ein Feind von trans Menschen. Durch den schamlosen gesellschaftspolitischen Konservatismus der Johnson-Ära ist es nur akzeptabler geworden, uns offen zu zeigen, dass wir in einem grundsätzlichen Widerspruch zu ihren Werten stehen. Noch ist unklar, wie es mit der schottischen Unabhängigkeit weitergeht und ob die Wiedervereinigung Irlands wahrscheinlicher wird. Zum gegenwärtigen Zeitpunkt muss Folgendes gesagt werden: Die einzige Hoffnung für trans Menschen, dass im Parlament positive politische Veränderungen umgesetzt werden, besteht in der direkten Einflussnahme durch Lobbyarbeit und letztendlich in der Wahl der Labour Party.

Natürlich ist trans zu sein keine bewusste politische Haltung, genau wie eine Transidentität zu leben in der Regel kein Ausdruck einer bewusst vertretenen Ideologie ist. Ein trans Mensch ist einfach ein Mensch. Wir betrachten unseren Alltag genauso wie die meisten anderen; letzten Endes versuchen wir einfach nur unser Leben zu leben. Doch wie bei allen stigmatisierten sozialen Identitäten ist allein schon die Fähigkeit, auszudrücken, trans zu sein, oder als trans Person zu arbeiten, medizinische Versorgung in Anspruch zu nehmen oder am gesellschaftlichen Leben teilzuhaben, sehr wohl politisch. Deshalb sind die wesentlichen Bedingungen, die für den Wohlstand von trans Menschen notwendig sind, stets von der Politik der Linken und deren Umsetzung geschaffen worden. Dank des NHS, eines von der Linken eingeführten sozialistischen Systems, ist die Gesundheitsversorgung in Großbritannien kostenlos, und dank der Arbeiterbewegung dürfen wir rechtlich gesehen nicht entlassen werden, nur weil wir trans sind oder gerade transitionieren. Rechte Parteien und Regierungen bieten kaum Grund zur Hoffnung. Auch die politische Mitte hat in den letzten zehn Jahren keine echte Perspektive geboten, sich oft mit den Schöpfer:innen der Sparpolitik verschworen und sich zugleich geweigert, mit der Linken zusammenzuarbeiten.

Das soll nicht heißen, dass sich die Labour Party keine Transfeindlichkeit zuschulden kommen lässt. Im Gegenteil, die geht sowohl von Parteimitgliedern als auch von einigen Schlüsselfiguren aus, die immer noch nicht öffentlich ihre vollumfängliche Solidarität mit trans Communitys bekundet haben. Unter Linken in Großbritannien, in den Gewerkschaften und Ortsvereinen der Partei, wird der Anti-Trans-Diskurs noch sehr lebhaft geführt. 2017 löste die Wahl der neunzehnjährigen trans Frau Lily Madigan zur Frauenbeauftragten der Labour Party für den Wahlkreis Rochester and Strood eine besonders gehässige transfeindliche Gegenreaktion innerhalb der Partei aus. Anfang 2018 rief Jennifer James, eine Aktivistin der Labour Party, auf einer GoFundMe-Seite dazu auf, trans Frauen nicht in Frauenlisten aufzunehmen: Die Kampagne hatte schnell Zehntausende von Pfund eingebracht, bevor James schließlich von der Partei suspendiert wurde. Lewis Moonie, Labour-Oberhausmitglied auf Lebenszeit, ehemaliger Verteidigungsminister und ausgebildeter Psychiater, verließ die Labour Party im Mai 2019, nachdem er wegen wiederholter abfälliger Bemerkungen über trans Frauen, die er als »Kinderschänder« und »Schwanz im Kittel«[1] bezeichnet hatte, suspendiert worden war. Auch einige angesehene Gewerkschafter:innen, insbesondere Len McCluskey, Generalsekretär von UNITE, der zweitgrößten britischen Gewerkschaft (und einer der wichtigsten Spender der Labour Party), lehnten die GRA-Reform ab. Die bekannteste feministische Anti-Trans-Bürgerinitiative Woman's Place UK wurde von Ruth Serwotka gegründet, der Ehefrau von Mark Serwotka, dem Generalsekretär der Gewerkschaft Public and Commercial Services Union. 2020 musste sich die linke Zeitung *Morning Star*, die während der GRA-Kampagne zahlreichen transfeindlichen Stimmen Raum bot, für die Veröffentlichung einer transfeindlichen Karikatur entschuldigen und sie zurückziehen. Die Karikatur von Stella Perrett zeigt ein geiferndes, bedrohliches Krokodil, das sich in einen kleinen Teich mit Molchen schiebt. In der Sprechblase der Molche steht: »Aber du darfst hier nicht rein! Das ist unser Schutzraum«, worauf das Krokodil antwortet: »Zerbrecht euch nicht eure hübschen Köpfchen! Ich transitioniere gerade zu einem Molch!« Mit dieser offenen Darstellung von trans Personen als animalischen Raubtieren erreichte die Transfeindlichkeit der britischen Linken einen neuen Tiefpunkt.

Zur intellektuellen Rechtfertigung von Transfeindlichkeit wird von der Linken für gewöhnlich die Sorge um eine angebliche »Trans-Ideologie« herangezogen, die individualistisch und bürgerlich sei und sich nicht mit dem Klassenkampf befasse. Wie wir jedoch gesehen haben, gehört die Mehrheit der trans Personen der Arbeiter:innenklasse an, und die Unterdrückung von trans Menschen ist dem Kapitalismus geschuldet. Kurz gesagt, weltweit stützt sich der Kapitalismus immer noch stark auf die Vorstellung von unterschiedlichen Kategorien von Männerarbeit einerseits und Frauenarbeit andererseits, wobei »Frauenarbeit« (wie Hausarbeit, Kindererziehung und emotionale Arbeit) entweder schlecht oder gar nicht bezahlt wird. Diese Einteilung funktioniert nur, solange klar ist, wie sich Männer und Frauen voneinander unterscheiden lassen.

Der Kapitalismus ist auch auf ein gewisses Maß an Arbeitslosigkeit angewiesen. Gäbe es ausreichend Arbeit für alle, müsste sich niemand Sorgen machen, die Anstellung zu verlieren, und alle könnten höhere Löhne und bessere Arbeitsbedingungen einfordern. Doch wegen des allgegenwärtigen Schreckgespensts der Arbeitslosigkeit können Arbeitgebende die Bedingungen diktieren. Außerdem kann in Krisenzeiten auf diese »Reservearmee« von Arbeitslosen zurückgegriffen werden, wenn die Wirtschaft das verlangt. Für dieses System der gewollten Arbeitslosigkeit sind Kriterien zur Entscheidung notwendig, wer arbeiten darf und wer arbeitslos bleibt. Bestimmt wird das in unserer Gesellschaft vor allem durch *race*, Klassenzugehörigkeit, Geschlecht und Behinderung. Mit der sozialen Ausgrenzung von trans Personen und der Abscheu vor ihrer Existenz wird praktischerweise eine weitere Kategorie von Menschen geschaffen, die mit größerer Wahrscheinlichkeit in den Rängen der arbeitslosen Menschen bleiben (umso wahrscheinlicher, wenn sie trans und arm oder trans und Schwarz sind oder trans sind und eine Behinderung haben – unter diesen trans Personen ist die Arbeitslosenquote am höchsten).[2]

Die Linken sollten mehr darüber diskutieren, inwiefern die grundlegende Notwendigkeit, bestimmte Menschen zu marginalisieren, in einem kapitalistischen System jemals wirklich durch Politik und schützende Gesetze beseitigt werden kann. Im Kapitalismus wird »Trans-Inklusion« wohl nie vollständig möglich sein, sondern immer diejenigen von uns begünstigen, die *weiß* und aus der Mittelschicht sind. Zwar würden diese Debatten den Rahmen dieses Buchs sprengen, aber es muss betont werden, dass die Kritik, die Trans-Bewegung sei von Natur aus »kapitalistisch« oder hoffnungslos individualistisch, extrem weit hergeholt ist. Natürlich heißt das nicht, dass der Kapitalismus sich nicht manchmal hinter der Sprache der sozialen Gerechtigkeit versteckt. Firmen haben sich die Forderungen, Slogans, Ästhetik und Kultur des Feminismus, des Antirassismus und der Homosexuellenrechte zeitweise alle auf ähnliche Weise angeeignet, um sie dann wiederum an die Verbraucher:innen zu verkaufen – sehen wir uns nur mal die explosionsartige Zunahme feministischer Stofftaschen, Gay-Pride-T-Shirts und #BlackLivesMatter-Plattitüden von Unternehmen in den letzten fünf Jahren an. Die unrechtmäßige Aneignung aktivistischer Sprache bedeutet nicht, dass die darin gestellten radikalen Forderungen nach transformativer Politik falsch sind. Das gilt auch für die Gerechtigkeit und Freiheit von trans Menschen.

Ich glaube zwar, dass die Labour Party in England, wenn nicht sogar im ganzen Vereinigten Königreich, unsere einzige Chance ist, dass die Rechte von trans Menschen in der Wahlpolitik vertreten werden, aber unsere vollständige Befreiung wird niemals allein durch parlamentarische Politik erreicht werden. Es ist durchaus möglich, dass trans Menschen mehr Rechte und gesellschaftliche Akzeptanz erhalten und diese Fortschritte später wieder rückgängig gemacht werden. Die allererste Welle der modernen wissenschaftlichen Trans-Forschung und -Interessenvertretung entstand zwischen den Weltkriegen in Berlin, einer Stadt mit einer blühenden queeren Szene. Das alles wurde vom Faschismus in den frühen 1930er-Jahren rasant zerstört. In Ungarn, einem modernen EU-Mitgliedstaat, beginnt jetzt gerade, in den frühen 2020er-Jahren die gleiche Beschneidung bereits errungener Rechte. Wir können nicht davon ausgehen, dass wir in Großbritannien gegen diese Entwicklung immun sind. Es besteht die reale Gefahr, dass das Vereinigte Königreich so weit nach rechts abdriftet, dass die Befreiung von trans Menschen erneut vom Staat unterdrückt wird.

Schon jetzt sehen wir tiefgreifende Veränderungen in unserem sozialen und politischen Leben, ausgelöst durch die Coronapandemie, die daraus resultierende Rezession und das Wiederaufleben der Black-Lives-Matter-Bewegung. Die Klimakrise wütet weiter, ohne dass sie angegangen wird. Im nächsten Jahrzehnt soll es wohl immer wieder zu Unruhen kommen, und die Wissenschaft warnt vor einem möglichen schweren gesellschaftlichen Zusammenbruch zu unseren Lebzeiten, der durch die Spannungen infolge der extremen Klimaereignisse verursacht wird. Die durch die Klimakrise ausgelöste Massenmigration könnte zu verstärkter Überwachung, Militarisierung und einwanderungsfeindlichem Rassismus im globalen Norden führen. Das alles wird sich unverhältnismäßig stark auf unterdrückte Minderheiten auswirken – auch auf trans Menschen.

Vor diesem Hintergrund ist die Vorstellung von linearen politischen Kämpfen, die sich auf die formelle parlamentarische Politik beschränken, eine Illusion. Protest, ziviler Ungehorsam, Community-Arbeit vor Ort, Care-Arbeit und Bündnisse mit anderen unterdrückten Menschen – das alles ist Politik: Das alles wird in unserem Kampf notwendig sein.

Zu Beginn dieses Buchs habe ich gesagt, dass ich mich nicht dem Druck auf trans Personen, insbesondere trans Frauen, beugen werde, persönlich oder autobiografisch zu schreiben. Vieles von dem, was ich in diesem Buch beleuchtet habe, von Wohnungslosigkeit bis zu häuslicher Gewalt, habe ich nicht selbst erlebt. Das liegt an meiner Klassenzugehörigkeit und *race*, aber ich habe auch einfach Glück: Dank meiner Familie, die mich auch nach meinem Coming-out voll und ganz akzeptiert hat, dank guter Freund:innen und Beziehungen und einer einigermaßen erfolgreichen Karriere werde ich nie so marginalisiert werden wie die meisten anderen trans Menschen. Dennoch kann ich sagen – und hier werde ich doch persönlich –, dass ich von klein auf lernen musste, in einer Welt zu bestehen, die mir auf Schritt und Tritt zu verstehen gab, dass ich verrückt, schlecht, krank, verwirrt, ekelhaft, pervers, gefährlich und nicht liebenswert sei. Das tue ich immer noch. Manchmal fällt es mir heute noch schwer, mich zu mögen, und es gibt Tage, an denen ich mir bewusst in Erinnerung rufen muss, dass ich nichts Falsches getan habe, weil ich trans und feminin und eine Frau bin. Das hat Narben hinterlassen. Während der Recherche für dieses Buch habe ich mich oft mit jüngeren trans Menschen und ihren Familien unterhalten und mir gewünscht, dass sie tief in ihrer Seele nicht den immer wieder reproduzierten Ekel und die Scham ertragen müssen, mit denen mich diese Welt immer belastet hat. Das soll kein Selbstmitleid sein; Hoffnung, auch meine, ist kostbar und kraftvoll. Dieses Buch wurde von meiner Hoffnung geschrieben, und obwohl ich die Begrifflichkeiten und das konzeptuelle Instrumentarium der Strukturpolitik und des kollektiven Handelns verwendet habe, ist es letztendlich unsere gemeinsame Hoffnung auf eine bessere Welt, die trans Menschen befreien wird. Hoffnung gehört zur menschlichen Natur, und die Hoffnung von trans Menschen ist unser Beweis, dass wir vollkommen menschlich sind. Wir sind keine »Frage«, die es zu diskutieren, kein »Thema«, das es zu verspotten gilt. Auch für viele nicht-trans Menschen sind wir ein Symbol der Hoffnung dafür, dass es möglich ist, ein erfüllteres, freieres Leben zu führen. Manche hassen uns genau deshalb: Der schillernde Reichtum unserer Freiheit macht ihnen Angst. Unsere Existenz bereichert die Welt.

DANKSAGUNG

Mein erstes Buch über eines der brisantesten Streitthemen in der Politik, sowohl hier im Vereinigten Königreich als auch darüber hinaus, zu schreiben, über ein Thema, das den Verlauf meines Lebens tiefgreifend geprägt hat und weiterhin prägen wird, war nicht frei von Herausforderungen. Darum bin ich sehr dankbar, dass ich mit einem Lektor mit so viel Erfahrung und dem Format eines Tom Penn zusammengearbeitet habe, der mir mit Sachverstand und Vorschlägen geholfen hat, meinen Text ein wenig zu glätten, und mir Tipps gegeben hat, was das Lesepublikum braucht, um sich besser auf die zentrale Aussage einlassen zu können. Wertvoll für das Buch waren auch die Überlegungen der Redaktionsassistenz Eva Hodgkins. Ich möchte auch Richard Duguid bei Penguin danken, der das Manuskript persönlich bearbeitet hat, wodurch ich von der beachtlichen Verlagserfahrung einer weiteren Person profitieren konnte. Ein großes Glück für mich war auch die Kompetenz von Pen, meiner Presseagentin, und Micca, die sich um das Marketing gekümmert hat.

Ohne Emma Paterson, die beste Agentin und Vertraute, die ich mir wünschen könnte, gäbe es dieses Buch nicht. Ich hatte gar nicht vor, ein Buch über Trans-Politik zu schreiben, bevor Emma an einem kalten Dezembernachmittag in den Zug nach Bristol stieg und mich innerhalb einer Stunde irgendwie dazu inspirierte, eine Idee in Worte zu fassen, aus der schließlich dieser Text wurde. Ihre Fähigkeit, Autor:innen aus Minderheiten oder mit einem in der Verlagsbranche unterrepräsentierten Hintergrund davon zu überzeugen, dass auch sie eine Stimme haben, die gehört werden sollte, ist ein Talent, das ihre Branche hoffentlich wertschätzt. Ich muss ihr auch dafür danken, dass sie bestimmt Hunderte von Textnachrichten voller Fragen, Bedenken und Panik ertragen hat – oft außerhalb der Bürozeiten –, ohne sich auch nur ein einziges Mal darüber zu beschweren. Das gilt auch für ihre Assistenz Monica, die in meinem Berufsleben im Grunde Ordnung geschaffen hat, wo es keine gab.

Ich verdanke trans Menschen so viel. Eine der schönsten Begleiterscheinungen meiner Transition war, eine Community mit Freund:innen zu bekommen, die mich immer wieder mit ihrer Fähigkeit verblüffen, trotz der Feindseligkeit und Unfreundlichkeit, die ihnen die Gesellschaft manchmal entgegenbringt, Witz, Hoffnung und Anlass zum Lachen zu finden. Besonders dankbar bin ich den trans Menschen und ihren Familien, die sich bereit erklärt haben, sich für dieses Buch interviewen zu lassen, und mir ihre Erlebnisse anvertraut haben. Ich bin wirklich stolz darauf, trans zu sein, und das liegt zum großen Teil an der trans Community. Ganz besonders möchte ich mich bei den trans Menschen bedanken, die mir geholfen haben, nicht durchzudrehen, während ich dieses Buch in einer Pandemie und zu einer Zeit schrieb, in der die Regierung und Medien der Trans-Befreiung so aggressiv gegenüberstanden wie noch nie zuvor. Dazu gehören vor allem Robin Craig, Cara English und Rose Dommu, die mich zum Lachen bringen, selbst wenn ich allein dasitze und auf mein Handydisplay starre. Ich schätze mich glücklich, Kuchenga zu kennen, über deren Humor ich mich kaputtlachen kann, die mir aber auch eine große persönliche Stütze war und mir in meinen dunkelsten Zeiten zugehört hat. Sie ist eine brillante Schriftstellerin, deren Arbeit und Denken mich stark beeinflusst hat. Das gilt auch für Travis Alabanza, Wegbereiter:in für britische trans Künstler:innen und Kreative. So vieles über Politik habe ich von meinen scharfsinnigen trans Kolleg:innen und Freund:innen gelernt, insbesondere von Crash Wigley und Morgan Page. Morgan war so nett und hat sich Zeit genommen, einen der ersten Entwürfe von Kapitel 4 zu lesen, um sicherzustellen, dass ich Sexarbeiter:innen gerecht werde, und ihre Kenntnisse waren unschätzbar wertvoll. Über britische Trans-Geschichte zu schreiben, wurde durch das Wissen und die Tipps von Roz Kaveney unendlich erleichtert, die seit vierzig Jahren Teil des Trans-Lebens in Großbritannien ist und sich aufstrebenden jungen Menschen gegenüber nach wie vor aufgeschlossen zeigt.

Mein Dank gilt auch Huw Lemmey, der einen Ausschnitt aus einer frühen Fassung dieses Buchs gelesen hat und von dem ich Anregungen zu weiteren Recherchen bekommen habe. Thomas Gorton hat mich bei *Dazed* herausgegeben und meinen schriftstellerischen Werdegang von Anfang an unterstützt – auch dafür danke.

Das Gleiche gilt für das Team von Novara Media, das mir schon früh in meiner Karriere eine Plattform geboten und ermöglicht hat, Videos in exzentrischen Outfits zu produzieren, und für Owen Jones, der seine Reichweite konsequent nutzt, um trans Menschen eine Stimme zu geben.

In der Isolation und Einsamkeit, die wir alle während der Pandemie empfunden haben, hätte ich dieses Buch nicht ohne die Unterstützung meiner Freund:innen schreiben können. In meinem Privatleben gab es in dieser Zeit mehrere turbulente Phasen, und ohne die Weisheit und Freundlichkeit von Ellie Mae O'Hagan hätte ich es nicht geschafft. Ich bin dankbar für den wunderbaren Otamere, der mich immer wieder anfeuert, selbst dann, wenn ich nicht an mich glaube. Wenige haben das Glück, eine Person in ihrem Leben zu haben, die so freundlich und loyal ist wie meine liebe Freundin Gemma Pharo. Während der Lockdowns wäre ich kaum ohne die täglichen Sprachnachrichten von ihr vom anderen Ende des Landes ausgekommen. Vielen Dank an Rob, Patrick und Matt für die dringend benötigte Ablenkung und den Spaß in den letzten Jahren. Grüße an die Alt-Twitter-Crew (ihr wisst, wer gemeint ist), die so oft online für mich da war, und an Will Swannell, der dieses Buch in der Anfangszeit unterstützte, indem er sich um die Autorin gekümmert hat. Trotz der geografischen Entfernung fühle ich mich im Geiste immer noch meinen Freund:innen Josie und Jo nahe – den Ersten, denen gegenüber ich mit meinem großen Trans-Geheimnis herausgeplatzt bin und die dazu die idealen Freund:innen waren. Ich hoffe, wir drei werden uns bald wiedersehen.

Und schließlich schätze ich mich sehr glücklich, meine Familie zu haben. Ich kann gar nicht in Worte fassen, wie viel ich meiner starken, großzügigen Mutter Helen verdanke, der dieses Buch gewidmet ist, sowie meinem Bruder Ciarán und meiner Schwester Enya. Danke für alles, vor allem aber dafür, dass ihr es mit mir ausgehalten habt, während ich dieses Buch geschrieben habe, zusammen eingesperrt im Lockdown während einer Pandemie.

QUELLEN

EINLEITUNG

1 Bannerman, L.: »Trans Movement Has been Hijacked by Bullies and Trolls«, *The Times*, 1. Oktober 2018, https://www.thetimes.co.uk/article/trans-movement-has-been-hijacked-by-bullies-and-trolls-lwl3s73vj.

2 Timmermanns, S., Graf, N., Merz, S. & Stöver, H. (2022): »Wie geht's euch?« Psychosoziale Gesundheit und Wohlbefinden von LSBTIQ*. Weinheim: Beltz Juventa, S. 119.
Suicide Thoughts and Attempts Among Transgender Adults in the US, Transgender Survey, September 2019, Jody L. Herman, Taylor N. T. Brown, Ann P. Haas, The Williams Institute, UCLA School of Law, https://williamsinstitute.law.ucla.edu/publications/suicidality-transgender-adults/
House of Commons Women and Equalities Committee, »Transgender Equality«, Bericht, 14. Januar 2016, https://publications.parliament.uk/pa/cm201516/cmselect/cmwomeq/390/390.pdf, S. 6.

3 Namaste, V.: *Sex Change, Social Change. Reflections on Identity, Institutions, and Imperialism*, Women's Press 2011, 2. Auflage, S. 63.

1 TRANS LEBEN JETZT

1 Wood, C. und Jones, S.: »World War 2 Veteran Decides to Live as Transgender Woman at Age 90 and Begins Taking Female Hormones«, *Daily Mirror*, 29. März 2017, https://www.mirror.co.uk/news/uk-news/world-war-2-veteran-comes-10119089.

2 Gilligan, A.: »Parents' Anger as Child Sex Change Charity Mermaids Puts Private Emails Online«, *The Times*, 16. Juni 2019, https://www.thetimes.co.uk/article/parents-anger-as-child-sex-change-charity-puts-private-emails-online-3tntlwqln.

3 »The Paris Lees One«, *Political Thinking*, BBC Radio Four, 9. Februar 2018, https://www.bbc.co.uk/programmes/p05xp3z2.

4 Ebd.

5 Krell, C. & Oldemeier, K. (2017): Coming-out – und dann ...?! Coming-out Verläufe und Diskriminierungserfahrungen von lesbischen, schwulen, bisexuellen, trans* und queeren Jugendlichen und jungen Erwachsenen in

Deutschland. Verlag Barbara Budrich, S. 169 *School Report: The Experiences of Lesbian, Gay, Bi and Trans Pupils in Britain's Schools*, Stonewall 2017, https://www.stonewall.org.uk/school-report-2017.

6 Ebd.

7 Durwood, Lily, et al.: »Mental Health and Self-worth in Socially Transitioned Transgender Youth«, *Journal of the American Academy of Child & Adolescent Psychiatry*, 56(2), 2017, S. 116–23, https://www.jaacap.org/article/S0890-8567(16)31941-4/fulltext; Gurevich, R.: »Using Transgender Youths' Chosen Names May Lower Suicide Risk«, Reuters, 10. April 2108, https://www.reuters.com/article/ushealth- youth-transgender-idUSKBN1HH2WH.

8 Todd, M.: *Straight Jacket: How to be Gay and Happy*, Bantham Press 2016, S. 73.

9 Hudson-Sharp, N.: »Transgender Awareness in Child and Family Social Work Education: Research Report«, National Institute of Economic and Social Research, Department for Education, Mai 2019, https://assets.publishing.service.gov.uk/government/uploads/system/uploads/attachment_data/file/706344/Transgender_awareness_in_child_and_family_social_work_education.pdf.

10 »School Report«.

11 »School Report«, S. 4.

12 Davies-Arai, S.: *Supporting Gender Diverse and Trans-Identified Students in Schools*, Transgender Trend 2018, https://www.transgendertrend.com/wp-content/uploads/2019/08/Transgender-Trend-Resource-Pack-for-Schools3.pdf.

13 Ebd.

14 Ebd.

15 https://heinzjuergenvoss.de/wp-content/uploads/2021/09/Primaerbericht-Gewalt-PARTNER-5-Jugendliche-FINAL.pdf.
Krell, C. & Oldemeier, K. (2017): Coming-out – und dann...?! Coming-out Verläufe und Diskriminierungserfahrungen von lesbischen, schwulen, bisexuellen, trans* und queeren Jugendlichen und jungen Erwachsenen in Deutschland. Verlag Barbara Budrich, S. 169 »School Report«.

16 Goode, Erich, und Ben-Yehuda, Nachman: *Moral Panics. The Social Construction of Deviance Oxford*, Blackwell 2009, 2. Auflage, S. 57–65.

17 Beides Titel in *The Times*: Turner, J.: »Children Sacrificed to Appease Trans Lobby«, *The Times*, 11. November 2017, und Turner, J: »Cult of Gender Identity is Harming Children«, *The Times*, 21. September 2019.

18 Ich beziehe mich hier auf die Merkmale eines »folk devils«, die erstmals von dem Soziologen Stanley Cohen definiert wurden. Vgl. Cohen, S.: *Folk Devils and Moral Panics*, Paladin 1973.

19 Rayer, G.: »Minister to Order Inquiry into 4000 Per Cent Rise in Children Wanting to Change Sex«, *Telegraph*, 16. September 2019.

20 Manning, S.: »I've Seen Girls Who've Changed Gender Groom Younger Ones to Do the Same ...«, *Mail on Sunday*, 17. November 2018, https://www.dailymail.

co.uk/news/ article-6401583/Ive-seen-girls-whove-changed-gender-groom-younger-ones-same.html.

21 »School Report«, S. 11.

22 »National LGBT Survey Research Report«, Government Equalities Office, Juli 2018, S. 58, https://assets.publishing.service.gov.uk/government/uploads/system/uploads/attachment_data/file/721704/LGBT-survey-research-report.pdf.

23 *The LGBTQ+ Youth Homelessness Report*, akt 2021, https://www.akt.org.uk/report.

24 Mukherjee, K.: »›We're just as human as you‹: One Woman's Experience of being Transgender and Homeless«, *Bristol Cable*, 17. Juli 2016, https://thebristolcable.org/2016/07/transgender-homeless/.

25 Smith, J.: »Homeless Woman's Possessions Burnt In Front of Her by Kingswood Arsonists«, *Bristol Post*, 21. Juli 2017, https://www.bristolpost.co.uk/news/bristol-news/homeless-womans-possessions-burnt-front-225743.

26 Mukherjee, K.: »We're just as human as you«.

27 https://www.ifas-home.de/wp-content/uploads/2021/03/Bericht-Partner-5-Erwachsene-Dunkelfeld-FINAL.pdf.
LGBT in Britain – Trans Report, Stonewall 2018, S. 6, https://www.stonewall.org.uk/lgbt-britain-trans-report.

28 Ingala-Smith, K.: »An End to Violence against Women« (Rede), Woman's Place UK, https://womansplaceuk.org/end-to-violence-against-women/.

29 Ingala-Smith, K: »The Importance of Women Only Spaces and Services for Women and Girls Who've been Subjected to Men's Violence« (Rede), 20. Januar 2020, https://kareningalasmith.com/2020/01/20/the-importance-of-women-only-spaces-and-services-for-women-and-girls-whove-been-subjected-to-mens-violence/.

30 Lothian McLean, M.: »›If they sound like a man, hang up‹: How Transphobia Became Rife in the Gender-based Violence Sector«, *gal-dem*, 1. Februar 2021, https://gal-dem.com/transphobia-sexual-violence-sound-like-a-man-hang-up-vawg-investigation/.

31 *Supporting Trans Women in Domestic And Sexual Violence Services*, Stonewall 2018, S. 15, https://www.stonewall.org.uk/system/files/stonewall_and_nfpsynergy_report.pdf.

32 Für mehr Informationen siehe Finlayson, L., et al.: »›I'm not transphobic, but …‹: A Feminist Case against the Feminist Case against Trans Inclusivity« (Blog), Versobooks.com, 17. Oktober 2018, https://www.versobooks.com/blogs/4090-i-m-not-transphobic-but-a-feminist-case-against-the-feminist-case-against-trans-inclusivity.

33 *Supporting Trans Women in Domestic And Sexual Violence Services*, S. 11.

34 »The Challenges of being Transgender and Over 60«, BBC News, 11. Oktober 2015, https://www.bbc.co.uk/news/magazine-34454576.

35 Fisher, F. und Fisher, O.: »Growing Older as Me: Cat Burton«, My Genderation (YouTube), 6. März 2019, https://www.youtube.com/watch?v=ngWdYCl1bUo.
36 »For Aging Trans People, Growing Old is Especially Isolating«, *Vice*, 14. Juni 2016, https://www.vice.com/en_us/article/jpyym3/aging-transgender-people-growing-old-care-home-abuse.
37 Ebd.
38 »Dementia Care Advice for Transgender Patients Drawn Up«, BBC News, 12. März 2018, https://www.bbc.co.uk/news/uk-wales-43365446.

2 RICHTIGE UND FALSCHE KÖRPER

1 Leigh, R.: »Transsexual Former Builder Left ›half man, half woman‹ after being ›refused NHS boob job‹«, *Mirror*, 29. Dezember 2011, https://www.mirror.co.uk/news/uk-news/transsexual-former-builder-left-half-188250.
2 House of Commons Women and Equalities Committee, »Transgender Equality«, Bericht, 14. Januar 2016, https://publications.parliament.uk/pa/cm201516/cmselect/cmwomeq/390/390.pdf, S. 35.
3 Long Chu, A.: »On Liking Women«, *n+1*, 30 (Winter 2018), https://nplusonemag.com/issue-30/essays/on-liking-women/.
4 Vgl. https://web.archive.org/web/20140301110310/http://www.salon.com/2014/01/07/laverne_cox_artfully_shuts_down_katie_courics_invasive_questions_about_transgender_people/.
5 Kowlaska, M.: »The Heroines of My Life: Interview with Helen Belcher« (Blog), 1. September 2014, http://theheroines.blogspot.com/2014/09/interview-with-helen-belcher.html.
6 Pollack, R., et al.: »Don't Call Me Mister You Fucking Beast!«, *Lesbian Come Together*, 11 (Januar 1972).
7 Bilek, J.: »Who are the Rich, White Men Institutionalizing Transgender Ideology?«, *Federalist*, 20. Februar 2018, https://thefederalist.com/2018/02/20/rich-white-men-institutionalizing-transgender-ideology/.
8 Balfe, A.: »Don't Leave Breeding to the Breeders«, in *Dysphoria: A Map of Wounds*, von Trans Health Collective veröffentlichtes Zine, London, 2017.
9 Savage, W.: »Fifty Years On, the Abortion Act Should be Celebrated – and Updated«, *Guardian*, 27. Oktober 2017, https://www.theguardian.com/commentisfree/2017/oct/27/50-years-abortion-act-law-women.
10 Vgl. Dhejne, C., et al.: »An Analysis of All Applications for Sex Reassignment Surgery in Sweden, 1960–2010: Prevalence, Incidence, and Regrets«, *Archives of Sexual Behavior*, 43(8) (Mai 2014); und Bowman, C., und Goldberg, J.: *Care of the Patient Undergoing Sex Reassignment Surgery* (SRS), Medical Student Association 2006, https://www.amsa.org/wp-content/uploads/2015/04/CareOfThePatientUndergoingSRS.pdf.
11 Simpson, F.: »Theresa May: ›being trans is not an illness‹«, *Evening Standard*,

19. Oktober 2017, https://www.standard.co.uk/news/uk/theresa-may-being-trans-is-not-an-illness-a3662451.html.

12 Pearce, R.: *Understanding Trans Health*, Policy Press 2018, S. 21.

13 Feiner, N.: »Endocrinology, ›Transsexual Agency‹, and the boundaries of Medical Authority«, http://humanities.exeter.ac.uk/media/universityofexeter/collegeofhumanities/history/exhistoria/volume7/Endocrinology,_Transsexual_Agency,_and_the_Boundaries_of_Medical_Authority.pdf.

14 Page, M.: »One from the Vaults«, Podcast, 4: Valentine's Day Special! 2016.

15 Green, R., et al.: »Attitudes towards Sex Transformation Procedures«, *Archives of General Psychiatry*, 15(2), 1966, S. 178–82 (S. 180).

16 Randell, J.: »Indications for Sex Reassignment Surgery«, *Archives of Sexual Behavior* 1, 1971, S. 153–61 (S. 159).

17 King, D. und Ekins, R.: »Pioneers of Transgendering: John Randell, 1918–1982«, Beitrag zur siebten International Gender Dysphoria Conference, http://www.gender.org.uk/conf/2002/king22.htm.

18 House of Commons Women and Equalities Committee, »Transgender Equality«, Bericht, 14. Januar 2016, https://publications.parliament.uk/pa/cm201516/cmselect/cmwomeq/390/390.pdf.

19 Davis, N.: »›Are you a man or a woman?‹: Trans People on GP Care«, *Guardian*, 26. Februar 2019, https://www.theguardian.com/society/2019/feb/26/trans-man-woman-gp-care-healthcare.

20 *LGBT in Britain – Trans Report*, Stonewall 2017.

21 Ergebnisse der NHS England GP Patient Survey 2019. Prozentsätze von Frage 31, »Wie würden Sie Ihre Erfahrungen mit Ihrer hausärztlichen Praxis insgesamt bewerten?«; 83 Prozent der Befragten antworteten mit »gut« oder »eher gut« und 6 Prozent mit »schlecht« oder »sehr schlecht«.

22 Parkins, K.: »Meet the Gender Reassignment Surgeons: ›Demand is going through the roof‹«, *Guardian*, 10. Juli 2016, https://www.theguardian.com/society/2016/jul/10/meet-the-gender-reassignment-surgeons-demand-is-going-through-the-roof.

23 Ebd.

24 Kaveney, R.: »Transphobia is the Latest Weapon in a Raging Culture War«, *Red Pepper*, 5. Dezember 2017, https://www.redpepper.org.uk/transphobia-is-the-latest-weapon-in-the-culture-war/.

25 Roberts, A.: »Dispelling the Myths around Trans People ›Detransitioning‹«, *Vice*, 17. November 2015, https://www.vice.com/en_uk/article/kwxkwz/dispelling-the-myths-around-detransitioning.

26 Ebd.

27 Imbimbo, C., et al.: »A Report from a Single Institute's 14-year Experience in Treatment of Male-to-Female Transsexuals«, *Journal of Sexual Medicine*, 6, 2009, 2736–45.

28 Pearce: *Understanding Trans Health*, S. 60.

29 Ebd., S. 64.
30 Pearce, R. (@NotRightRuth): »In other news, Leeds and York Gender Identity Clinic literally ask for referring GPs to perform a genital exam«, Twitter, 18. August 2017, https://twitter.com/NotRightRuth/status/8985317652703 02721.
31 Barrett, J.: *Transsexual and Other Disorders of Gender Identity: A Practical Guide to Management*, Radcliffe 2007, S. 72–73.
32 »Black Patients Half as Likely to Receive Pain Medication as White Patients, Study Finds«, *Guardian*, 11. August 2016, https://www.theguardian.com/science/2016/aug/10/black-patients-bias-prescriptions-pain-management-medicine-opioids.
33 Ansara, Y. G.: »Beyond Cisgenderism: Counselling People with Non-assigned Gender Identities«, in Moon, L. (Hrsg.), *Counselling Ideologies: Queer Challenges to Heteronormativity*, Ashgate 2010, S. 167–200.
34 Roche, J.: »Pleasureless Principle: Who Gets to Decide What Your Anatomy is Capable Of?«, *Bitch Media*, 81 (Winter 2019), https://www.bitchmedia.org/article/pleasureless-principle-anatomy.
35 Turner, J.: »Meet Alex Bertie, the Transgender Poster Boy«, *The Times*, 11. November 2017, https://www.thetimes.co.uk/article/meet-alex-bertie-the-transgender-poster-boy-z88hgh8b8.
36 Giordano, S.: *Children with Gender Identity Disorder: A Clinical, Ethical and Legal Analysis*, Routledge 2013, S. 104.
37 Giordano, S.: »Is Puberty Delaying Treatment ›Experimental Treatment‹?«, *International Journal of Transgender Health*, 21(2), 2020, S. 113–21, https://www.tandfonline.com/doi/full/10 1080/26 895 269.2020.1747768.
38 Baral, S. D., et al.: »Worldwide Burden of HIV in Transgender Women: A Systematic Review and Meta-analysis«, *Lancet Infectious Diseases*, 13(3), 2012, S. 214–22.
39 Vgl. https://tgeu.org/trans-rights-europe-central-asia-index-maps-2020/.
40 Balfe: »Don't Leave Breeding to the Breeders«.

3 KLASSENKAMPF

1 Calnan, M.: »Transgender Primark Employee Told She Had a ›Man's Voice‹ Was Harassed, Tribunal Rules«, *People Management*, 12. Februar 2018, https://www.peoplemanagement.co.uk/news/articles/transgender-primark-worker-harassed.
2 http://fra.europa.eu/en/data-and-maps/2020/lgbti-survey-data-explorer/survey/3.%20Violence%20and%20harassment/DEXe8/inCountry/05--Trans-people.
LGBT in Britain – Hate Crime and Discrimination, Stonewall 2017, https://www.stonewall.org.uk/lgbt-britain-hate-crime-and-discrimination.

3 EU Agency for Fundamental Rights, »Being Trans in the EU: Comparative Analysis of the EU LGBT Survey Data – Summary« 2015.

4 Umfrage von Crossland Employment Solicitors zitiert in Andersson, J.: »One in Three Employers Say They are ›less likely‹ to Hire a Transgender Worker«, *Pink News*, 18. Juni 2018.

5 Rundall, E. C.: »›Transsexual‹ People in UK Workplaces: An Analysis of Transsexual Men's and Transsexual Women's Experiences«, Doktorarbeit, Oxford Brookes University 2010.

6 O'Driscoll, S.: »Half of Transgender People are Unemployed«, *The Times*, 21. Juli 2016, https://www.thetimes.co.uk/article/half-of-transgender-people-are-unemployed-mkqfmb3d2.

7 *LGBT in Britain – Hate Crime and Discrimination.*

8 Clery, E., et al. (Hrsg.): »Moral Issues: Sex, Gender Identity and Euthanasia«, *British Social Attitudes*, 34, 2017, https://www.bsa.natcen.ac.uk/media/39147/bsa34_moral_issues_final.pdf.

9 Godfrey, C.: »This is What Workplace Discrimination is Like for Transgender People«, *Buzzfeed News*, 21. Mai 2016, https://www.buzzfeednews.com/article/chrisgodfrey/this-is-what-workplace-discrimination-is-like-for-transgende.

10 Ebd.

11 Pipe, E.: »Hate Crime Destroys Lives and Won't be Tolerated in Bristol«, *B24/7*, 1. Dezember 2017, https://www.bristol247.com/news-and-features/news/hate-crime-destroys-lives-wont-tolerated-bristol/.

12 Burchill, J.: »Transsexuals Should Cut It Out«, *Observer*, 13. Januar 2013.

13 Moore, S.: »I Don't Care if You Were Born a Woman or Became One«, *Guardian*, 9. Januar 2013, https://www.theguardian.com/commentisfree/2013/jan/09/dont-care-if-born-woman.

14 Krauthammer, C.: »For Democrats, the Road Back«, *Washington Post*, 24. November 2016.

15 Lilla, M.: »The End of Identity Liberalism«, *New York Times*, 18. November 2016, https://www.nytimes.com/2016/11/20/opinion/sunday/the-end-of-identity-liberalism.html.

16 *Saturday Night Live*, Staffel 42, Folge 7, NBC (ausgestrahlt am 19. November 2019).

17 Lott, T.: »Jordan Peterson and the Transgender Wars«, *Spectator*, 20. September 2017.

18 O'Neill, B.: »The Orwellian Nightmare of Transgender Politics«, *Spiked*, 25. Juli 2017, https://www.spiked-online.com/2017/07/25/the-orwellian-nightmare-of-transgender-politics/.

19 Bunce, P.: »Transformed: The Credit Suisse Director Known as Pippa and Philip«, *Financial News*, 2. Dezember 2018, https://www.fnlondon.com/articles/mistranslated-i-split-my-time-as-pippa-and-philip-20171002.

20 *LGBT in Britain – Hate Crime and Discrimination*, S. 10.

21 Shenje, K.: »Why Trans People Need More Safe Spaces to Get Our Hair Done«, *Dazed*, 8. Oktober 2018, https://www.dazeddigital.com/beauty/head/article/41725/1/safe-trans-friendly-hairdressers.
22 Raha, N.: »The Limits of Trans Liberalism« (Blog), Versobooks.com, 21. September 2015, https://www.versobooks.com/blogs/2245-the-limits-of-trans-liberalism-by-nat-raha.
23 Vgl. https://prideandprejudice.economist.com/why-attend/.
24 Filar, R.: »Trans™: How the Trans Movement Got Sold Out«, *Open Democracy*, 25. November 2015, https://www.opendemocracy.net/en/transformation/how-trans-movement-sold-out/.
25 McCheyne, S.: »›You are more oppressive than our oppressors‹: Transphobia and Transmisogyny in the British Left«, *New Socialist*, 15. März 2018, https://newsocialist.org.uk/you-are-more-oppressive-than-our-oppressors-transphobia-and-transmisogyny-in-the-british-left/.
26 Leitartikel: »Who Decides Your Gender?«, *The Economist*, 27. Oktober 2018, https://www.economist.com/leaders/2018/10/27/who-decides-your-gender.

4 SEX SELLS

1 Curtis, R. (Dir.): *Tatsächlich Liebe*, Universal Pictures 2003.
2 Kidron, B. (Dir.): *Bridget Jones – Am Rande des Wahnsinns*, Universal Pictures 2004.
3 Coulter, A. (Dir.): *Sex and the City*, Staffel 3, Folge 18, »Gute Nachbarschaft (Cock-A-Doodle-Do)«, HBO (ausgestrahlt am 15. Oktober 2000).
4 Brooks-Gordon, B.: »Calculating the Number of Sex Workers and Contribution to Non-Observed Economy in the UK«, 2015, https://www.researchgate.net/publication/323796831_Calculating_the_number_of_sex_workers_and_their_contribution_to_the_non-observed_economy_in_the_UK.
5 Weisman, C.: »Why Trans Porn is Hugely Popular among Hetero Men«, AlterNet, 2. Juni 2016, alternet.org.
6 Beresford, M.: »Trans Porn is Super Popular in Russia and with Over-65s«, *Pink News*, 12. Januar 2018.
7 »Trans Rentboys: Love Don't Pay the Rent«, SWARM Collective, https://www.swarmcollective.org/zine/.
8 Fantz, A., et al.: »Turkish Police Fire Pepper Spray at Gay Pride Parade«, CNN, 29. Juni 2015, https://edition.cnn.com/2015/06/28/world/turkey-pride-parade-lgbt-violence/index.html.
9 »Hande Kader: Outcry in Turkey over Transgender Woman's Murder«, BBC News, 21. August 2016, https://www.bbc.co.uk/news/world-europe-37143879.
10 Fedorko, B. und Berredo, L.: *The Vicious Circle of Violence: Trans and Gender-Diverse People, Migration, and Sex Work*, TvT Publication Series, Vol. 16 (Oktober 2017).

11 Ebd.
12 Cunningham, S., et al.: »Sex Work and Occupational Homicide: Analysis of a U.K. Murder Database«, *Homicide Studies*, 22(3), 2018, https://researchonline.lshtm.ac.uk/id/eprint/4647626/1/Sex%20Work_GOLD%20VoR.pdf.
13 Goldberg, J.: »John Rykener, Richard II, and the Governance of London«, *Leeds Studies in English*, 45, 2014, S. 49–70.
14 Norton, R. (Hrsg.): »Newspaper Reports, 1728«, in *Homosexuality in Eighteenth-Century England: A Sourcebook* (Internetquelle), http://rictornorton.co.uk/eighteen/1728news.htm.
15 Transgender Europe: »Overdiagnosed but Underserved: Trans Health Survey«, verfügbar unter https://tgeu.org/healthcare.
16 Smith, M. und Mac, J.: *Revolting Prostitutes: The Fight for Sex Workers' Rights*, Verso 2018, S. 51.
17 Fedorko und Berredo, *The Vicious Circle of Violence*.
18 Smith und Mac, *Revolting Prostitutes*, S. 141.
19 Ebd.
20 https://www.versobooks.com/blogs/4618-are-sex-workers-the-original-feminists.
21 Syndicat du Travail Sexuel: »Notre collègue Vanessa [*sic*] Campos a été assassinée«, STRASSsyndicat.org, unter https://www.liberation.fr/debats/2018/08/17/notre-collegue-vanessa-campos-a-ete-assassinee_1815411/.
22 »Police Officer Had Sex with Prostitute after She was Arrested in Brothel Raid«, *Daily Mirror*, 13. Juli 2015, https://www.mirror.co.uk/news/uk-news/police-officer-sex-prostitute-after-6061472.
23 Für mehr Informationen zu den Vorteilen des neuseeländischen Modells vgl. Smith und Mac: *Revolting Prostitutes*, S. 195–202.
24 Stahl, A.: »›We're Monumentally Fucked‹: Trans Sex Workers on Life under FOSTA/SESTA«, *Vice*, 2. August 2018, https://www.vice.com/en/article/ev8ayz/trans-sex-workers-on-life-under-fosta-sesta.
25 Ebd.

5 DER STAAT

1 https://libcom.org/library/dr-angela-davis-role-trans-non-binary-communities-fight-feminist-abolition-she-advocates.
2 Vgl. https://www.businessinsider.com/pentagon-transgender-medical-comparison-2017-7?r=US&IR=T.
3 Puar, J.: »Rethinking Homonationalism«, *International Journal of Middle East Studies*, 45, 2013, S. 33.
4 *LGBT in Britain – Trans Report*, Stonewall 2017, S. 6.
5 »Transgender Hate Crimes Recorded by Police Go Up 81 %«, BBC News, 27. Juni 2019, https://www.bbc.co.uk/news/uk-48756370.
6 *LGBT in Britain – Trans Report*, S. 9.

7 Bindel, J.: »Why the Transbullies are a Threat to Us All«, *UnHerd*, 10. Oktober 2018, https://unherd.com/2018/10/why-the-transbullies-are-a-threat-to-us-all/.
8 Jacques, J.: »Cross-dressing in Victorian London«, *Time Out*, 16. Februar 2012, http://www.timeout.com/london/lgbt/cross-dressing-in-victorian-london.
9 http://fra.europa.eu/en/data-and-maps/2020/lgbti-survey-data-explorer/survey/3.%20Violence%20and%20harassment/DEXindh4_1mc/inCountry/05--Trans-people
10 Bryant, B. und Stephenon, W.: »How LGBTQ+ Hate crime is Committed by Young People«, BBC News, 21. Dezember 2018, https://www.bbc.co.uk/news/uk-46543874.
11 Fae, J.: »Trans Woman: Police pinned me down and pulled off my bra«, *Gay Star News*, 20. Juni 2017, https://www.gaystarnews.com/article/trans-woman-police-pinned-pulled-off-bra/.
12 Reid-Smith, T.: »Police Handcuff Trans Protestors at Glasgow Pride«, *Gay Star News*, 20. August 2017, https://www.gaystarnews.com/article/police-handcuff-trans-protestors-glasgow-pride/.
13 Townsend, M.: »Black People ›40 times more likely‹ to be Stopped and Searched in UK«, *Observer*, 4. Mai 2019, https://www.theguardian.com/law/2019/may/04/stop-and-search-new-row-racial-bias.
14 Owusu, M.: »Black Trans People are Disrespected in Life and Barely Acknowledged in Death – Our Lives Matter Too«, *Independent*, 2. Juni 2020, https://www.independent.co.uk/voices/george-floyd-black-lives-matter-racism-tony-mcdade-transgender-a9544131.html.
15 »James Baldwin: The Last Interviews«, *Village Voice*, 24. Februar 2017, https://www.villagevoice.com/2017/02/24/james-baldwin-the-last-interviews/.
16 Roach, A.: »Female Prison Officers Raped by Inmates Who Self-Identify as Trans«, *Sun*, 12. April 2020, https://www.thesun.co.uk/news/11381963/female-prison-officers-raped-trans-rory-stewart/.
17 Abraham, A.: »What It's Like to be Trans in the UK Prison System«, *Dazed*, 6. November 2019, https://www.dazeddigital.com/life-culture/article/46703/1/what-its-like-to-be-transgender-in-the-uk-prison-system.
18 Ebd.
19 Shaw, D.: »Eleven Transgender Inmates Sexually Assaulted in Male Prisons Last Year«, BBC News, 21. Mai 2020, https://www.bbc.co.uk/news/uk-52748117.
20 Community Innovations Enterprise: *Inside Gender Identity: A Report into the Health and Social Care Needs of Transgender Offenders*, CIE 2017, S. 49.
21 »HMP Eastwood Park: Concern over Segregated Transgender Women Prisoners«, BBC News, 18. März 2020, https://www.bbc.co.uk/news/uk-england-bristol-51928421.
22 Light, M., et al.: *Gender Differences in Substance Misuse and Mental Health amongst Prisoners*, Ministry of Justice 2013.

23 Hopkins, K., et al.: *Associations between Ethnic Background and being Sentenced to Prison in the Crown Court in England and Wales in 2015*, Ministry of Justice 2016.

24 Grierson, J.: »More than 2,500 Prison Staff Disciplined In Five Years, MoJ Figures Show«, *Guardian*, 29. April 2019, https://www.theguardian.com/society/2019/apr/29/more-than-2500-prison-staff-disciplined-in-five-years-moj-figures-show.

25 Prison Reform Trust: *Prison: The facts* (Bromley Briefings, Sommer 2019), http://www.prisonreformtrust.org.uk/Portals/0/Documents/Bromley%20Briefings/Prison%20the%20facts%20Summer%202019.pdf.

26 Davis, A. Y.: *Eine Gesellschaft ohne Gefängnisse? Der gefängnisindustrielle Komplex der USA*. Übersetzt von Michael Schiffmann, Schwarzerfreitag 2004, S. 132.

27 Knopp, F. H.: *Instead of Prisons: A Handbook for Abolitionists*, Prison Research Education Action Project 1976, Kapitel 1, unter https://www.prisonpolicy.org/scans/instead_of_prisons/chapter1.shtml.

28 *No Safe Refuge: Experiences of LGBT Asylum Seekers in Detention*, Stonewall 2016, S. 17.

6 NAHE VERWANDTSCHAFT

1 Southwell, H.: »Anti-Trans Group Allowed to Lead Pride in London March after Hijack«, *Pink News*, 7. Juli 2018, https://www.pinknews.co.uk/2018/07/07/anti-trans-group-allowed-to-lead-pride-in-london-march-after-hijack/.

2 Ebd.

3 Bindel, J.: »It's Not Me. It's You«, *Guardian*, 7. November 2008, https://www.theguardian.com/commentisfree/2008/nov/08/lesbianism.

4 Jacques, J.: »On the ›Dispute‹ between Radical Feminism and Trans People«, *New Statesman*, 6. August 2014, https://www.newstatesman.com/juliet-jacques/2014/08/dispute-between-radical-feminism-and-trans-people.

5 Ebd.

6 Jones, O.: »Stonewall is Right to Bring Our Trans Brothers and Sisters in from the Cold«, *Guardian*, 18. Februar 2015, https://www.theguardian.com/commentisfree/2015/feb/18/stonewall-trans-issues-neglected-progressives.

7 Ebd.

8 Norton, R.: »Anne Lister, the First Modern Lesbian«, unter http://rictornorton.co.uk/lister.htm.

9 »Anne Lister: Reworded York Plaque for ›First Lesbian‹«, BBC News, 28. Februar 2019, https://www.bbc.co.uk/news/uk-england-york-north-yorkshire-47404525.

10 du Preez, M. und Dronfield, J.: *Dr James Barry: A Woman Ahead of Her Time*, Oneworld 2016, S. 251–252, zitieren Bradford, E.: »The Reputed Female Army Surgeon«, *Medical Times and Gazette*, 2, 1865, S. 293.

11 Brief von Florence Nightingale an Parthenope, Lady Verney, Wellcome Institute

for the History of Medicine, o. D., zitiert auf https://www.ed.ac.uk/medicine-vet-medicine/about/history/historic-alumni/james-barry.

12 Flood, A.: »New Novel about Dr James Barry Sparks Row over Victorian's Gender Identity«, *Guardian*, 18. Februar 2019, https://www.theguardian.com/books/2019/feb/18/new-novel-about-dr-james-barry-sparks-row-over-victorians-gender-identity.

13 Page, M.: Twitter, 16. Februar 2019, https://twitter.com/morganmpage/status/1096739245132300289.

14 Ebd.

15 Flood: »New novel about Dr James Barry«.

16 Page, M.: »It Doesn't Matter Who Threw the First Brick at Stonewall«, *The Nation*, 30. Juni 2019, https://www.thenation.com/article/archive/trans-black-stonewall-rivera-storme/.

17 Londoño, E.: »Who Threw the First Brick at Stonewall?«, *New York Times*, 26. August 2015, https://takingnote.blogs.nytimes.com/2015/08/26/who-threw-the-first-brick-at-stonewall/.

18 Power, L.: *No Bath but Plenty of Bubbles: An Oral History of the Gay Liberation Front*, 1970–73, Continuum 1995, S. 244.

19 Feather, S.: *Blowing the Lid*, Zero Books 2014, S. 324.

20 Ebd., S. 326.

21 Jame, Sandy E., et al.: *The Report of the* 2015 *U. S. Transgender Survey*, National Center for Transgender Equality 2016, https://transequality.org/sites/default/files/docs/usts/USTS-Full-Report-Dec17.pdf.

22 Tourjee, D.: »The Trans Women Who Become Lesbians after Years as Gay Men«, *Vice*, 23. Februar 2017, https://www.vice.com/en_uk/article/8qezbp/the-trans-women-who-become-lesbians-after-years-as-gay-men-412.

23 Ebd.

24 Besanville, J.: »Trans Man Kicked Out of London Gay Sauna for Not Having a Penis«, *Gay Star News*, 31. Oktober 2018, https://www.gaystarnews.com/article/trans-man-sauna/.

25 Turner, J.: »Cult of Gender Identity is Harming Children«, *The Times*, 21. September 2019, https://www.thetimes.co.uk/article/cult-of-gender-identity-is-harming-children-pjvbkjzxq.

26 Daley, J.: »The Sad Fraud of Gay Equality«, *The Times*, 3. Dezember 1991.

27 Tides of History (@labour_history), Twitter, 7. August 2019, https://twitter.com/labour_history/status/1158995027617558528?s=20.

28 Barthélemy, H.: »Christian Right Tips to Fight Transgender Rights: Separate the T from the LGB«, Southern Poverty Law Center, 23. Oktober 2017, https://www.splcenter.org/hatewatch/2017/10/23/christian-right-tips-fight-transgender-rights-separate-t-lgb.

29 »Statement: L is out of GBT«, Change.org, 2. April 2016, https://www.change.org/p/hrc-statement-l-is-out-of-gbt.

30 Vgl. https://handsacrosstheaislewomen.com/home/.
31 Burns, K.: »The Rise of Anti-trans Radical Feminists, Explained«, *Vox*, 5. September 2019, https://www.vox.com/identities/2019/9/5/20840101/terfs-radical-feminists-gender-critical.

7 DIE HÄSSLICHE SCHWESTER

1 Stryker, S.: *Transgender History*, Seal Press 2008, S. 102–4.
2 Birmingham LGBT Community Trust: »Gay Birmingham Remembered«, 2008, http://www.gaybirminghamremembered.co.uk/interview/41/.
3 Ebd.
4 Leitartikel: »The *Guardian* View on the Gender Recognition Act: Where Rights Collide«, *Guardian*, 17. Oktober 2018, https://www.theguardian.com/commentisfree/2018/oct/17/the-guardian-view-on-the-gender-recognition-act-where-rights-collide.
5 Levin, S. et al.: »Why We Take Issue with *The Guardian*'s Stance on Trans Rights in the UK«, *Guardian*, 2. November 2018, https://www.theguardian.com/commentisfree/2018/nov/02/guardian-editorial-response-transgender-rights-uk.
6 Jacques, J.: »Transphobia is Everywhere in Britain«, *New York Times*, 9. März 2020, https://www.nytimes.com/2020/03/09/opinion/britain-transphobia-labour-party.html.
7 Ditum, S.: »A Hot Woman on a Magazine Cover« (Blog), SarahDitum.com, 24. Juni 2014, https://sarahditum.com/2014/06/24/a-hot-woman-on-a-magazine-cover/.
8 Smith, V.: »I Don't Feel I ›Match‹ My Gender, So What Does It Mean to be Called Cis?«, *New Stateman*, 6. Februar 2014, https://www.newstatesman.com/lifestyle/2014/02/i-dont-feel-i-match-my-gender-so-what-does-it-mean-be-called-cis.
9 Lewis, H.: »What the Row over Banning Germaine Greer is Really About«, *New Statesman*, 27. Oktober 2015, https://www.newstatesman.com/politics/feminism/2015/10/what-row-over-banning-germaine-greer-really-about.
10 Greer, G.: »On Why Sex Change is a Lie«, *Independent*, 22. Juli 1989.
11 Ahmed, S.: »You are Oppressing Us!«, feministkilljoys, 15. Februar 2015, https://feministkilljoys.com/2015/02/15/you-are-oppressing-us/.
12 Eddo-Lodge, R.: *Warum ich nicht länger mit Weißen über Hautfarbe spreche.* Übersetzt von Anette Grube. Tropen 2019, S. 169.
13 Lewis, S.: »How British Feminism Became Anti-Trans«, *New York Times*, 7. Februar 2019, https://www.nytimes.com/2019/02/07/opinion/terf-trans-women-britain.html.
14 Redmond, S., et al.: »An Open Letter to the Organisers of the ›We Need to Talk‹ Tour from a Group of Feminists in Ireland«, *Feminist Ire*, 22. Januar 2018,

https://feministire.com/2018/01/22/an-open-letter-to-the-organisers-of-the-we-need-to-talk-tour-from-a-group-of-feminists-in-ireland.

15 Leacock, E.: *Myths of Male Dominance: Collected Articles on Women Cross-Culturally*, Monthly Review Press 1981, S. 135, zitiert nach »Marxism and Transgender Liberation: Confronting Transphobia in the British Left«, Red Fightback, https://redfightback.org/read/transphobia_in_the_left.

16 Ebd.

17 Wittig, M.: *The Straight Mind and Other Essays*, Beacon Press 1992, S. 32.

18 hooks, b.: *Ain't I a Woman*, South End Press 1981, S. 1.

19 Vgl. Butler, J.: *Gender Trouble: Feminism and the Subversion of Identity*, Routledge (2. Auflage, 1999).

20 Dembroff, R.: »Trans Women are Victims of Misogyny, Too – and All Feminists Must Recognize This«, *Guardian*, 19. Mai 2019, https://www.theguardian.com/commentisfree/2019/may/19/valerie-jackson-trans-women-misogyny-feminism.

21 Raymond, J.: *The Transsexual Empire: The Making of the She-Male*, Teachers College, Columbia University (2. Auflage, 1994), S. 104.

22 Greer, G.: *The Whole Woman*, Black Swan, Neuauflage 2007, S. 93.

23 Serano, J.: *Whipping Girl: A Transsexual Woman on Sexism and the Scapegoating of Femininity*, Seal Press 2007, S. 11.

24 Ebd., S. 11–12.

25 Dean, J.: »Contestants in Transsexual Show to Sue Sky«, *Guardian*, 30. Oktober 2003, https://www.theguardian.com/media/2003/oct/30/bskyb.broadcasting.

26 Pollack, et al.: »Don't Call Me Mister You Fucking Beast!«, *Lesbian Come Together*, 11 (Januar 1972).

27 Hulme, J.: »Transphobes and Trans Men« (Blog), jayhulme.com, 20. Juli 2019, https://jayhulme.com/blog/transmen.

28 Ebd.

29 Alter, C.: »Seeing Sexism from Both Sides: What Trans Men Experience«, *Time*, 16. Juni 2016, https://time.com/4371196/seeing-sexism-from-both-sides-what-trans-men-experience/.

30 Lewis, H.: »How an Email with a Secret Location Led Me to the Most Vibrant Feminist Meeting of the Year«, *New Statesman*, 22. Mai 2019, https://www.newstatesman.com/politics/feminism/2019/05/how-email-secret-location-led-me-most-vibrant-feminist-meeting-year.

31 *National LGBT Survey Research Report*, Government Equalities Office 2018, S. 57–61, https://assets.publishing.service.gov.uk/government/uploads/system/uploads/attachment_data/file/721704/LGBT-survey-research-report.pdf.

32 Williams, C.: »Sex, Gender, and Sexuality: An Interview with Catharine A. MacKinnon«, The Conversations Project, 27. November 2017, http://radfem.transadvocate.com/sex-gender-and-sexuality-an-interview-with-catharine-a-mackinnon/.

33 Zitiert in Olufemi, L.: *Feminism, Interrupted: Disrupting Power*, Pluto Press 2020, S. 49.

34 Freeman, H.: »Let's Drop the Gender Stereotypes – We are All Non-Binary«, *Guardian*, 16. September 2017, https://www.theguardian.com/society/2017/sep/16/drop-gender-stereotypes-we-are-all-non-binary.

35 Dworkin, A.: *Woman Hating*, Dutton 1974, S. 175–6.

36 Olufemi: *Feminism, Interrupted*, S. 65.

37 Livingstone, J.: »Transphobia Redefined«, *New Republic*, 17. Februar 2017, https://newrepublic.com/article/140703/transphobia-redefined.

FAZIT

1 Power, S.: »Labour Peer Lord Lewis Moonie Quits Party after Transphobic Tweets«, *Gay Star News*, 15. Mai 2019, https://www.gaystarnews.com/article/labour-peer-lord-lewis-moonie-resigns-after-transphobic-tweets/.

2 Escalante, A.: »Marxism and Trans Liberation«, *Medium*, 12. Juli 2018, https://medium.com/@alysonescalante/marxism-and-trans-liberation-1066d09b7e8f.